Robert E. Röntgen

Deutsche Porzellanmarken von 1710 bis zur Gegenwart

Robert E. Röntgen

Deutsche Porzellanmarken

von 1710 bis zur Gegenwart

BATTENBERG

Bibliografische Information der Deutschen Bibliothek

Die Deutsche Bibliothek verzeichnet diese Publikation in der Deutschen Nationalbibliografie; detaillierte bibliografische Daten sind im Internet über http://dnb.ddb.de abrufbar.
ISBN: 978-3-86646-207-6

MIX
Papier aus verantwortungsvollen Quellen
FSC® C014138
FSC www.fsc.org

Für uns, die Battenberg Gietl Verlag GmbH mit all ihren Imprint-Verlagen, ist Nachhaltigkeit ein wichtiger Teil unserer Unternehmensphilosophie. Daher achten wir bei allen unseren Produkten auf den Einsatz umweltschonender Ressourcen und Materialien.
Dieses Buch wurde auf FSC®-zertifiziertem Papier gedruckt. FSC (Forest Stewardship Council®) ist eine nicht staatliche, gemeinnützige Organisation, die sich für die verantwortungsvolle und ökologische Nutzung der Wälder unserer Erde einsetzt.

Unsere Partnerdruckerei kann zudem für den gesamten Herstellungsprozess nachfolgende Zertifikate vorweisen:
- Zertifizierung für FOGRA PSO
- Zertifizierungssystem FSC®
- Leitlinien zur klimaneutralen Produktion (Carbon Footprint)
- Zertifizierung EcoVadis (die Methodik besteht aus 21 Kriterien in den Bereichen Umwelt, Einhaltung menschlicher Rechte und Ethik)
- Zertifikat zum Energieverbrauch aus 100 % erneuerbaren Quellen
- Teilnahme am Projekt „Grünes Unternehmen“ zum Schutz von Naturressourcen und der menschlichen Gesundheit

7. Auflage 2021

ISBN 978-3-86646-207-6

Vorwort

Es sind drei Sachen, durch welche das Verlangen der Menschen besonders geweckt wird, dieses oder jenes zu begehren, auf das sie sonst für ihren täglichen Gebrauch wohl verzichten könnten: Erstlich die Schönheit, zum anderen die Rarität und drittens die mit beiden verknüpfte Nutzbarkeit: Solche drei Qualitäten machen eine Sache angenehm, kostbar und nötig, sodaß ein jeder Mensch, wenn schon nicht zum Gebrauch oder zum Schmuck, so doch wenigstens als Sehenswürdigkeit etwas davon zu haben begehrt.

Mit diesen Worten an König August den Starken beschrieb Johann Friedrich Böttger 1709 den Wert des gerade von ihm erfundenen Hartporzellans. Sie können immer noch gelten, obwohl Böttger guten Grund hatte, die Bedeutung seiner Erfindung zu übertreiben. Er hatte dem König nämlich über viele Jahre versprochen Gold herzustellen, bis August ungeduldig wurde und ihm 1707 drohte: „Tue er mir Recht, Böttger, oder ...!"

Es war nicht das erste Mal, dass Böttger in Schwierigkeiten war. Schon einige Jahre vorher war der aufs Goldmachen versessene Geselle beim Apotheker Zorn in Berlin dem König Friedrich I. aufgefallen, der hoffte, mit Hilfe dieses jungen Mannes die Schulden zu verringern, die er für die Feiern seiner gerade vollzogenen Krönung als König in Preußen gemacht hatte.

Böttger glaubte ans Goldmachen, aber er wusste, dass er bei all seinen bisherigen Vorführungen nur durch Taschenspielerei unedles Metall oder Silber in Gold verwandelt hatte. Als der Preußenkönig ihn zu sich befahl, bekam er es mit der Angst. Er wusste, dass ungeduldige Könige erfolglosen Goldmachern ein unerfreuliches Ende bereiten ließen. So schnürte er seine geheimen Tinkturen, Pulver und Notizen in ein Bündel und gelangte auf Schleichwegen aus Berlin ins sächsische Wittenberg. Das war keine große Verbesserung, denn August der Starke, sächsischer Kurfürst und König von Polen, hatte mit zwei Residenzen in Dresden und Warschau noch mehr Bedarf an Gold als sein königlicher Vetter in Berlin. Er ließ Böttger als Gefangenen nach Dresden bringen. In der Jungfernbastei sollte Böttger nun endlich Gold machen, was ihm natürlich nicht gelingen konnte.

Der sächsische Kurfürst hatte 1696 Ehrenfried Walter von Tschirnhaus, einen Gelehrten von europäischem Ansehen, beauftragt, in Sachsen nach „Edelsteinbrüchen zu visitieren" und alle Bodenschätze in Sachsen auf ihre wirtschaftliche Verwertbarkeit zu untersuchen. Tschirnhaus lernte Böttger kennen, hielt bald große Stücke auf ihn und sie tauschten ihre Erfahrungen aus. Tschirnhaus hatte das Glasschmelzen perfektioniert und Glasmanufakturen geschaffen. Er versuchte auch, Porzellan auf ähnliche Weise wie Glas herzustellen. Das musste scheitern, denn Glas entsteht durch Schmelzen, Steingut und Porzellan dagegen durch Sintern. Trotzdem halfen Tschirnhausens Erkenntnisse über die Schmelzbarkeit von Mineralien Böttger, 1707 zuerst das rote Steinzeug und 1709 das weiße Porzellan herzustellen.

August der Starke, ein Verehrer und begeisterter Sammler ostasiatischen Porzellans, gründete 1710 seine eigene Porzellanfabrik, die erste in Europa, die nach seinen eigenen Worten „der Gloire des Königs und dem Kommerz" dienen sollte. Und um beides zu schützen, brachte er die Manufaktur in der streng bewachten und isolierten Albrechtsburg in Meißen unter.

In den ersten Jahren dachte niemand daran, den Erzeugnissen der Manufaktur eine Fabrikmarke zu geben. Es gab ja keine Konkurrenz. Alles Hartporzellan musste aus Meißen kommen. Doch dann floh 1719 der Meißener Obermeister Stölzel mit dem Geheimnis der Porzellanmacherei, dem „Arkanum", nach Wien. Mit seiner Hilfe konnte die dort zwei Jahre zuvor gegründete Porzellanmanufaktur von du Paquier endlich richtiges Porzellan herstellen. Kurz darauf machte man mit Hilfe eines entlaufenen Meißener Arbeiters auch in Venedig Porzellan. Es entstand also ernsthafte Konkurrenz für die Manufaktur in Meißen.

Als 1717 eine einigermaßen brauchbare blaue Unterglasurfarbe entwickelt worden war, malte man damit pseudochinesische Zeichen unter die Porzellanstücke. Wie und in welcher Form, blieb den Malern überlassen.

1722 schlug der Manufakturinspektor Johann Melchior Steinbrück die gekreuzten Schwerter aus dem Wappen des sächsischen Kurfürsten als Marke vor. Dieses Zeichen setzte sich schließlich durch, und damit begann das Markierungssystem für Porzellan in Europa.

Zuerst trug man die Marken mit dem Pinsel auf das noch unglasierte Stück auf. Bis 1817 gab es nur Blau als Unterglasurfarbe. Dann kam Grün als zweite Unterglasurfarbe hinzu. Mit der Hand gemalte grüne Marken sind aber sehr selten. Erst als um 1830 Gummistempel in Gebrauch kamen, wurde die leichtflüssigere grüne Farbe für Markenzeichen benutzt.

Sowohl in den frühen Zeiten als auch später übertrug man Lehrlingen oder Hilfsarbeitern das Anbringen der Marken. Die machten das nicht immer sehr sorgfältig und nicht wenige Marken erscheinen verschmiert oder verwischt, bei manchen fehlen Teile und manchmal sind auch nur Konturen erkennbar. Dazu kommt, dass die auf die hart gebrannten porösen Scherben in blauer Farbe aufgetragene Marke nach der Glasur unscharfe Umrisse hat, was es auch schwierig macht, sie zu fotografieren. Bei den Zeitangaben für Marken auf altem Porzellan sind deswegen andere Hinweise wie Arbeitsberichte, Lohnaufzeichnungen, Porzellanqualität, Malerei und Staffierung zu Hilfe gezogen worden.

Seit dem späten 19. Jahrhundert brachten die Hersteller häufig zusätzliche Bezeichnungen oder Dekornamen über oder unter der Marke an. Von diesen Zusätzen sind in diesem Buch nur wenige aufgeführt, da ihre Zahl zu groß ist.

Bei der Zeitbestimmung jüngeren Porzellans hilft etwas das britische Handelsmarken-Gesetz von 1887. Es forderte, dass auf allen Import-Waren der Name des Herkunftslandes anzubringen sei. Das konnte bei deutschen Produkten mit den Worten „Made in Germany" geschehen oder einfach nur mit „Germany". 1891 erließen die USA ein ähnliches Gesetz. Das erlaubt die Feststellung, dass alle Stücke, die den Namen des Herkunftslandes tragen, nach 1887 hergestellt worden sind. Leider ist es nicht möglich, im Umkehrschluss zu sagen, dass alle Porzellanstücke ohne die Herkunftsbezeichnung vor 1887 produziert wurden. Bei kleineren Artikeln, zu denen eben auch Porzellan gehört, erlaubten die Zollbehörden nämlich, dass die Hersteller die Herkunftsbezeichnung nur auf den Transportbehältern anbrachten und nicht auf jedem Stück darinnen. Gelegentlich klebte man auch Papieretiketten mit dem Aufdruck „Germany" unter die Stücke. Andere Kennzeichnungen wie - Prussia -, - Bavaria -, - Silesia -, - Thuringia - oder ähnliche waren erlaubt, solange der Staat, in dem sie benutzt wurden, keinen Widerspruch erhob.

Seit 1874 galt im Deutschen Reich das „Gesetz über den Markenschutz". 1891 wurde das „Gesetz über den Gebrauchsmusterschutz" eingeführt. Die Buchstaben „DRGM" im Zusammenhang mit einer Marke bedeuten „Deutsches Reich Gebrauchsmusterschutz". Sie sind ein Zeichen dafür, dass das Porzellanstück nach 1891 hergestellt worden ist. 1894 trat das „Gesetz zum Schutz der Waarenzeichen" in Kraft, das das Markenschutzgesetz ablöste. Warenzeichen wurden seitdem (bis zum Inkrafttreten des neuen Markengesetzes 1995) in die Warenzeichenrolle beim Patentamt eingetragen. Besitzer dieser Zeichen fügten ihren Marken oft eine Bezeichnung hinzu, die auf die Eintragung hinwies, wie:

Deponiert dep	DEP
Schutzmarke	Gesetzlicher Schutz gesetzl. geschützt
ges. geschützt	ges. gesch.

oder ähnlich. Stücke mit diesen Zusätzen sind nach 1894 entstanden.

In der Mitte des 20. Jahrhunderts kommen zunehmend Schiebebilder für Marken in Gebrauch. Die Marke wird mit keramischer Farbe auf ein spezielles Papier gedruckt und mit Schiebe- oder Filmlack überzogen. Nachdem das Papier angefeuchtet ist, kann die Marke vom Film auf Porzellan übertragen werden.

Blaue und grüne Marken liegen unter der Glasur und sind dadurch technisch geschützt. Rechtlich dagegen waren sie bis zum Erlass des Markenschutzgesetzes 1874 Freiwild. Jede Fabrik konnte berühmte Marken nachahmen. Bekannte deutsche Porzellanfabriken lieferten den zahlreichen Porzellanmalern sogar Weißporzellan mit den gefälschten Marken von Wien und Meissen. Die Porzellanmaler stellten selbst kein Porzellan her, da sie in ihren Muffelöfen die zum Brand nötigen 1300° bis 1450° Celsius nicht erreichten. Diese Fälschungen gingen nach 1871 und vielen Gerichtsprozessen etwas zurück, aber sie hörten nicht auf.

Eine neue Farbe hat sie in den letzten Jahrzehnten wieder belebt, die Inglasurfarbe. Sie ist eine auf die Glasur aufgetragene Einsinkfarbe, die bei Brandtemperaturen von 1200° bis 1300° Celsius in die erweichte Glasur einsinkt und mit ihr verschmilzt. Marken, die mit Inglasurfarben aufgetragen sind, können wie Unterglasurmarken aussehen.

Auch wenn es zahlreiche Fälschungen der Marken besonders der älteren Manufakturen gibt, bleibt die Marke das wichtigste Identifikationsmerkmal. Doch dazu kommen bei älterem Porzellan noch Form und Stil des jeweiligen Stücks, das Dekor, die Farben, die Glasur, das Gewicht und der Klang. Viele Museen haben besondere Sprechstunden, in denen Porzellanliebhabern bei der Identifizierung ihrer Stücke geholfen wird.

Die Eintragungen in diesem Buch sind nach den Herstellungsorten alphabetisch geordnet:

Bei der ersten Erwähnung eines Porzellanherstellers oder -malers folgt auf den Namen die Zeit, in der der Betrieb bestand oder besteht. Häufig wird zu Beginn einer Eintragung eine kurze Geschichte des Betriebes gegeben. Danach werden die Hauptprodukte aufgeführt und es folgen Angaben über die Dauer der Markenbenutzung und weitere Informationen dazu.

Bei weiteren Marken des Betriebes sind die Namen des Herstellers, der Zeitraum der Markenbenutzung und weitere Angaben über die Marke zu finden.

Verschiedene Marken derselben Firma und ihrer Nachfolger sind durch gepunktete Linien getrennt. Ein horizontaler Strich grenzt verschiedene Firmen in derselben Stadt voneinander ab.

In einigen Fällen werden auch Maler-, Modelleur-, Bossierer-, und Drehermarken aufgeführt, wenn sie bei der Datierung einer Marke helfen.

Nicht aufgeführt ist die unübersehbar große Zahl der Modell- und Musterbezeichnungen, die zusätzlich zu Fabrikmarken angebracht wurden.

<u>1901</u> Unterstrichene Jahreszahlen geben das Jahr an, in dem die Marke zum Warenzeichenregister angemeldet worden ist. Diese Marken können aber auch schon einige Zeit vor dem Jahr der Anmeldung benutzt worden sein.

(1901)In runde Klammern gesetzte Jahreszahlen geben an, wann die Marke gelöscht worden ist.

[1901] In eckige Klammern gesetzte Jahreszahlen geben an, wann die Schutzfrist für die Marke abgelaufen ist.

Ein Namensindex der Porzellanhersteller und -maler erleichtert es, die Marken einer Firma zu finden, deren Name dem Benutzer schon bekannt ist.

Bei der Suche nach einer Marke, deren Hersteller oder Herstellungsort nicht bekannt ist, kann die folgende Symbolliste helfen. Wählen Sie einen oder mehrere Bestandteile der Marke aus und suchen Sie in der folgenden Liste nach den Seiten, auf denen Sie Marken mit diesen Symbolen finden.

Inhaltsverzeichnis

Symbolindex

Für alle Marken – außer Buchstaben und Worten ohne Zusätze – gibt es zwei Eintragungen.

Verschiedene Symbole in einer Marke sind von oben nach unten ausgewählt. Bei Buchstaben und Worten ist jeweils der erste Buchstabe von links oben eingetragen.

Bei sehr häufig vorkommenden Symbolen wird der Eintragung des Hauptsymbols ein zweites Symbol aus der Marke hinzugefügt, wie z. B. Dreieck mit Buchstaben, Krone mit Schild, Schwerter gekreuzt mit Punkt usw.

Bei den Eintragungen bedeutet die Einzahl gleichzeitig die Mehrzahl, z. B. Baum schließt auch Bäume ein.

A

B

C

D

E

F

G

H

Erläuterungen

Aufglasur	Auf die Glasur des fertigen Porzellanstücks aufgebrachte Marke oder Malerei
DDR	Deutsche Demokratische Republik, 1949 aus den Ländern Mecklenburg-Vorpommern, Brandenburg, Sachsen-Anhalt, Sachsen und Thüringen gebildeter deutscher Teilstaat. 1990 durch Anschluss an die Bundesrepublik Deutschland aufgelöst.
Frittenporzellan	Porzellan, das dem Glas näher steht. Anstatt Kaolin oder Ton enthält es gemahlene Glasschmelze, genannt Fritte.
Kopchen	Henkellose kleine Tasse
SAG	„Sowjetische Staatliche Aktiengesellschaft" in Deutschland. 196 in der Sowjetischen Besatzungszone Deutschlands als Reparationsleistungen enteignete Betriebe wurden 1946 in 30 sowjetische Holdinggesellschaften, genannt SAG, überführt. In den Jahren 1950 bis 1952 wurden 99 Betriebe an die Regierung der DDR verkauft und zu VEB umgewandelt. Der Rest wurde 1954 an die DDR übergeben. Die Staatliche Porzellan Manufaktur Meissen war beispielsweise 1946 als „Rüstungsbetrieb" enteignet worden und gehörte bis 1950 zur „SAG Zement".
Unterglasur	Auf die noch porösen fertig gebrannten Scherben vor der Glasur aufgebrachte Marke oder Malerei, die anschließend durch die Glasur bedeckt wird.
VEB	Volkseigener Betrieb; in der DDR nach 1945 enteignete und verstaatlichte Betriebe und staatliche Betriebe, die nach 1945 gegründet wurden. Zentral von der Regierung geleitet. Nach der Vereinigung der DDR mit der Bundesrepublik wurden die VEB aufgelöst, einige Betriebe wurden privatisiert.
VVB	Vereinigung Volkseigener Betriebe; zentrale Leitungsbehörde volkseigener Betriebe einer Branche von 1948 bis 1951.

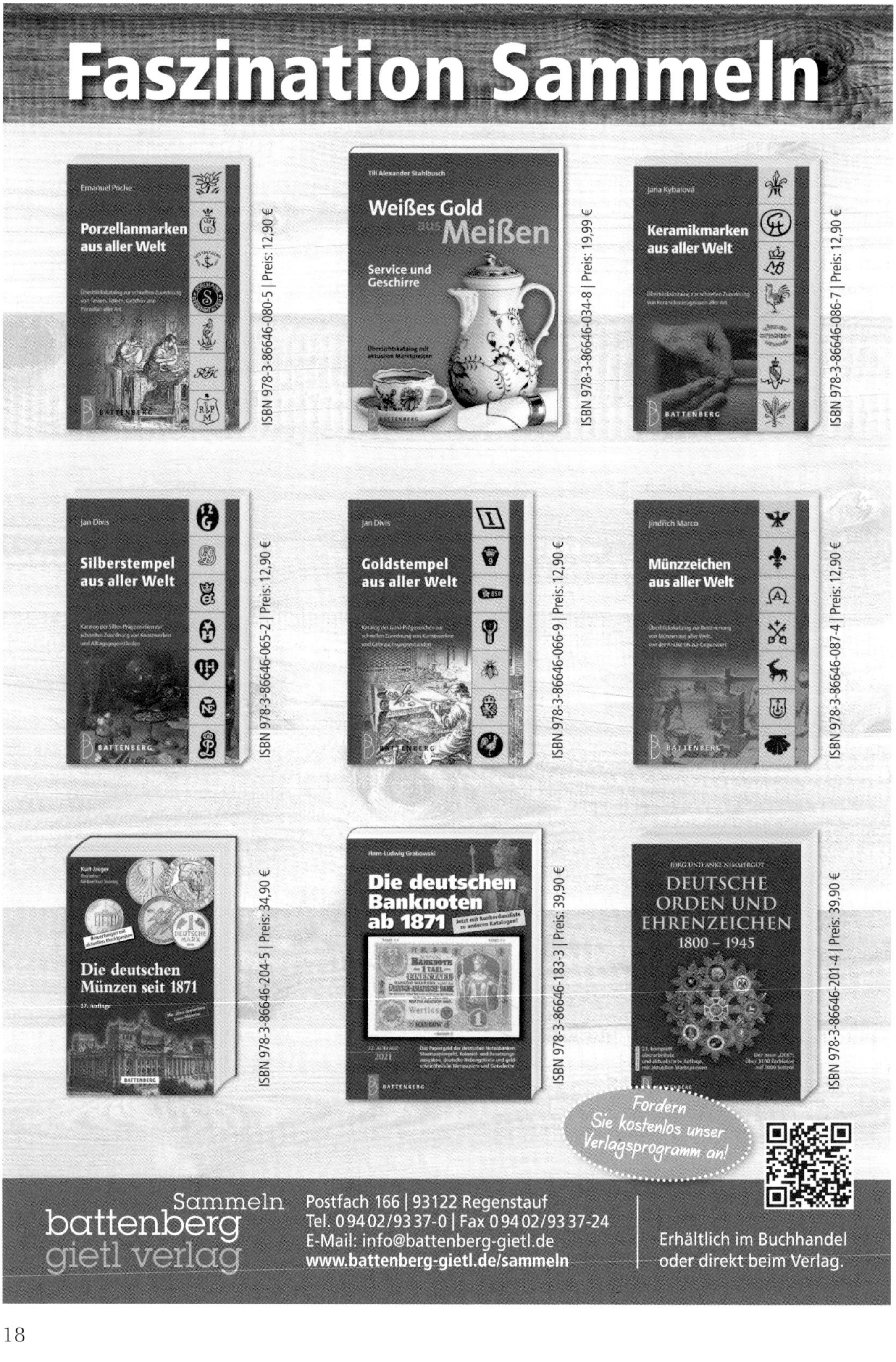
Faszination Sammeln
Emanuel Poche
Porzellanmarken aus aller Welt
ISBN 978-3-86646-080-5 | Preis: 12,90 €
Till Alexander Stahlbusch
Weißes Gold aus Meißen
Service und Geschirre
ISBN 978-3-86646-034-8 | Preis: 19,99 €
Jana Kybalová
Keramikmarken aus aller Welt
ISBN 978-3-86646-086-7 | Preis: 12,90 €
Jan Divis
Silberstempel aus aller Welt
ISBN 978-3-86646-065-2 | Preis: 12,90 €
Jan Divis
Goldstempel aus aller Welt
ISBN 978-3-86646-066-9 | Preis: 12,90 €
Jindřich Marco
Münzzeichen aus aller Welt
ISBN 978-3-86646-087-4 | Preis: 12,90 €
Kurt Jaeger
Die deutschen Münzen seit 1871
27. Auflage
ISBN 978-3-86646-204-5 | Preis: 34,90 €
Hans-Ludwig Grabowski
Die deutschen Banknoten ab 1871
ISBN 978-3-86646-183-3 | Preis: 39,90 €
Jörg und Anke Nimmergut
Deutsche Orden und Ehrenzeichen 1800 – 1945
ISBN 978-3-86646-201-4 | Preis: 39,90 €
Fordern Sie kostenlos unser Verlagsprogramm an!
Sammeln
battenberg
gietl verlag
Postfach 166 | 93122 Regenstauf
Tel. 0 94 02/93 37-0 | Fax 0 94 02/93 37-24
E-Mail: info@battenberg-gietl.de
www.battenberg-gietl.de/sammeln
Erhältlich im Buchhandel oder direkt beim Verlag.

A

Aachen, Rheinprovinz

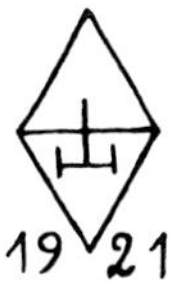

1
Erich Haselhuhn • Porzellanmalerei • 1921 – 1932 • Marke <u>1921</u> – 1925 • Malermarke aufglasur • Umbenannt in **EHA Edelporzellane Erich Haselhuhn**

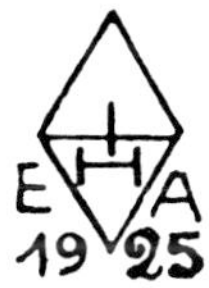

2
Eha-Edelporzellane Erich Haselhuhn • Porzellanmalerei • Marke 1925 bis ca. 1932 • Malermarke aufglasur

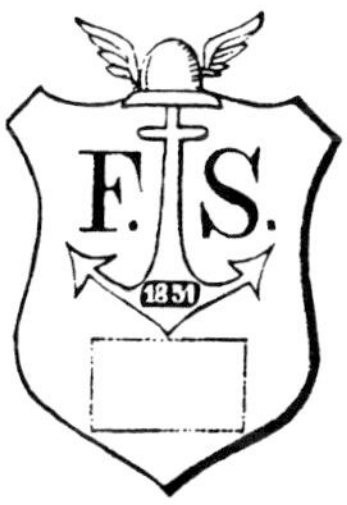

3
Ferdinand Schmetz Porzellanknopffabrik • 1851 – 1871 • **Franz Schmetz's Sohn** • 1871 – ca. 1922 • Auch Mosaik für Wand und Boden • Marke <u>1893</u> • Die Firma wird 1922 nach Herzogenrath verlegt und umbenannt in Keramische Werke Herzogenrath GmbH, später in Rheinische Perlen- und Porzellanknopffabriken

Albersweiler, Bayern

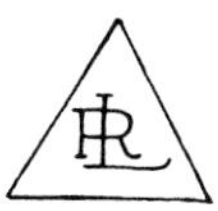

4
Robert Lutz • Porzellanfabrik • ca. 1892 – ca. 1910 • Marke 1892 – ca. 1910

Alexandrinenthal, Bayern

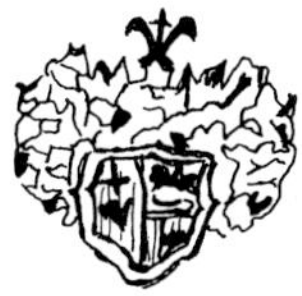

5
Thomas Recknagel Porzellanfabrik Alexandrinenthal • 1886 – 1934 • Porzellanmalerei, Zierporzellan, Figuren, Puppenköpfe, nach 1931 überwiegend Porzellanmalerei • Marke 1886 – 1934

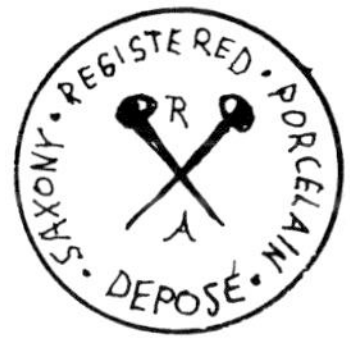

6
Thomas Recknagel Porzellanfabrik Alexandrinenthal • Marke nach 1896 – 1934

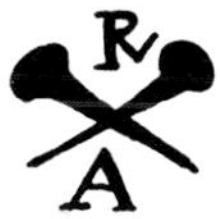

7
Thomas Recknagel Porzellanfabrik Alexandrinenthal • Marke ca. 1886 – 1934

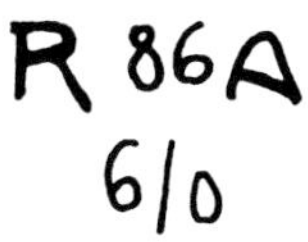

8
Thomas Recknagel Porzellanfabrik Alexandrinenthal • Eingepresste Halsmarke auf Puppenköpfen • Nach 1900 – 1934

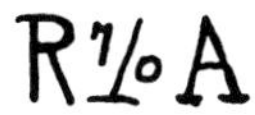

9
Thomas Recknagel Porzellanfabrik Alexandrinenthal • Eingepresste Halsmarke auf Puppenköpfen • Nach 1900 – 1934

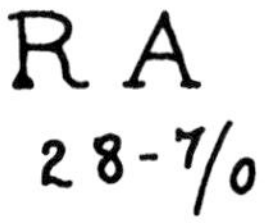

10
Thomas Recknagel Porzellanfabrik Alexandrinenthal · Eingepresste Halsmarke auf Puppenköpfen um 1912

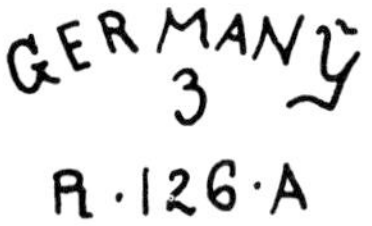

11
Thomas Recknagel Porzellanfabrik Alexandrinenthal · Eingepresste Halsmarke auf Puppenköpfen um 1910 – 1912

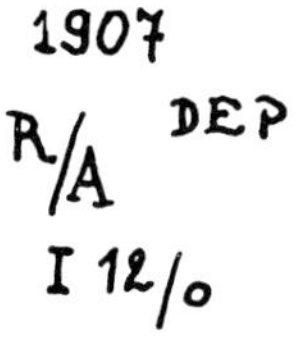

12
Thomas Recknagel Porzellanfabrik Alexandrinenthal · Eingepresste Halsmarke auf Puppenköpfen · Marke 1907

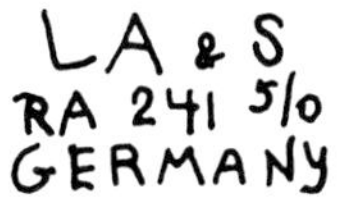

13
Thomas Recknagel Porzellanfabrik Alexandrinenthal · Eingepresste Halsmarke auf Puppenköpfen für Louis Amberg & Son, New York · Von ca. 1924 – ca. 1934

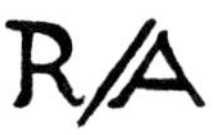

14
Thomas Recknagel Porzellanfabrik Alexandrinenthal · Eingepresste Halsmarke auf Puppenköpfen immer mit Modellnummer · 1900 – 1918

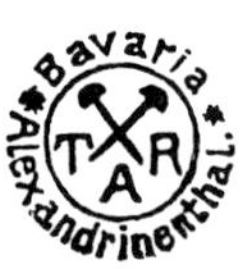

15
Thomas Recknagel Porzellanfabrik Alexandrinenthal · Marke auf Figuren ca. 1925 – 1934 · Auch ohne „Bavaria" über dem Kreis

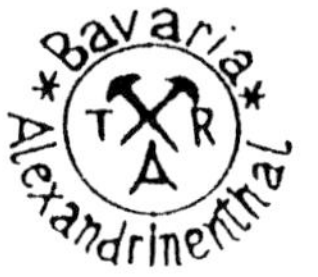

16
Thomas Recknagel Porzellanmalerei · Marke um 1930 – 1934 · Malermarke aufglasur

Allach, Bayern

Porzellan-Manufaktur Allach (PMA). Die Firma gehört der SS, 1936 – 1945. Figuren und Zierporzellan im Sinne der NS-Ideologie. Seit 1943 überwiegend Gebrauchsporzellan. Von 1939 – 1945 gehört die Porzellanfabrik Bohemia in Neurohla, Böhmen, der PMA und benutzt die PMA-Marke auch zusammen mit ihrer eigenen Marke. Nach 1945 stellt die Porzellanfabrik **Oscar Schaller & Co. Nachf.** in **Windischeschenbach** Ausformungen der Allacher Modelle her.

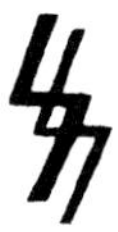

17
Porzellan-Manufaktur Allach · Marke 1936 – 1945

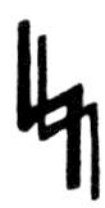

18
Porzellan-Manufaktur Allach · Marke 1936 – 1945 · Blau unterglasur, auch eingepresst

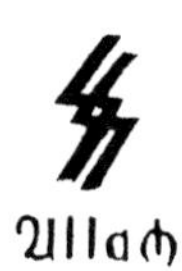

19
Porzellan-Manufaktur Allach · Marke 1936 – 1945

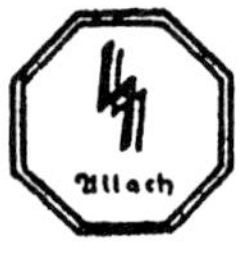

20
Porzellan-Manufaktur Allach · Marke 1936 – 1945

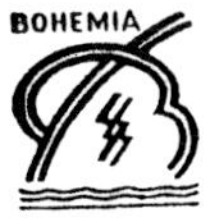

21
Marke der Porzellan-Manufaktur Allach in der Marke der **Porzellanfabrik Bohemia** in Neurohla, Böhmen ❧ 1939 – 1945

Altenkunstadt, Bayern

Rothemund & Co., 1919 – 1923, Nachfolger **Rothemund, Hager & Co.,** 1923 – 1933, dann **Porzellanfabrik Altenkunstadt Karl Nehmzow,** 1933 bis heute. Geschenk-, Sammler- und Werbe-Porzellan, Zierporzellan, Figuren. Von 1933 – 1948 nur Steingut-Produktion, erst danach wieder Porzellan

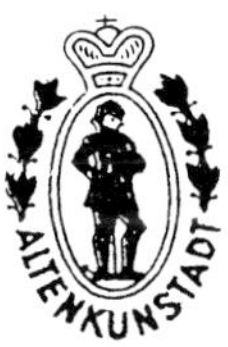

22
Rothemund, Hager & Co.
Marke ca. 1919 – 1933, auch nach 1933 von Nachfolger Porzellanfabrik Karl Nehmzow gelegentlich benutzt

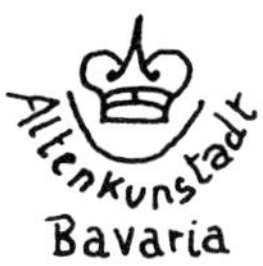

23
Rothemund & Co. und **Rothemund, Hager & Co.** ❧ Marke 1919 – 1933

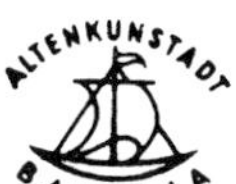

24
Porzellanfabrik Altenkunstadt Karl Nehmzow ❧ Marke ab 1933 – ca. 1960 ❧ Blau unterglasur oder schwarz aufglasur

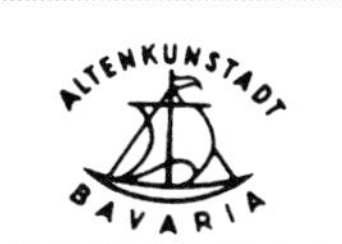

25
Porzellanfabrik Altenkunstadt Karl Nehmzow ❧ Marke ab 1960 – heute ❧ Exportmarke ❧ Blau unterglasur oder schwarz aufglasur

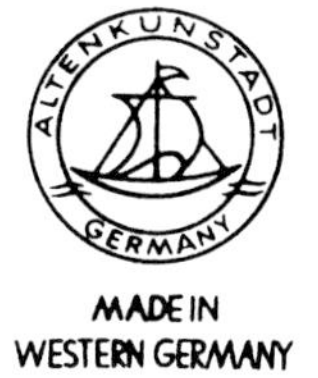

26
Porzellanfabrik Altenkunstadt Karl Nehmzow ❧ Marke ab 1960 – heute ❧ Exportmarke ❧ Blau unterglasur oder schwarz aufglasur

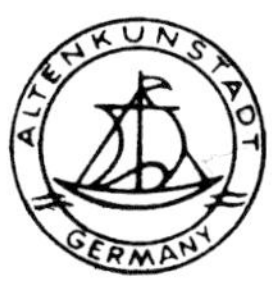

27
Porzellanfabrik Altenkunstadt Karl Nehmzow ❧ Marke ab 1960 – heute ❧ Exportmarke ❧ Blau oder schwarz aufglasur

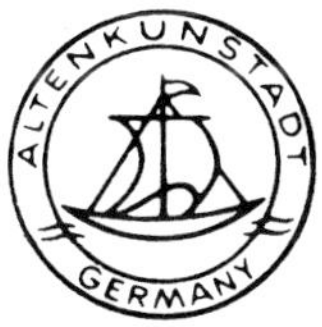

28
Porzellanfabrik Altenkunstadt Karl Nehmzow ❧ Marke ab 1960 – heute ❧ Exportmarke ❧ Blau unterglasur oder schwarz aufglasur

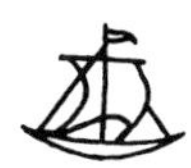

29
Porzellanfabrik Altenkunstadt Karl Nehmzow ❧ Marke ab 1960 – heute ❧ Exportmarke ❧ Blau oder schwarz aufglasur

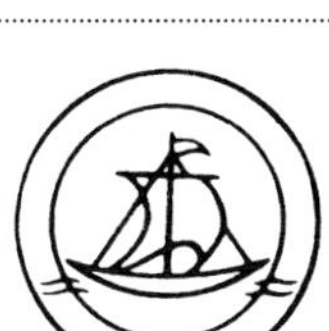

30
Porzellanfabrik Altenkunstadt Karl Nehmzow ❧ Marke ab ca. 1960 – heute ❧ Blau oder schwarz aufglasur

31
Porzellanfabrik Altenkunstadt Karl Nehmzow ∙ Marke ab ca. 1960 – heute ∙ Exportmarke ∙ Blau oder schwarz aufglasur

PORZELLANFABRIK ALTENKUNSTADT BAVARIA

32
Porzellanfabrik Altenkunstadt Karl Nehmzow ∙ Marke 1964

ALTENKUNSTADT GERMANY

33
Porzellanfabrik Altenkunstadt Karl Nehmzow ∙ Marke ab ca. 1969 – heute ∙ Exportmarke ∙ Blau oder schwarz aufglasur

altenkunstadt
MADE IN WESTERN GERMANY

34
Porzellanfabrik Altenkunstadt Karl Nehmzow ∙ Marke ab 1969 – ca. 1971 ∙ Exportmarke ∙ Blau oder schwarz aufglasur

35
Porzellanfabrik Altenkunstadt Karl Nehmzow ∙ Marke 1969 – ca. 1971 ∙ Blau oder schwarz aufglasur

36
Porzellanfabrik Altenkunstadt Karl Nehmzow ∙ Marke ab ca. 1970 ∙ Blau unterglasur

das variable

37
Porzellanfabrik Altenkunstadt Karl Nehmzow ∙ Marke 1972 –

Althaldensleben/Haldensleben, Provinz Sachsen

38
Gottlob Nathusius ∙ 1826 – 1851 ∙ Tafel-, Kaffee-, Teegeschirr, Zierporzellan ∙ Marke 1826 – 1860 ∙ Blau unterglasur

N

39
Gottlob Nathusius ∙ Marke 1826 – 1851 ∙ Blau unterglasur

G. Z.

40
Gebrüder Ziegler ∙ Porzellanmalerei ∙ Marke ca. 1894 – 1938 ∙ Malermarke aufglasur

Altwasser, Schlesien

C. Tielsch & Co., 1845 – 1945, Haushalts- und Hotelporzellan, Kaffee- und Teegeschirr, Zierporzellan. 1918 übernimmt die **Porzellanfabrik C.M. Hutschenreuther** in **Hohenberg** die Mehrheit der Anteile, doch die Firma behält ihren Namen. Von 1920 – 1945 werden den Marken die beiden letzten Ziffern des Herstellungsjahres hinzugefügt oder das Jahr wird ganz ausgeschrieben.

TPM

41
C. Tielsch & Co. ∙ Marke 1845 – ca. 1850 ∙ Blau unterglasur, meist sehr undeutlich ∙ Der Vogel ist eine Taube mit Lorbeerzweig und nicht, wie in späteren Marken, ein Adler (siehe Marke Nr. 60)

TPM

42
C. Tielsch & Co. ∙ Marke ca. 1845 – 1855

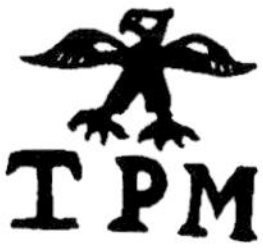

43
C. Tielsch & Co. • Marke ca. 1845 – ca. 1855

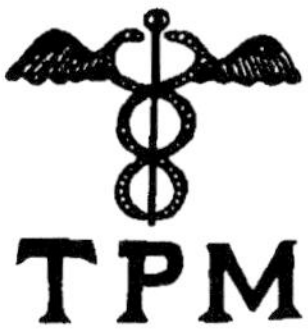

44
C. Tielsch & Co. • Marke ca. 1845 – ca. 1850

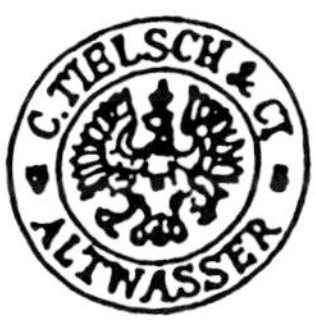

45
C. Tielsch & Co. • Marke ca. 1850 – 1870 • Blau oder grün unterglasur • In Anlehnung an die von 1847 – 1849 von der KPM Berlin benutzte Marke

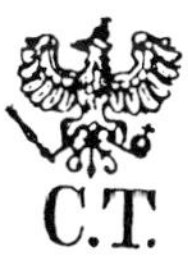

46
C. Tielsch & Co. • Marke 1875 – ca. 1909 • Verwechselbar mit dem preußischen Wappenadler, nach Einspruch der preußischen Behörden wurden Szepter und Reichsadler entfernt

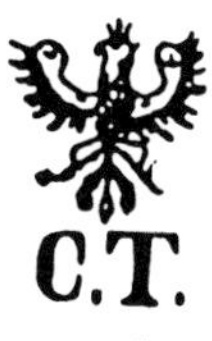

47
C. Tielsch & Co. • Marke 1894 – ca. 1935 •

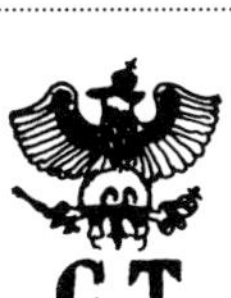

48
C. Tielsch & Co. • Marke ca. 1875 – ca. 1918 • Blau unterglasur

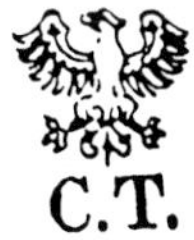

49
C. Tielsch & Co. • Marke 1894 – 1935

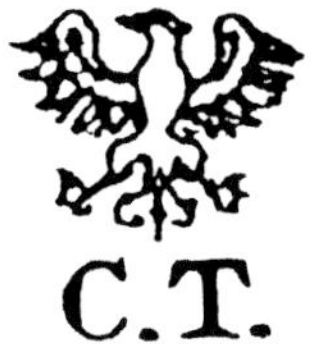

50
C. Tielsch & Co. • Marke 1875 – ca. 1935 • Blau oder grün unterglasur, auch eingepresst • Auch mit „– Altwasser –", „– Silesia –" oder „– Germany –" unter der Marke

51
C. Tielsch & Co. • Marke 1875 – (1895)

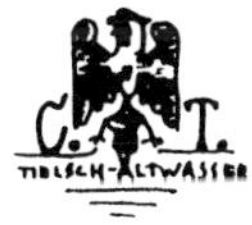

52
C. Tielsch & Co. • Marke 1931 – 1938 • blau unterglasur

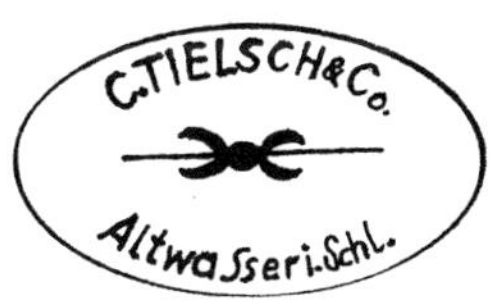

53
C. Tielsch & Co. • Marke ca. 1875 – 1885 • Auch mit „– Altwasser –" und „– Silesia –"

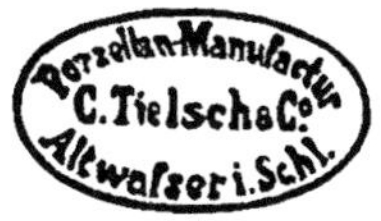

54
C. Tielsch & Co. • Marke ca. 1875 – 1885

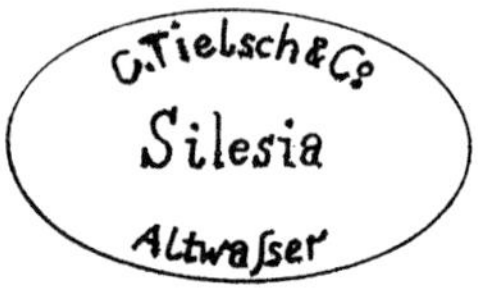

55
C. Tielsch & Co. Marke ca. 1875 – 1885

56
C. Tielsch & Co. Marke 1895 – ca. 1918 Grün unterglasur Auch mit „– Germany –" unten

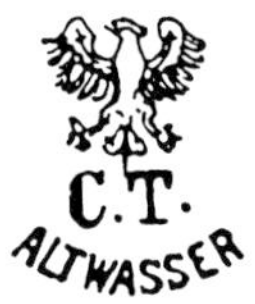

57
C. Tielsch & Co. Marke 1909 – 1935

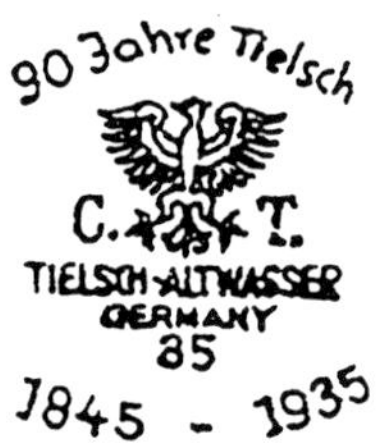

58
C. Tielsch & Co. Jubiläumsmarke 1935

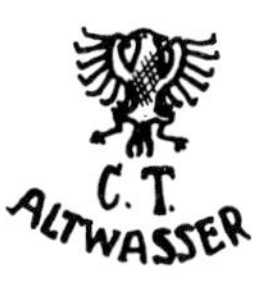

59
C. Tielsch & Co. Marke 1909 – ca. 1934 Blau oder grün unterglasur

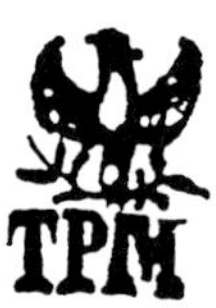

60
C. Tielsch & Co. Marke 1845 – ca. 1848 Blau unterglasur Wahrscheinlich Taube wie Marke Nr. 41

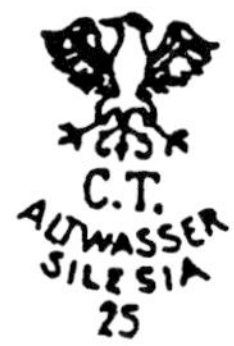

61
C. Tielsch & Co. Marke 1925 Die Zahl 25 bezeichnet das Herstellungsjahr 1925

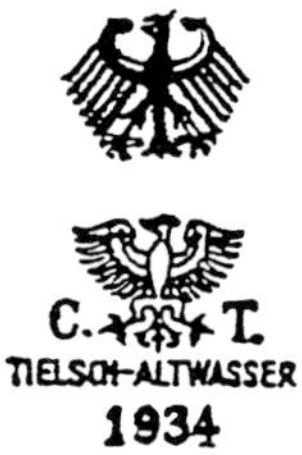

62
C. Tielsch & Co. Marke mit Reichsadler auf Porzellanlieferungen an die Reichswehr Diese Marke 1934

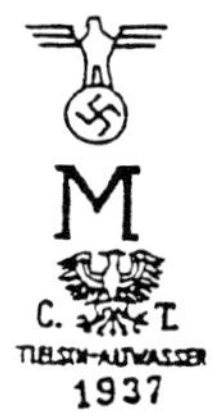

63
C. Tielsch & Co. Marke mit NS-Adler und Buchstabe M auf Porzellanlieferungen an die Kriegsmarine Diese Marke 1937

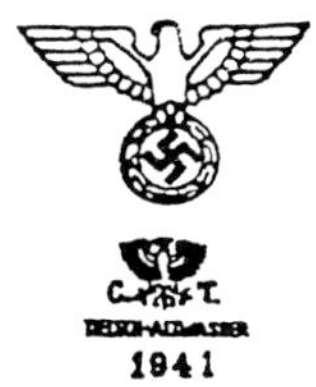

64
C. Tielsch & Co. Marke mit NS-Adler auf Porzellanlieferungen an die Wehrmacht Diese Marke 1941

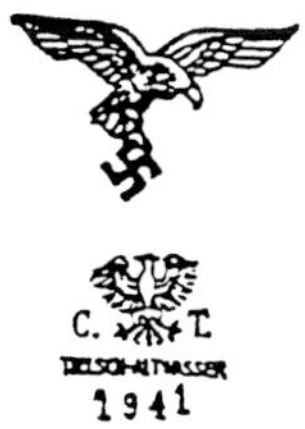

65
C. Tielsch & Co. ✤ Marke mit Luftwaffen-Adler auf Porzellanlieferungen an die Luftwaffe ✤ Diese Marke 1941

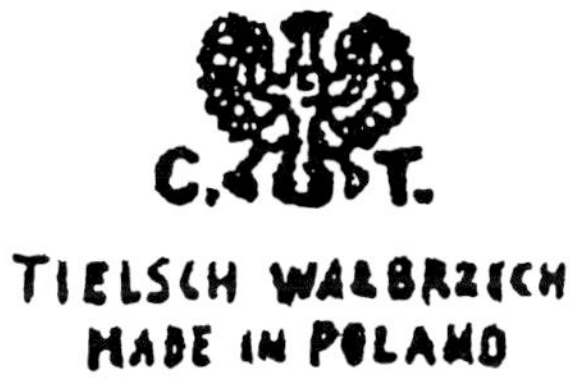

66
Zaklad Porcelany Stolowej Walbrzych ✤ Name der sich in Staatsbesitz befindlichen enteigneten Fabrik **C. Tielsch** nach 1945 ✤ Marke 1945 – 1952 ✤ 1992 privatisiert

Amberg, Bayern

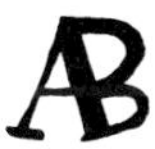

67
Eduard Kick ✤ 1850 – 1910 ✤ Kick kauft um 1850 die Originalformen der 1824 geschlossenen **Königlichen Porzellan Manufaktur Ludwigsburg** und stellt damit bis 1910 Reproduktionen in Steingut her ✤ Marke 1850 – 1880

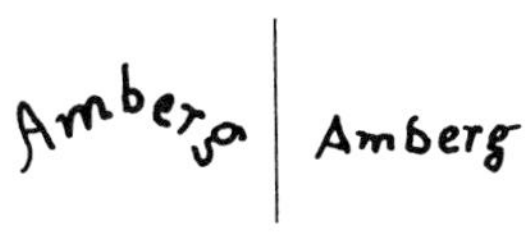

68, 69
Eduard Kick ✤ Marken 1850 – 1910

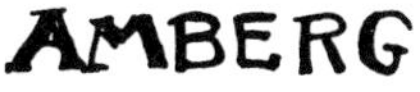

70
Eduard Kick ✤ Marke 1880 – 1910

Annaburg, Brandenburg

Aus der Fabrik von **A. Heckmann,** 1874 – ca. 1924, die Steingut mit Meißener Zwiebelmuster herstellt, wird die **Annaburger Steingutfabrik,** ca. 1924 – 1945 und danach der **VEB Steingutfabrik Annaburg,** der später als **Werk Annaburg des VEB Vereinigte Porzellanwerke Colditz** Porzellan produziert. Nach einer Privatisierung entsteht die **Annaburg Porzellan,** 1992 – heute. Hotel- und Haushaltsporzellan.

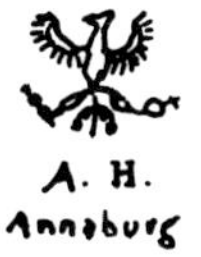

71
A. Heckmann ✤ Marke 1874 – vor 1924 ✤ Blau unterglasur auf Nachahmungen des Meißener Zwiebelmustergeschirrs in Steingut

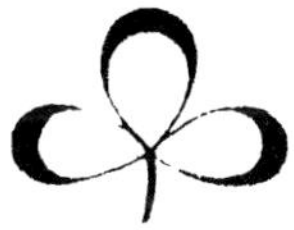

72
Annaburger Steingutfabrik ✤ Marke ca. 1924 – 1945

73
Annaburger Steingutfabrik ✤ Marke 1922 – 1945

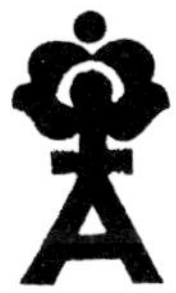

74
VEB Steingutwerk Annaburg ✤ Marke 1957 – 1990

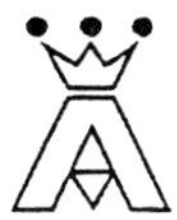

75
Annaburg Porzellan ✤ Marke 1992 – heute

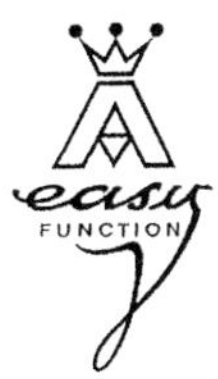

76
Annaburg Porzellan ✤ Marke 1992 – heute

Ansbach-Bruckberg, Bayern

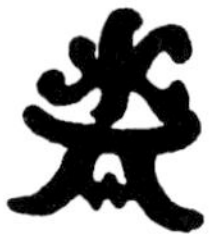

77
Johann Krause Porzellanmalerei · 1945 - 1954, dann nach **Wunstorf** verlegt · Firma bestand bis 1945 in Andrespol, Polen · Marke 1945 - 1954 · Gold aufglasur

Aus einer Fayencefabrik entsteht die **Markgräflich Feine Porcelain Fabrique,** 1757 - 1791. Dann heißt sie **Königlich Preussische Porzellan-Manufaktur Bruckberg,** 1791 - 1806, später **Königliche Porzellan-Manufaktur Bruckberg,** 1806 - 1807, schließlich **Loewe & Stadtler,** 1807- geschlossen 1860. Alle Eigentümer produzierten Tafelgeschirr, Kaffee- und Teeservices, Zierporzellan und Figuren.

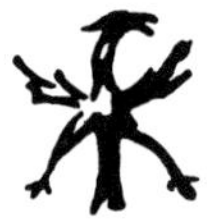

78
Markgräflich Feine Porcelain Fabrique ·
Marke 1757 - 1791 · Blau unterglasur

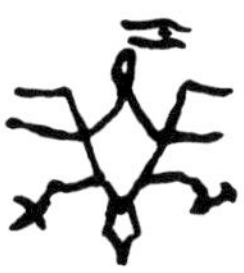

79
Markgräflich Feine Porcelain Fabrique ·
Marke 1757 - 1791 · Blau unterglasur

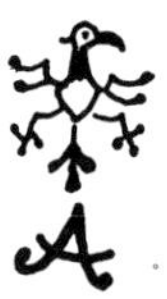

80
Markgräflich Feine Porcelain Fabrique ·
Marke 1757 - 1791 · Blau unterglasur

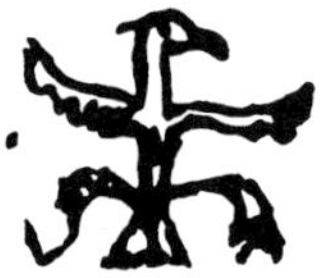

81
Markgräflich Feine Porcelain Fabrique ·
Marke 1757 - 1791 · Blau unterglasur

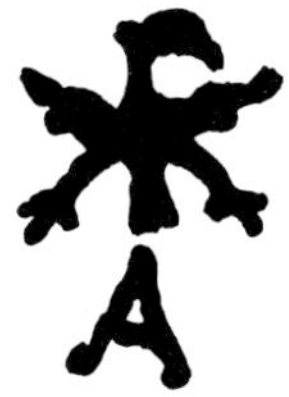

82
Markgräflich Feine Porcelain Fabrique ·
Marke 1757 - 1791 · Blau unterglasur

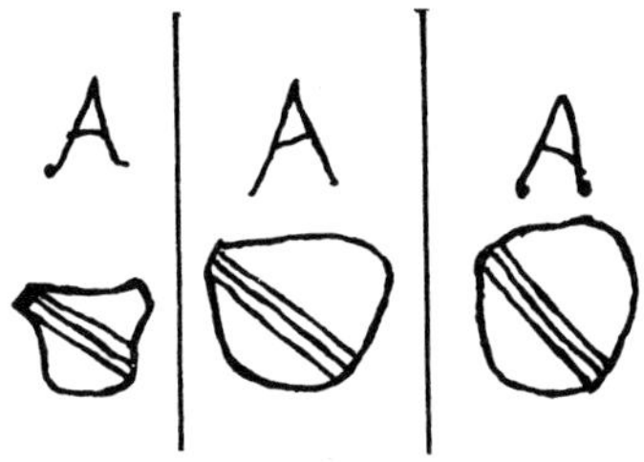

83-85
Markgräflich Feine Porcelain Fabrique ·
Marken ca. 1760 - ca. 1770 · Blau unterglasur

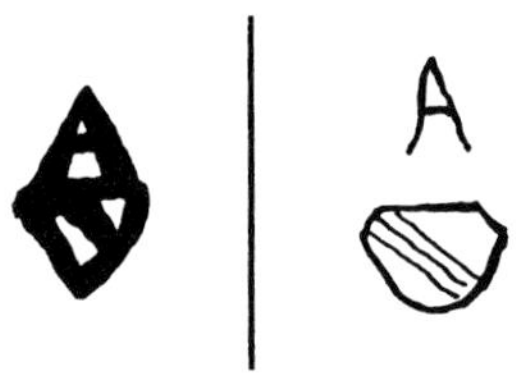

86
Markgräflich Feine Porcelain Fabrique ·
Marken ca. 1760 - ca. 1770 · Blau unterglasur

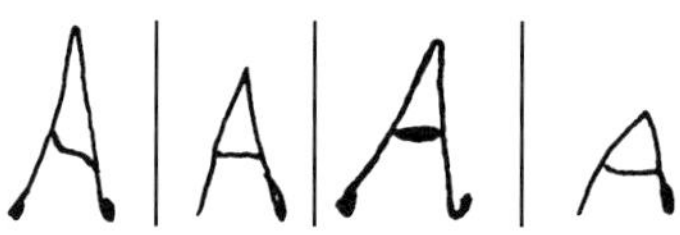

87-90
Markgräflich Feine Porcelain Fabrique und **Nachfolger** · Marken 1757 - 1860 · Blau unterglasur

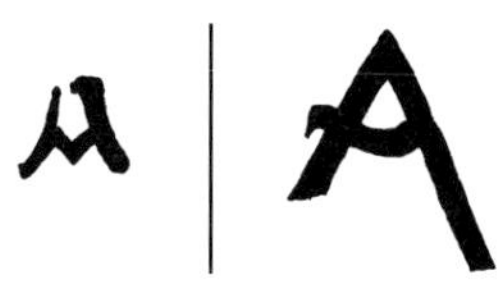

91
Markgräflich Feine Porcelain Fabrique und **Nachfolger** · Marken 1757 - 1860 · Blau unterglasur

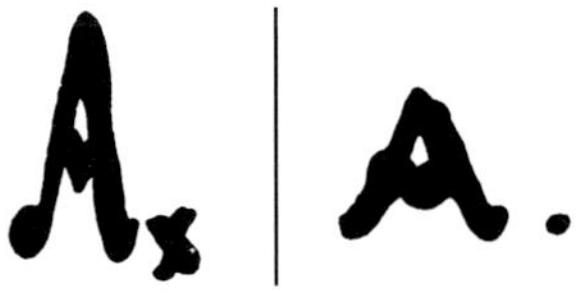

92, 93
Markgräflich Feine Porcelain Fabrique und **Nachfolger** ❧ Marken 1757 – 1860 ❧ Blau unterglasur

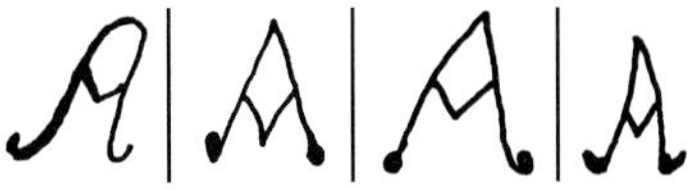

94-97
Markgräflich Feine Porcelain Fabrique und **Nachfolger** ❧ Marken 1757 – 1860 ❧ Blau unterglasur

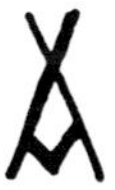

98
Markgräflich Feine Porcelain Fabrique und **Nachfolger** ❧ Marke 1757 – 1860 ❧ Blau unterglasur

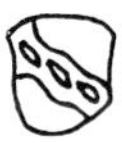

99
Markgräflich Feine Porcelain Fabrique und **Nachfolger** ❧ Marke 1757 – 1860 ❧ Blau unterglasur

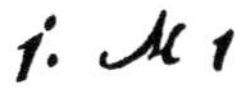

100
Markgräflich Feine Porcelain Fabrique und **Nachfolger** ❧ Möglicherweise Marke des Malers Johann Meyerhöffer, 1757 – ca. 1765

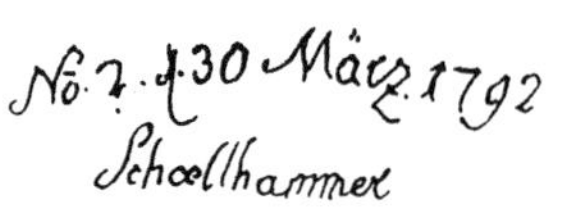

101
Markgräflich Feine Porcelain Fabrique und **Nachfolger** ❧ Marke des Buntmalers Johann Melchior Schoellhammer, in der Manufaktur tätig von 1758 – 1807, seit 1796 Malerei-Inspektor ❧ Stück mit dieser Marke gemalt 1792

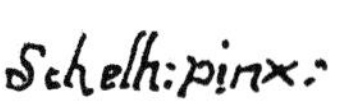

102
Markgräflich Feine Porcelain Fabrique und **Nachfolger** ❧ Marke des Buntmalers Johann Melchior Schoellhammer

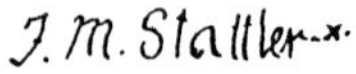

103
Markgräflich Feine Porcelain Fabrique ❧ Marke des Blaumalers Johann Michael Stattler (auch Stadtler geschrieben), in der Manufaktur tätig von 1781 – 1787

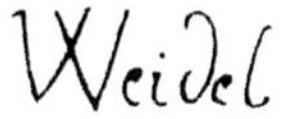

104
Königlich Preussische Porzellan-Manufaktur Bruckberg und **Nachfolger** ❧ Ritzmarke des Bossierers Karl August Weidel, in der Manufaktur tätig 1793 – 1817

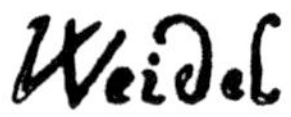

105
Königlich Preussische Porzellan-Manufaktur Bruckberg und **Nachfolger** ❧ Ritzmarke des Bossierers Karl August Weidel, in der Manufaktur tätig 1793 – 1817

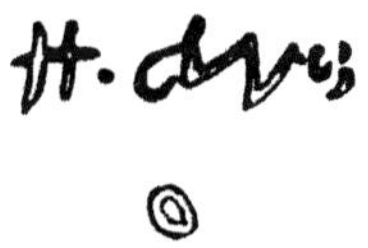

106
Königlich Preussische Porzellan-Manufaktur Bruckberg und **Nachfolger** ❧ Ritzmarke des Bossierers Karl August Weidel, in der Manufaktur tätig 1793 – 1817

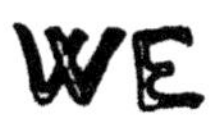

107
Königlich Preussische Porzellan-Manufaktur Bruckberg und **Nachfolger** ❧ Ritzmarke des Bossierers Karl August Weidel, in der Manufaktur tätig 1793 – 1817

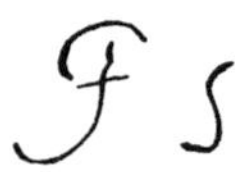

108
Königlich Preussische Porzellan-Manufaktur Bruckberg ❧ Möglicherweise Marke des Blaumalers Friedrich Schaudig, in der Manufaktur tätig von 1802 – 1804 ❧ Nur auf Stücken mit Blaumalerei

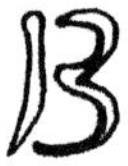

109
Markgräflich Feine Porcelain Fabrique ↬ Marke des Modelleurs Georg Ludwig Bartholomae, in der Manufaktur tätig von 1767 – 1770

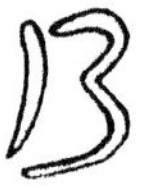

110
Markgräflich Feine Porcelain Fabrique ↬ Marke des Modelleurs Georg Ludwig Bartholomae, in der Manufaktur tätig von 1767 – 1770

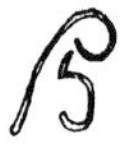

111
Markgräflich Feine Porcelain Fabrique ↬ Marke des Modelleurs Georg Ludwig Bartholomae, in der Manufaktur tätig von 1767 – 1770

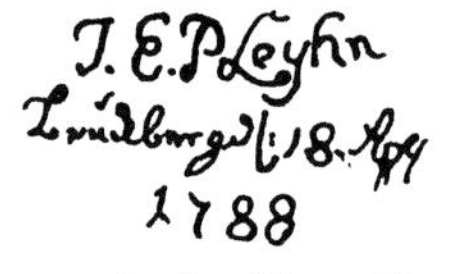

112
Königlich Preussische Porzellan-Manufaktur Bruckberg ↬ Marke des Drehers Johann Heinrich Leyhn (oder Lein), in der Manufaktur tätig von 1792 – 1811 ↬ Diese Ritzmarke 1788

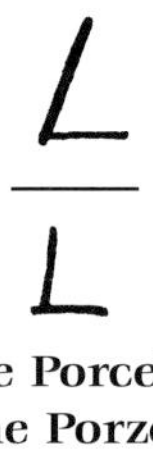

113
Markgräflich Feine Porcelain Fabrique und **Königl. Preussische Porzellan-Manufaktur Bruckberg** ↬ Ritzmarken des Modelleurs Carl Gottlob Laut, in der Manufaktur tätig von 1760 – 1802

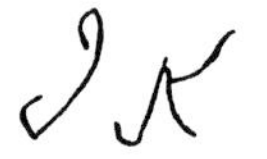

114
Markgräflich Feine Porcelain Fabrique und **Nachfolger** ↬ Ritzmarke des Bossierers Johann Friedrich Krackhardt, in der Manufaktur tätig von 1784 – 1807

Arnstadt, Thüringen

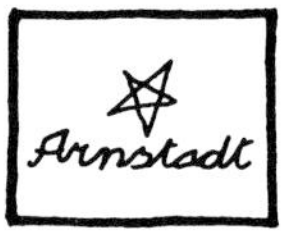

115
Porzellanfabrik Arnstadt Mardorf und Bandorf ↬ 1905 – 1938, dann **Kunze & Co. KG** 1938 –

Arzberg, Bayern

Die Pfeifen- und Pfeifenkopffabrik von **Lorenz Christof Äcker**, 1839 – 1880, wird von **Carl Auvera**, 1880 – 1918, gekauft und für die Produktion von Steingut, Fayence und Porzellan erweitert. Dann übernimmt **C.M. Hutschenreuther** in **Hohenberg** das Werk und nennt es **Porzellanfabrik C.M. Hutschenreuther Abt. Arzberg**, 1918 – geschlossen 1993. Haushaltsporzellan

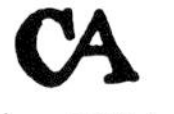

116
Carl Auvera ↬ Marke 1884 – 1914

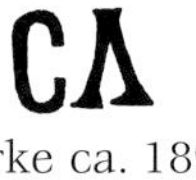

117
Carl Auvera ↬ Marke ca. 1896 – 1914

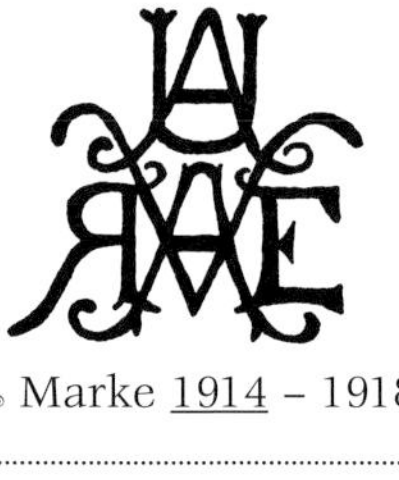

118
Carl Auvera ↬ Marke 1914 – 1918

119
Porzellanfabrik C.M. Hutschenreuther Abteilung Arzberg · Marke 1918 – ca. 1945 · Grün unterglasur

120
Porzellanfabrik C.M. Hutschenreuther Abteilung Arzberg · Marke 1948 und einige Jahre danach · Erinnerungsmarke an die enteignete Hutschenreuther-Fabrik **C. Tielsch & Co.** in Altwasser, Schlesien

121
Porzellanfabrik C.M. Hutschenreuther Abteilung Arzberg · Marke ca. 1928 – ca. 1963 · Grün unterglasur

122
Porzellanfabrik C.M. Hutschenreuther Abteilung Arzberg · Marke 1969 – · Grün unterglasur ·

123
Porzellanfabrik C.M. Hutschenreuther Abteilung Arzberg · Marke 1969 – · Grün unterglasur

124
Hutschenreuther AG · Marke 1997 – 1999 · Umgeschrieben auf **Winterling Porzellan AG** in **Kirchenlamitz** · Marke 1999 – heute

Lehmann & Rossberg, 1890 – ca. 1898, Nachfolger ist **Porzellanfabrik Theodor Lehmann**, ca. 1898 – 1904. Dann gekauft von **Porzellanfabrik Schönwald** als **Abteilung Arzberg**, 1904 – 1927. Nach der Übernahme der PF Schönwald durch die Porzellanfabrik Kahla wird der Name geändert in **Porzellanfabrik Arzberg**, 1927 – 1998. 1998 – 2000 gehört die Fabrik zur **Winterling Porzellan AG** in Kirchenlamitz. Dann erworben von **SKV Porzellanunion GmbH** in Schirnding, 2000 – heute.

125
Bavaria Porzellan-Union · Marke des „Gemeinschaftsvertriebs von Porzellangeschirr und Zierporzellan" · Marke 1961 –

126
Theodor Lehmann · Marke 1898 – 1904

127
Porzellanfabrik Arzberg · Marke ca. 1910 – ca. 1927

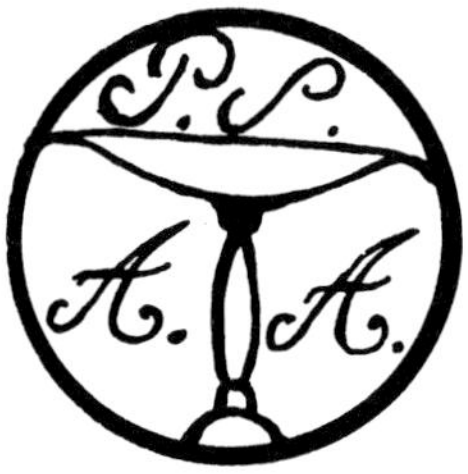

128
Porzellanfabrik Schönwald Abteilung Arzberg • Marke 1919 – 1927 • Grün unterglasur

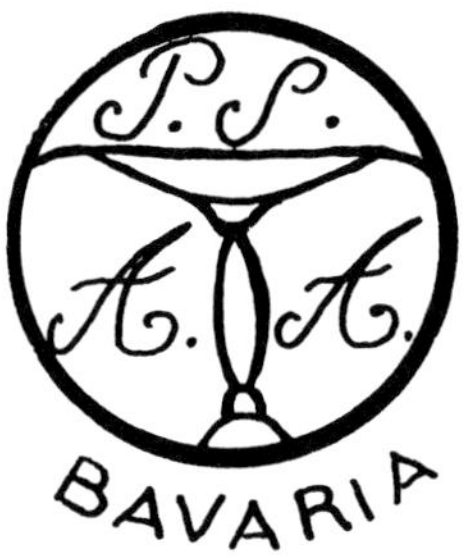

129
Porzellanfabrik Schönwald Abteilung Arzberg • Marke 1919 – 1927 • Grün unterglasur

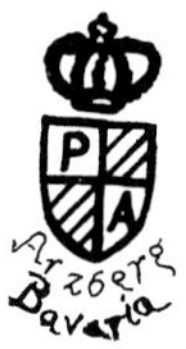

130
Porzellanfabrik Arzberg • Marke 1937 – • Grün unterglasur

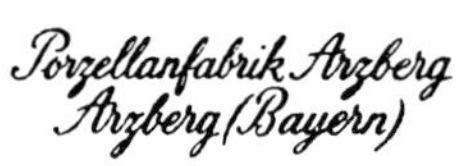

131
Porzellanfabrik Arzberg • Marke 1930 – 1947 • Grün unterglasur

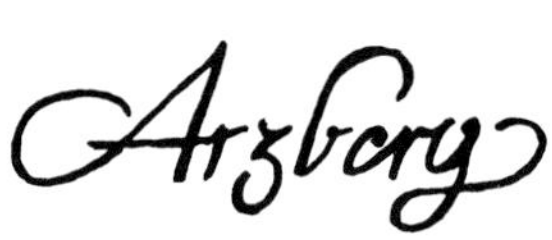

132
Porzellanfabrik Arzberg • Marke 1947 – 1970 • Grün unterglasur

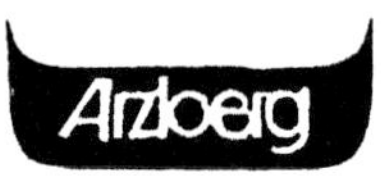

133
Porzellanfabrik Arzberg • Marke 1970 – 1974

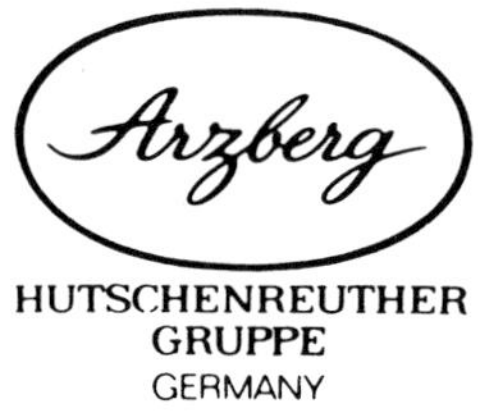

134
Porzellanfabrik Arzberg • Marke 1972 – 1999 • Grün unterglasur

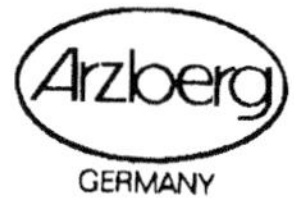

135
Porzellanfabrik Arzberg • Marke 1977 – 1999 • Marke umgeschrieben auf **Winterling Porzellan AG** in **Kirchenlamitz** • Marke 1999 – heute

136
Carl Schumann Porzellanfabrik • 1881 – 1996 • Tafel-, dekoratives und technisches Porzellan, Kaffee- und Teegeschirr, Geschenkartikel • Marke 1896 -

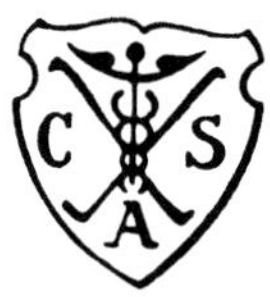

137
Carl Schumann Porzellanfabrik • Marke nach 1896

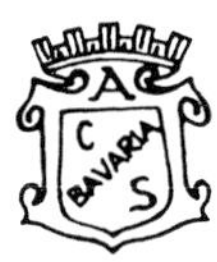

138
Carl Schumann Porzellanfabrik • Marke nach 1900 – 1996

139
Carl Schumann Porzellanfabrik • Marke ca. 1931 – ca. 1941 • Exportmarke

140
Carl Schumann Porzellanfabrik • Marke ab ca. 1932 – 1996 • Grün unterglasur oder schwarz/rot/gold aufglasur, auch mit Zusätzen wie – Dresden -, – Royal -, – Bavaria -, • – Dresdner Art -, – Germany -

141
Carl Schumann Porzellanfabrik • Marke 1925 – 1996

142
Carl Schumann Porzellanfabrik • Marke 1932 – ca. 1940

143
Carl Schumann Porzellanfabrik • Marke bis 1996 • Grün unterglasur

144
Carl Schumann Porzellanfabrik • Marke Gegenwart • Auch mit Zusätzen wie – Meisterklasse –, – Original Schumann Durchbruchporzellan –

Aschaffenburg, Bayern

145
Porcelaine „Rose Walk", dann **Rose Walk Interior** • 1974 – heute • Badezimmerporzellan • Marke 1974 – heute • Gold aufglasur

Auma, Thüringen

146
Porzellanindustrie Berghaus • 1909 – verstaatlicht 1945 • Elektrotechnisches Porzellan • Marke 1905 – 1945 • Nach mehreren Umbenennungen **VEB Porzellanwerk Auma** • 1955 – 1972

147
VEB Porzellanwerk Auma • Marke 1955 – 1972 • Seit 1972 Betriebsteil des **VEB Keramische Werke Hermsdorf** in **Hermsdorf**, aufgelöst 1990

B

Bad Driburg, Bayern

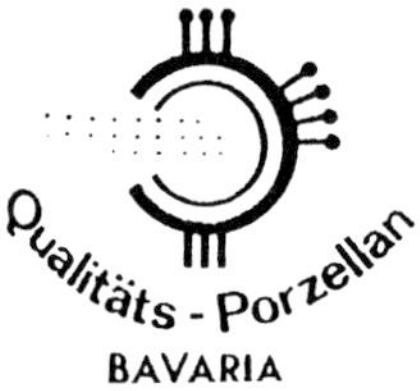

148
Südwestdeutsche Porzellan- und Glasvertriebs GmbH • Um 1968

Baden-Baden, Baden

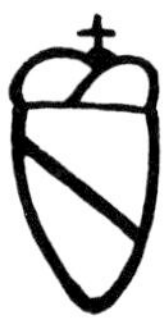

149
Markgräfliche Porzellanregie • Bestand nur von Juni bis November 1778 • Kaffee- und Teegeschirr, dekoratives Porzellan • Marke 1778 • Blau unterglasur

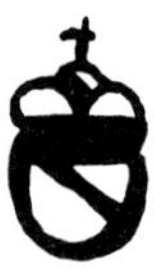

150
Markgräfliche Porzellanregie • Marke 1778 • Blau unterglasur

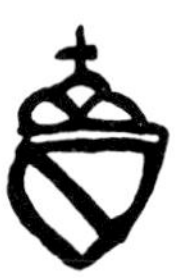

151
Markgräfliche Porzellanregie • Marke 1778 • Blau unterglasur

152
Markgräfliche Porzellanregie • Marke 1778 • Blau unterglasur

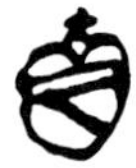

153
Markgräfliche Porzellanregie • Marke 1778 • Blau unterglasur

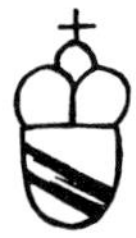

154
Markgräfliche Porzellanregie • Marke 1778 • Blau unterglasur

155
Markgräfliche Porzellanregie • Marke 1778 • Blau unterglasur

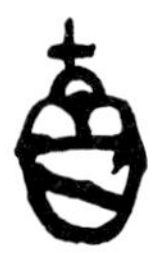

156
Markgräfliche Porzellanregie • Marke 1778 • Blau unterglasur

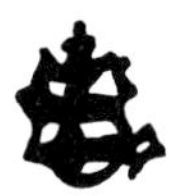

157
Markgräfliche Porzellanregie • Marke 1778 • Blau unterglasur

Badenweiler, Baden

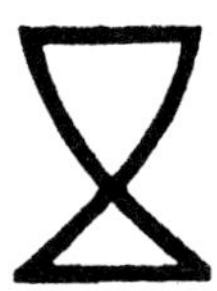

158
Ing. Hertel Porzellanmalerei • Um 1910 – ca. 1926 • Marke 1910 – ca. 1926

Baumbach, Hessen

159
Johann Jakob Letschert · 1855 – noch in Betrieb 1930 · Haushalts-, dekoratives und technisches Porzellan, Töpferwaren und Steingut · Marke 1930 –

Bautzen, Sachsen

160
J.G. Schneider, 1865 – 1930, dann **Albin Plötzschke**, 1930 – · Porzellanmalerei · Marke um 1930, aufglasur

Bayreuth, Bayern

Siegmund Paul Meyer, 1886 – 1920, bis 1900 Porzellanmalerei, dann Porzellanfabrik, die Haushalts- und Hotelporzellan herstellt. 1920 wird die Fabrik umbenannt in **Erste Bayreuther Porzellanfabrik „Walküre“ Siegmund Paul Meyer GmbH**, 1920 – heute, die das Produktionsprogramm um feuerfeste Töpfe und Kaffeemaschinen erweitert.

161
Siegmund Paul Meyer · Marke 1899 – ca. 1947 · Grün unterglasur

162
Siegmund Paul Meyer · Marke 1899 – ca. 1947 · Grün unterglasur

163
Siegmund Paul Meyer und **Erste Bayreuther Porzellanfabrik „Walküre“ Siegmund Paul Meyer GmbH** · Marke 1900 – ca. 1928

164
Erste Bayreuther Porzellanfabrik „Walküre“ Siegmund Paul Meyer GmbH · Marke 1928 · Auch mit „– Walküre –“ darunter

165
Erste Bayreuther Porzellanfabrik „Walküre“ Siegmund Paul Meyer GmbH · Marke 1973 –

166
Erste Bayreuther Porzellanfabrik „Walküre“ Siegmund Paul Meyer GmbH · Marke 1980 – heute ·

167
Erste Bayreuther Porzellanfabrik „Walküre“ Siegmund Paul Meyer GmbH · Marke 1987 – heute · Grün unterglasur

168
Erste Bayreuther Porzellanfabrik „Walküre“ Siegmund Paul Meyer GmbH • Marke 1987 – heute

169
Bayreuther Porzellanfabrik Emil Schlegel AG • 1920 – ca. 1930 • Kaffee- und Teeservice, Tafelporzellan überwiegend mit chinesischen und japanischen Dekoren • Marke 1920 – ca. 1930

170
Bayreuther Porzellanfabrik Emil Schlegel AG • Marke 1920 – ca. 1930

171
Bayreuther Porzellanfabrik Emil Schlegel AG • Marke 1920 – ca. 1930

172
Porzellanmanufaktur „Gloria“ Anton Weidl • 1920 – 1945 in Altrohlau, Böhmen • Porzellanmalerei • Neu gegründet 1947, später **Anton Weidl Porzellan- und Glasmalerei** • Malermarke 1947 – heute, aufglasur

Berchtesgaden, Bayern

173
Woldemar Adler Porzellanmalerei, 1919 – 1971, dann **Woldemar Adler Porzellankunst**, 1971 erloschen • Porzellanmalerei • Malermarke 1919 – ca. 1957, aufglasur

174
Woldemar Adler Porzellankunst • Malermarke 1957 – ca. 1968, aufglasur

Berlin

175
Zur jeweiligen Fabrikmarke hinzugefügtes Zeichen des **Amtes für „Schönheit der Arbeit“**, einer Organisation der nationalsozialistischen Staatsgewerkschaft „Deutsche Arbeitsfront“ für von Heinrich Löffelhardt entworfenes Kantinengeschirr zusätzlich zur Fabrikmarke. Es wird hergestellt von **Porzellanfabrik Gebr. Bauscher** in Weiden, **Jaeger, Thomas & Co.** in Marktredwitz, **Friedrich Kaestner** in Oberhohndorf, **Rosenthal & Co.** in Selb, **Oscar Schaller** in Windischeschenbach, **Reinhold Schlegelmilch Porzellanfabriken** in Suhl, **Porzellanfabrik Schönwald** in Schönwald, **Porzellanfabrik Stadtlengsfeld** in Stadtlengsfeld, **Porzellanfabrik Tirschenreuth** in Tirschenreuth und anderen Fabriken • Zeichen ca. 1938 – 1945

176
Hermann Behne Porzellanmanufaktur • Porzellanmalerei • Ca. 1912 – ca. 1919 • Zierporzellan, Figuren • Marke 1913 – ca. 1919

Berlin Design siehe Helmut Krüger, Berlin

177
Berliner Porzellan- und Chamottefabrik Alfred Bruno Schwarz • 1890 – erloschen • Technisches, Labor- und Sanitärporzellan • Marke 1891

178
Berliner Porzellan- und Chamottefabrik Alfred Bruno Schwarz • Marke 1890

179
Berliner Kunstkeramik • Um 1921 • Zierporzellan und Töpferware • Marke 1921

Berliner Porzellan-Manufaktur Conrad, Schomburg & Co., Zweigwerk der Porzellanfabrik **Conrad, Schomburg & Co.** in Berlin-Teltow, 1904 – 1907, Haushalts- und Tafelgeschirr, Zierporzellan. 1907 geht die Kunstabteilung nach Dresden, sie heißt später **Dresdener Porzellan-Manufaktur**, 1907 – ca. 1911. Die Porzellanfabrik in Berlin-Teltow arbeitet weiter als **Porzellanfabrik Teltow**, 1907 – 1930, dann Verkauf an die Steatit Magnesia AG und weitergeführt als **Steatit-Magnesia AG, Werk Teltow** 1930 – 1945, seit 1907 nur noch technisches Porzellan. Nach 1930 technische Artikel aus Steatit (Speckstein).

180
Berliner Porzellan-Manufaktur Conrad, Schomburg & Co. • Marke 1904 – (1911)

181
Berliner Porzellan-Manufaktur Conrad, Schomburg & Co. und **Dresdner Porzellan-Manufaktur** • Marke 1904 – ca. 1911

B.P.M.

182
Berliner Porzellan-Manufaktur Conrad, Schomburg & Co. und **Dresdner Porzellan-Manufaktur** • Marke 1905 – ca. 1911

183
Berliner Porzellan-Manufaktur Conrad, Schomburg & Co. und **Dresdner Porzellan-Manufaktur** • Marke 1905 – ca. 1911

184
Paul Bößenroth • 1862 – ca. 1910 • Porzellanuhren, Porzellanmalerei • Marke 1905

185
W. Einwald • Glas- und Porzellanhandlung, Porzellanmalerei • 1868 – erloschen nach 1910 • Malermarke nach 1868 • Aufglasur

W. E.

186
W. Einwald Porzellanmalerei • Marke 1909 nachgewiesen

Johann Ernst Gotzkowsky Fabrique de Porcelaines, 1761 – 1763. Preußenkönig Friedrich II. ermutigt Gotzkowsky, die von **Wegely** 1751 gegründete und 1757 von Reichard weitergeführte Porzellanmanufaktur zu übernehmen. Nach zwei erfolglosen Jahren kauft Friedrich die Manufaktur, die den Namen **Königliche Porzellan Manufaktur** erhält. Tafelgeschirr, Zierporzellan, Figuren.

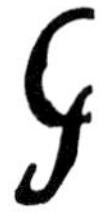

187
Johann Ernst Gotzkowsky ❧ Marke 1761 – 1763 ❧ Blau unterglasur oder braun oder rot oder gold aufglasur

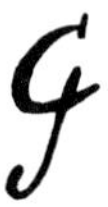

188
Johann Ernst Gotzkowsky ❧ Marke 1761 – 1763 ❧ Blau unterglasur oder braun oder rot oder gold aufglasur

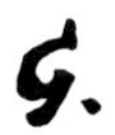

189
Johann Ernst Gotzkowsky ❧ Marke 1761 – 1763 ❧ Blau unterglasur oder braun oder rot oder gold aufglasur

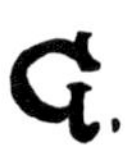

190
Johann Ernst Gotzkowsky ❧ Marke 1761 – 1763 ❧ Blau unterglasur oder braun oder rot oder gold aufglasur

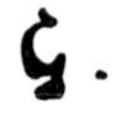

191
Johann Ernst Gotzkowsky ❧ Marke 1761 – 1763 ❧ Blau unterglasur oder braun oder rot oder gold aufglasur

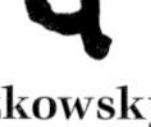

192
Johann Ernst Gotzkowsky ❧ Marke 1761 – 1763 ❧ Blau unterglasur oder braun oder rot oder gold aufglasur

Königliche Porzellan Manufaktur
Da er Gotzkowsky zum Kauf der Wegely/ Reichardschen Porzellanfabrik in Berlin ermuntert hatte, fühlt König Friedrich II. sich verpflichtet, Gotzkowsky die nach wenigen Jahren vor dem Bankrott stehende Manufaktur abzukaufen. Es entsteht zunächst die **Königlich Preussische Porcelain Fabrique** und dann die **Königliche Porzellan Manufaktur** (KPM), 1763 – 1918. Nach der Abdankung des letzten preußischen Königs übernimmt der Staat Preußen die Manufaktur als **Staatliche Porzellan Manufaktur KPM** 1918 – 2006. 1943 werden die Manufakturgebäude bei einem Bombenangriff zerstört. Die Manufaktur verlegt die Produktion in die gepachtete Porzellanfabrik von **Paul Müller** in **Selb**. Nach dem 2. Weltkrieg werden die Produktionsgebäude in Berlin wieder aufgebaut. Neuer Eigentümer wird 1949 das Land Berlin, das den Namen der Manufaktur beibehält. Das Zweigwerk in Selb wird 1957 aufgelöst. 2004 erwarb **Franz Wilhelm Prinz von Preußen** die Manufaktur, der sie 2006 an **Jörg Woltmann** weiterverkaufte. Der Name der Manufaktur wurde geändert in **KPM Königliche Porzellan-Manufaktur.** Tafel-, Haushalts-, dekoratives-, Laboratoriums-, technisches Porzellan, Sammlerstücke, Geschenkartikel, Pfeifenköpfe, Puppenköpfe, Platten und Medaillen. Die Szeptermarke der KPM gibt es in Hunderttausenden von Variationen. Aus der älteren Zeit sind hier nur die Marken aufgeführt, die nach anderen Kriterien zeitlich bestimmt werden konnten.

193-201

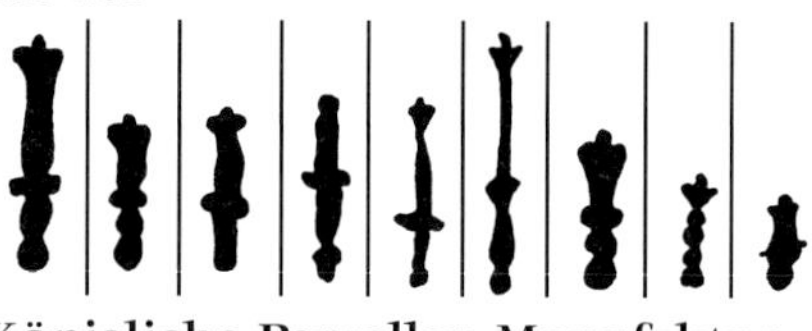

Königliche Porzellan Manufaktur ❧ Marken 1763 – 1780 ❧ Blau unterglasur

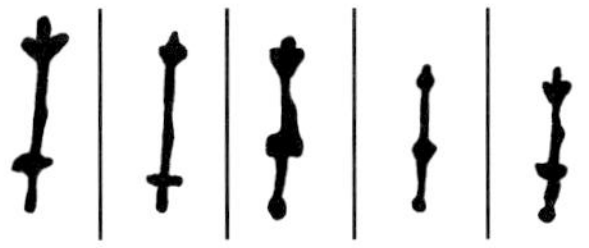

202-206
Königliche Porzellan Manufaktur · Marken 1780 – 1800 · Blau unterglasur

207
Königliche Porzellan Manufaktur · Ca. 1800 · Blau unterglasur

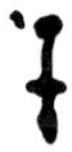

208
Königliche Porzellan Manufaktur · Marke ca. 1810 · Blau unterglasur

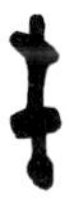

209
Königliche Porzellan Manufaktur · Marke 1815 – 1820 · Blau unterglasur

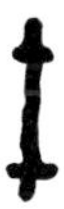

210
Königliche Porzellan Manufaktur · Marke ca. 1820 – 1830 · Blau unterglasur

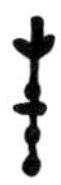

211
Königliche Porzellan Manufaktur · Marke ca. 1830 – 1840 · Blau unterglasur

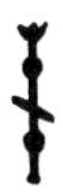

212
Königliche Porzellan Manufaktur · Marke ca. 1830 – 1840 · Blau unterglasur

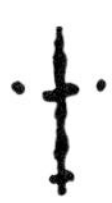

213
Königliche Porzellan Manufaktur · Marke 1837 · Blau unterglasur

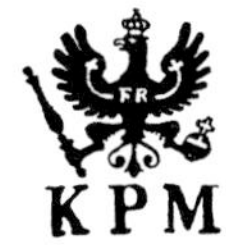

214
Königliche Porzellan Manufaktur · Marke 1823 – 1832 · Malereimarke · Rotbraun aufglasur

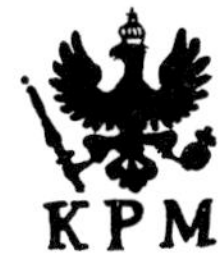

215
Königliche Porzellan Manufaktur · Marke 1844 – 1847 · Blau unterglasur

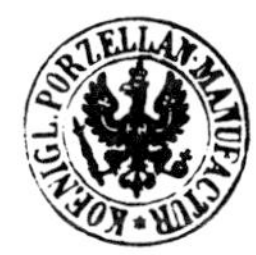

216
Königliche Porzellan Manufaktur · Marke 1847 – 1849 · Blau unterglasur

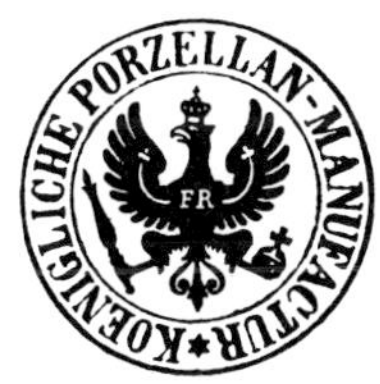

217
Königliche Porzellan Manufaktur · Marke 1847 – 1849 · Blau unterglasur

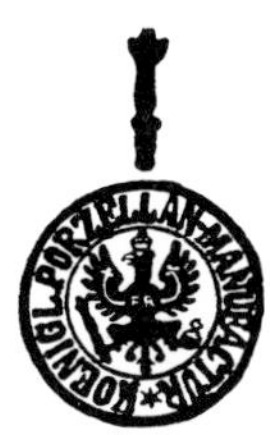

218
Königliche Porzellan Manufaktur · Marke 1849 – 1870 · Blau unterglasur

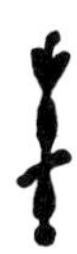

219
Königliche Porzellan Manufaktur und **Staatliche Porzellan Manufaktur** · Marke 1870 – 1945 · Blau unterglasur

220
Staatliche Porzellan Manufaktur · Marke
1945 – 1962

221-223
Staatliche Porzellan Manufaktur · Marken
1945 – 1962 · Blau unterglasur

224
Königliche Porzellan Manufaktur und
Staatliche Porzellan Manufaktur · Marke
1882 – heute · Schwarz auf Steingut

225
Königliche Porzellan Manufaktur und
Staatliche Porzellan Manufaktur · Marke
ca. 1825 – heute · In die Masse eingepresst

226
Königliche Porzellan Manufaktur · Marke
1837 – 1844 · Blau unterglasur

227
Staatliche Porzellan Manufaktur · Selb ·
Marke 1943 – 1957 · Blau unterglasur

228
Königliche Porzellan Manufaktur und
Staatliche Porzellan Manufaktur · Marke
1882 – heute · Blau unterglasur

229
Staatliche Porzellan Manufaktur · Marke
1962 – 1992

230
Staatliche Porzellan Manufaktur · Marke
1993 – 2000

231
Staatliche Porzellan Manufaktur · Marke
2000 – 2006

232
Königliche Porzellan Manufaktur und
Staatliche Porzellan Manufaktur · Marke
1913 – 1992 · Grün aufglasur neben der Zeptermarke für Porzellan mit einfachem Rand in Gold oder Farbe

233
Königliche Porzellan Manufaktur und
Staatliche Porzellan Manufaktur · Marke
1911 – 1992 · Blau unterglasur für Porzellan mit Unterglasurmalerei

234
Königliche Porzellan Manufaktur und **Staatliche Porzellan Manufaktur** • Marke 1832 – 1992 • Rot aufglasur für Porzellan mit bunter Aufglasurmalerei

235
Staatliche Porzellan Manufaktur • Marke bis 1992 • Rot für Buntmalerei • Grün für Ränder und Bordüren • Blau für Blaumalerei • Schwarz für Druckdekore

236
Staatliche Porzellan Manufaktur • Marke seit 1992 • Rot für Buntmalerei • Grün für Ränder und Bordüren • Blau für Blaumalerei • Schwarz für Druckdekore

237
Königliche Porzellan Manufaktur • Marke 1803 – ca. 1817 • Malereimarke neben der Zeptermarke • Blau aufglasur

238
Königliche Porzellan Manufaktur • Marke 1817 – ca. 1823 • Malereimarke neben der Zeptermarke • Rot aufglasur

239
Königliche Porzellan Manufaktur • Marke ca. 1823 – 1832 • Rotbraun aufglasur • Malereimarke

240
Königliche Porzellan Manufaktur • 1913, Jubiläumsmarke zum 150. Jahrestag der Manufakturgründung • Rot aufglasur für Polychrommalerei • Blau unterglasur für blaue Unterglasurmalerei • Grün aufglasur für Goldränder oder einfache Bordüren •
Königliche Porzellan Manufaktur • 1913, Jubiläumsmarke zum 150. Jahrestag der Manufakturgründung • Rot aufglasur für Polychrommalerei • Blau unterglasur für blaue Unterglasurmalerei • Grün aufglasur für Goldränder oder einfache Bordüren •

241
Staatliche Porzellan Manufaktur • 1988, Jubiläumsmarke zum 225. Jahrestag der Manufakturgründung

242
Königliche Porzellan Manufaktur • Marke im 1. Weltkrieg • Schwarz aufglasur Okt. 1914 – März 1919 für bemaltes Porzellan • März 1915 – November 1918 Blau, später Schwarz unter der Glasur für Weißporzellan

243
Königliche Porzellan Manufaktur • Marke 1840 – 1861 • Palastmarke für Friedrich Wilhelm IV. • Eisenrot oder purpur aufglasur

244
Königliche Porzellan Manufaktur • Marke 1840 – 1861 • Palastmarke für Friedrich Wilhelm IV. • Eisenrot oder purpur aufglasur

245

Königliche Porzellan Manufaktur · Marke 1888 – 1918 · Palastmarke für Wilhelm II. · Jeweils mit Jahreszahl der Lieferung an den Hof · Schwarz oder dunkelgrün oder blau aufglasur

Royal Berlin
Germany

246

Königliche Porzellan Manufaktur · Marke ca. 1891 – 1919 · Grün unterglasur neben der Zeptermarke

A 1901	F 1906	K 1910	O 1914	S 1918	W 1922
B 1902	G 1907	L 1911	P 1915	T 1919	X 1923
D 1904	H 1908	M 1912	Q 1916	U 1920	Y 1924
F 1906	I 1909	N 1913	R 1917	V 1921	Z 1925

247

Königliche Porzellan Manufaktur und **Staatliche Porzellan Manufaktur** · Jahreszeichen 1901 – 1925 · Eingepresst

α	1926	η	1932	ν	1938	τ	1949
β	1927	ϑ	1933	ξ	1939	υ	1950
γ	1928	ι	1934	ο	1940	φ	1951
δ	1929	ϰ	1935	π	1941	χ	1952
ε	1930	λ	1936	ϱ	1942	ψ	1953
ζ	1931	μ	1937	ς	1943	ω	1954

248

Staatliche Porzellan Manufaktur · Jahreszeichen 1926 – 1954 · Eingepresst

A	1955	F	1960	L	1965
B	1956	G	1961	M	1966
C	1957	H	1962	N	1967
D	1958	J	1963	O	1968
E	1959	K	1964	P	1969

249

Staatliche Porzellan Manufaktur · Jahreszeichen 1955 – 1969 · Eingepresst

Q	1970	V	1975
R	1971	W	1976
S	1972	X	1977
T	1973	Y	1978
U	1974	Z	1979

250

Staatliche Porzellan Manufaktur · Jahreszeichen 1970 – 1979 · Eingepresst

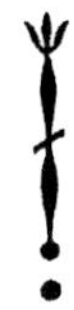

251

Staatliche Porzellan Manufaktur · Marke mit Jahreszeichen für 1980 · Mit einem Punkt unter dem Zepter

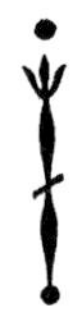

252

Staatliche Porzellan Manufaktur · Marke mit Jahreszeichen für 1981 · Mit einem Punkt über dem Zepter

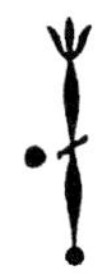

253

Staatliche Porzellan Manufaktur · Marke mit Jahreszeichen für 1982 · Mit einem Punkt links vom Zepter

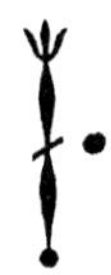

254

Staatliche Porzellan Manufaktur · Marke mit Jahreszeichen für 1983 · Mit einem Punkt rechts vom Zepter

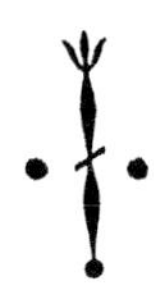

255

Staatliche Porzellan Manufaktur · Marke mit Jahreszeichen für 1984 · Mit je einem Punkt rechts und links vom Zepter · Ab 1985 werden auf Weißporzellan keine Jahreszeichen mehr angebracht. Nur bemaltes und dekoriertes Porzellan erhält neben dem oder den Malersignaturen eine Kennzeichnung aufglasur für das Jahr, in dem das Stück bemalt oder staffiert wird

a	1993	c	1995	e	1997	g	1999
b	1994	d	1996	f	1998	h	2000

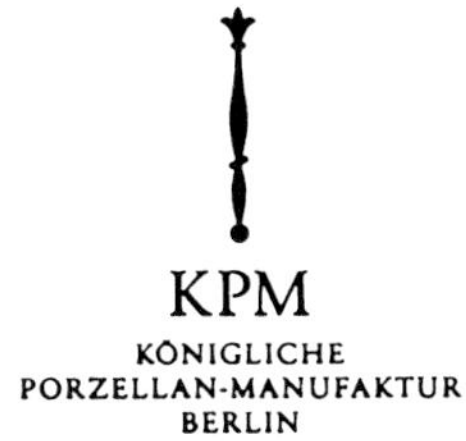

256
Königliche Porzellan-Manufaktur Holding ⚭ Marke 2007 bis heute

257
Staatliche Porzellan Manufaktur ⚭ Beispiel für Buntmalerei ⚭ $ = Malersignatur ⚭ a = 1993 ⚭ Wolke = Malersignatur ⚭ 36 = Dekornummer ⚭ An diesem Stück haben zwei Maler gearbeitet

258
Staatliche Porzellan Manufaktur ⚭ Beispiel Ornamentmalerei ⚭ a = 1993 ⚭ Wolke = Malersignatur ⚭ 05 = Dekornummer für Ränder, Bordüren, Ornamente

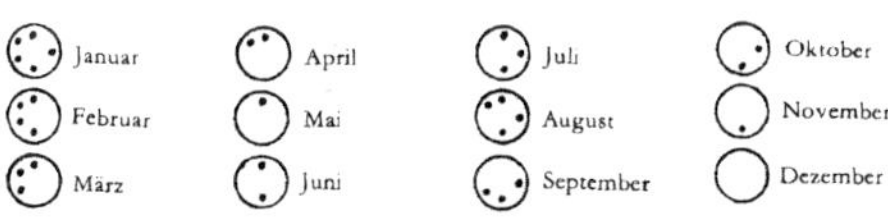

259
Staatliche Porzellan Manufaktur ⚭ Monatszeichen ⚭ Nur bis 1979

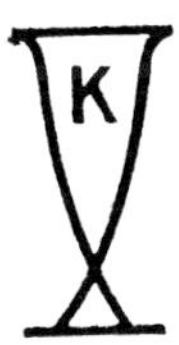

260
Helmut Krüger Porzellanmanufaktur, später **Berlin International Design** ⚭ 1954 – 1971 ⚭ Porzellanmalerei, Geschenk-, Zierporzellan, Figuren ⚭ Marke 1957 – 1971

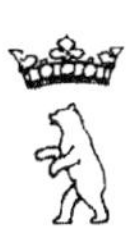

261
Berlin International Design ⚭ Marke 1970 – 1971

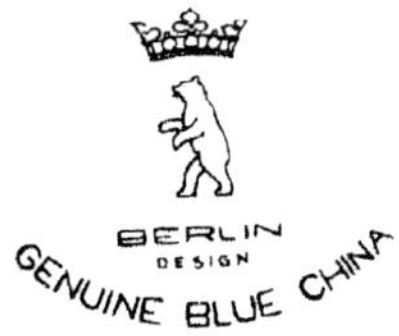

262
Berlin design Porzellan-Handelsgesellschaft ⚭ 1971 – erloschen nach 1990 ⚭ Händlermarke für Export ⚭ Haushalts- und Sammlerporzellan

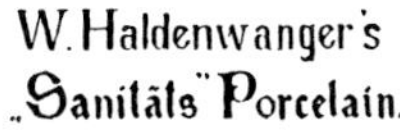

263
Sanitäts-Porzellan Manufaktur W. Haldenwanger, später **W. Haldenwanger** ⚭ 1863 – heute ⚭ Technisches, Labor- und Sanitärporzellan ⚭ Marke 1906 – (1916)

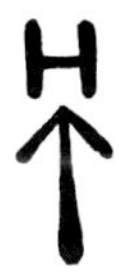

264
W. Haldenwanger ⚭ Marke 1913 – ⚭ Blau oder grün unterglasur

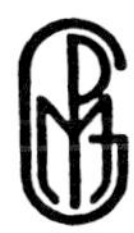

265
Ernst Hübner ⚭ Porzellanfabrik ca. 1910 – ca. 1928 ⚭ Porzellan mit Nickel-, Silber- und Goldauflage ⚭ Marke 1911 – ca. 1928 ⚭ auch mit „Galvano Porzellan" und „Metalloplast" unten

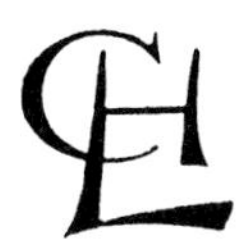

266
Clara Lobedan und Hildegard Lehnert ⚭ Um 1899 – (1909) ⚭ Töpferwaren und Porzellanmalerei ⚭ Marke ab ca. 1899 – ca. 1909 ⚭ Aufglasur ⚭ Malermarke

267
Hans Richter • Porzellanmalerei, vorwiegend auf Weißporzellan der KPM Berlin • 1888 – erloschen nach 1927 • Marke von 1888 – ca. 1910 auf KPM-Porzellan • Aufglasur

---

H. Schomburg & Söhne 1853 – 1872, Haushalts- und Tafelporzellan, Zierporzellan, Figuren, seit 1866 zunehmend technisches Porzellan, vorwiegend Isolatoren für die Reichspost. 1872 werden die Betriebsteile für elektrotechnisches Porzellan umgewandelt in **Aktiengesellschaft für Telegraphenbedarf.** Die andere Produktion wird 1902 in die 1897 gegründete **H. Schomburg und Söhne Porzellanfabrik Rosslau** und die Verwaltung 1913 in das 1872 gegründete Zweigwerk **Margarethenhütte** in **Großdubrau** verlegt. Nur noch technisches Porzellan. Gründung einer Interessengemeinschaft mit der **Porzellanfabrik Kahla**, 1922 – 1930, dann übernimmt die Porzellanfabrik Kahla die Schomburgsche Firma ganz, 1930 – 1945. Nach dem 2. Weltkrieg enteignet und in eine sowjetische Aktiengesellschaft **SAG Hescho-Kahla** umgewandelt, 1945 – 1952.Hermann Schomburg war Sohn des Porzellanmalers Karl Schomburg, siehe Berlin **Friedrich Adolph Schumann**.

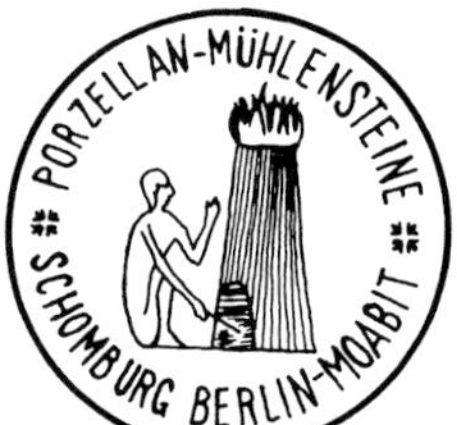

268
H. Schomburg & Söhne • Marke 1880 – (1890)

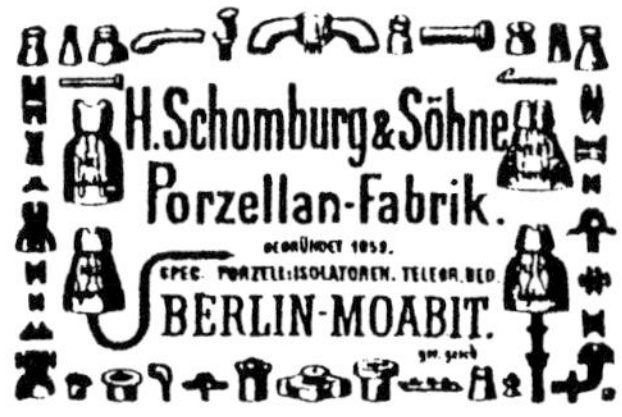

269
H. Schomburg & Söhne • Marke 1897 – (1907)

270 **Antibut**
H. Schomburg & Söhne • Marke 1901 – (1911)

Johann Friedrich Ferdinand Schumann gründet 1832 in Moabit, das damals noch nicht zu Berlin gehörte, eine Porzellanfabrik, die sein Sohn **Friedrich Adolph Schumann** 1835 übernimmt. 1839 richtet **Karl Schomburg** eine Porzellanmalerei in der Fabrik ein, die zwar für Schumann arbeitet, aber selbstständig bleibt. Er entwickelt unabhängig von Kühn in Meissen ein Glanzgoldverfahren, das den Absatz der Schumannschen Produkte wesentlich fördert. Die Schumannsche Fabrik, die 1872 in eine AG umgewandelt wird, produziert bis 1880 Tafelgeschirr, Haushalts- und Zierporzellan. Danach gibt die Firma die Porzellanproduktion auf und arbeitet nur noch als Porzellanmalerei unter dem Namen **Manufaktur dekorierter Porzellane F. A. Schumann**, ca. 1880 – ca. 1907.

271
Friedrich Adolph Schumann • Marke 1835 – ca. 1840 • Blau unterglasur, Strich auch kürzer

SCHUMAN
272 A MOABIT·
Friedrich Adolph Schumann zugeschrieben aber zweifelhaft • ca. 1835 – 1851 • Blau unterglasur

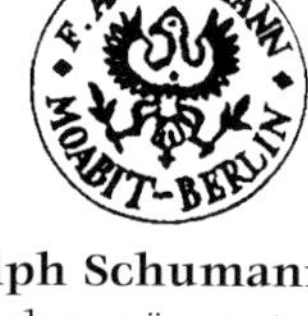

273
Friedrich Adolph Schumann • Marke 1864 – 1880 • Blau oder grün unterglasur

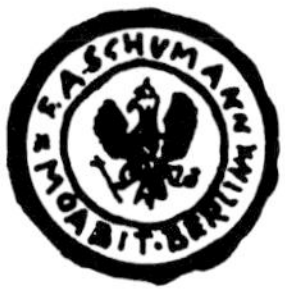

274
Friedrich Adolph Schumann zugeschrieben aber zweifelhaft · Marke ca. 1835 - 1851

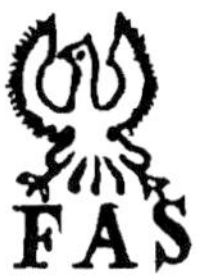

275
Friedrich Adolph Schumann · Marke 1852 - 1864 · Blau unterglasur

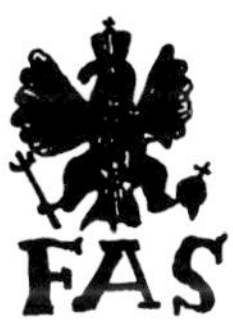

276
Friedrich Adolph Schumann zugeschrieben aber zweifelhaft · Marke 1852 - 1864 · Blau unterglasur

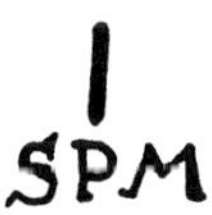

277
Friedrich Adolph Schumann · Marke ca. 1835 - ca. 1851 · Blau unterglasur

278
Friedrich Adolph Schumann zugeschrieben aber zweifelhaft · Marke ca. 1851 - 1869 · Blau unterglasur

279
Friedrich Adolph Schumann · Marke ca. 1844 - ca. 1864 · Blau oder grün unterglasur

280
Friedrich Adolph Schumann zugeschrieben aber zweifelhaft · Marke 1851 - ca. 1869, siehe auch Reichenstein · Blau unterglasur

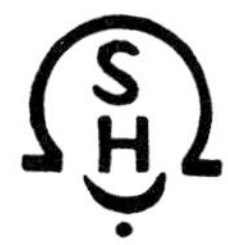

281
Sophie Seitz-Hückstädt · Ca. 1887 - erloschen nach 1913 · Porzellanmalerei · Marke um 1894 · Aufglasur · Malermarke

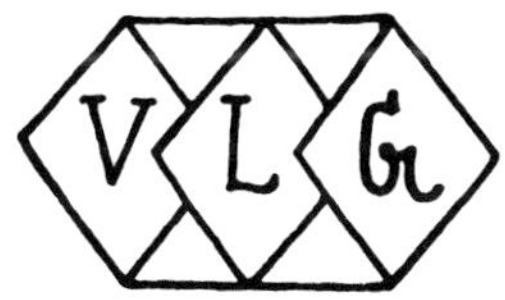

282
Vereinigte Lausitzer Glaswerke · Ca. 1911 - ca. 1945 · Zierporzellan und Töpferwaren · Marke um 1911 - 1945

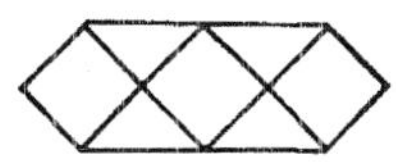

283
Vereinigte Lausitzer Glaswerke · Marke 1936 - ca. 1945

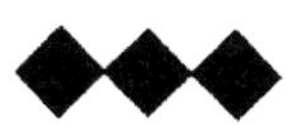

284
Vereinigte Lausitzer Glaswerke · Marke 1936 - ca. 1945

Wilhelm Caspar Wegely gründet 1751 eine Porzellanmanufaktur, die er jedoch wegen finanzieller Schwierigkeiten an seinen Mitarbeiter **Ernst Heinrich Reichard** verkauft. 1761 erwirbt **Johann Ernst Gotzkowsky** den seit 1757 still liegenden Betrieb, den Friedrich II. zwei Jahre später als **Königliche Porcellaine Fabrique**, später **Königliche Porzellan Manufaktur** übernimmt. Neben den Marken stehen häufig zwei- oder dreireihige Zahlenkombinationen

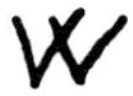

285
Wilhelm Caspar Wegely ❧ Marke 1751 – 1757 ❧ Blau unterglasur oder eingepresst

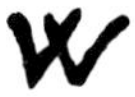

286
Wilhelm Caspar Wegely ❧ Marke 1751 – 1757 ❧ Blau unterglasur oder eingepresst

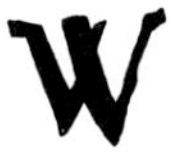

287
Wilhelm Caspar Wegely ❧ Marke 1751 ❧ Blau unterglasur oder eingepresst

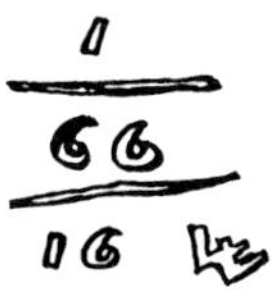

288
Wilhelm Caspar Wegely ❧ Marke 1751 – 1757 ❧ Blau unterglasur oder eingepresst

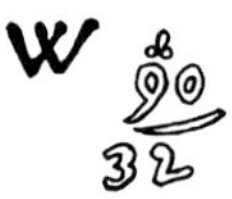

289
Wilhelm Caspar Wegely ❧ Marke 1751 – 1757 ❧ Buchstabe und Zahlen eingepresst

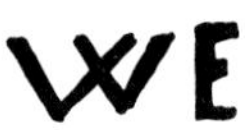

290
Wilhelm Caspar Wegely ❧ Marke 1751 – 1757 ❧ Blau unterglasur

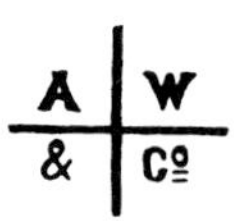

291
Albert Wreschner & Co. ❧ 1890 – erloschen vor 1918 ❧ Porzellanmalerei ❧ Marke ca. 1895 – ❧ Aufglasur, Malermarke

Bielefeld, Westfalen

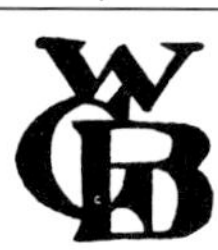

292
Westfälische Glasmanufaktur ❧ Um 1930 ❧ Marke um 1930 ❧ Als Warenzeichen für Porzellanprodukte eingetragen, es ist aber bisher nicht nachgewiesen, dass die Manufaktur Porzellan hergestellt hat

Bischofswerda, Sachsen

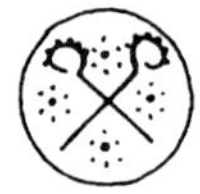

293
Paul Schreier ❧ Porzellanmalerei ❧ 1910 – nach 1941 ❧ Marke um 1930 ❧ Grün aufglasur, Malermarke

Blankenhain, Thüringen

Christian Andreas Wilhelm Speck gründet eine Porzellanfabrik für Tafel- und Zierporzellan, 1790 – 1830. Spätere Eigentümer sind Gustav Vogt, 1836 – 1840, Streithardt & Kästner, 1840 – 1848, Gebrüder Fasolt,1848 – 1856, Fasolt & Eichel, später Eduard Eichler, 1856 – 1900, **Duxer Porzellan Manufaktur vorm. Eduard Eichler**, Böhmen, 1900 – 1918, die Tafelgeschirr, Kaffee- und Teeservices, Tassen, Waschschüsseln und -kannen und Zierporzellan herstellen. Nachfolger sind die Brüder Carstens als **Blankenhainer Porzellanfabrik C. & E. Carstens**, ca. 1918 – 1945. Nach dem 2. Weltkrieg wird die Firma enteignet und später in **VEB „Weimar Porzellan"** umbenannt, 1945 – 1990. Nach Auflösung des VEB und zwei Jahren unter staatlicher Treuhandverwaltung wird der Betrieb privatisiert und arbeitet nun unter dem Namen **Weimar Porzellan GmbH**, 1992 – heute.

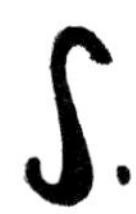

294
Christian Andreas Wilhelm Speck ❧ Marke 1790 – ca. 1830 ❧ Blau unterglasur oder farbig aufglasur

295
Christian Andreas Wilhelm Speck ❧ Marke 1790 – ca. 1830 ❧ Blau unterglasur oder farbig aufglasur

296
Christian Andreas Wilhelm Speck ⸙ Marke 1790 und wenige Jahre danach ⸙ Blau unterglasur oder farbig aufglasur

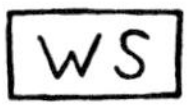

297
Christian Andreas Wilhelm Speck ⸙ Marke 1790 – ca. 1830 ⸙ Blau unterglasur

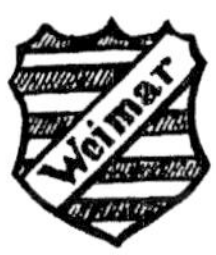

298
Fasolt & Eichel und C. & E. Carstens ⸙ Marke 1884 – ca. 1933 ⸙ Blau oder grün unterglasur

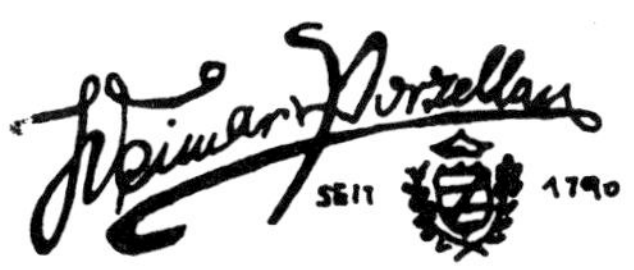

299
C. & E. Carstens, Marke 1933 – 1945, und **VEB Porzellanwerk „Weimar Porzellan"**, Marke 1945 – 1975

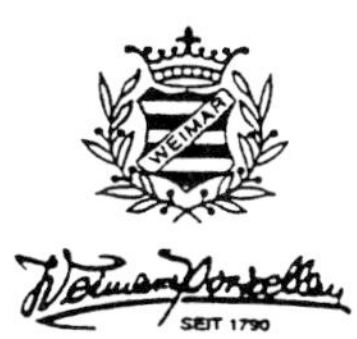

300
Weimar Porzellan GmbH ⸙ Marke 1992 – heute

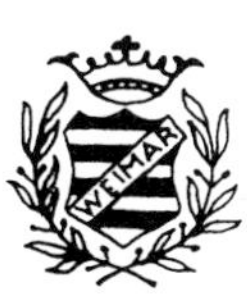

301
C. & E. Carstens und **VEB Porzellanwerk „Weimar Porzellan"** ⸙ Marke 1933 – 1990 ⸙ Grün unter- oder aufglasur ⸙ Auch mit einem Kreis außen bis 1960 oder mit Zusätzen wie „Weimar Porzellan" mehrfarbig aufglasur oder grün unterglasur 1933 – 1990 ⸙ Mit „Made in Germany" grün unterglasur 1933 – 1945 ⸙ Mit „Made in German Democratic Republic" 1980 – 1990 ⸙ Mit „Made in GDR" grün unterglasur 1972 – 1981 ⸙ Mit „Kunstabteilung" diverse Farben aufglasur bis 1960 ⸙ Mit „Kobalt" blau inglasur bis 1960 ⸙ Mit „Echt Weimar Kobalt" gold aufglasur 1972 – 1979 ⸙ Mit „Dishwasher safe" grün inglasur 1988 – 1990

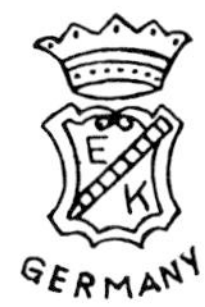

302
Edmund Krüger Porzellanfabrik ⸙ 1847 – 1937 ⸙ Haushaltsporzellan ⸙ Marke ca. 1900 – 1937

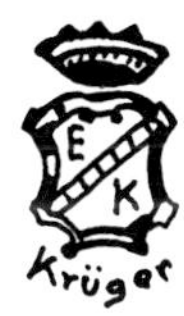

303
Edmund Krüger Porzellanfabrik ⸙ Marke ca. 1900 – 1937

Blechhammer, Thüringen

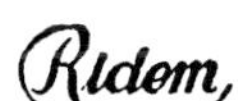

304
Richard Demmlers Witwe ⸙ 1900 – ca. 1945 ⸙ Elektrotechnisches Porzellan, Lampen ⸙ Marke ca. 1937 – ca. 1945

Bock-Wallendorf, Thüringen

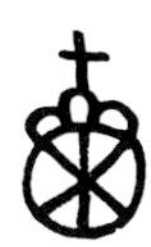

305
Fasold & Stauch ⸙ 1903 – 1972 ⸙ Zierporzellan, Figuren, Geschenkartikel, Puppenköpfe, Uhrgehäuse ⸙ Marke ca. 1903 – 1972 ⸙ Blau

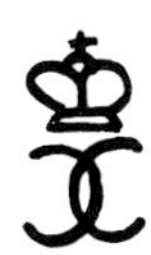

306
Fasold & Stauch zugeschrieben ⸙ Nachgeahmte Ludwigsburger Marke ⸙ Marke ca. 1903 – 1972 ⸙ Zuschreibung nicht gesichert

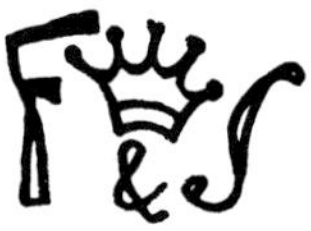

307
Fasold & Stauch ❧ Marke 1903 – ca. 1930 ❧ Halsmarke auf Puppenköpfen ❧ Eingepresst

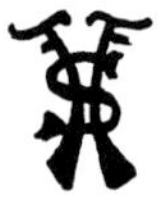

308
Fasold & Stauch ❧ Marke 1913 – ca. 1972

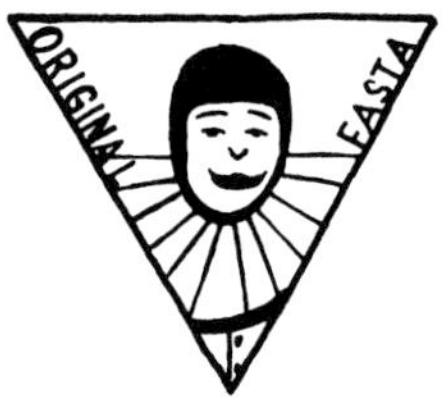

309
Fasold & Stauch ❧ Marke 1927 – ca. 1945

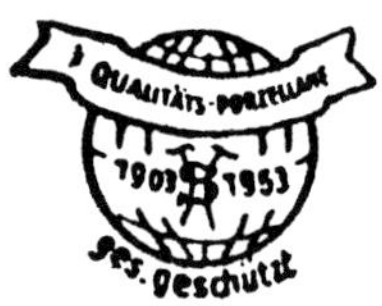

310
Fasold & Stauch ❧ Marke 1953 – 1961 ❧ Unterglasur

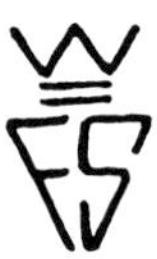

311
Fasold & Stauch ❧ Marke 1962 – 1972

312 FASOLD&STAUCH
Fasold & Stauch ❧ Marke 1962 – ca. 1972

Bonn, Rheinprovinz

Ludwig Wessel gründet die **Ludwig Wessel-sche Aktiengesellschaft für Porzellan- und Steingutfabrikation**, 1829 – 1888, mit Betriebsgebäuden in der 1755 von Kurfürst Clemens August gegründeten Fayence-Fabrik. Umwandlung in eine AG, 1818 – 1929, dann **Wessel Keramische Werke AG**, 1929 – heute. Erst nach 1868 Gebrauchs- und Zierporzellan und Sanitärporzellan, seit 1929 nur noch Sanitärporzellan und -steingut. Hier werden nur die Marken aufgeführt, die für Porzellan benutzt worden sind. **Franz Anton Mehlem** übernimmt die von Wessel aufgegebenen Gebäude der alten Fayence-Fabrik und gründet die Firma **Franz Anton Mehlem**, 1836 – 1919, die nur Steingut herstellt. Dann wird die Firma von **Villeroy & Boch** gekauft und 1931 stillgelegt. Ob Mehlem von 1887 – 1903 Figuren mit den von der Steingutfabrik Damm erworbenen Originalformen der erloschenen Manufaktur Höchst in Porzellan hergestellt hat, ist nicht sicher.

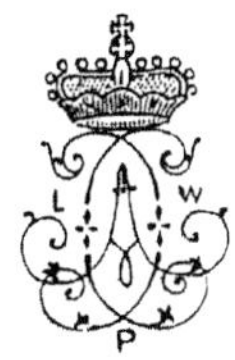

313
Ludwig Wessel ❧ Marke 1887 – 1907

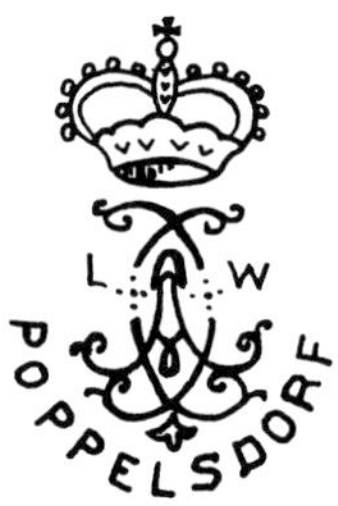

314
Ludwig Wessel ❧ Marke 1887 –

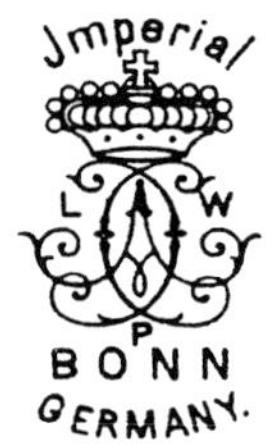

315
Ludwig Wessel ❧ Marke 1893 – 1902

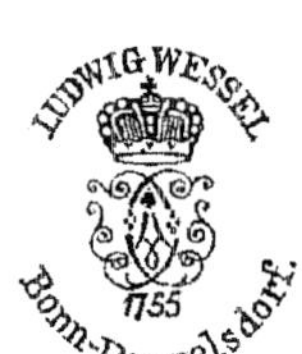

316
Ludwig Wessel ❧ Marke 1897 –

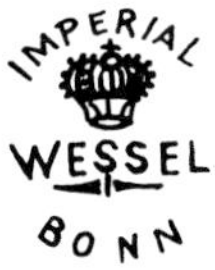

317
Ludwig Wessel ✤ Marke 1893 –

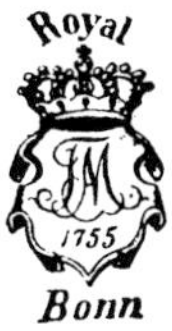

318
Franz Anton Mehlem ✤ Marke 1890 – ✤ Angemeldet für alle keramischen Erzeugnisse ✤ Auch ohne – Royal – und – Bonn –

Brambach, Sachsen

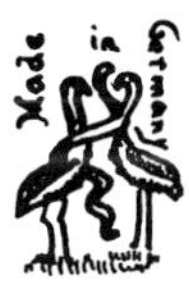

319
Brambacher Porzellanfabrik Alfred Aurnhammer und Fritz Reinhardt ✤ 1904 – ca. 1915 ✤ Haushaltsporzellan, Geschenkartikel ✤ Marke 1904 – ca. 1915

Bremen

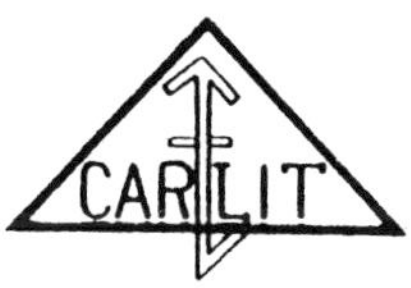

320
Kunstgewerbliche Werkstätten Ch. Epping ✤ 1952 – ✤ Spielzeug und Spielzeugtiere ✤ Marke 1952 –

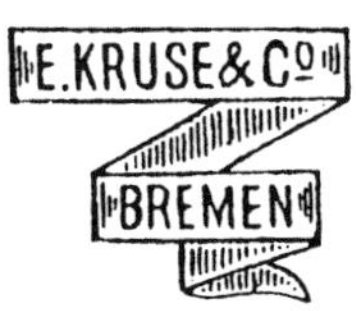

321
E. Kruse & Co. ✤ 1878 – erloschen vor 1910 ✤ Porzellanmalerei, Porzellanhandlung ✤ Marke ca. 1894 – ✤ Maler- oder Händlermarke

322
H.A. Kruse ✤ Nach 1883 ✤ Porzellanmalerei ✤ Marke nach 1883 ✤ Malermarke, aufglasur

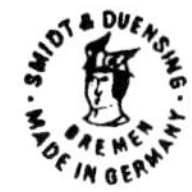

323
Smidt & Duensing ✤ 1875 – ca. 1921 ✤ Porzellanmalerei ✤ Marke ca. 1900 – ca. 1921 ✤ Malermarke, aufglasur

Brieg, Schlesien

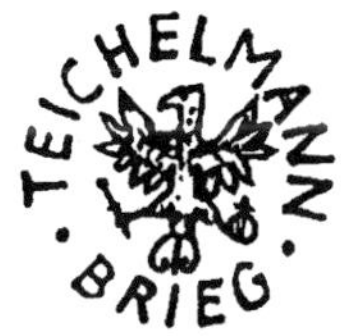

324
Teichelmann & Klause, dann **Porzellanfabrik Albert Teichelmann** ✤ 1866 – 1869 ✤ Haushaltporzellan ✤ Marke 1866 – 1869

Bruchmühlbach, Pfalz

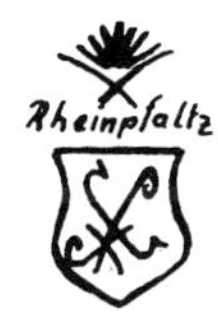

325
Porzellanfabrik Mühlbach ✤ 1952 – ca. 1972 ✤ Kaffee- und Teegeschirr, Geschenkartikel ✤ Marke 1951 – ca. 1972 ✤ Später **Winterling Feinkeramik** ✤ Ca. 1972 – ✤ heute

326
Porzellanfabrik Mühlbach ✤ Marke 1951 – ca. 1972

327
Porzellanfabrik Mühlbach · Marke 1951 – ca. 1972

328
Winterling Feinkeramik · Marke ca. 1972 –

329
Winterling Feinkeramik · Marke ca. 1972 –

330
Winterling Feinkeramik · Marke ca. 1972 – heute

Bünde, Westfalen

331
A. Severin & Co. · Ca. 1896 – nach 1937 · Porzellanmalerei · Marke ab 1929 · Malermarke, aufglasur

332
A. Severin & Co. · Marke ab 1929 · Malermarke, aufglasur

Burgau-Göschwitz, Thüringen

333
Porzellanmanufaktur Burgau Ferdinand Selle · 1901 – um 1929 wird die Porzellanproduktion eingestellt · Haushaltsporzellan, Zierporzellan · Marke 1901 – ca. 1929 · Grün unterglasur

Burggrub, Bayern

334
Porzellanfabrik Burggrub Schoenau & Hoffmeister, 1901 – 1952, dann **Porzellanfabrik Burggrub Horst Eversberg**, 1952 – 1978, dann verlegt nach Stockheim · Geschenkartikel, Puppen, Puppenköpfe, technisches Porzellan · Marke ca. 1903 – 1952

335
Porzellanfabrik Burggrub Schoenau & Hoffmeister · Marke ca. 1903 – 1952 · Eingepresste Halsmarke auf Puppenköpfen immer mit Modellnummer, auch mit – Germany –

336
Porzellanfabrik Burggrub Schoenau & Hoffmeister · Marke ca. 1903 – 1952

337
Porzellanfabrik Burggrub Schoenau & Hoffmeister · Marke ca. 1903 – 1952

Burgstädt, Sachsen

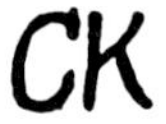

338
Clemens Köhler • Porzellanmalerei 1881 –

Burgsteinfurt, Westfalen

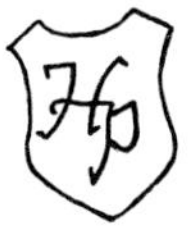

339
H. Pettirsch Porzellanmanufaktur • 1950 – • Luxus- und Gebrauchsporzellan • Malermarke 1950, aufglasur

Buschbad/Meißen, Sachsen

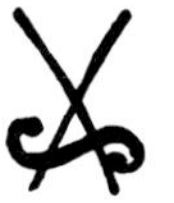

340
L. Schleich Porzellanmanufaktur • 1886 – ca. 1905 • Kaffee- und Teegeschirr, Porzellanmalerei • Marke 1886 – ca. 1905 • Blau unterglasur und aufglasur

C

Cainsdorf, Sachsen

341 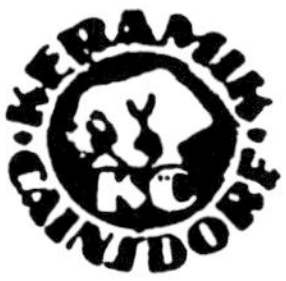

Keramische Werke Cainsdorf · Porzellanfabrik · ca. 1920 – ca. 1930

Carthausen, Westfalen

342 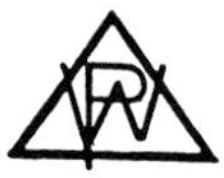

Westfälische Porzellanfabrik · Marke ca. 1921 – 1960

Charlottenbrunn, Schlesien

343 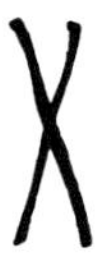

Joseph Schachtel Porzellanfabrik, 1859 – 1916, dann **Porzellanfabrik Charlottenbrunn vorm. Joseph Schachtel AG**, 1916 – 1919, dann **Porzellanfabrik Joseph Schachtel AG**, 1919 – 1941, dann **Porzellanfabrik Sophienau AG**, 1941 – 1945 · Pfeifenköpfe, Haushaltsporzellan, seit 1866 Zierporzellan, elektrotechnisches Porzellan · Marke nach 1866

344 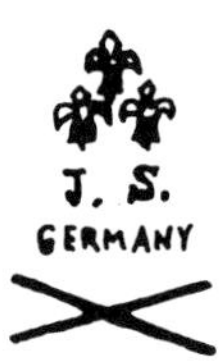

Joseph Schachtel · 1859 – 1916 · Marke 1896 – 1916 · Blau oder grün unterglasur

345 

Joseph Schachtel Porzellanfabrik · Marke nach 1875 – ca. 1919

346 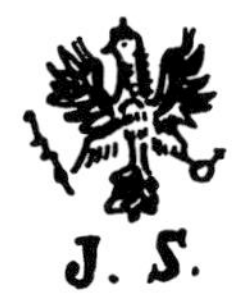

Joseph Schachtel Porzellanfabrik · Marke 1887 – ca. 1919

347 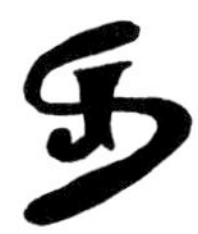

Joseph Schachtel Porzellanfabrik · Marke nach 1900 – ca. 1919

Chemnitz, Sachsen

348 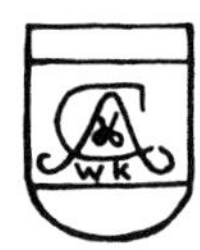

Alfred Löffler · Um 1920 – ca. 1927 · Porzellanmalerei · Marke ab 1920 · Aufglasur, Malermarke

Coburg, Bayern

349 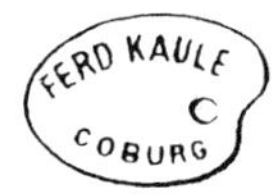

Ferdinand Kaule · 1855 – ca. 1900 · Porzellanmalerei · Marke ab ca. 1894 · Aufglasur, Malermarke

350

Porzellan- und Tonwarenfabrik Coburg E. Speiser ❧ 1898 – ca. 1930 ❧ Elektrotechnisches Porzellan ❧ Marke 1913 – ca. 1930

351

Albert Riemann übernimmt eine seit 1860 bestehende Porzellanfabrik ❧ 1875 – 1937 ❧ Zierporzellan und Hartsteingut ❧ Marke um 1900 – ca. 1937

352

Albert Riemann ❧ Marke um 1900 – ca. 1937

Coburg-Cortendorf, Bayern

353

Porzellanfabrik Cortendorf Julius Griesbach ❧ 1890 – 1973 ❧ Figuren aus Porzellan nur von 1958 – 1960, dann Steingut ❧ Marke 1935 – ca. 1973 ❧ 1973 von **W. Goebel** in **Rödental** übernommen und in **W. Goebel Cortendorf** umbenannt

354

Porzellanfabrik Cortendorf Julius Griesbach ❧ Marke 1950 – ca. 1973

355

Porzellanfabrik Cortendorf Julius Griesbach ❧ Marke 1955 – ca. 1973

356

Porzellanfabrik Cortendorf Julius Griesbach ❧ Marke 1955 – ca. 1973 ❧

357

Porzellanfabrik Cortendorf Julius Griesbach ❧ Marke 1955 – ca. 1973

358

Porzellanfabrik Cortendorf Julius Griesbach ❧ Marke 1956 – ca. 1973

359

Porzellanfabrik Cortendorf Julius Griesbach ❧ Marke 1958 – ca. 1973

360 **Kronen-C**

Porzellanfabrik Cortendorf Julius Griesbach ❧ Marke 1958 – ca. 1973

Colditz, Sachsen

Die von **Carl August Zschau** gegründete Steingutfabrik, 1841 – 1907, wird in die **Steingutfabrik Colditz AG**, 1907 – 1948, umgewandelt, dann verstaatlicht und umbenannt in **VEB Porzellanwerk Colditz**, 1948 – 1969, der 1956 mit der Porzellanproduktion beginnt. Nach Zusammenschluss mit **VEB Porzellanwerk Freiberg** ist der neue Name **VEB Porzellankombinat Colditz**, 1969 – 1990. Das Werk in Colditz wird nach der Auflösung des Kombinats privatisiert und umbenannt in **Porzellanwerke Colditz GmbH**, 1990 – geschlossen 1995. Seit 1956 Massenproduktion von Haushalts- und Hotelporzellan, Kaffee- und Teegeschirr, Zierporzellan.Auch SINTOLAN, eine Keramik, die zwischen Steingut und Steinzeug liegt und bei Temperaturen unter 1000 °C gebrannt wird, für Haushalts- und Hotelgeschirr.

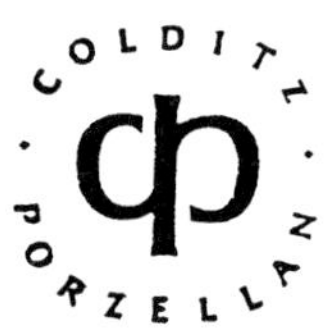

361

VEB Porzellankombinat Colditz ❧ Marke 1958 – 1990 ❧ Grün unter- oder aufglasur

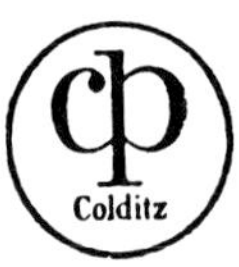

362

VEB Porzellanwerk Colditz und **VEB Porzellankombinat Colditz** ❧ Marke 1964 – 1990

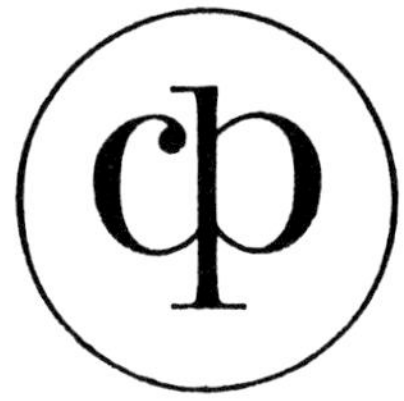

363

VEB Porzellankombinat Colditz ❧ Marke 1970 – 1990

Creidlitz, Bayern

Porzellanfabrik Creidlitz Theodor Gumtau, 1900 – 1906, wird übernommen von **Rose, Schulz & Co.** 1906 – 1913. Ca. 1913 umgewandelt in eine Aktiengesellschaft **Porzellanfabriken Creidlitz AG**, ca. 1913 – ca. 1923. Haushaltsporzellan, Kaffee- und Teegeschirr, Zierporzellan, Geschenkartikel, technisches Porzellan.

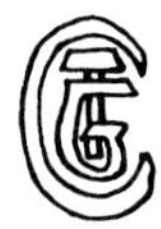

364

Porzellanfabrik Creidlitz Theodor Gumtau ❧ Marke 1906

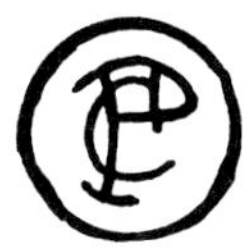

365

Porzellanfabriken Creidlitz AG ❧ Marke nach 1913

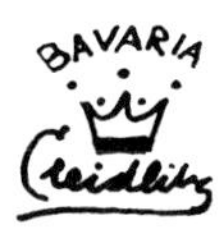

366

Porzellanfabriken Creidlitz AG ❧ Marke nach 1913

P. C.
BAVARIA

367

Porzellanfabriken Creidlitz AG • Marke nach 1913

SH
COBURG

368

Siebert & Hertwig Porzellanfabrik, 1903 – 1907, dann übernommen von **Luxusporzellanfabrik Paul Kister & Co.**, 1907 – ca. 1927 • Büsten, Figuren, Gruppen, Reproduktionen alter und neuer Skulpturen in Hart-, Weich- und Biskuitporzellan • Marke 1903 – 1907

Cursdorf, Bayern

KATI
ZORN Porzellan
Manufaktur

369

Kati Zorn

Porzellan-Entwerferin • Marke nach 2000

D

Damm, Bayern

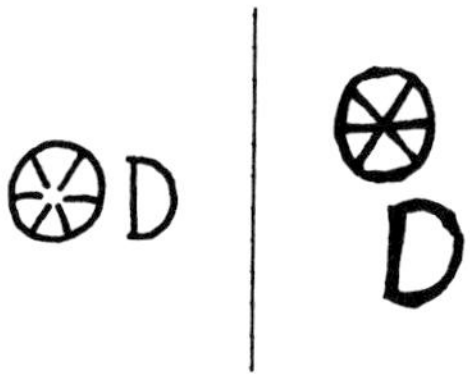

370
Steingutfabrik Damm · 1827 – 1884 · Marke ca. 1840 – 1884 · Nachgeahmte Höchster Marken mit zusätzlichem Buchstaben D für Reproduktionen mit originalen Höchster Formen in Steingut und ab 1856 für einige Jahre in Porzellan · Auch ohne Buchstabe D

Darmstadt, Hessen

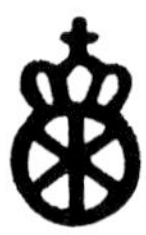

371
C.C. Puhlmann & Sohn · 1970 – vor 1977 · Marke 1970 – vor 1977 · Figuren

Denkendorf, Württemberg

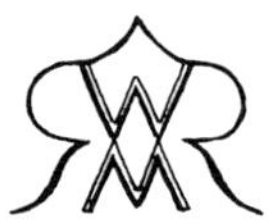

372
M.W. Reutter Porzellanfabrik · 1948 – heute · Zierporzellan und Spielzeug, Geschenkartikel · Marke 1948 – heute

Dieringhausen, Rheinprovinz

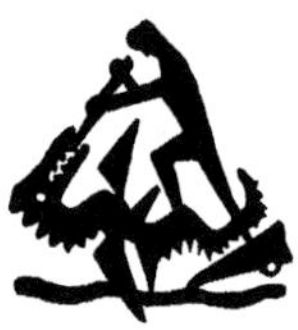

373
Porzellan-Manufaktur Spitzer · 1887 – ca. 1930 · Von 1887 – 1921 nur Steingut, dann auch Porzellanmalerei · Marke ca. 1887 – ca. 1925 · Malermarke aufglasur

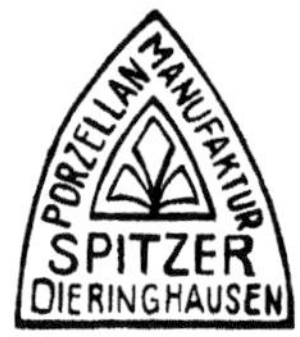

374
Porzellan-Manufaktur Spitzer · Marke ca. 1921 – ca. 1930 · Malermarke aufglasur

Diessen, Bayern

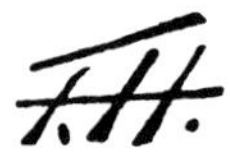

375
F. Hudler Keramische Werkstätte · 1921 – erloschen · Porzellanmalerei · Marke nach 1921 · Malermarke aufglasur

Dresden, Sachsen

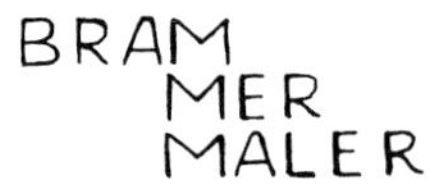

376
E. Brammer & Co. · 1904 – 1923 · Porzellan- und Glasmaler · Marke 1904 – 1923 · Aufglasur, Malermarke

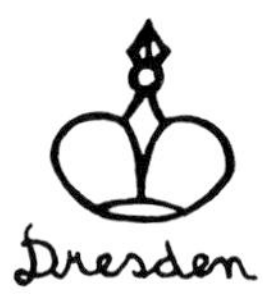

377
Die Porzellanmaler **Donath & Co.**, 1872 – 1916, **Richard Klemm**, 1869 – 1916, **Oswald Lorenz**, 1880 – erloschen, und **Adolph Hamann**, 1866 – 1949, melden gemeinsam 1883 diese Marke beim Warenzeichenregister an

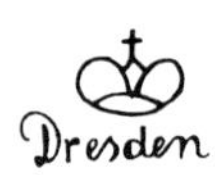

378
Donath & Co. · Porzellanmalerei · 1872 – 1916 · Malermarke 1883 – 1916 · Blau unter- oder aufglasur · 1916 mit **Richard Klemm** zu **Vereinigte Dresdner Porzellanmalereien Richard Klemm & Donath & Co.** zusammengeschlossen

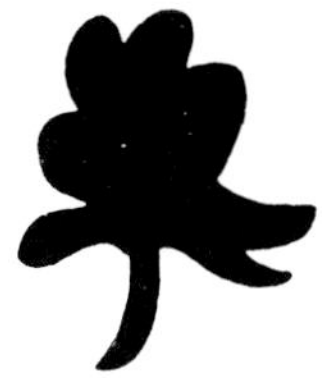

379
Donath & Co. ◦ Marke 1872 – 1916 ◦ Malermarke zum Verdecken der Herstellermarke, gold aufglasur

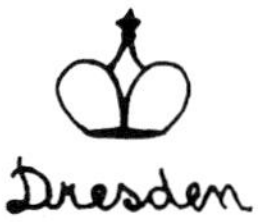

380
Donath & Co. ◦ Marke 1893 – 1916

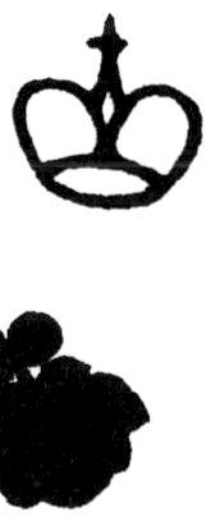

381
Donath & Co. ◦ Marke 1893 – 1916 ◦ Krone rot aufglasur ◦ Blüte gold aufglasur zum Verdecken der Marke des Porzellanherstellers **C.M. Hutschenreuther** in **Hohenberg**

CROWN

382
Donath & Co. ◦ Marke 1902 – 1916 ◦ Aufglasur, Malermarke, auch von **Adolph Hamann**, Dresden, benutzt

KRON

383
Donath & Co. ◦ Marke 1902 – 1916 ◦ Blau, Malermarke, auch von **Adolph Hamann**, Dresden, benutzt

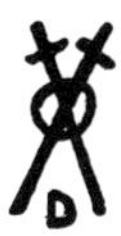

384
Donath & Co. ◦ Marke 1882 – 1883 ◦ Blau unterglasur auf Porzellan von C. M. Hutschenreuther in Hohenberg hergestellt

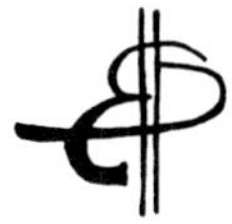

385
Dresdner Kunstverlag Richard Eckert ◦ Porzellanmalerei und -handlung ◦ Ca. 1908 – ca. 1912 ◦ Marke ca. 1908 – ca. 1912 ◦ Siehe auch **Volkstedt, Richard Eckert**

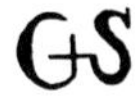

386
Julius Greiner Sohn ◦ 1871 – erloschen ◦ Porzellanmalerei ◦ Marke nach 1871 ◦ Malermarke aufglasur

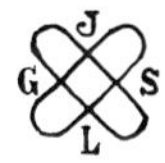

387
Julius Greiner Sohn ◦ Marke ca. 1885 – ◦ Malermarke aufglasur

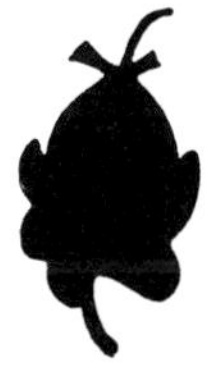

388
Großbaum & Söhne ◦ 1891 – ca. 1914 ◦ Porzellanmalerei ◦ Zweigniederlassung von **Grossbaum & Sons, Birmingham, England** ◦ Marke 1892 – ca. 1914 ◦ Malermarke zum Verdecken der Marke des Porzellanherstellers, gold aufglasur

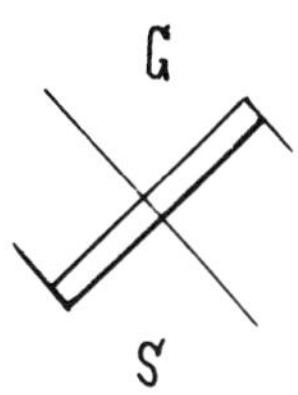

389
Großbaum & Söhne ◦ Marke 1892 – 1914 ◦ Aufglasur, Malermarke

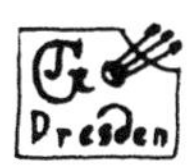

390
Josef Günter ◦ 1894 – ca. 1910 ◦ Porzellanmalerei ◦ Marke 1894 – ca. 1910 ◦ Aufglasur, Malermarke

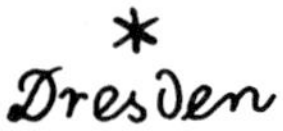

391
Adolph Hamann • 1866 – ca. 1949 • Porzellanmalerei • Marke 1866 – ca. 1949 • Malermarke aufglasur

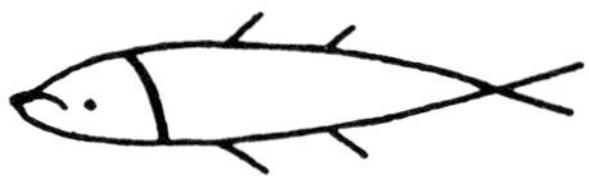

392
Adolph Hamann • Marke 1903 – ca. 1949

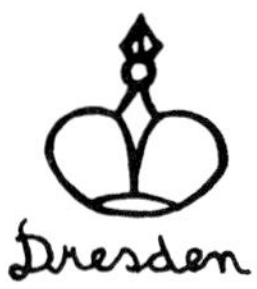

393
Adolph Hamann • Marke ca. 1894 – 1949 • Blau unter- oder aufglasur • Marke 1883 gemeinsam mit **Donath, Klemm** und **Lorenz** in Dresden angemeldet

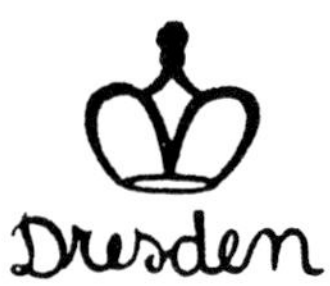

394
Adolph Hamann • Marke 1894 – 1949 • Blau aufglasur, Malermarke

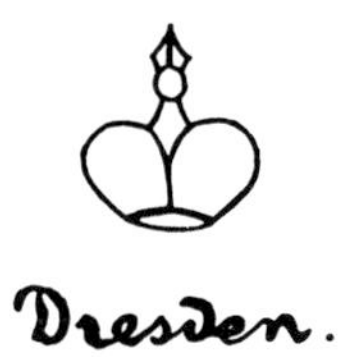

395
Adolph Hamann • Marke 1883 – 1949 • Blau aufglasur, Malermarke

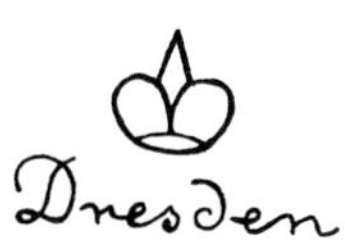

396
Adolph Hamann • Marke 1905 – 1949 • Blau aufglasur, Malermarke

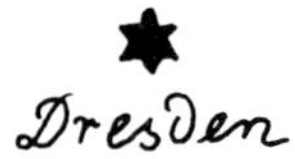

397
Karl Eduard Hamann • 1891 – 1892 • Porzellanmaler • Marke 1891 – 1892 • Aufglasur, Malermarke

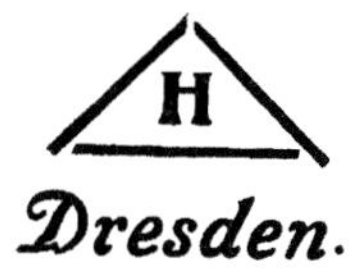

398
Heufel & Co. und **Nachfolger** • 1891 – 1940 • Porzellanmalerei • Marke ab 1891 – ca. 1940 • Blau aufglasur, Malermarke

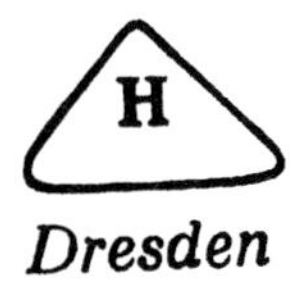

399
Heufel & Co. und **Nachfolger** • Marke ca. 1891 – ca. 1940 • Blau aufglasur, Malermarke

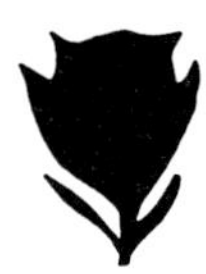

400
Franziska Hirsch GmbH, 1894 – 1914, und **Franziska Hirsch Nachfolger**, 1914 – ca. 1935 • Marke 1894 – ca. 1935 • Malermarke zum Verdecken der Marke des Porzellanherstellers, gold aufglasur

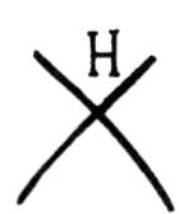

401
Franziska Hirsch GmbH • Marke 1894 – (1896) • Malermarke, sie wurde nach einer Klage der Königlichen Porzellan Manufaktur Meissen im Warenzeichenregister gelöscht

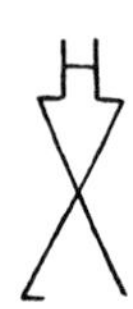

402
Franziska Hirsch GmbH und **Nachfolger** • Marke ca. 1896 – nach 1930 • Malermarke aufglasur • Nachfolger waren 1914 – 1930

Fanny Koppel und **Margot Wohlauer**, 1930 – erloschen

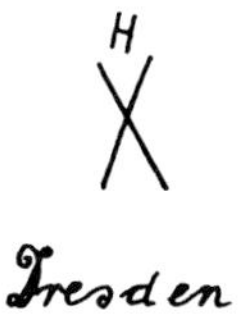

403
Franziska Hirsch GmbH und **Nachfolger** ◦ Marken ca. 1896 – nach 1930 ◦ Malermarke aufglasur

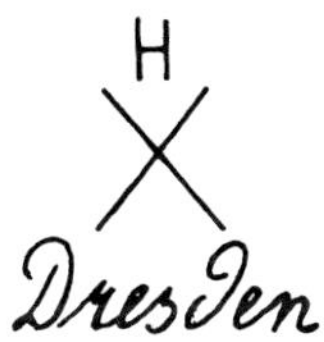

404
Franziska Hirsch GmbH und **Nachfolger** ◦ Marke 1896 – nach 1930 ◦ Malermarke aufglasur

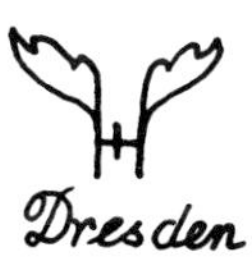

405
Franziska Hirsch GmbH ◦ Marke 1901 – 1914 ◦ Malermarke aufglasur

Dresdner Kunstabteilung von C.M. Hutschenreuther, 1918 – 1945, entstand durch Zusammenschluss der Vereinigten Dresdner Porzellanmalereien Richard Klemm und Donath & Co. mit der Porzellanmalerei von **Richard Wehsener**

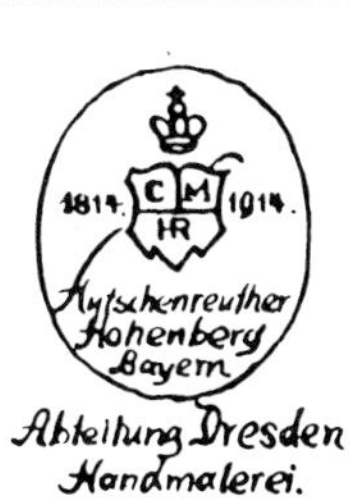

406
Dresdner Kunstabteilung von C. M. Hutschenreuther ◦ Marke 1918 – 1945 ◦ Malereimarke aufglasur

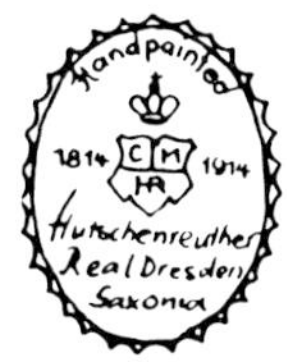

407
Dresdner Kunstabteilung von C. M. Hutschenreuther ◦ Marke 1918 – 1945 ◦ Malereimarke aufglasur

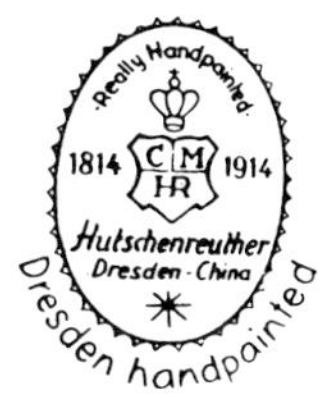

408
Dresdner Kunstabteilung von C. M. Hutschenreuther ◦ Marke 1918 – 1945 ◦ Malereimarke aufglasur

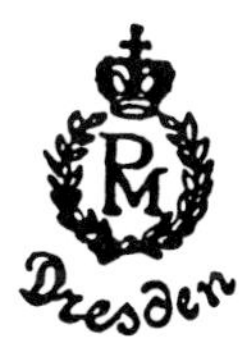

409
Dresdner Porzellanmalerei Dr. Rudolf Reinecke ◦ Die Firma arbeitete als Porzellanmalerei für die **Porzellanfabrik Moschendorf** ◦ Markc um 1928

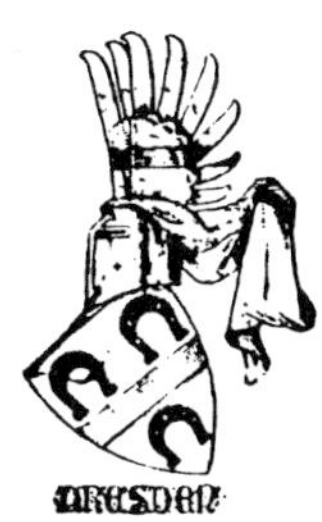

410
Franz Junkersdorf ◦ 1897 – nach 1941 ◦ Marke ab ca. 1902 – ca. 1926 ◦ Malermarke aufglasur

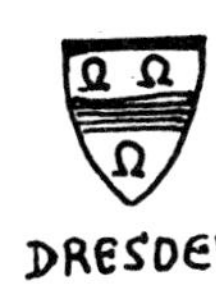

411
Franz Junkersdorf ◦ Marke ab ca. 1909 ◦ Malermarke aufglasur

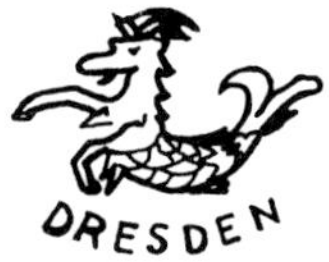

412
Franz Junkersdorf ❧ Marke 1909 – ❧ Malermarke aufglasur, auch ohne – Dresden –

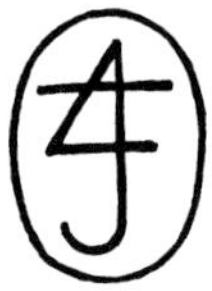

413
Franz Junkersdorf ❧ Marke 1909 – ❧ Malermarke aufglasur

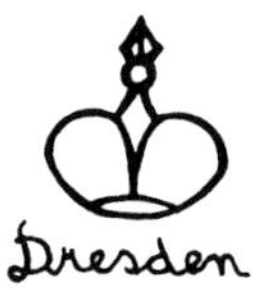

414
Richard Klemm Porzellanmalerei ❧ 1869 – 1916 ❧ Marke 1883 – 1916 ❧ Malermarke aufglasur ❧ Die Marke wurde 1883 gemeinsam von **Donath & Co., A. Hamann, R. Klemm** und **O. Lorenz** als Warenzeichen angemeldet

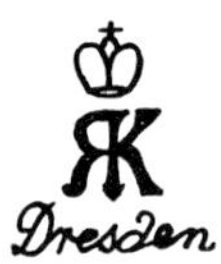

415
Richard Klemm Porzellanmalerei und **Vereinigte Dresdner Porzellanmalereien Klemm, Donath & Co.** ❧ Marke 1888 – 1918 ❧ Malermarke aufglasur ❧ Auch ohne – Dresden-, auch mit –Germany- anstatt – Dresden-

416
Richard Klemm Porzellanmalerei und **Vereinigte Dresdner Porzellanmalereien Klemm, Donath & Co.** ❧ Marke 1883 – 1918 ❧ Malermarke aufglasur

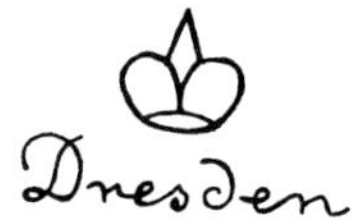

417
Richard Klemm Porzellanmalerei und **Vereinigte Dresdner Porzellanmalereien Klemm, Donath & Co.** ❧ Marke 1893 – 1918 ❧ Malermarke aufglasur

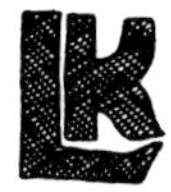

418
Louis Knöller ❧ 1891 – ca. 1909 ❧ Porzellanmalerei ❧ Marke 1891 – ca. 1909 ❧ Malermarke aufglasur

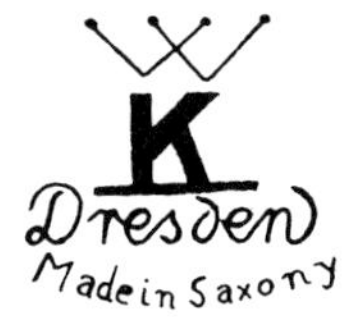

419
Wilhelm Koch, später **Hermann Koch** ❧ 1928 – 1949 ❧ Porzellanmaler ❧ Marke 1928 – 1949 ❧ Malermarke aufglasur ❧

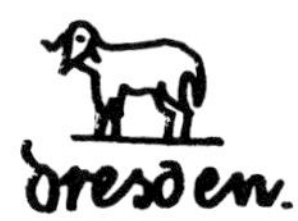

420
Ambrosius Lamm, später **Wwe. Clara Lamm** und **Rudolf Pitschke** ❧ 1887 – ca. 1950 ❧ Porzellanmalerei ❧ Marke 1898 – vor 1950 ❧ Malermarke aufglasur

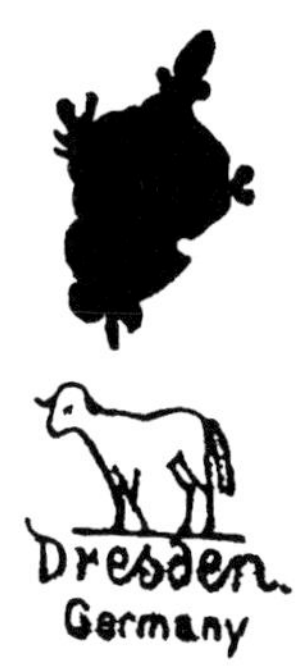

421
Ambrosius Lamm und Nachfolger ❧ Marke 1898 – ca. 1945 ❧ Blau aufglasur ❧ Blüte gold aufglasur zum Verdecken der Marke des Porzellanherstellers **C. M. Hutschenreuther** in **Hohenberg**

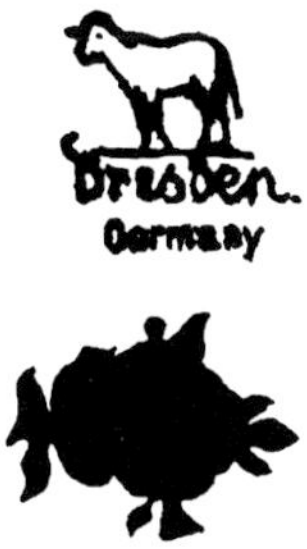

422
Ambrosius Lamm und Nachfolger ꙮ Marke 1898 – ca. 1945 ꙮ Blau aufglasur ꙮ Blüte gold aufglasur zum Verdecken der Marke des Porzellanherstellers **C.M. Hutschenreuther** in **Hohenberg**

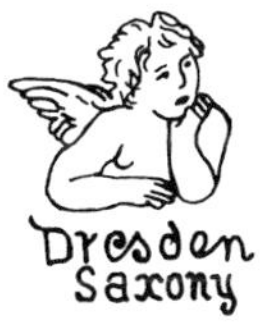

423
Ambrosius Lamm, später **Wwe. Clara Lamm** und **Rudolf Pitschke** ꙮ Marke 1909 – ca. 1950 ꙮ Malermarke aufglasur

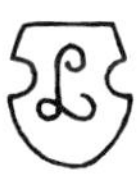

424
Ambrosius Lamm, später **Wwe. Clara Lamm** und **Rudolf Pitschke** ꙮ Marke nach 1910 – ca. 1950 ꙮ Malermarke aufglasur

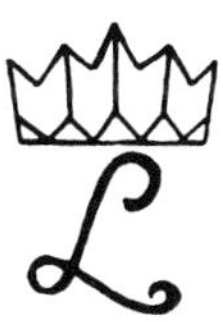

425
Adolf Leube ꙮ 1894 – ca. 1907 ꙮ Porzellanmalerei ꙮ Marke 1894 – ca. 1907 ꙮ Malermarke aufglasur

426
Oswald Lorenz ꙮ Um 1880 – ca. 1894 ꙮ Marke 1883 – 1894 ꙮ Malermarke aufglasur ꙮ Gemeinsam mit **Donath & Co., R. Klemm** und **Adolph Hamann** 1883 als Warenzeichen angemeldet

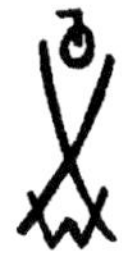

427
Oswald Lorenz ꙮ Marke ca. 1880 – ca. 1883

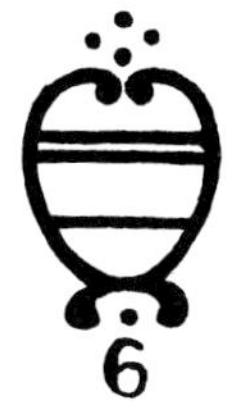

428
Oswald Lorenz ꙮ Marke 1881 – 1894 ꙮ Malermarke aufglasur

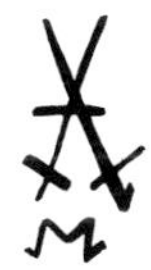

429
Meyer & Sohn zugeschrieben ꙮ Gegründet letztes Viertel 19. Jhdt. ꙮ Marke ca. 1880 – ꙮ Malermarke aufglasur

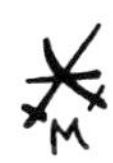

430
Meyer & Sohn zugeschrieben ꙮ Letztes Viertel 19. Jhdt. ꙮ Marke ca. 1880 – ꙮ Malermarke aufglasur

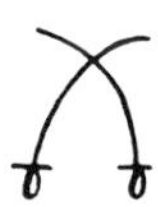

431
Meyer & Sohn zugeschrieben, aber nicht gesichert ꙮ Letztes Viertel 19. Jhdt. ꙮ Malermarke rosa aufglasur

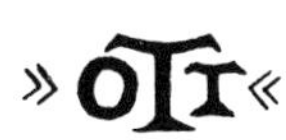

432
Anton und Franz Ott, 1922 – 1932, dann **Anton Ott**, 1932 – ca. 1965, dann **Werner Ott**, 1965 – 1983, dann **Porzellanmalerei Ott**, 1983 – heute ꙮ Marke 1922 – heute ꙮ Malermarke aufglasur

433

Anton Richter • 1887 – ca. 1926 • Porzellanmalerei • Marke ab 1887 • Malermarke blau aufglasur

---

434

Max Robra • 1919 – 1928 • Porzellanmalerei • Marke 1919 – 1928 • Malermarke aufglasur

---

DRESDEN
HANDMALEREI

435

Max Robra • Marke ab 1919 • Malermarke aufglasur

Sächsische Porzellanfabrik zu Potschappel und **Sächsische Porzellanmanufaktur Dresden** und **VEB Sächsische Porzellanmanufaktur Dresden** siehe **Potschappel**

436

Oskar Gustav Schade • 1886 – ca. 1926 • Porzellanmalerei • Marke 1894 – • Malermarke aufglasur

---

1886

437

Oskar Gustav Schade • Marke ab ca. 1886 • Malermarke aufglasur

---

FRAUREUTH DRESDEN
Kunstabteilung
handgemalt

438

Otto Schmidt Porzellanmalerei • 1918 – 1935 • Marke 1918 – 1935 • Malermarke aufglasur • Schmidt war bis 1918 Leiter der Malerei der **Porzellanfabrik Fraureuth**

S. u. P.
Dresden.

439

Strobel & Petschk • 1869 – ca. 1900 • Porzellanmalerei • Marke ab ca. 1894 • Malermarke aufglasur

---

Strobel

440

Johann und Ella Strobel • 1900 – ca. 1935 • Porzellanmalerei • Marke 1900 – ca. 1935 • Malermarke aufglasur

---

TILL
DRESDEN

441

Franz Till, später **L. Sturm** und **Marie Sturm**, verwitwete Till • 1866 – 1906 • Porzellanmalerei • Marke 1872 – 1906 • Malermarke aufglasur

---

UFER
MEISSEN

442

R. Ufer, 1887 – ca. 1910, später **Karl Anhäuser**, ca. 1910 – ca. 1926 • Porzellanmaler • Marke 1887 – ca. 1910 • Malermarke aufglasur •

---

alt Dresden

443

Rudolf Willy Ungethüm, Porzellanmaler Marke 1925 – ca. 1945

DRESDEN
GERMANY

444

Adolf Wache • 1880 – ca. 1906 • Porzellanmalerei • Marke nach 1880 – ca. 1894 • Malermarke aufglasur

---

DRESDEN
S
GERMANY

445

Adolf Wache • Marke 1894 – ca. 1906 • Malermarke aufglasur

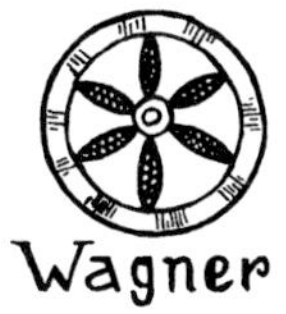

446
Carl Wagner, später **Anna Wagner** · 1894 – ca. 1949 · Porzellanmalerei · Marke ab 1894 · Malermarke aufglasur

Porzellanmalerei Richard Wehsener, 1895 – 1916, dann vereinigt mit **Richard Klemm** in **Dresden** zu **Vereinigte Dresdner Porzellanmalereien**, 1916 – 1918. Aus einem weiteren Zusammenschluss mit **Donath & Co.** in **Dresden** entsteht die **Kunstabteilung von C.M. Hutschenreuther** in **Hohenberg**, 1918 – 1945. Nach dem 2. Weltkrieg wieder selbstständig mit **Gerhard Wehsener** und **Werner Wehsener**, 1945 – heute.

447
Richard Wehsener · Marke 1895 – 1918 · Malermarke zum Verdecken der Marke des Porzellanherstellers, gold aufglasur

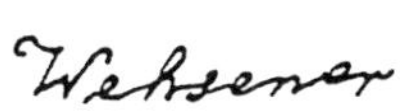

448
Richard Wehsener · Marke 1895 – 1918 · Malermarke aufglasur

449
Richard, Gerhard und Werner Wehsener · Marke 1995 – heute · Malermarke aufglasur

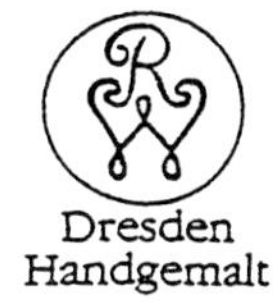

450
Richard, Gerhard und Werner Wehsener · Marke 1995 – heute · Malermarke aufglasur

Helena Wolfsohn, 1843 – ca. 1949, Porzellanmalereibetrieb. Nachfolger unter Beibehaltung des Firmennamens Helena Wolfsohn ihre Tochter **Emilie Elb** und deren Mann **Leopold Ludwig Elb**, ca. 1880 – 1893, **Leopold Ludwig Elb**, 1893 – 1907, **X.E. Stephan** 1907 – 1919, **Walter Ernst Stephan**, 1919 – ca. 1949. Die Firma ließ von deutschen Porzellanfabriken, darunter **Porzellanfabrik Zwickau Christian Fischer** und **C.M. Hutschenreuther, Hohenberg**, Weißporzellan mit alten Marken der **Königlichen Porzellan Manufaktur Meissen** herstellen, insbesondere mit der Marke AR. In einem Prozess in Sachsen (1878 – 1881) entschied das Gericht, dass Wolfsohn das Zeichen AR nicht benutzen dürfe. In einem Prozess in England erklärte sich die Firma 1883 bereit, die Marke nicht mehr zu verwenden. Trotzdem versuchte sie weiter, leicht veränderte Meißen-Marken zu verwenden, musste aber jedes Mal Einsprüchen der KPM Meissen stattgeben.

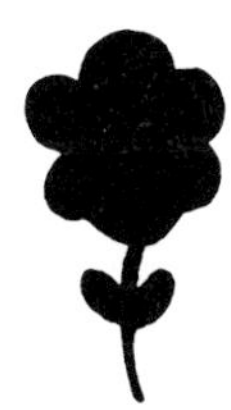

451
Helena Wolfsohn · Marke ca. 1843 – 1945 · Malermarke zum Verdecken der Marke des Porzellanherstellers, gold aufglasur

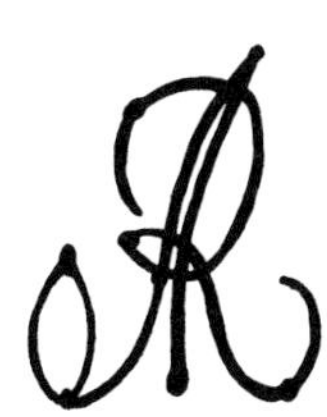

452
Helena Wolfsohn · Marke ca. 1875 – 1883 · Blau unterglasur

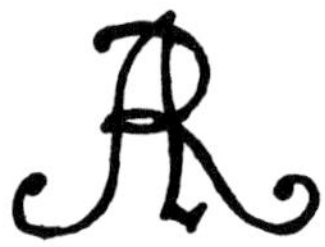

453
Helena Wolfsohn · Marke ca. 1875 – 1883 ·
Blau unterglasur

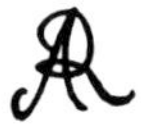

454
Helena Wolfsohn · Marke ca. 1875 – 1883 ·
Blau unterglasur ·

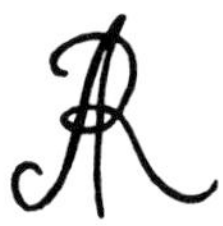

455
Helena Wolfsohn · Marke ca. 1875 – 1883 ·
Blau unterglasur

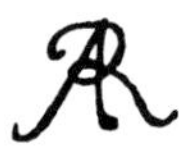

456
Helena Wolfsohn · Marke 1875 – 1883 ·
Blau unterglasur

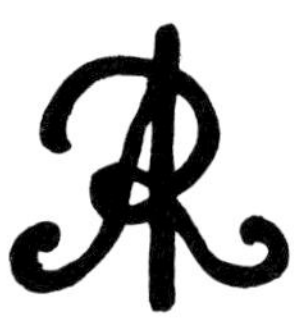

457
Helena Wolfsohn · Marke 1875 – 1883

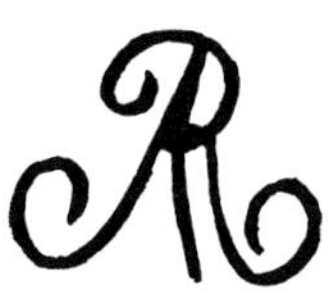

458
Helena Wolfsohn · Marke 1875 – 1883

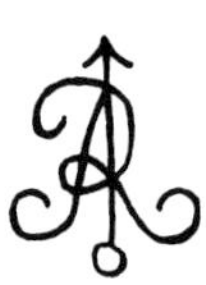

459
Helena Wolfsohn · Marke 1875 – 1886 ·
Blau unterglasur

460
Helena Wolfsohn · Marke 1886 – ca. 1949 ·
Blau unter- oder aufglasur

461
Helena Wolfsohn · Marke 1881 – ca. 1949 ·
Blau unter- oder aufglasur

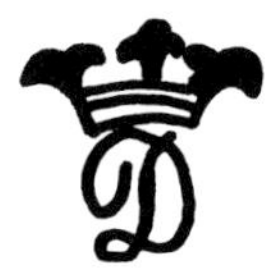

462
Helena Wolfsohn · Marke 1881 – ca. 1949 ·
Blau unter- oder aufglasur

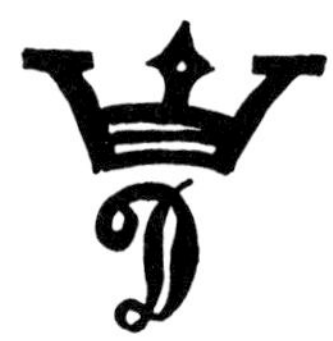

463
Helena Wolfsohn · Marke 1881 – ca. 1949 ·
Blau unter- oder aufglasur

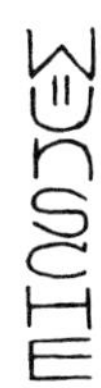

464
L. Wünsche · Porzellanmaler · 1920 – 1949, dann nach Weimar verlegt · Marke 1920 – 1949 · Malermarke aufglasur

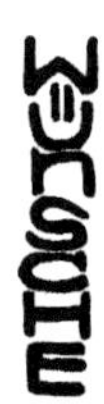

465
L. Wünsche · Marke 1920 – 1949 · Malermarke aufglasur

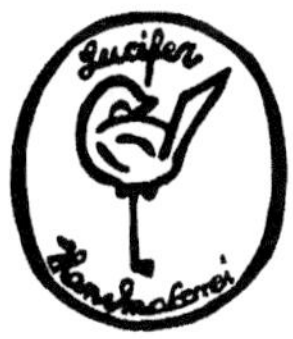

466
L. Wünsche · Marke 1920 – 1949 · Malermarke aufglasur

Düsseldorf

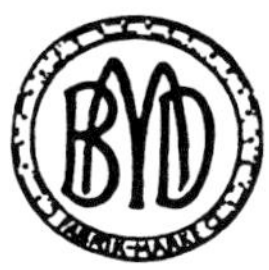

467
Berthold Münchow · Porzellan- und Glasmalerei · 1907 – ca. 1935 · hauptsächlich Dekorationsartikel für Schaufenster

Duisdorf, Rheinprovinz

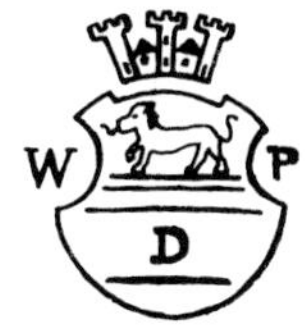

468
Westdeutsche Porzellanfabrik · 1927 – 1935 · Haushalts-, Hotel- und Zierporzellan · Nachfolger ist **Rhenania Porzellanfabrik** · 1935 – erloschen nach 1957 · Marke 1927 – 1935

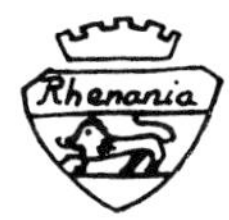

469
Rhenania Porzellanfabrik · Marke 1935 – 1957 · Auch mit Zusatz – Duisdorf-Bonn –

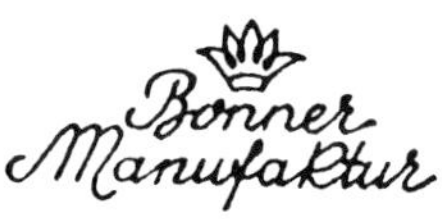

470
Rhenania Porzellanfabrik · Marke bis ca. 1957

E

Ebersbach, Sachsen

C N

471
Camillo Neumann ꟷ 1892 – erloschen ꟷ Porzellanmalerei ꟷ Marke 1893 – ꟷ Blau aufglasur

Ebersdorf/Ludwigstadt, Bayern

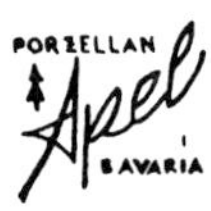

472
Arno Apel Porzellanfabrik ꟷ 1954 – 1974 ꟷ Zierporzellan, Geschenkartikel, Leuchter ꟷ Marke 1954 – 1974, gold aufglasur ꟷ Siehe auch **Lauenstein** ꟷ Apel war Mitinhaber von **Wagner & Apel** in **Lippelsdorf**

473
Arno Apel Porzellanfabrik ꟷ Marke 1957 – 1974 ꟷ Unterglasur und aufglasur ꟷ Auch mit – Western Germany – für Export

Eisenach, Thüringen

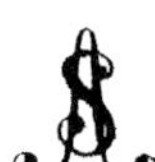

474
August Sältzer, später **Jacob Winkler** ꟷ Kunsttöpferei und Porzellanmalerei ꟷ 1858 – ca. 1930

Eisenberg, Thüringen

Porzellanfabrik Bremer & Schmidt, 1896 – 1972, dann zusammen mit der **Porzellanfabrik Kalk** enteignet und umgewandelt in **VEB Spezialporzellan**, 1972 – 1974, anschließend Zweigwerk des **VEB Porzellankombinats Kahla** in Kahla, 1974 – stillgelegt 1991. Haushalts- und Tafelporzellan, Kaffee- und Teegeschirr, Zierporzellan, Figuren hauptsächlich für Export

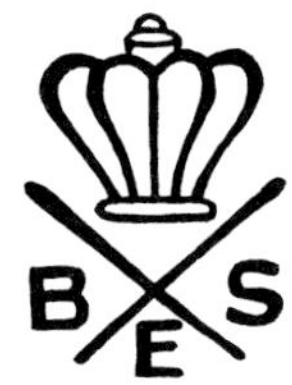

475
Bremer & Schmidt ꟷ Marke bis 1972

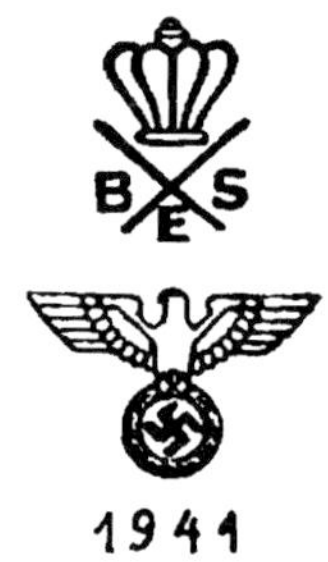

476
Porzellanfabrik Bremer & Schmidt, Fabrikmarke mit NS-Reichsadler für Lieferungen an Reichsbehörden, Militär und staatliche Betriebe, ca. 1938 – 1945 ꟷ Diese Marke 1941

477
VEB Spezialporzellan ꟷ Marke 1972 – 1990

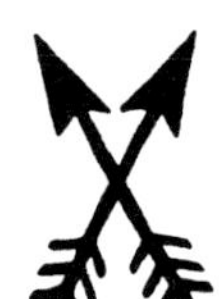

478
VEB Spezialporzellan ꟷ Marke 1972 – 1990

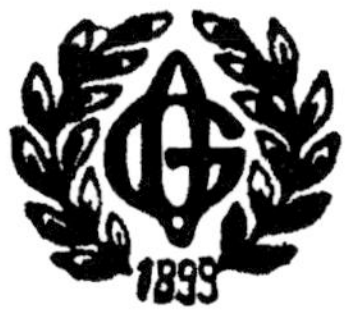

479
Otto Grunert Porzellanmalerei · 1899 – nach 1950 · Marke ca. 1946 – 1950 · Aufglasur

---

K.H.

480
Karl Hein Porzellanmalerei · 1883 – ca. 1920 · Marke 1883 – ca. 1920 · Aufglasur

---

Ludwig Mehlhorn und Julius Jäger Porzellanfabrik, 1870 – 1877, dann **Ludwig Mehlhorn**, 1877 – 1881, dann **Friedrich Eduard Mühlenfeld**, 1881 – 1911, dann **Porzellanfabrik Wilhelm Jäger**, 1911 – 1960. Nach Zusammenschluß mit **F.A. Reinecke** in Eisenberg umbenannt in **Vereinigte Porzellanwerke** 1960 – 1964, dann verstaatlicht zu **VEB Vereinigte Porzellanwerke Eisenberg**, 1964 – 1969, der später Zweigwerk des **VEB Porzellankombinats Kahla** in Kahla wird, 1969 – stillgelegt 1975. Tafel-, Haushalts- , Hotelporzellan, Kaffee- und Teegeschirr

---

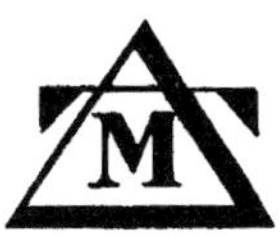

481
Ludwig Mehlhorn Porzellanmalerei, Marke ca. 1855 – 1870

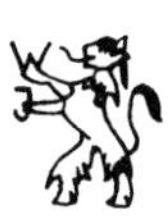

482
Porzellanfabrik Wilhelm Jäger · Marke nach 1911 – ca. 1940 · auch mit –Eisenberg- unten

---

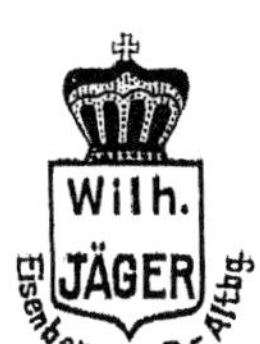

483
Porzellanfabrik Wilhelm Jäger · Marke 1912 – 1920

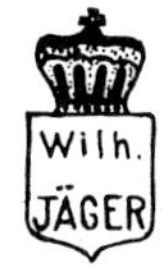

484
Porzellanfabrik Wilhelm Jäger · Marke 1912 – 1920 · Variation der vorhergehenden Marke, auch mit –Eisenberg– unten

---

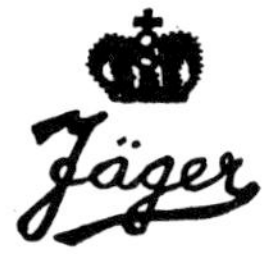

485
Porzellanfabrik Wilhelm Jäger · Marke 1920 – 1945

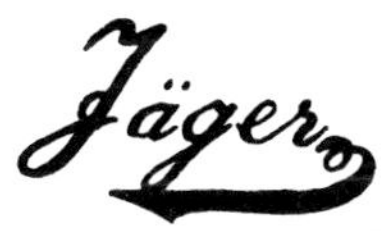

486
Porzellanfabrik Wilhelm Jäger · Marke um 1930

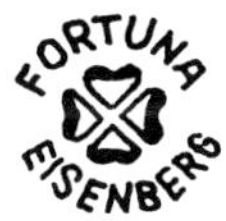

487
Vereinigte Porzellanwerke und **VEB Vereinigte Porzellanwerke Eisenberg** · Marke 1960 – 1974

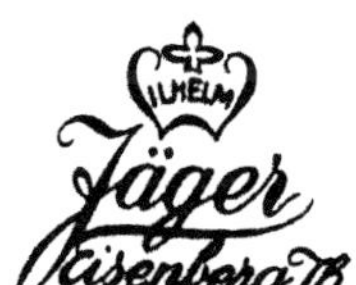

488
Porzellanfabrik Wilhelm Jäger und **VEB Vereinigte Porzellanwerke Eisenberg** · Marke ca. 1930 – 1945 und von 1972 – 1974 für Porzellan mit blauer Unterglasurmalerei · Weiter benutzt von **VEB Porzellankombinat Kahla** bis 1990.

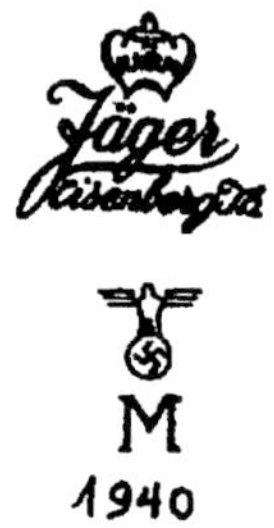

489
Porzellanfabrik Wilhelm Jäger ꕥ Mit NS-Reichsadler und Buchstaben –M– für Lieferungen an die Kriegsmarine ca. 1938 – 1945

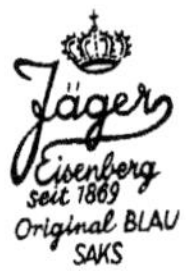

490
VEB Porzellankombinat Kahla ꕥ Marke 1976 – ꕥ Markeneigentümer seit 1991 **Kahla Porzellan GmbH**

Ludwig Mehlhorn Steingutfabrik, 1882 – 1888, dann **Geyer, Koerbitz & Co.** 1888 – 1899, Porzellanproduktion aufgenommen 1890. Anschließend **Porzellanfabrik Kalk GmbH**, 1900 – 1968. Verstaatlicht und mit der Porzellanfabrik **Bremer & Schmidt** in Eisenberg zum **VEB Spezialporzellan Eisenberg** verschmolzen 1972 – 1974, danach Zweigwerk des **VEB Porzellankombinats Kahla** in Kahla, 1972 – stillgelegt 1991. Haushaltsporzellan, Kaffee- und Teegeschirr.

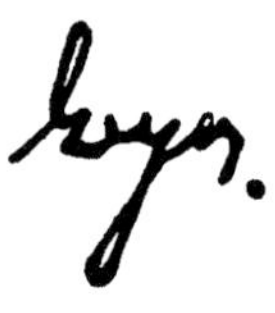

491
Geyer, Koerbitz & Co. ꕥ Marke 1888 – ca. 1889

492
Geyer, Koerbitz & Co. ꕥ Marke 1888 – 1899 ꕥ Auf Haushaltsteingut

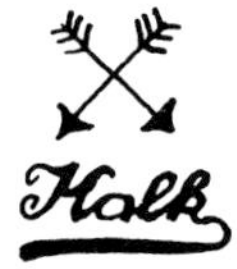

493
Porzellanfabrik Kalk zuerst in Köln, dann in Eisenberg ꕥ Marke 1900 – 1904 ꕥ Bei allen Marken der Porzellanfabrik Kalk sind die Pfeile dreifach gefiedert. Pfeile mit vier- oder mehrfacher Fiederung sind Nachahmungen.

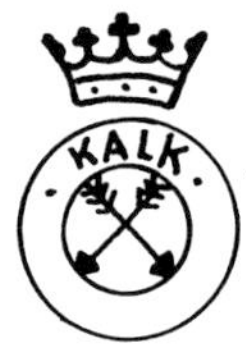

494
Porzellanfabrik Kalk ꕥ Marke 1899 – 1945

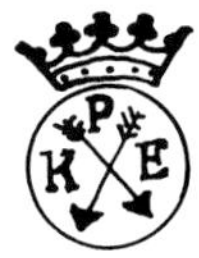

495
Porzellanfabrik Kalk ꕥ Marke nach 1899 – 1945

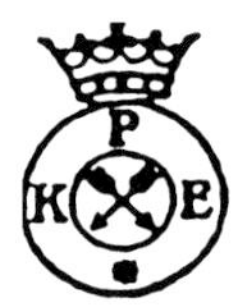

496
Porzellanfabrik Kalk ꕥ Marke ca. 1928 – 1968

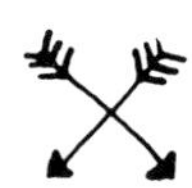

497
Porzellanfabrik Kalk ꕥ Marke 1900 – ꕥ sehr oft mit vierstelligen Nummern

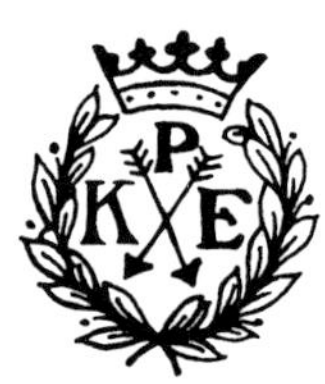

498
Porzellanfabrik Kalk ꕥ Marke 1950 zum 50-jährigen Firmenjubiläum bis 1972 ꕥ Blau auf- oder unterglasur

499
VEB Spezialporzellan Eisenberg und **VEB Porzellankombinat Kahla** · Marke 1973 – 1976

H.E. Mühlberg Steingut- und Porzellanfabrik, 1796 – 1865, die nach einigen Nachfolgern von **Friedrich August Reinecke** übernommen wird, 1865 – 1960. Dann Verschmelzung mit **Wilhelm Jäger** in Eisenberg zu **Vereinigte Porzellanwerke**, 1960 – 1964, die enteignet und in den **VEB Vereinigte Porzellanwerke Eisenberg** umgewandelt werden, 1964 – 1969. Dann Zweigwerk des **VEB Porzellankombinats Kahla** in Kahla, 1969 – stillgelegt 1975.

500
H. E. Mühlberg und **Nachfolger** und **F. A. Reinecke** · Marke ca. 1865 – ca. 1875 · Blau unterglasur

501
H.E. Mühlberg und **Nachfolger** und **F.A. Reinecke** · Marke ca. 1865 – ca. 1875

502
H.E. Mühlberg und **Nachfolger** und **F.A. Reinecke** · Marke ca. 1865 – ca. 1875

503
H.E. Mühlberg und **Nachfolger** und **F.A. Reinecke** · Marke ca. 1865 – ca. 1875

504
H.E. Mühlberg und **Nachfolger** und **F.A. Reinecke** · Marke ca. 1865 – ca. 1875

505
Mehlhorn & Jäger und Ludwig Mehlhorn und **F.E. Mühlenfeld** · Marke ca. 1870 – ca. 1911

506
F.A. Reinecke · Haushaltsgeschirr, Zierporzellan, Kaffee- und Teegeschirr · Auch mit Dekor Zwiebelmuster · Marke 1890 – 1926 · Blau unter- oder aufglasur

507
F.A. Reinecke und **Vereinigte Porzellanwerke** und **VEB Vereinigte Porzellanwerke Eisenberg** und **VEB Porzellankombinat Kahla** · Marke 1927 – 1973

508
Anton Kempf Porzellanmalerei · ca. 1922 – 1927 · Marke ca. 1922 – 1927 · Aufglasur

---

509
Paul Richter Porzellanfabrik · Marke 1896 – 1920

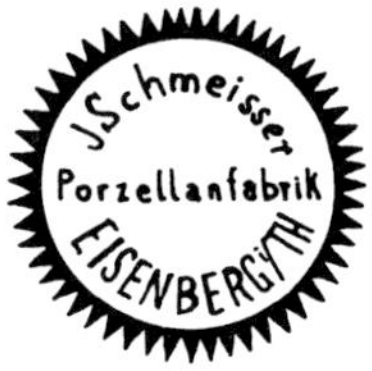

510
Porzellanfabrik Wilhelm Kunze & Co. 1865 – 1868, dann **J. Schmeisser Porzellanfabrik** 1868 – 1900, Gebrauchsgeschirr. **Kunze** gründet eine neue Porzellanfabrik, 1869 – Konkurs 1929.

511 **S. P. M.**
J. Schmeisser Porzellanfabrik zugeschrieben aber nicht bestätigt • Marke ca. 1885 – ca. 1888 • Auch ohne Punkte

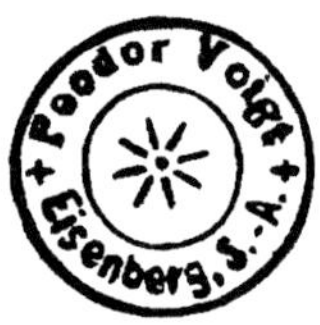

512
Feodor Voigt Porzellanmalerei • 1880 – • Marke 1880 – • Aufglasur

Elbing, Ostpreußen

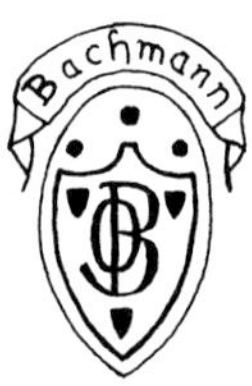

513
Oswald Bachmann • 1910 – 1944 • Haushaltsgeschirr, Vasen, Zierporzellan • Marke 1910 – 1944 • Auch ohne Banner mit „Bachmann"

Elgersburg, Sachsen

C.E. & F. Arnoldi,1808 – ca. 1962, beginnen ca. 1830 mit der Porzellanproduktion. Sie erwerben 1919 die Fabrik von **Eichhorn & Bandorf**, 1895 – 1919, die ihrerseits 1910 die Fabrik **E. Diemar & Co.** 1886 – 1910 gekauft hatte. Die Fabrik von Arnoldi wird 1962 enteignet und umbenannt in **VEB Laborporzellan**, ca.1972 – geschlossen 1984. Haushaltsgeschirr, Luxusartikel, Zierporzellan, technisches Porzellan, nach 1910 nur noch technisches und Laborporzellan.

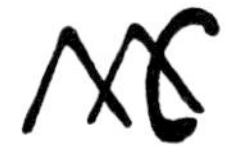

514
C.E. & F. Arnoldi • Marke 1912 – ca. 1919

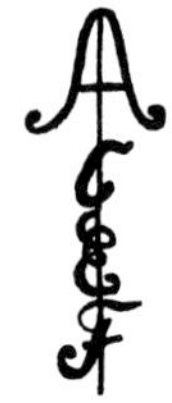

515
C.E. & F. Arnoldi • Marke 1912 – ca. 1962

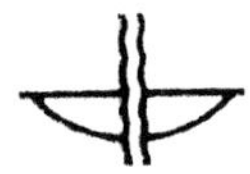

516
VEB Laborporzellan • Marke 1976 – ca. 1984 • Bisher nur auf Werbematerial gesehen

517
Eichhorn & Bandorf • 1895 – 1919 • Marke 1896 – 1919 • Auch mit der Bezeichnung – Trade Mark –

Elgers-
E. D. & Co.
518 **Burg.**
E. Diemar & Co. • Marke 1886 – 1910

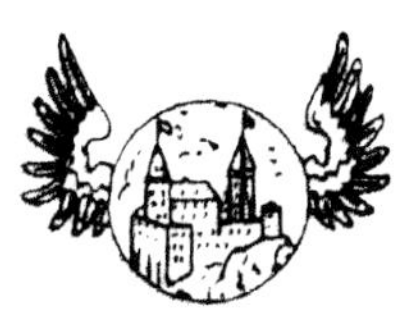

519
E. Diemar & Co. • Marke 1886 – 1910

Ellwangen, Württemberg

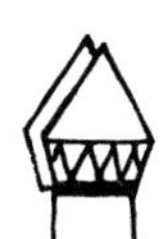

520
Witwe Arnold Friedrich Prahl • 1758 – 1764 • Porzellanproduktion nur von 1758 – 1759, danach Fayence • Marke 1758 – 1759

521
Witwe Arnold Friedrich Prahl · Marke 1758 – 1759

Erbendorf, Bayern

522
Porzellanfabrik Erbendorf Hans Schrembs · 1923 – 1940 · Haushaltsporzellan, Kaffee- und Teegeschirr · Marke 1923 – 1940 · 1940 übernommen von der **Porzellanfabrik Christian Seltmann** in **Weiden,** und fortgeführt als **Christian Seltmann, Erbendorf**

523
Porzellanfabrik Christian Seltmann, Zweigwerk Erbendorf · 1940 – heute · Haushaltsporzellan · Marke 1940 – ca. 1955 · Grün unterglasur

524
Porzellanfabrik Christian Seltmann, Zweigwerk Erbendorf · Marke 1940 – 1975 · Grün unterglasur

525
Porzellanfabrik Christian Seltmann, Zweigwerk Erbendorf · Marke seit ca. 1946 · Grün unterglasur

Erkersreuth bei Selb, Bayern

526
Gebr. J. und W. Hofmann Porzellanfabrik · 1920 – 1939 · Haushaltsporzellan, technisches Porzellan · Marke 1920 – 1939 · Die Fabrik wird 1939 von der Rosenthal Isolatoren GmbH, RIG, übernommen als **Rosenthal Porzellanfabrik Bahnhof Selb**, Werk Erkersreuth

527
Eduard Wilfer · Porzellanfabrik · ca. 1920 – ca. 1929

Ettlingen, Baden

528
Emil Friedrich Leonhardt Porzellanfabrik Ettlingen · 1926 – 1956 · Technisches Porzellan, Figuren und Gefäße aus Keramik · Marke 1926 – 1956

529
Emil Friedrich Leonhardt Porzellanfabrik Ettlingen · 1926 – Konkurs 1956 Elektrotechnisches Porzellan

Eythra, Sachsen

530
Wenzel Ulrich · Um 1930 · Porzellanmalerei · Marke um 1930 · Aufglasur, Malermarke

Frankenthal, Pfalz

Paul Anton Hannong gelingt es 1751 in Straßburg Porzellan herzustellen. Weil aber die Weichporzellan-Manufaktur in Vincennes (später nach Sèvres verlegt) in Frankreich das alleinige Privileg zur Porzellanherstellung besitzt, muss Hannong nach Deutschland ausweichen, wo er mit Hilfe des **Kurfürsten Carl Theodor von der Pfalz** 1755 in Frankenthal eine Porzellan-Manufaktur gründet.1759 erwirbt sein Sohn **Joseph Adam Hannong** die Frankenthaler Manufaktur. Wegen finanzieller Schwierigkeiten verkauft Joseph Adam die Manufaktur 1762 an den Kurfürsten Carl Theodor. Während der napoleonischen Kriege übernehmen die französischen Besatzungsbehörden die Manufaktur und verpachten sie an **Peter van Recum** (1795). Nach der Vertreibung der Franzosen wird die kurfürstliche Verwaltung wieder eingesetzt (1795 – 1797). Als die pfälzischen Gebiete am linken Rheinufer durch den Vertrag von Campo Formio an Frankreich abgetreten werden, wird die Manufaktur zum französischen Staatsbesitz erklärt und an **Johann Nepomuk van Recum** verpachtet (1797 – 1799). Er stellt 1799 die Porzellanherstellung ein. 1800 löst Kurfürst Maximilian IV. Joseph die Manufaktur auf. Van Recum nimmt den größten Teil der Frankenthaler Formen in seine neu gegründete Fayencefabrik nach Grünstadt mit. Der kleinere Teil ist schon vorher nach Nymphenburg gegangen. Van Recums Nachfolger, die **Gebrüder Bordollo**, stellen von 1818 – 1834 mit Frankenthaler Formen Figuren in Steingut her, die keine Marke erhalten. Ein Teil der Grünstädter Formen gelangt in den Besitz eines Karl Bendler, der in der **Rheinischen Porzellanfabrik Mannheim** Ausformungen machen lässt, die mit alten Frankenthaler Marken versehen sind. Nach 1900 hat die **Nymphenburger Porzellan Manufaktur** teils mit alten Formen, teils durch Abformung alter Stücke, Porzellan im Frankenthaler Stil verfertigt, die mit einer CT-Marke versehen, gleichzeitig aber auch mit dem Nymphenburger Rautenschild markiert sind, um Verwechslungen zu vermeiden.

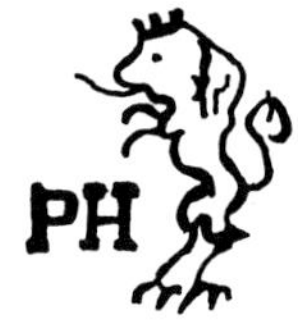

531
Paul Anton Hannong · Marke 1755 – 1759
· Blau unterglasur

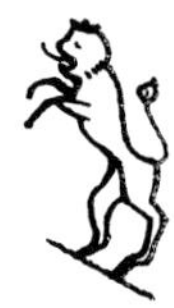

532
Paul Anton Hannong · Marke 1755 – 1759
· Blau unterglasur

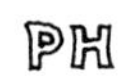

533
Paul Anton Hannong · Marke 1755 – 1759
· Eingepresst oder eingeritzt

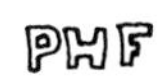

534
Paul Anton Hannong · Marke 1755 – 1759
· Eingepresst oder eingeritzt

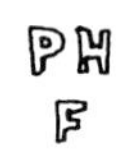

535
Paul Anton Hannong · Marke 1755 – 1759
· Eingepresst oder eingeritzt

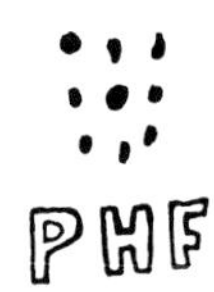

536
Paul Anton Hannong · Marke 1755 – 1756
· Eingepresst oder eingeritzt

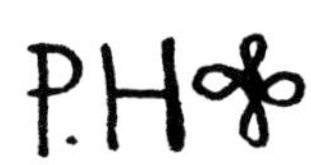

537
Paul Anton Hannong · Marke 1755 – 1759
· Eingepresst oder eingeritzt

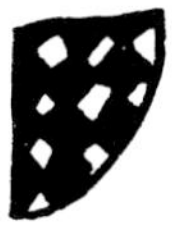

538
Paul Anton Hannong · Marke 1755 – 1759 · Blau unterglasur

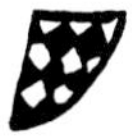

539
Paul Anton Hannong · Marke 1755 – 1759 · Blau unterglasur

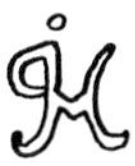

540
Paul Anton Hannong · Marke 1755 – 1759 · Eingepresst oder eingeritzt

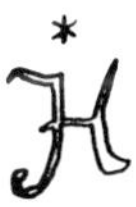

541
Paul Anton Hannong · Marke 1755 – 1759 · Eingepresst oder eingeritzt

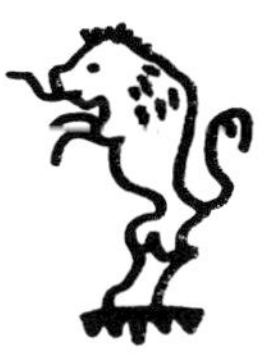

542
Paul Anton Hannong und **Joseph Adam Hannong** · Marke 1755 – 1762 · Blau unterglasur

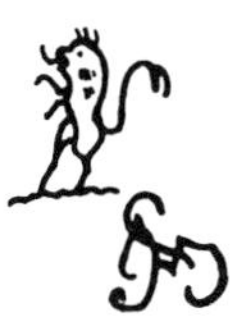

543
Joseph Adam Hannong · Marke 1759 – 1762 · Blau unterglasur

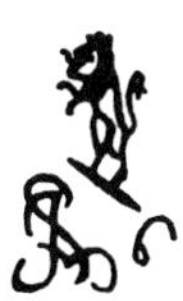

544
Joseph Adam Hannong · Marke 1759 – 1762 · Blau unterglasur

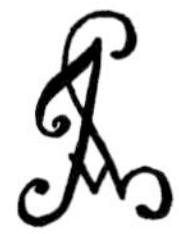

545
Joseph Adam Hannong · Marke 1759 – 1762 · Blau unterglasur

546
Joseph Adam Hannong · Marke 1759 – 1762 · Eingepresst

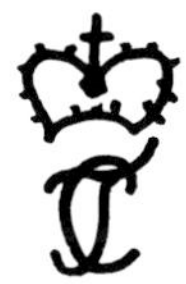

547
Kurfürst Carl Theodor · Marke 1762 – 1797 · Blau unterglasur

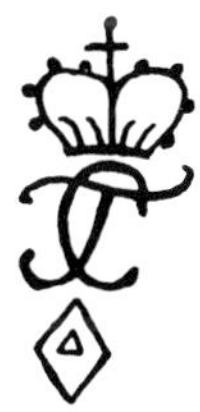

548
Kurfürst Carl Theodor · Marke 1762 – 1797 · Blau unterglasur · Unter der Marke Blaumalerzeichen · Die Marke wurde 1901 von **Heinrich Glaessgen Sohn** in Frankenthal neu angemeldet

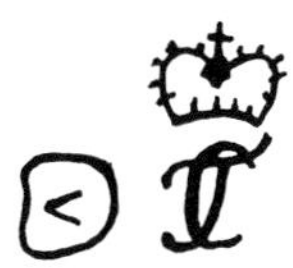

549
Kurfürst Carl Theodor · Marke 1762 – 1797 · Blau unterglasur · Neben der Marke Blaumalerzeichen

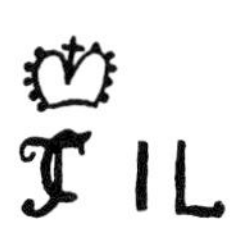

550
Kurfürst Carl Theodor · Marke 1762 – 1797 · Blau unterglasur · Eingepresste Buchstaben IL Bossiererzeichen

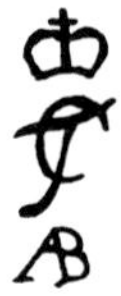

551
Kurfürst Carl Theodor ❧ Marke 1762 – 1770 ❧ Blau unterglasur ❧ Ligierte Buchstaben AB blau unterglasur oder gold aufglasur für Adam Bergdoll, Direktor der Manufaktur 1762 – 1770

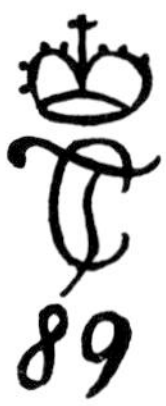

552
Kurfürst Carl Theodor ❧ Marke 1789 ❧ Von 1770 – 1789 werden der Marke die beiden letzten Ziffern des Jahres hinzugefügt

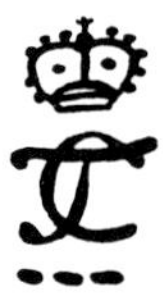

553
Kurfürst Carl Theodor ❧ Marke 1789 – 1797 ❧ Blau unterglasur ❧ Ein bis drei Punkte werden hinzugefügt, nachdem die Kennzeichnung mit Jahreszahlen 1789 aufgegeben wird

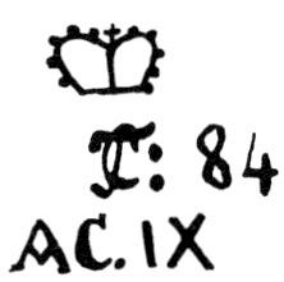

554
Kurfürst Carl Theodor ❧ Marke 1784 ❧ Blau unterglasur, darunter Bossierermarke von Adam Clair (oder Cleer)

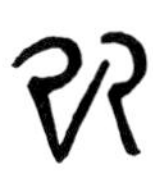

555
Peter van Recum ❧ Marke 1795 ❧ Blau unterglasur

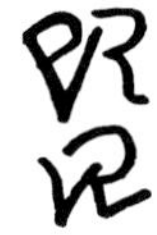

556
Peter van Recum ❧ Marke 1795 ❧ Blau unterglasur

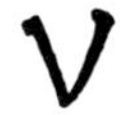

557
Peter van Recum ❧ Marke 1795 ❧ Blau unterglasur

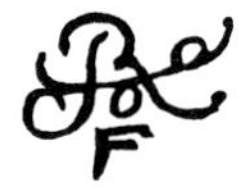

558
Johann Nepomuk van Recum ❧ Marke 1797 – 1799 ❧ Blau unterglasur

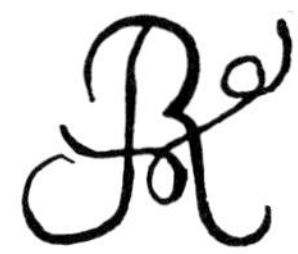

559
Johann Nepomuk van Recum ❧ Marke 1797 – 1799 ❧ Blau unterglasur

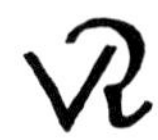

560
Johann Nepomuk van Recum ❧ Marke 1797 – 1799 ❧ Blau unterglasur

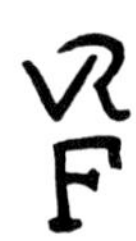

561
Johann Nepomuk van Recum ❧ Marke 1797 – 1799 ❧ Blau unterglasur

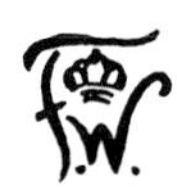

563
Friedrich Wilhelm Wessel ❧ 1949 – erloschen ca. 1964 ❧ Marke ab 1949 ❧

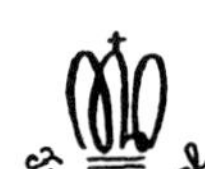

564
Friedrich Wilhelm Wessel ❧ Marke 1951 – ca. 1964

Frankfurt/Main

565
C. & W. Bohnert • Besteht 1929 • Porzellanlampen • Marke 1929

Frauenwald, Thüringen

566
Gustav Spindler Thüringer Porzellan-, Majolika-, Ton- und Terrakottafabrik • 1898 – 1926 • Nachfolger **Otto Hermann Spindler** • 1926 – erloschen ca. 1928 • Haushaltsporzellan, Zierporzellan, Spielzeug • Marke nach 1898

Fraulautern, Saarland

567
J. Rupp-Kuhn • 1892 – 1906 • Haushalts- und Zierporzellan und -keramik, Porzellanmalerei • Marke 1894 – 1906

568
J. Rupp-Kuhn • Marke 1896 – 1906

Fraureuth, Sachsen

569
Von Römer & Foedisch Porzellanfabrik • 1866 – ca. 1898 • Tafel-, Haushalts- und Zierporzellan, Kaffee- und Teeservice • Marke 1887 – 1889 • Blau unterglasur

570
Porzellanfabrik Fraureuth AG • Ca. 1898 – 1935 • Nachfolger von **Von Römer & Foedisch Porzellanfabrik** • Haushalts- und Tafelgeschirr, Figuren • Marke ca. 1898 – 1935 • Blau oder grün, auch mit – Fraureuth –

571
Porzellanfabrik Fraureuth AG • Marke 1898 – ca. 1928

572
Porzellanfabrik Fraureuth AG • Marke 1918 – 1935

573
Porzellanfabrik Fraureuth AG • Marke 1928 – 1935

Freiberg, Sachsen

Porzellanfabrik Freiberg (1904 – 1932) ist seit 1927 eine Filiale der Kahla AG und wird 1932 geschlossen. Technisches Porzellan, seit 1924 auch Haushaltsporzellan. Neugegründet als **Porzellan GmbH Freiberg** (1946 – 1947), dann verstaatlicht als **VEB Porzellanfabrik Freiberg** (1947 – 1968), später vereinigt mit **VEB Vereinigte Porzellanwerke Colditz** (1968 – 1981). Danach wieder selbständig als **VEB Porzellanwerk Freiberg** (1981 – 1990). Nach der Auflösung des VEB fünf Jahre unter Treuhandverwaltung und dann privatisiert als **Sächsisches Porzellanwerk Freiberg** (1995 – geschlossen 2000). Markenrechte von Triptis

Porzellan GmbH übernommen. Haushalts- und Tafelporzellan, Zierporzellan, ofen-, herd- und flammenfestes Porzellan mit der Bezeichnung CORDOflam seit 1967.

574
Porzellanfabrik Freiberg · Marke 1914 - 1932

575
Porzellanfabrik Freiberg · Marke 1914 - 1932

576
Porzellanfabrik Freiberg · Marke 1914 - 1932

577
Porzellanfabrik Freiberg · Marke 1914 - ca. 1932

578
Porzellanfabrik Freiberg · Marke 1926 - 1932

579, 580
Porzellanfabrik Freiberg · Marken 1926 - 1932

581
Porzellanfabrik Freiberg · Marke 1926 - 1932

582
VEB Porzellanfabrik Freiberg · Marke 1954 - 1972

583
VEB Porzellanfabrik Freiberg · Marke 1954 - ca. 1970

584
VEB Porzellanfabrik Freiberg · Marke 1967 - ca. 1972

585
Sächsisches Porzellanwerk Freiberg · Marke 1995 - 2000

Freiburg, Baden

586
Risler & Co. · 1847 - 1927 · Porzellanknöpfe, Porzellanmosaik, Porzellanperlen, technisches Porzellan · Marke 1847 - 1927 · Die Firma wird 1927 nach Merkstein verlegt.

587
Risler & Co. · Marke ca. 1900 - 1910

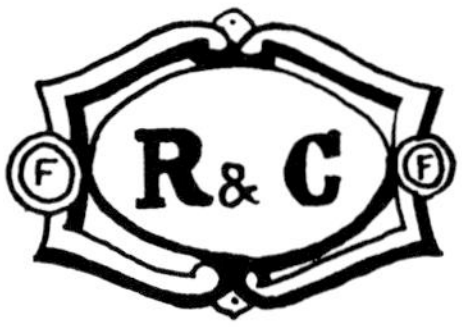

588
Risler & Co. ❧ Marke 1879 – 1927

Freienorla, Thüringen

Die **Porzellanmanufaktur Freienorla Georg Bodenstab** (1895 – 1924), seit ca. 1920 GmbH, wird als **Porzellanfabrik Freienorla Kurt Müller & Co.** (1924 – 1933) fortgeführt, dann versteigert und von **Frank & Friedheim** erworben (1933 – ca. 1946). Haushalts- und Gebrauchsporzellan, Zierporzellan, Porzellanmalerei, künstlerisches Porzellan. Nach 1932 nur noch Gebrauchsporzellan. Nach dem 2. Weltkrieg wird die Firma ca. 1946 verstaatlicht und mit der **Porzellanfabrik Karl Egelkraut** in Kleindembach zum **VEB Porzellanwerk Freienorla** verschmolzen. Das Werk wird Teil des **VEB Ostthüringer Porzellanwerke Könitz (1956 – 1968),** der 1968 wiederum in dem **VEB Porzellankombinat Kahla** in **Kahla** aufgeht. 1970 wird die Fabrik stillgelegt. Überwiegend Haushaltsporzellan.

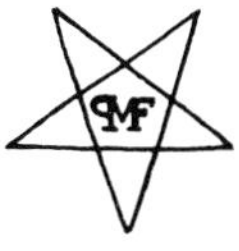

589
Porzellanfabrik Freienorla Kurt Müller & Co. ❧ Marke 1924 – 1932

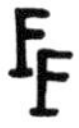

590
Frank & Friedheim ❧ Marke 1932 – ca. 1946

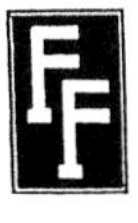

591
Frank & Friedheim ❧ Marke 1932 – ca. 1946

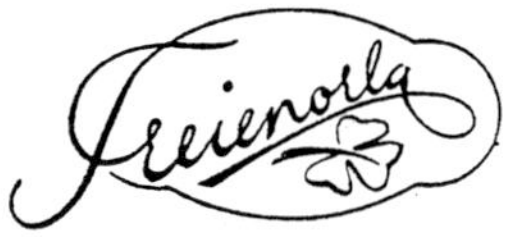

592
VEB Porzellanwerk Freienorla ❧ Marke 1956 – ca. 1960

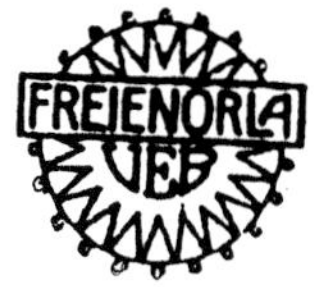

593
VEB Porzellanwerk Freienorla und **VEB Ostthüringer Porzellanwerke Könitz** ❧ Marke ca. 1949 – 1958

Freiwaldau, Schlesien

Schmidt & Otremba Porzellanfabrik Freiwaldau, 1884 – 1888, Nachfolger ist **H. Schmidt Porzellanfabrik Freiwaldau**, 1888 – 1923, dann erwirbt die **Bing Glas & Keramik KG Nürnberg** die Fabrik und betreibt sie als **Abt. PorzellanfabrikFreiwaldau**, 1922 – 1929, Die Fabrik wird verkauft und als **Porzellanfabrik Freiwaldau Robert Tietz** weitergeführt, 1929 – 1930 , Haushalts-, Tafel-, und Zierporzellan.

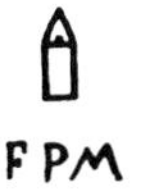

594
Schmidt & Otremba Freiwaldauer Porzellanfabrik ❧ Marke 1887 – 1894

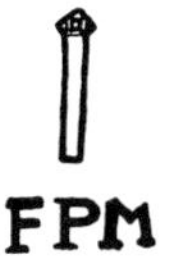

595
Schmidt & Otremba Freiwaldauer Porzellanfabrik ❧ Marke 1887 – 1894

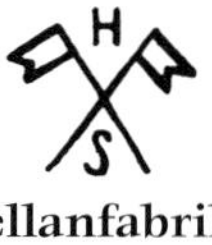

596
H. Schmidt Porzellanfabrik ❧ Marke 1894 – 1906

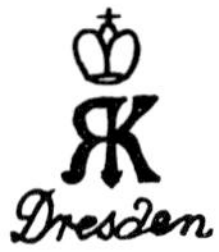

597
H. Schmidt Porzellanfabrik Marke 1894 – 1906

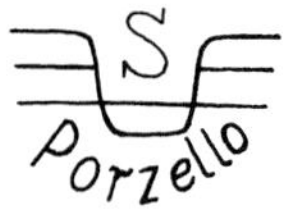

598
H. Schmidt Porzellanfabrik Marke ca. 1920 – 1923

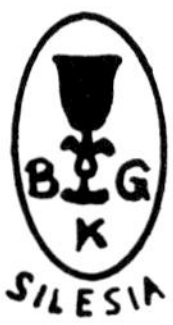

599
Bing Glas & Keramik AG Marke 1923 – 1929

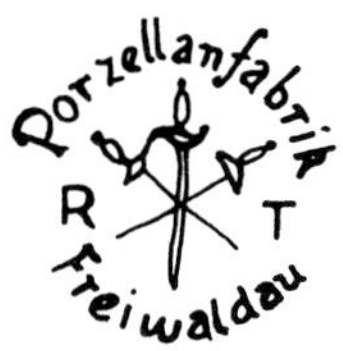

600
Porzellanfabrik Freiwaldau Robert Tietz Marke ca. 1929 – ca. 1932

Fürstenberg, Braunschweig

Herzog Carl I. von Braunschweig gründet 1747 die **Herzoglich Braunschweigische Porzellan Manufaktur**, die 1753 das erste Porzellan herstellt. 1807 unter französischer Besatzung wird das Königreich Westfalen unter Napoleons Bruder Jérome gegründet und die Manufaktur in Königliche Porzellanmanufaktur umbenannt (1807 – 1813). Nach den napoleonischen Kriegen erhält sie ihren alten Namen zurück (1813 – 1876), nennt sich dazwischen um 1830 auch **Herzoglich Braunschweigisch-Lüneburgische Porzellan-Fabrik**. Von 1859 bis 1876 verpachtet, dann verkauft und **Fürstenberger Porzellanfabrik** genannt (1876 – 1888), später in die Aktiengesellschaft **Fürstenberger Porzellanfabrik AG** umgewandelt (1888 – 1958). Danach als GmbH geführt mit dem Namen **Fürstenberg Ehemalige Herzoglich Braunschweigische Porzellanmanufaktur** (1958 – heute). Tafel- und Haushaltsgeschirr, Zierporzellan, Figuren. Von ca. 1769 bis 1828 unterhält die Manufaktur in Braunschweig eine Buntmalerei, in die nach 1774 die bis dahin in Fürstenberg tätigen Bunt- und einige Blaumaler überführt werden. Der größte Teil der Blaumaler bleibt aber in Fürstenberg. 1906 – 1918 besteht die Abteilung „Alt Fürstenberger Figuren", in der Literatur auch „Kunstabteilung" genannt, die nach aufgearbeiteten alten Formen Reproduktionen herstellt.

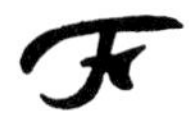

601
Herzoglich Braunschweigische Porzellan Manufaktur Marke 1753 – ca. 1762

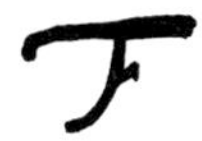

602
Herzoglich Braunschweigische Porzellan Manufaktur Marke 1753 – ca. 1762

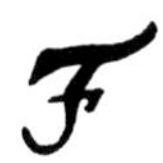

603
Herzoglich Braunschweigische Porzellan Manufaktur Marke 1753 – ca. 1762

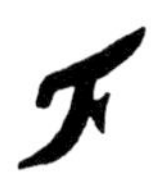

604
Herzoglich Braunschweigische Porzellan Manufaktur Marke 1753 – ca. 1762

605
Herzoglich Braunschweigische Porzellan Manufaktur Marke 1753 – ca. 1762

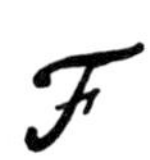

606
Herzoglich Braunschweigische Porzellan Manufaktur Marke 1753 – ca. 1762

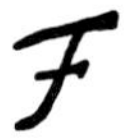

607
Herzoglich Braunschweigische Porzellan Manufaktur · Marke ca. 1758

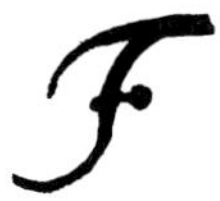

608
Herzoglich Braunschweigische Porzellan Manufaktur · Marke 1758

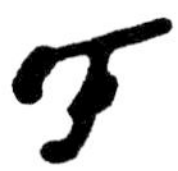

609
Herzoglich Braunschweigische Porzellan Manufaktur · Marke ca. 1758

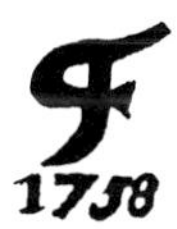

610
Herzoglich Braunschweigische Porzellan Manufaktur · Marke 1758

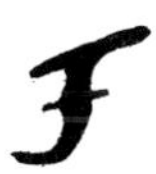

611
Herzoglich Braunschweigische Porzellan Manufaktur · Marke ca. 1760 – ca. 1765

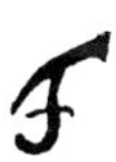

612
Herzoglich Braunschweigische Porzellan Manufaktur · Marke ca. 1762 – ca. 1770

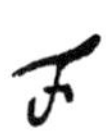

613
Herzoglich Braunschweigische Porzellan Manufaktur · Marke ca. 1762 – ca. 1770

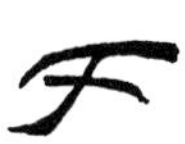

614
Herzoglich Braunschweigische Porzellan Manufaktur · Marke ca. 1762 – ca. 1770

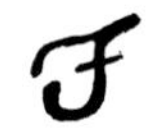

615
Herzoglich Braunschweigische Porzellan Manufaktur · Marke ca. 1762 – ca. 1770

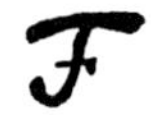

616
Herzoglich Braunschweigische Porzellan Manufaktur · Marke ca. 1762 – ca. 1770

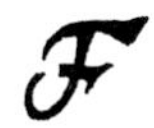

617
Herzoglich Braunschweigische Porzellan Manufaktur · Marke ca. 1762 – ca. 1770

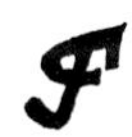

618
Herzoglich Braunschweigische Porzellan Manufaktur · Marke ca. 1762 – ca. 1770

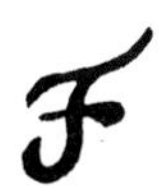

619
Herzoglich Braunschweigische Porzellan Manufaktur · Marke ca. 1762 – ca. 1770

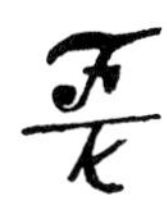

620
Herzoglich Braunschweigische Porzellan Manufaktur · Wahrscheinlich Marke des Malers Johann Christian (oder Christoph) Kind, tätig an der Manufaktur 1751 - 1798

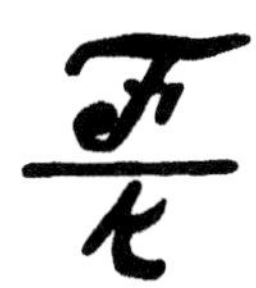

621
Herzoglich Braunschweigische Porzellan Manufaktur · Bis 1798 · Möglicherweise Marke des Malers Johann Christian (oder Christoph) Kind, tätig an der Manufaktur 1751 - 1798

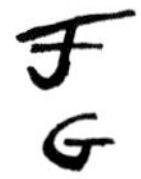

622
Herzoglich Braunschweigische Porzellan Manufaktur ⁂ Marke des Blaumalers Georg Friedrich Geisler, tätig an der Manufaktur 1754 – 1782

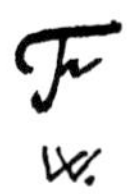

623
Herzoglich Braunschweigische Porzellan Manufaktur ⁂ Marke des Blaumalers Wegener, tätig in der Braunschweiger Buntmalerei ca. 1767 – nach 1774

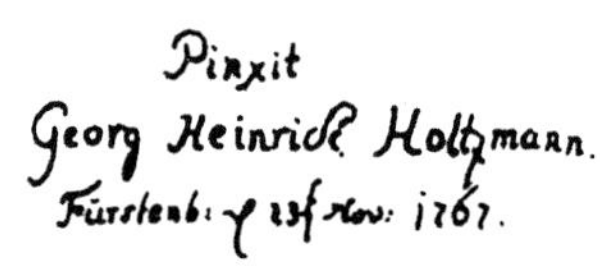

624
Herzoglich Braunschweigische Porzellan Manufaktur ⁂ Marke 1767 ⁂ Marke des Figuren- und Landschaftsmalers Georg Heinrich Holtzmann, tätig für die Manufaktur vor 1761 – vor 1781

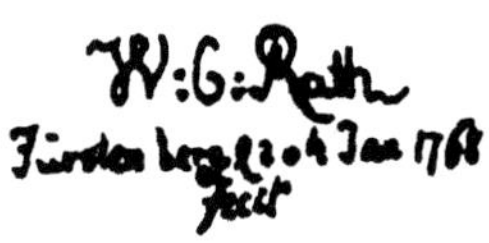

625
Herzoglich Braunschweigische Porzellan Manufaktur ⁂ Marke 1768 ⁂ Marke des Blumenmalers W.C. Rath jr., tätig an der Manufaktur ca. 1757 -

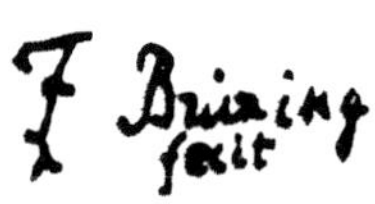

627
Herzoglich Braunschweigische und **Königliche Porzellan Manufaktur** ⁂ Marke des Landschafts- und Figurenmalers Heinrich Christian Brüning, tätig an der Manufaktur 1797 – 1828

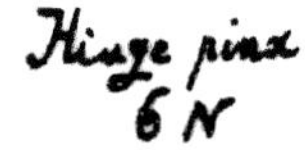

628
Herzoglich Braunschweigische und **Königliche Porzellan Manufaktur** ⁂ Marke des Blumen- und Dekorationsmalers J.L. Hinze jr., tätig an der Manufaktur vor 1795 – ca. 1814

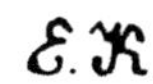

629
Herzoglich Braunschweigische Porzellan Manufaktur ⁂ Marke des Buntmalers Ernst Klockenthör, tätig an der Manufaktur 1827 -

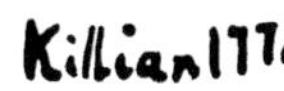

630
Herzoglich Braunschweigische Porzellan Manufaktur ⁂ Marke vermutlich eines Hausmalers Killian auf Fürstenberger Porzellan

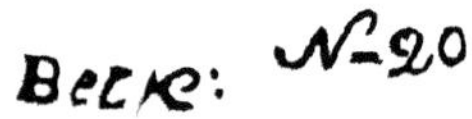

631
Herzoglich Braunschweigische Porzellan Manufaktur ⁂ Marke des Hausmalers Beck in Kassel ⁂ Nach 1795

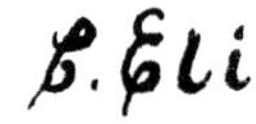

632
Herzoglich Braunschweigische Porzellan Manufaktur ⁂ Marke des Blumen- und Dekorationsmalers Johann Heinrich Christian Eli, tätig an der Manufaktur 1818 – 1881

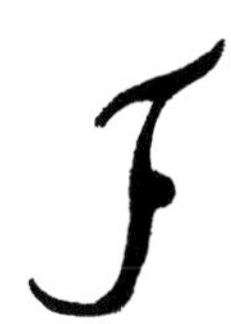

633
Herzoglich Braunschweigische Porzellan Manufaktur ⁂ Marke 1760

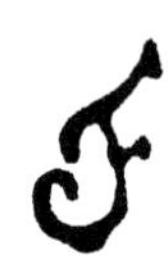

634
Herzoglich Braunschweigische Porzellan Manufaktur ⁂ Marke ca. 1765 – ca. 1768

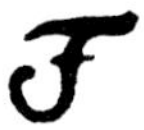

635
Herzoglich Braunschweigische Porzellan Manufaktur ❦ Marke ca. 1765 – ca. 1770

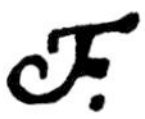

636
Herzoglich Braunschweigische Porzellan Manufaktur ❦ Marke 1768

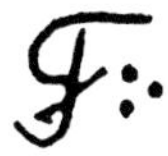

637
Herzoglich Braunschweigische Porzellan Manufaktur ❦ Marke ca. 1770 – ca. 1797

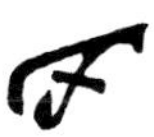

638
Herzoglich Braunschweigische Porzellan Manufaktur ❦ Marke ca. 1772 – ca. 1797

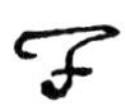

639
Herzoglich Braunschweigische Porzellan Manufaktur ❦ Marke ca. 1772 – ca. 1797

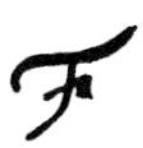

640
Herzoglich Braunschweigische Porzellan Manufaktur ❦ Marke ca. 1772 – ca. 1797

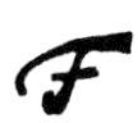

641
Herzoglich Braunschweigische Porzellan Manufaktur ❦ Marke ca. 1772 – ca. 1797

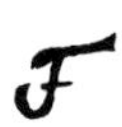

642
Herzoglich Braunschweigische Porzellan Manufaktur ❦ Marke ca. 1772 – ca. 1797

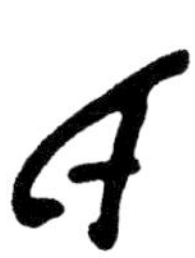

643
Herzoglich Braunschweigische Porzellan Manufaktur ❦ Marke ca. 1780 – ca. 1790

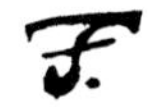

644
Herzoglich Braunschweigische und **Königliche Porzellan Manufaktur** ❦ Marke ca. 1797 – ca. 1828

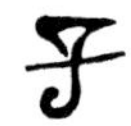

645
Herzoglich Braunschweigische und **Königliche Porzellan Manufaktur** ❦ Marke ca. 1797 – ca. 1828

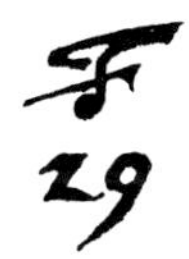

646
Herzoglich Braunschweigische und **Königliche Porzellan Manufaktur** ❦ Marke ca. 1797 – ca. 1828

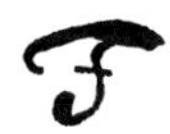

647
Herzoglich Braunschweigische und **Königliche Porzellan Manufaktur** ❦ Marke ca. 1797 – ca. 1828

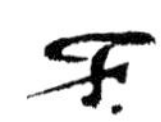

648
Herzoglich Braunschweigische und **Königliche Porzellan Manufaktur** ❦ Marke ca. 1797 – ca. 1828

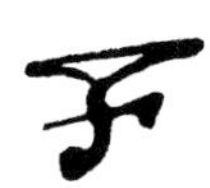

649
Herzoglich Braunschweigische Porzellan Manufaktur ❦ Marke ca. 1820

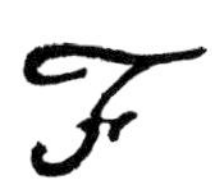

650
Herzoglich Braunschweigische Porzellan Manufaktur ❦ Marke ca. 1820 – ca. 1830

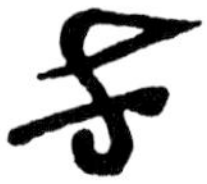

651
Herzoglich Braunschweigische Porzellan Manufaktur • Marke ca. 1820 – ca. 1862

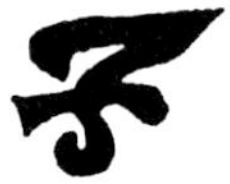

652
Herzoglich Braunschweigische Porzellan Manufaktur • Marke ca. 1820 – ca. 1862

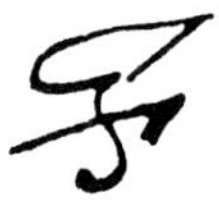

653
Herzoglich Braunschweigische Porzellan Manufaktur • Marke ca. 1820 – ca. 1862

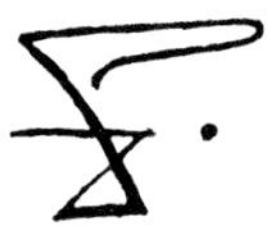

654
Herzoglich Braunschweigische Porzellan Manufaktur und **Fürstenberger Porzellanfabrik** und **Fürstenberger Porzellanfabrik AG** • Marke ca. 1860 – ca. 1910 • Gestempelt

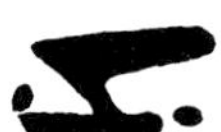

655
Herzoglich Braunschweigische Porzellan Manufaktur und **Fürstenberger Porzellanfabrik** und **Fürstenberger Porzellanfabrik AG** • Marke ca. 1860 – ca. 1910 • Gestempelt blau, auch grün • Unterglasur

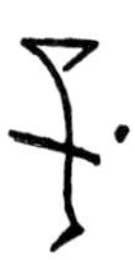

656
Herzoglich Braunschweigische Porzellan Manufaktur und **Fürstenberger Porzellanfabrik** und **Fürstenberger Porzellanfabrik AG** • Marke ca. 1860 – ca. 1910 • Gestempelt blau oder grün • Unterglasur

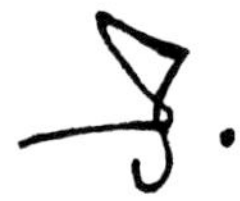

657
Herzoglich Braunschweigische Porzellan Manufaktur und **Fürstenberger Porzellanfabrik** und **Fürstenberger Porzellanfabrik AG** • Marke ca. 1862 – ca. 1918

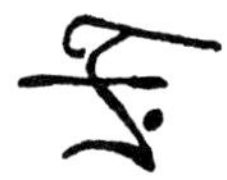

658
Herzoglich Braunschweigische Porzellan Manufaktur und **Fürstenberger Porzellanfabrik** und **Fürstenberger Porzellanfabrik AG** • Marke ca. 1862 – ca. 1918

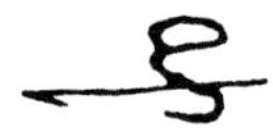

659
Herzoglich Braunschweigische Porzellan Manufaktur und **Fürstenberger Porzellanfabrik** und **Fürstenberger Porzellanfabrik AG** • Marke ca. 1862 – ca. 1918

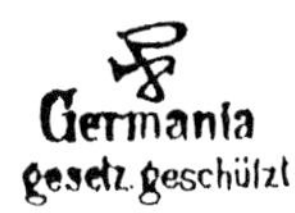

660
Fürstenberger Porzellanfabrik AG • Marke nach 1891 – ca. 1918 • Exportmarke

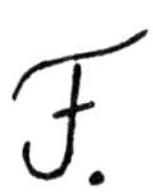

661
Fürstenberger Porzellanfabrik AG • Marke der Abteilung "Alt Fürstenberger Figuren" • Ca. 1906 – ca. 1918

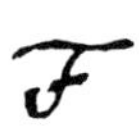

662
Fürstenberger Porzellanfabrik AG • Marke der Abteilung "Alt Fürstenberger Figuren" • Ca. 1906 – ca. 1918

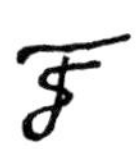

663
Fürstenberger Porzellanfabrik AG • Marke der Abteilung "Alt Fürstenberger Figuren" • Ca. 1906 – ca. 1918

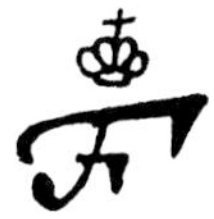

664
Fürstenberger Porzellanfabrik AG · Marke der Abteilung "Alt Fürstenberger Figuren" · Ca. 1906 – ca. 1918

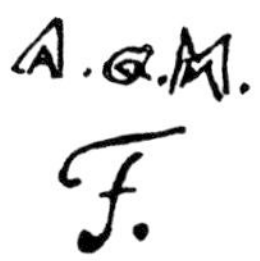

665
Fürstenberger Porzellanfabrik AG · Marke der Abteilung "Alt Fürstenberger Figuren" · Ca. 1906 – ca. 1918 · Eingeritzte Buchstaben A.a.M. bedeuten: Aus altem Modell

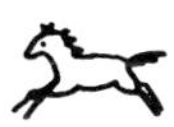

666
Herzoglich Braunschweigische und **Königliche Porzellan Manufaktur** · Marke 1770 – 1815 · Nur eingepresst auf Biskuitbüsten

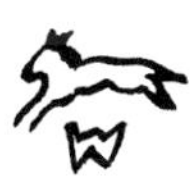

667
Herzoglich Braunschweigische und **Königliche Porzellan Manufaktur** Marke 1770 – nach 1781 · Nur eingepresst auf Biskuitbüsten · Eingeritztes W Zeichen des Formers Heinrich Wegener

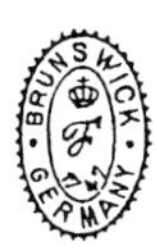

668
Fürstenberger Porzellanfabrik AG · Marke 1897 – ca. 1938 · Gestempelt auf Exportporzellan · Auch in Grün

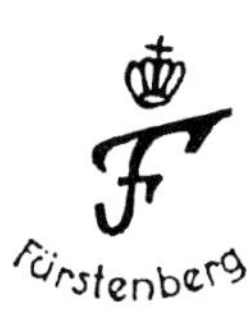

669
Fürstenberger Porzellanfabrik AG · Marke 1918 – ca. 1966

670
Fürstenberger Porzellanfabrik AG · Marke 1922 · Zum 175. Gründungstag der Manufaktur

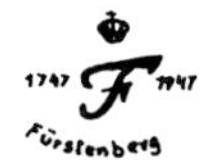

671
Fürstenberger Porzellanfabrik AG · Marke 1947 · Zum 200. Gründungstag der Manufaktur

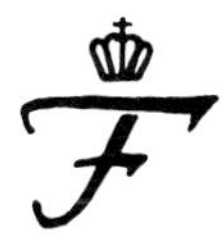

672
Fürstenberg Ehemalige Herzoglich Braunschweigische Porzellanmanufaktur · Marke ca. 1956 – heute

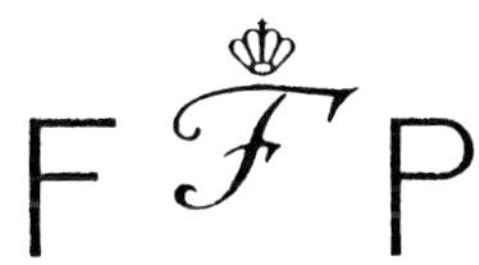

673
Fürstenberg Ehemalige Herzoglich Braunschweigische Porzellanmanufaktur · Marke seit 1958

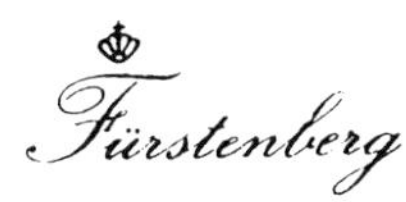

674
Fürstenberg Ehemalige Herzoglich Braunschweigische Porzellanmanufaktur · Marke seit 1958

Fürstenberg
GALERIE

675
Fürstenberg Ehemalige Herzoglich Braunschweigische Porzellanmanufaktur · Marke seit ca. 1963

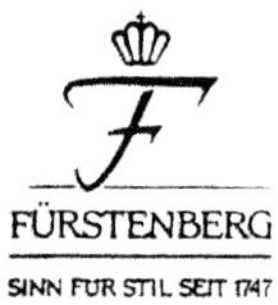

676
Fürstenberg Herzoglich Braunschweigische Porzellanmanufaktur • Marke seit ca. 1975

Fulda, Hessen

Unter dem Patronat des **Fürstbischofs Heinrich VIII. von Bibra** errichtet der Fuldaer Bürgermeister **Johann Philipp Schick** die **Fürstlich Fuldaische Feine Porcelain Fabrique** (1764 – 1768). Nachdem die Manufaktur 1767 abbrennt und wieder aufgebaut wird, übernimmt der bisherige zweite Arkanist **Abraham Ripp** den Betrieb (1770 – 1789). Wegen wirtschaftlicher Schwierigkeiten verfügt der neue Fürstbischof **Adalbert III. von Harstall** 1789 die Schließung der Manufaktur. Gebrauchs- und Luxusgeschirr, Zierporzellan, Figuren. Das Kreuz als Marke stammt aus dem Fuldaer Stadtwappen. Die anderen Marken sind so gestaltet, dass aus den Buchstaben FF (Fürstlich Fuldaische) ein H für Heinrich oder ein A für Adalbert entsteht.

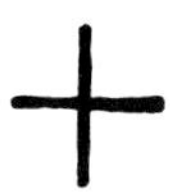

677
Fürstlich Fuldaische Feine Porcelain Fabrique • Marke 1764 – ca. 1775 • Blau unterglasur

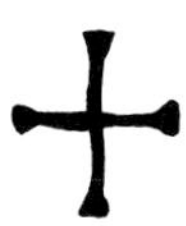

678
Fürstlich Fuldaische Feine Porcelain Fabrique • Marke 1764 – ca. 1775 • Blau unterglasur

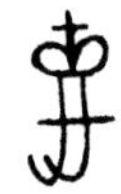

679
Fürstlich Fuldaische Feine Porcelain Fabrique • Marke 1770 – 1788 • Blau unterglasur • Unter Fürstbischof Heinrich

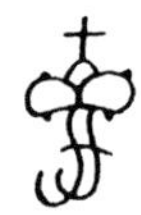

680
Fürstlich Fuldaische Feine Porcelain Fabrique • Marke 1770 – 1788 • Blau unterglasur • Unter Fürstbischof Heinrich

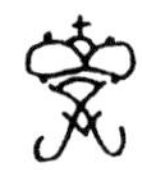

681
Fürstlich Fuldaische Feine Porcelain Fabrique • Marke 1788 – 1789 • Unter Fürstbischof Adalbert

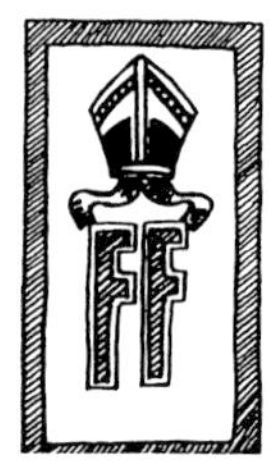

682
Fuldaer Fayence- und Porzellanfabrik • 1946 – • Kaffee- und Teeservice, Gebrauchsgeschirr • Marke ab 1946

G

Garmisch-Partenkirchen, Bayern

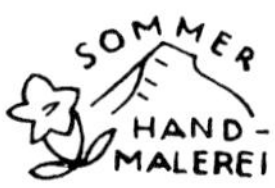

683
Porzellanmalerei Josef Sommer und **Josef Sommer & Sohn** · 1933 – 1980 · Porzellanmalerei, besonders Wappen und Alpenblumen · Marke 1933 – 1980 · Malermarke aufglasur

Gehren, Thüringen

Porzellanfabrik Günthersfeld Theodor Degenring, 1884 – 1902, dann Umwandlung in **Porzellanfabrik Günthersfeld AG**, 1902 – 1947, nach dem 2. Weltkrieg enteignet und verstaatlicht unter dem Namen **VEB Thüringer Porzellanwerke Gehren**, 1947 – 1969, verschmolzen mit **VEB Porzellanwerk Graf von Henneberg** in Ilmenau als Werk I, 1969 – geschlossen 1974. Haushalts-, Hotel-, technisches und Sanitärporzellan, Figuren.

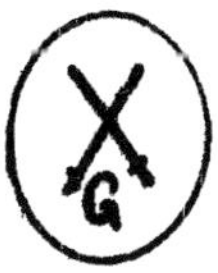

684
Porzellanfabrik Günthersfeld Theodor Degenring · Marke 1884 – 1886

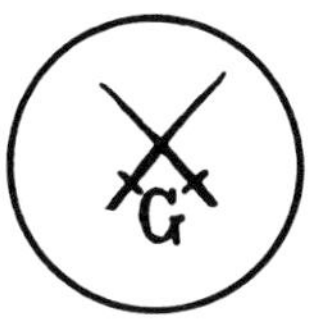

685
Porzellanfabrik Günthersfeld Theodor Degenring und **Porzellanfabrik Günthersfeld AG** · Marke 1885 – (1929)

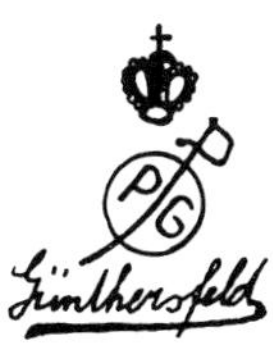

686
Porzellanfabrik Günthersfeld AG · Marke nach 1902 – 1947

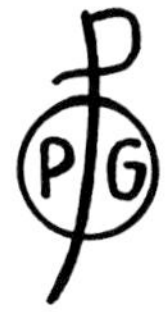

687
Porzellanfabrik Günthersfeld AG · Marke 1929 – 1947

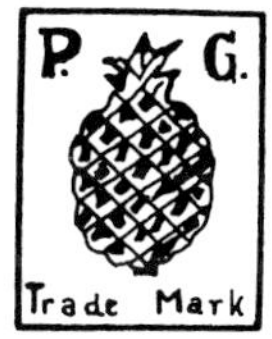

688
Porzellanfabrik Günthersfeld AG · Marke 1930 – 1947

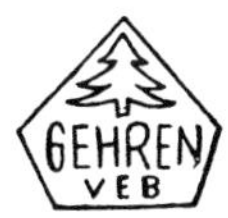

689
VEB Thüringer Porzellanwerke Gehren · Marke 1951 – ca. 1958

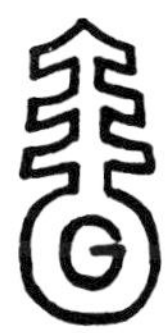

690
VEB Thüringer Porzellanwerke Gehren · Marke 1958 – 1969

Geiersthal, Thüringen

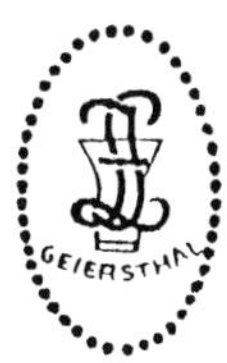

691
Porzellanmanufaktur Geiersthal Langer & Jahn · 1933 – ca. 1970 · Porzellanmalerei · Malermarke 1938 – ca. 1970 · Rot, Blau und andere Farben aufglasur · Auch ohne Umrandung, auch mit – Handgemalt – unten

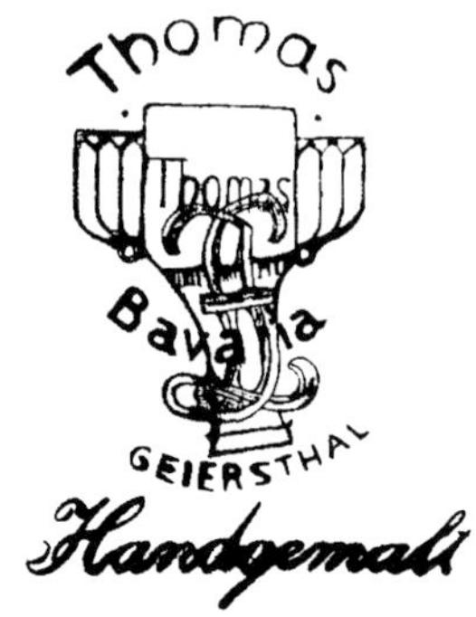

692
Porzellanmanufaktur Geiersthal Langer & Jahn · Malermarke 1925 – ca. 1970 · Schwarz aufglasur über der grünen Unterglasurmarke der **Porzellanfabrik Thomas** in **Marktredwitz** · Die Thomas-Fabrikmarke zwischen 1934 und 1938

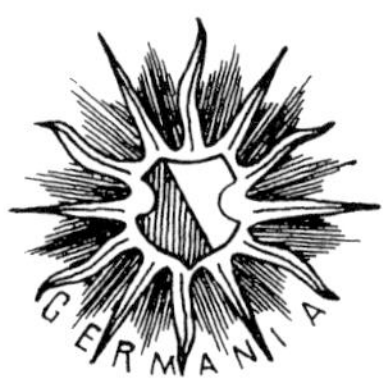

693
Sonntag & Söhne · 1812 – ca. 1930 · Porzellanmalerei · Malermarke 1898 – (1908) · Verschiedene Farben aufglasur

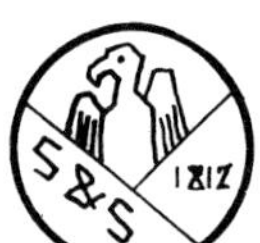

694
Sonntag & Söhne · Marke um 1918 – ca. 1919 · Malermarke aufglasur · Gold und andere Farben

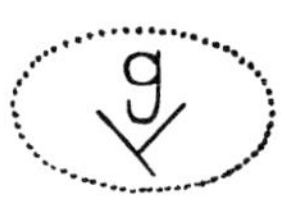

695
Sonntag & Söhne · Marke nach 1878 – ca. 1919 · Malermarke aufglasur · Verschiedene Farben

Gera, Thüringen

Eine von **Johann Gottlob Ehwaldt** und **Johann Gottbrecht** 1779 gegründete Porzellanmanufaktur wird ein Jahr später von **Johann Georg Wilhelm Greiner** und seinem Bruder **Johann Andreas Greiner** gekauft, 1780 – 1800. Anschließend übernimmt **J. G. W. Greiners Witwe** die Fabrik, 1800 – 1804, die Heinrich Leers als Teilhaber aufnimmt und als **Greiners Witwe & Leers** firmiert, 1804 – nach 1840. Kaffee- und Teeservice, Zierporzellan, Figuren.

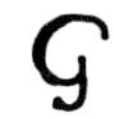

696
Johann Georg Wilhelm und Johann Andreas Greiner und **J. G. W. Greiners Witwe** und **Greiners Witwe & Leers** · Marke 1780 – 1840 · Blau unterglasur

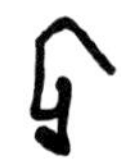

697
Johann Georg Wilhelm und Johann Andreas Greiner und **J. G. W. Greiners Witwe** und **Greiners Witwe & Leers** · Marke 1780 – 1840 · Blau unterglasur

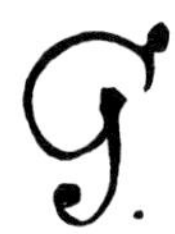

698
Johann Georg Wilhelm und Johann Andreas Greiner und **J. G. W. Greiners Witwe** und **Greiners Witwe & Leers** · Marke 1780 – 1840 · Blau unterglasur

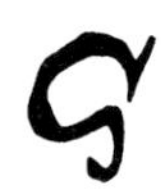

699
Johann Georg Wilhelm und Johann Andreas Greiner und **J. G. W. Greiners Witwe** und **Greiners Witwe & Leers** · Marke 1780 – 1840 · Blau unterglasur

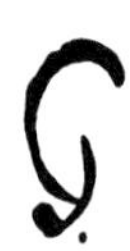

700
Johann Georg Wilhelm und Johann Andreas Greiner und **J. G. W. Greiners Witwe** und **Greiners Witwe & Leers** · Marke 1780 – 1840 · Blau unterglasur

701
J. G. W. Greiners Witwe und **Greiners Witwe & Leers** * Marke 1800 – ca. 1840 * Blau unterglasur

702
J. G. W. Greiners Witwe und **Greiners Witwe & Leers** * Marke 1800 – ca. 1840 * Blau unterglasur

703
J. G. W. Greiners Witwe und **Greiners Witwe & Leers** * Marke 1800 – ca. 1840 * Blau unterglasur

704
J. G. W. Greiners Witwe und **Greiners Witwe & Leers** * Marke 1800 – ca. 1840 * Blau unterglasur

705
J. G. W. Greiners Witwe und **Greiners Witwe & Leers** * Marke 1800 – ca. 1840 * Blau unterglasur

706
J. G. W. Greiners Witwe und **Greiners Witwe & Leers** * Marke 1800 – ca. 1840 * Blau unterglasur

707
J. G. W. Greiners Witwe und **Greiners Witwe & Leers** * Marke 1800 – ca. 1840 * Blau unterglasur

708
J. G. W. Greiners Witwe und **Greiners Witwe & Leers** * Marke 1800 – ca. 1840 * Blau unterglasur

Geschwenda, Thüringen

709
Orben, Knabe & Co. Porzellanfabrik * 1909 – 1939 * Zierporzellan, Geschenkartikel * Marke 1909 – ca. 1939

710
Orben, Knabe & Co. Porzellanfabrik * Marke 1909 – ca. 1939

711
Orben, Knabe & Co. Porzellanfabrik * Marke 1909 – ca. 1939

712
Orben, Knabe & Co. Porzellanfabrik * Marke 1909 – 1939

Göritzmühle/Steinach, Thüringen

713
Albin Eichhorn * 1838 – erloschen nach 1949 * Mokkatassen, Türkenkopchen, technisches Porzellan * Marke 1891 – ca. 1924

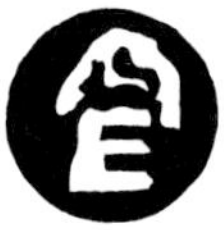

714
Albin Eichhorn · Marke 1925 – nach 1949

Göttingen/Hessen/Niedersachsen

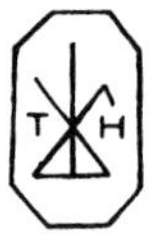

715
Theodor Holborn · 1889 – ca. 1950 · Porzellanmalerei, besonders Wappen · Marke ca. 1890 – ca. 1950 · Malermarke aufglasur

Gotha, Thüringen

Geheimrat **Wilhelm Theodor von Rotberg** gründet die erste Porzellanfabrik in Thüringen, 1757 – 1782. Nachfolger Schulz, Brehm und Och, die als **Schulz & Co.** firmieren, 1782 – 1802. Erwerb durch **Erbprinz August von Gotha**, der seinen Kammerdiener **Friedrich Egidius Henneberg** als Verwalter einsetzt, 1802 – 1813, Verkauf an Henneberg, 1813 – 1834. Fortführung unter **F.E. Henneberg & Co.**, 1834 – 1883, Verkauf an **Gebr. Simson** aus Suhl, 1883 – geschlossen 1934.

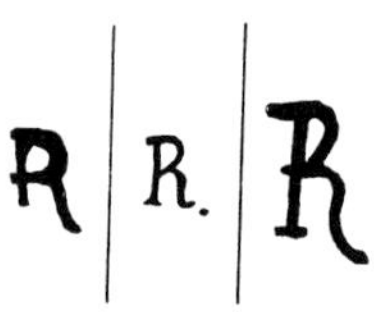

716-718
von Rotberg und **Schulz & Co.** · Marken 1757 – 1802 · Blau unterglasur

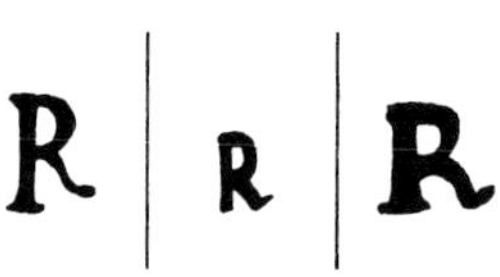

719-721
von Rotberg und **Schulz & Co.** · Marken 1757 – 1802 · Blau unterglasur

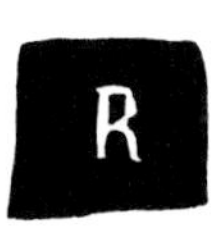

722
von Rotberg und **Schulz & Co.** · Marke 1757 – 1802 · Blau unterglasur · Auch gestempelt

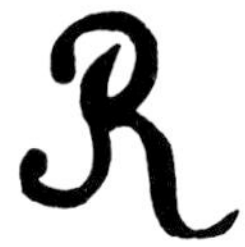

723
von Rotberg und **Schulz & Co.** · Marke 1757 – 1802 · Blau unterglasur

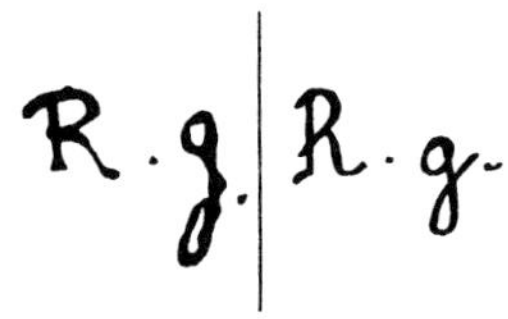

724, 725
Schulz & Co. · Marken 1782 – 1802 · Blau unterglasur

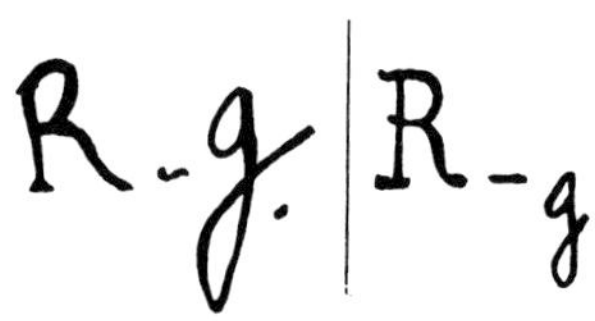

726, 727
Schulz & Co. · Marken 1782 – 1802 · Blau unterglasur

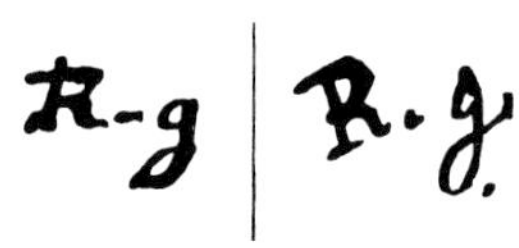

728, 729
Schulz & Co. · Marken 1782 – 1802 · Blau unterglasur

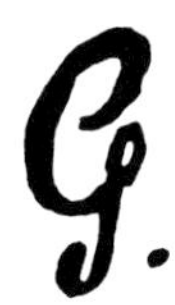

730
Erbprinz August von Gotha und **Friedrich Egidius Henneberg** · Marke 1802 – 1834 · Blau unterglasur, nach 1813 auch schwarz, rot oder blassgold/blassgelb aufglasur

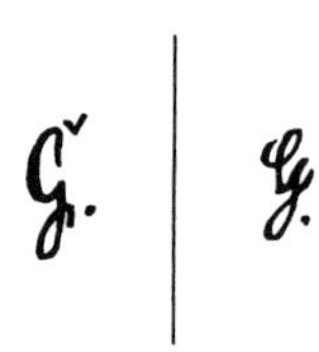

731, 732
Erbprinz August von Gotha und **Friedrich Egidius Henneberg** · Marken 1802 – 1834 · Blau unterglasur, nach 1813 auch schwarz, rot oder blassgold/blassgelb aufglasur

733-735
Erbprinz August von Gotha und **Friedrich Egidius Henneberg** · Marken 1802 – 1834 · Blau unterglasur, nach 1813 auch schwarz, rot oder blassgold/blassgelb aufglasur

736
Erbprinz August von Gotha und **Friedrich Egidius Henneberg** · Marke 1802 – 1834 · Blau unterglasur, nach 1813 auch schwarz, rot oder blassgold/blassgelb aufglasur

737
F.E. Henneberg & Co. · Marke 1834 – 1883

738
F.E. Henneberg & Co. · Marke 1834 – 1883

739
F.E. Henneberg & Co. · Marke 1875 – 1881

740
Gebr. Simson · Marke 1887 – ca. 1934

741
Gebr. Simson · Marke 1887 – ca. 1934

Die **Porzellanfabrik Morgenroth & Co.**, 1866 – 1896, wird von **A. Hecker** gekauft, 1896 – 1919. Nach Liquidation übernommen von **Friedrich Schwab & Co. Porzellanfabrik Gotha**, 1919 – 1921. Haushalts-, Tafel-, Zier- und Luxusporzellan, Figuren, Elektroporzellan. Umgewandelt in **Elektroporzellangesellschaft mbH**, die nur noch Elektroporzellan herstellt, 1921 – nach 1949.

742
Morgenroth & Co. · Marke 1866 – 1896

743
Morgenroth & Co. · Marke 1866 – 1896

744
Friedrich Schwab & Co. · Marke 1919 – 1921

745
Elektroporzellangesellschaft · Marke 1921 – ca. 1930

746
Elektroporzellangesellschaft · Marke 1921 – ca. 1930

Eine von **May & Linder** gegründete Porzellanfabrik, 1876 – 1889, wird an **Heinrich Gräser** verkauft, 1889 – 1892. Dann übernimmt Fritz Pfeffer die Fabrik als **Fr. Pfeffer Porzellanfabrik**, 1892 – 1934. Nachdem die Firma in Konkurs geht, übernimmt sie die Familie aus der Konkursmasse und nennt sie **Porzellanfabrik Ilse Pfeffer**, 1934 – ca.1942, dann geschlossen.

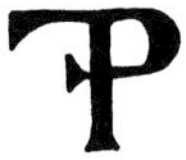

747
Fr. Pfeffer Porzellanfabrik ❧ Marke ca. 1892 – ca. 1934

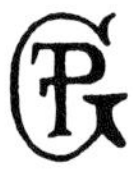

748
Fr. Pfeffer Porzellanfabrik und **Porzellanfabrik Ilse Pfeffer** ❧ Marke ca. 1900 – ca. 1934

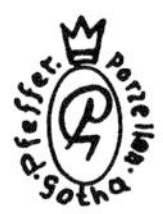

749
Porzellanfabrik Ilse Pfeffer ❧ Marke ca. 1934 – ca. 1942

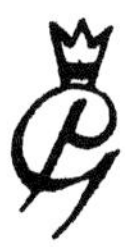

750
Porzellanfabrik Ilse Pfeffer ❧ Marke ca. 1934 – ca. 1942

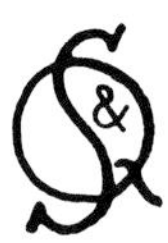

751
Schützmeister & Quendt ❧ 1892 – ca. 1930 ❧ Puppen, Puppenköpfe, Porzellanmalerei ❧ Tierfiguren, Biskuitporzellan ❧ Halsmarke auf Puppenköpfen 1892 – 1930 ❧ Ca. 1930 übernommen von Puppenfabrikant Kämmer & Reinhardt

Gräfenhain, Thüringen

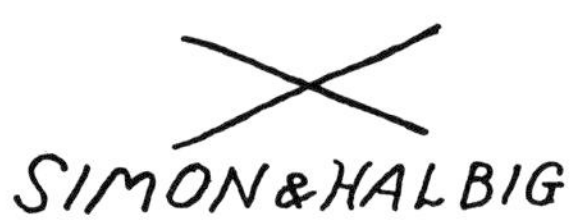

752
Simon & Halbig ❧ 1869 – 1930 ❧ Puppen und Puppenköpfe, Figuren ❧ Halsmarke auf Puppenköpfen ❧ Nach ca. 1870

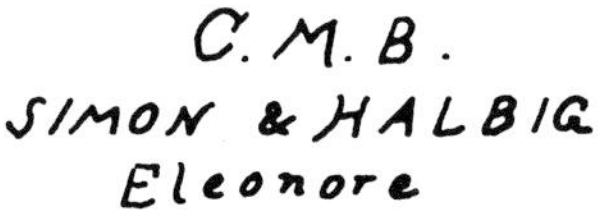

753
Simon & Halbig ❧ Halsmarke auf Puppenköpfen für C.M. Bergmann ❧ Um 1889

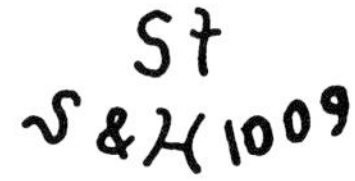

754
Simon & Halbig ❧ Halsmarke auf Puppenköpfen ❧ Um 1888

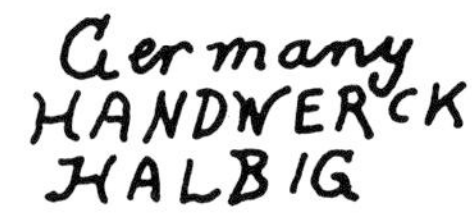

755
Simon & Halbig ❧ Halsmarke auf Puppenköpfen ❧ Um 1888

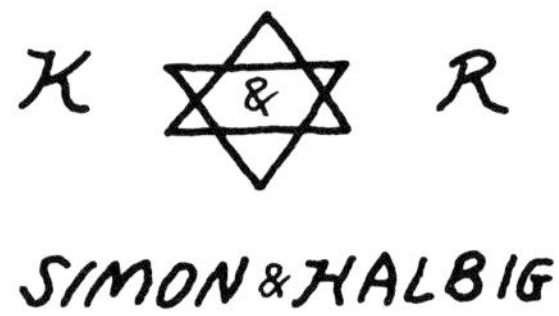

756
Simon & Halbig ❧ Halsmarke auf Puppenköpfen für Kämmer & Reinhardt ❧ Nach ca. 1895

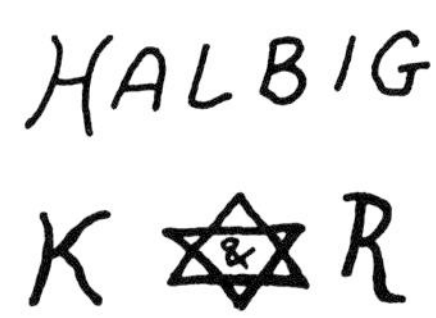

757
Simon & Halbig ❧ Halsmarke auf Puppenköpfen für Kämmer & Reinhardt ❧ Nach ca. 1895

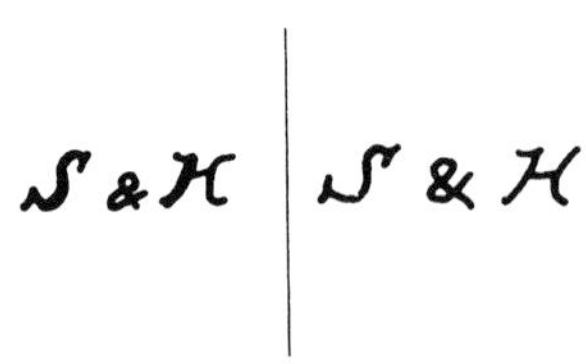

758, 759
Simon & Halbig ❧ Halsmarken auf Puppenköpfen ❧ Nach ca. 1905

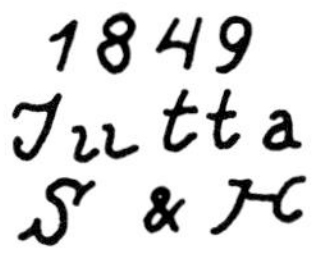

760
Simon & Halbig ∙ Halsmarke auf Puppenköpfen ∙ Nach 1907

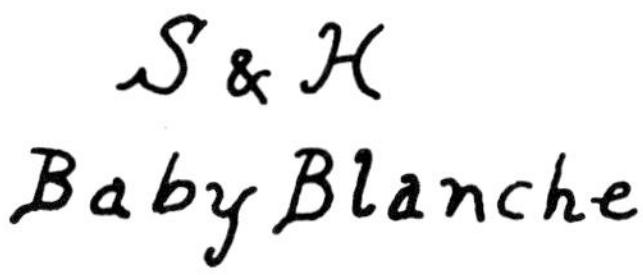

761
Simon & Halbig ∙ Halsmarke auf Puppenköpfen ∙ Nach 1900

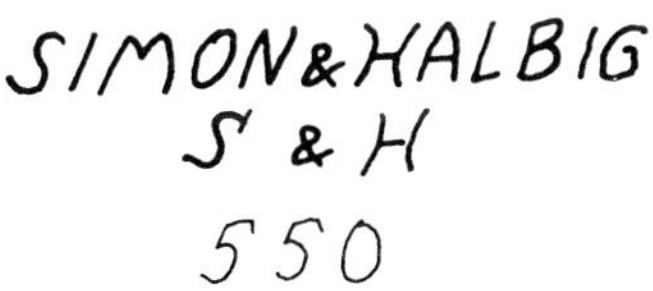

762
Simon & Halbig ∙ Halsmarke auf Puppenköpfen ∙ 1910

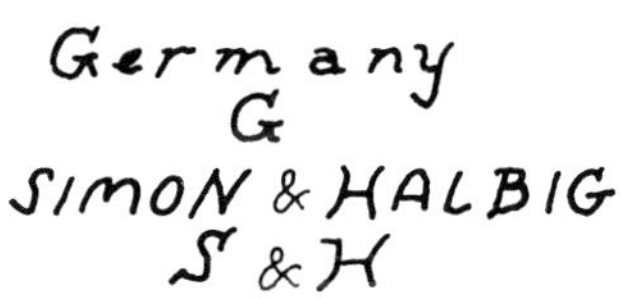

763
Simon & Halbig ∙ Halsmarke auf Puppenköpfen ∙ 1890

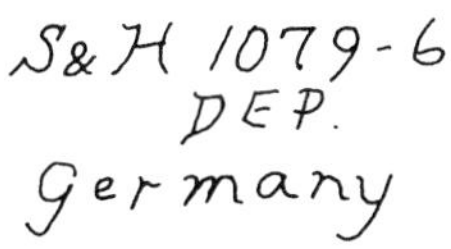

764
Simon & Halbig ∙ Halsmarke auf Puppenköpfen ∙ 1892

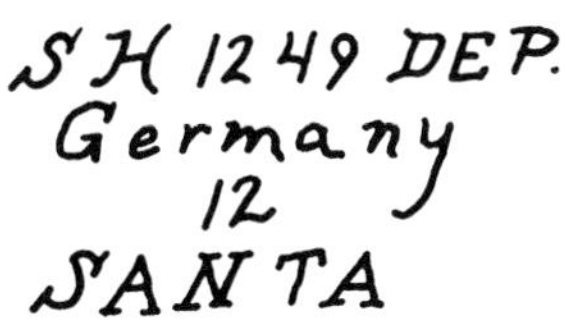

765
Simon & Halbig ∙ Halsmarke auf Puppenköpfen ∙ Ca. 1912

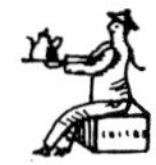

767
Simon & Halbig ∙ Marke 1875 –

Gräfenroda, Thüringen

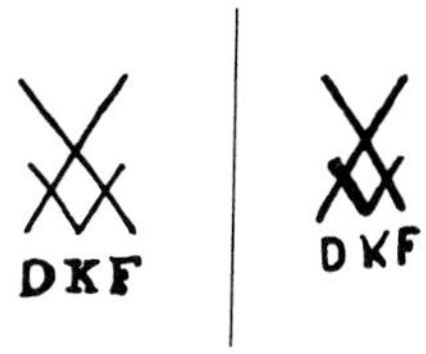

768, 769
Dornheim, Koch & Fischer Porzellan- und Tonwarenfabrik ∙ 1880 – geschlossen 1938 ∙ Zierporzellan, Figuren, Geschenkartikel ∙ Marken nach 1880 ∙ Blau oder grün

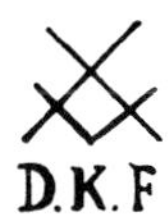

770
Dornheim, Koch & Fischer Porzellan- und Tonwarenfabrik ∙ Marke nach 1880

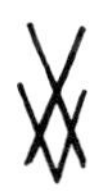

771
Dornheim, Koch & Fischer Porzellan- und Tonwarenfabrik ∙ Marke 1887 -

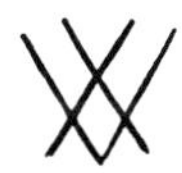

772
Dornheim, Koch & Fischer Porzellan- und Tonwarenfabrik ∙ Marke 1887 -

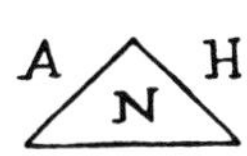

773
August Heißner Nachf. ∙ 1872 – ca. 1910 ∙ Porzellanmalerei ∙ Marke 1872 – ca. 1910 ∙ Der Betrieb ist 1931 eine Terrakottafabrik, Hauptprodukt Gartenzwerge.

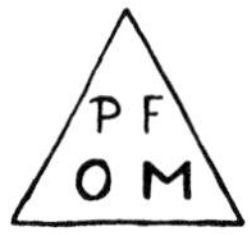

774
Oscar Mell Porzellanfabrik · 1891 – ca. 1918 · Zierporzellan, Figuren, besonders Heiligenfiguren, religiöse Artikel · Marke nach ca. 1891

Die Porzellanfabrik von **Bartholome, Stade & Co.**, 1910 – 1919, wird umgewandelt in die **Porzellanfabrik Gräfenroda-Ort Reinhold Voigt**, 1919 – 1971, dann verstaatlicht und umbenannt in **VEB Porzellanfabrik Gräfenroda**, der 1975 ein Teil des **VEB Porzellanmanufaktur Plaue** wird, 1971 – abgebrannt 1978. Die Porzellanmanufaktur Plaue benutzt weiter Formen und Marken von Voigt. Gebrauchs-, Tafel- und Zierporzellan.

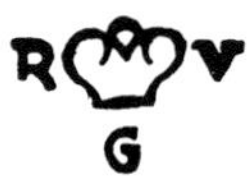

775
Porzellanfabrik Gräfenroda-Ort Reinhold Voigt · Marke 1919 – 1971

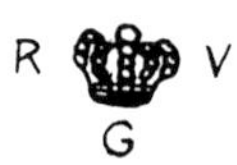

776
Porzellanfabrik Gräfenroda-Ort Reinhold Voigt · Marke 1956 – 1971

777
VEB Porzellanfabrik Gräfenroda · Marke 1974 – 1978

Gräfenthal, Thüringen

Die **Carl Scheidig Porzellanfabrik**, 1906 – 1972, wird verstaatlicht und umbenannt in **VEB Gräfenthaler Porzellanfiguren**, 1972 – 1990. Nach dem Ende der DDR wird der Betrieb privatisiert und in **Porzellanfiguren Gräfenthal** umbenannt, 1990 – heute. Zierporzellan, Figuren, Heiligenfiguren, Spielzeug, Sammlerartikel.

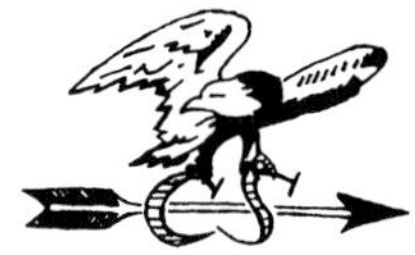

778
Carl Scheidig Porzellanfabrik · Marke 1906 – 1935

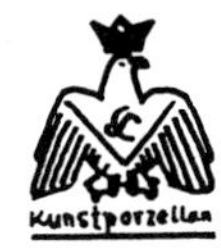

779
Carl Scheidig Porzellanfabrik · Marke 1935 – 1990

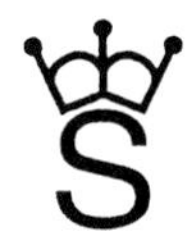

780
Porzellanfiguren Gräfenthal · Marke ca. 1990 – heute

Carl Unger, Karl Schneider und Hermann Hutschenreuther gründen die **Porzellanfabrik Unger, Schneider & Hutschenreuther**, 1859 – ca. 1880. Hutschenreuther tritt aus der Firma aus, die ihren Namen in **Unger, Schneider & Cie.** ändert, 1880 – ca. 1885, ein Jahr später verlässt auch Unger die Firma, Carl Schneider stirbt und die Firma wird in **Carl Schneider's Erben** umgetauft. 1886 bis zur Stilllegung 1974. Zierporzellan, Figuren, Sammlerartikel, Puppenköpfe.

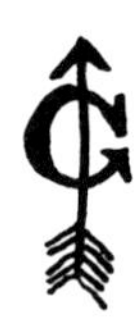

781
Unger, Schneider & Hutschenreuther und **Unger, Schneider & Cie.** · Marke 1859 – ca. 1886

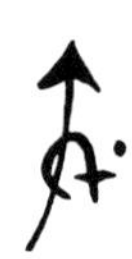

782
Unger, Schneider & Hutschenreuther und **Unger, Schneider & Cie.** · Marke 1859 – ca. 1886

783
Unger, Schneider & Hutschenreuther und **Unger, Schneider & Cie.** · Marke 1879 – ca. 1954

784
Unger, Schneider & Hutschenreuther und **Unger, Schneider & Cie.** · Marke 1859 – ca. 1886

785
Unger, Schneider & Cie. · Marke zum 75. Firmenjubiläum · 1934

786
Carl Schneider's Erben · Marke 1954 – 1974

787
Carl Schneider's Erben · Marke 1885 – ca. 1973

789
Weiss, Kühnert & Co., 1891 – 1972, dann **VEB Gebrauchsporzellan**, 1972 – 1990, privatisiert als **Porzellanmanufaktur Gräfenthal**, 1990 – geschlossen 1993 · Zierporzellan · Marke nach 1900 – ca. 1956

790
Weiss, Kühnert & Co. · Marke 1956 – 1972

791
VEB Gebrauchsporzellan · Marke 1972 – 1990

Gräfenthal-Meernach

Porzellanfabrik Theodor Wagner & Co., 1897 – 1900, später **Porzellanfabrik Heinz & Co.**, 1900 – 1972, dann verstaatlicht und in den **VEB Gräfenthaler Porzellanfiguren** eingegliedert, die Fabrikgebäude werden als Lagerhallen benutzt. Die Marken werden bis 1976 weiterbenutzt. Wiedergegründet als **Heinz & Co. Porzellanfabrik**, 1994 – heute, Zierporzellan.

792
Porzellanfabrik Heinz & Co. und **VEB Gräfenthaler Porzellanfiguren** · Marke nach 1900 – 1976

793
Porzellanfabrik Heinz & Co. und **VEB Gräfenthaler Porzellanfiguren** · Marke 1954 – 1976

Greising, Sachsen

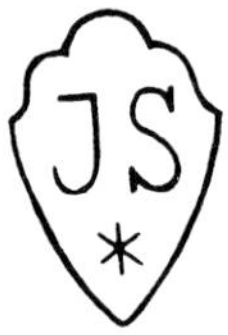

794
Josef Strnact jr. · Porzellanmalerei · Besteht 1930 · Marke um 1930 · Malermarke aufglasur

Großbothen, Sachsen

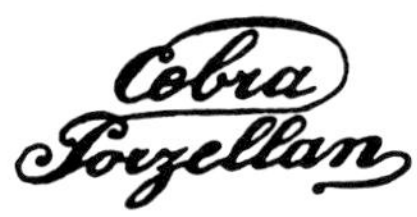

795
Fritzsche & Braun · Porzellanmalerei · ca. 1928 – 1931, danach Heinrich Fritzsche ·

Großbreitenbach, Thüringen

A.Fr.W. von Hopfgarten gründet eine Fabrik für Zierporzellan, Kaffee- und Teeservice, 1778 – 1782, dann übernommen von **Gotthelf Greiner und Nachfolger**, 1782 – 1869, später **H. Bühl & Söhne**, 1869 – 1932. Dann **Freitag & Pecher, vorm. Eger'sche Porzellanfabrik**, 1932 – 1938 anschließend **M. Freitag Porzellanfabrik Großbreitenbach**, 1938 – 1972, Zierporzellan, Figuren, Puppenköpfe, Porzellanmalerei. Verstaatlicht und in Betriebsteil des **VEB Henneberg Porzellan** in **Ilmenau** umgewandelt, 1972 – Einstellung der Produktion ca. 1980, Haushaltsporzellan.

796
Gotthelf Greiner & Nachfolger · Marke 1782 – 1788

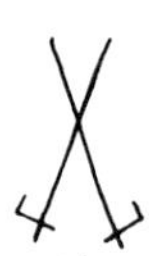

797
Gotthelf Greiner & Nachfolger · Marke 1782 – (1788)

798
Gotthelf Greiner & Nachfolger · Marke ca. 1820

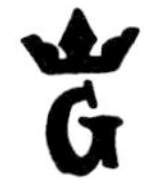

799
H. Bühl & Söhne · Marke nach 1869

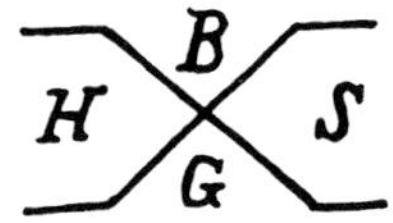

800
H. Bühl & Söhne · Marke 1887 – ca. 1932 · Auf Puppenköpfen

801
H. Bühl & Söhne · Marke nach 1887

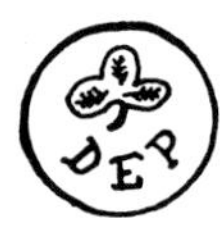

802
H. Bühl & Söhne · Marke 1896 – 1932

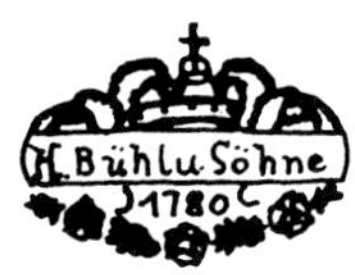

803
H. Bühl & Söhne · Marke 1921 – 1932

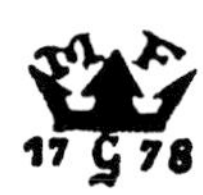

804
M. Freitag Porzellanfabrik Großbreitenbach · Marke 1938 – 1965

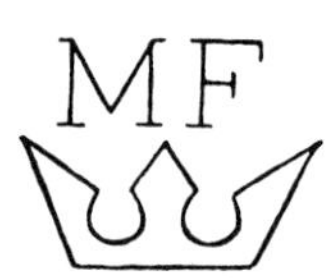

805
M. Freitag Porzellanfabrik Großbreitenbach · Marke 1945 – 1972

806
Franz Fritz Porzellanmalerei, 1874 – 1905, dann **Franz Fritz Nachfolger**, 1905 – 1971 ❧ Dem **VEB Porzellanwerk Ilmenau** angeschlossen, 1971 – stillgelegt 1973 ❧ Malermarke aufglasur 1956 – 1971

807
Franz Fritz Nachfolger ❧ Marke 1957 – 1971 ❧ Malermarke aufglasur

808
Porzellanmanufaktur C. Alfred Römhild ❧ 1914 – 1971 ❧ Porzellanmalerei ❧ Verstaatlicht und dem **VEB Henneberg Porzellan** in **Ilmenau** angeschlossen, 1971 – stillgelegt 1973 ❧ Malermarke aufglasur, nach 1914 – 1971

809
Porzellanmanufaktur C. Alfred Römhild ❧ Marke nach 1945 – 1971 ❧ Malermarke aufglasur

Großdubrau, Sachsen

Eine bestehende Porzellanfabrik wird von der **Porzellanfabrik H. Schomburg & Söhne** in **Berlin** als **Porzellanfabrik Margarethenhütte** übernommen, 1877 – 1927. Elektrotechnisches Porzellan, bis 1898 auch Haushaltsporzellan. Zusammenschluss mit **Porzellanfabrik Kahla** in **Kahla**, Vertrieb durch **Hermsdorf-Schomburg Isolatorengesellschaft, Hescho-Kahla**, 1927 – 1945. 1945 verstaatlicht und als **VEB Elektroporzellanwerk Großdubrau** weitergeführt, 1945 – 1990.

810
H. Schomburg & Söhne Filiale Margarethenhütte ❧ Marke 1889 – ca. 1920

811
H. Schomburg & Söhne Filiale Margarethenhütte ❧ Marke 1919 – 1927

812
H. Schomburg & Söhne Filiale Margarethenhütte und **Hescho-Kahla Filiale Margarethenhütte** und **VEB Elektroporzellanwerk** ❧ Marke 1923 – 1964 ❧ Marke wird auch von den Filialen in **Hermsdorf** und **Freiberg** benutzt

813
H. Schomburg & Söhne Filiale Margarethenhütte und **Hescho-Kahla Filiale Margarethenhütte** ❧ Marke ca. 1928 – 1945

814
VEB Elektroporzellanwerk Großdubrau
Marke 1964 – 1990

Grünstadt, Pfalz

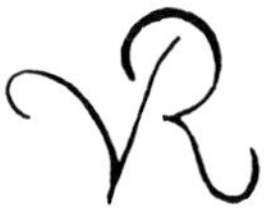

815
Johann Nepomuk van Recum, 1797 – 1799, dann **Gebr. Bordollo**, 1812 – 1900 ❧ Reproduktionen von Frankenthaler Figuren in cremefarbenem Steingut ❧ Marke Recum ca. 1799 – 1812

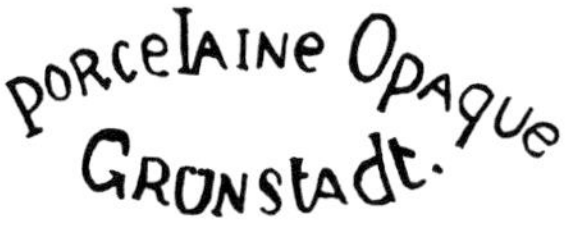

816
Johann Nepomuk van Recum und **Gebr. Bordollo** ❧ Marke 1801 – ca. 1880

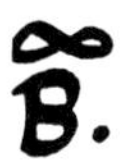

817
Gebr. Bordollo ❧ Marke 1812 – 1880

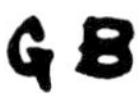

818
Gebr. Bordollo ❧ Marke 1812 – 1880

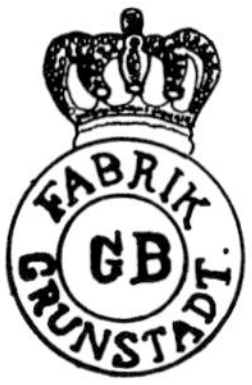

819
Gebr. Bordollo ❧ Marke 1887 – 1900

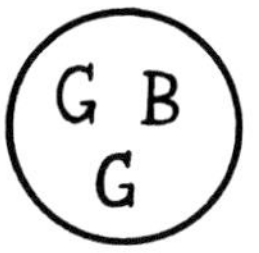

820
Gebr. Bordollo ❧ Marke 1896 – 1900

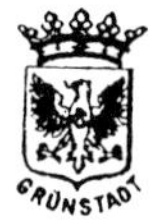

821
Gebr. Bordollo ❧ Marke 1896 – 1900

H

Haldensleben siehe **Neuhaldensleben**

Halle, Thüringen

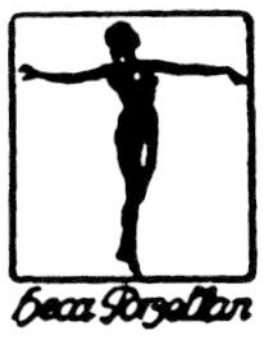

822
Heckert & Co. ❧ Porzellan- und Steingutfabrik ❧ 1878 – ca. 1930 ❧ Marke für Porzellanwaren ❧ Mit „Hera Steingut“ unten für Artikel aus Feinsteingut ❧ Marke bis ca. 1930

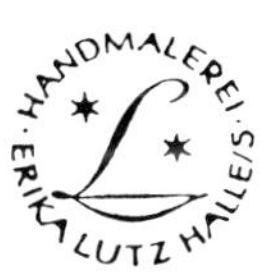

823
Porzellanmalerei Erika Lutz ❧ 1953 – 1974 ❧ Marke ca. 1960 – 1974 ❧ Malermarke, aufglasur

Hamburg

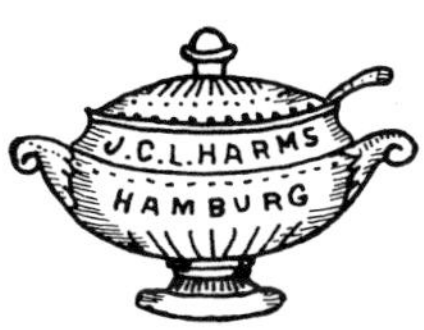

824
Johann Carl Ludwig Harms ❧ 1879 – ca. 1914 ❧ Porzellanmalerei und Porzellanexport ❧ Marke 1885 – ca. 1914 ❧ Malermarke gestempelt

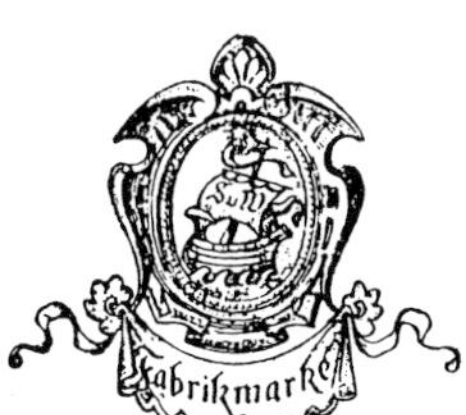

825
Spiermann & Wessely ❧ Bestand 1872 – nach 1884 ❧ Porzellanmalerei ❧ Marke 1884

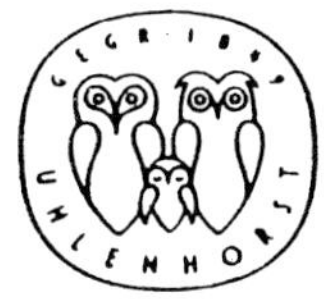

826
L.J. Schulz, dann **Uhlenhorst-Studio** ❧ 1959 – heute ❧ Porzellanmalerei ❧ Marke 1959 – ❧ Malermarke, aufglasur

Hannover

827
Rudolf Bügen ❧ Porzellanmalerei ❧ – 1910 dann **Gustav Völker** 1910 –

Hausen, Bayern

828 **H.**
Gebr. Silbermann ❧ 1802 – ca. 1938 ❧ Dann übernommen von **Alboth & Kaiser** in Staffelstein ❧ Marke 1938 – ❧ Haushaltsporzellan, Kaffee- und Teegeschirr, Zierporzellan

829
Gebr. Silbermann ❧ Marke 1929 – ca. 1938 ❧ Grün aufglasur

Hermsdorf, Thüringen

Porzellanfabrik Kahla, Zweigwerk Hermsdorf-Klosterlausnitz, 1890 – 1910, dann **Porzellanfabrik Hermsdorf**, 1910 – 1927, zunächst Haushaltsporzellan, dann Übergang zu technischem, besonders elektrotechnischem Porzellan. Nach der Vereinigung mit der **Porzellanfabrik H. Schomburg & Söhne** in Berlin heißt die Filiale **Zweigniederlassung der Porzellanfabrik Kahla** und ist Teil der neuen **Hermsdorf-Schomburg-**

Isolatoren Gesellschaft, Hescho-Kahla, 1927 - 1945. Die Firma wird enteignet und in sowjetisches Eigentum überführt als **SAG Hescho**, 1945 - 1952, dann an die DDR verkauft, die den Betrieb in **VEB Kombinat Keramische Werke Hermsdorf** umbenennt, 1952 - 1990. Das Kombinat wird nach dem Ende der DDR unter staatlicher Treuhänderschaft zunächst als **TRIDELTA GmbH Hermsdorf**, 1990 - 1992, geführt und dann von der Ceram Holding in Jena gekauft. Der gegenwärtige Name ist **Porzellanfabrik Hermsdorf**, 1992 - heute. Elektrotechnisches Porzellan.

P.
H. K.

830
Porzellanfabrik Kahla ∞ Marke 1896 - ca. 1903

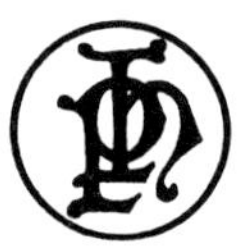

831
Porzellanfabrik Kahla ∞ Marke 1902 - ca. 1927

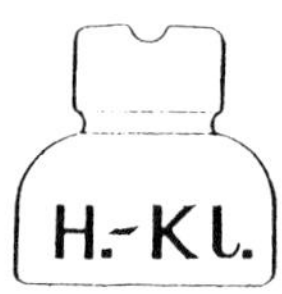

832
Porzellanfabrik Kahla ∞ Marke 1910 - ca. 1927

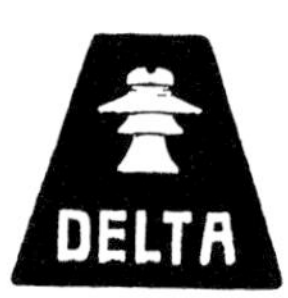

833
Porzellanfabrik Kahla ∞ Marke 1913 - ca. 1927

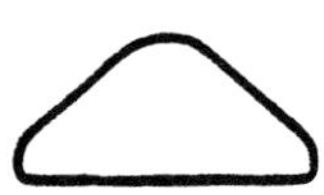

834
Porzellanfabrik Kahla ∞ Marke 1913 - 1927

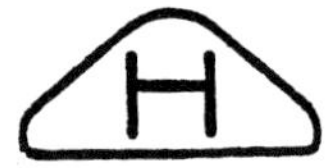

835
Porzellanfabrik Kahla ∞ Marke 1914 - ca. 1927

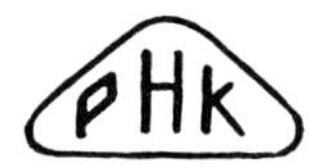

836
Porzellanfabrik Kahla und **Hescho-Kahla** ∞ Marke 1920 - ca. 1945

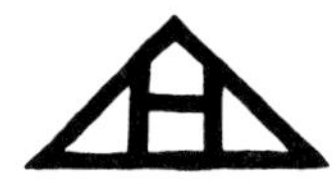

837
Porzellanfabrik Kahla, Hescho-Kahla und **VEB Kombinat Keramische Werke Hermsdorf** ∞ Marke 1923 - nach 1956

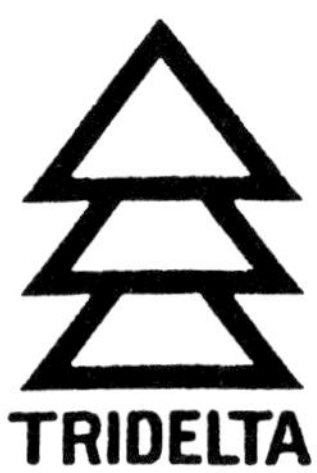

838
VEB Kombinat Keramische Werke Hermsdorf und **TRIDELTA** ∞ Ca. 1953 - ca. 1992

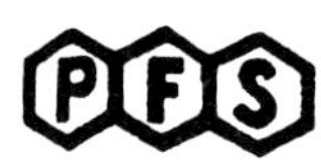

839
Porzellanfabrik Kahla, Werk Freiberg ∞ Marke um 1914 - 1932

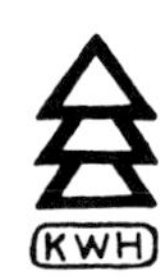

840
VEB Kombinat Keramische Werke Hermsdorf und **TRIDELTA** ∞ Ca. 1953 - ca. 1992

Hettenheidelheim, Pfalz

841
Hagenburger-Schwalb ∞ Vor 1933 - nach 1938 ∞ Chamottefabrik mit Porzellanherstellung ∞ Marke 1938 -

Hildburghausen, Thüringen

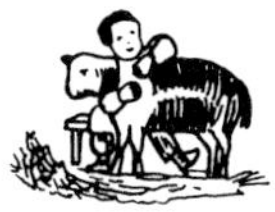

842
Wilhelm Simon & Co. ⁂ 1846 – 1910 ⁂ Spielwaren, Puppenköpfe ⁂ Marke 1875 – 1910

Hildesheim, Bistum Hildesheim

843
August Otto Ernst von dem Busche ⁂ Porzellanmaler 1746 – 1775 ⁂ Meist Schwarzlotmalerei auf Meißener Porzellan ⁂ Marke 1746 – 1775 ⁂ Malermarke, aufglasur

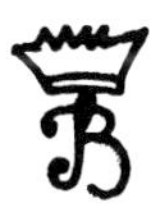

844
August Otto Ernst von dem Busche ⁂ Marke 1746 – 1775 ⁂ Malermarke, aufglasur

Kratzberg
Canon
Hill
1777

845
Johann Gottfried Kratzberg ⁂ 1773 – 1784 ⁂ Porzellanmaler ⁂ Diese Marke 1777 ⁂ Malermarke, aufglasur

Hilpoltstein, Bayern

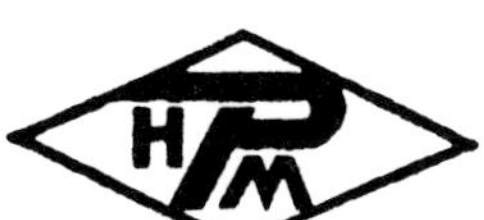

846
Hilpoltsteiner Porzellanmanufaktur H. Bräuer ⁂ 1955 – heute ⁂ Technisches Porzellan ⁂ Marke heute

Hirschau, Bayern

Heinrich Waffler gründet eine Steingutfabrik, 1826 – 1849. Nachdem die Familie **Dorfner**, 1849 – 1890, sie übernimmt, wird ab 1850 auch Haushalts- und Zierporzellan hergestellt. 1890 Auflösung des Unternehmens. Vier Jahre später ersteigert die Familie den Betrieb und nennt die Firma **Ernst Dorfner & Cie. Porzellan- und Steingutfabrik**, 1894 – 1918. Danach nur Steingut.

D. & C.

847
Ernst Dorfner & Cie. ⁂ Marke 1894 – 1918

E. D. & Cie.

848
Ernst Dorfner & Cie. ⁂ Marke 1894 – 1918

E. D. & Cie.
Hirschau.

849
Ernst Dorfner & Cie. ⁂ Marke 1894 – 1918

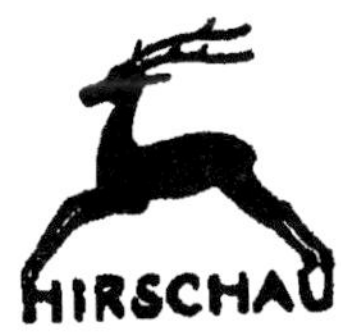

850
Ernst Dorfner & Cie. ⁂ Marke 1912 – 1918

Hochstadt, Bayern

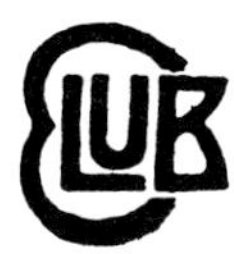

851
William Beck Porzellanfabrik ⁂ 1901 – ca. 1927 ⁂ Zierporzellan und Massenartikel ⁂ ca. 1910 umbenannt in Porzellan und Apparatefabrik Elektro-Union vorm. Beck AG ⁂ Marke ca. 1910 – ca. 1927

Höchst/Frankfurt/M., Hessen

Eine von Göltz, Clarus und A.F. von Löwenfinck gegründete Porzellanmanufaktur, 1746 – 1756, stellt zunächst nur „Fayenceporzellan" her. Erst 1750 gelingt es Porzellan zu produzieren. Die Manufaktur geht 1756 in Konkurs und Kurfürst Friedrich Carl von Ostein übernimmt sie als **Churfürstlich Privilegierte Porcelain Fabrique**, 1756 – 1776, Kurfürst Friedrich Karl Joseph von Erthal benennt sie um in **Churfürstlich Mainzische Manufaktur**, 1776 – 1796. Dann wird sie wegen finanzieller Schwierigkeiten geschlossen. Eine Neugründung unter dem Namen **Porzellanmanufaktur Höchst**, 1947 – 1964, scheitert. Eine zweite Neugründung **Höchster Porzellanmanufaktur**, 1965 – heute, knüpft an die Traditionen der alten Manufaktur an. Zu allen Zeiten stellt die Manufaktur Tafel- und Zierporzellan, Kaffee- und Teegeschirr und Figuren her. Eingeritzte Marken stammen aus der Frühzeit der Manufaktur, die meisten sind auf Fayence zu finden. Marken auf der Glasur werden von ca. 1750 bis ca. 1765 angebracht. Eingepresste Marken werden von ca. 1759 bis ca. 1765 benutzt. Danach trägt man die Marken in Blau unter der Glasur auf, auch die Radmarke mit dem Kurhut seit 1765. Radmarken sind mit vier bis neun Speichen gemalt. Die Zahl der Speichen hat keine bisher erkennbare Bedeutung. Um 1840 kauft die **Steingutfabrik in Damm** etwa 350 noch erhaltene Formen der Manufaktur und benutzt für die Ausformungen die Höchster Radmarke. Später gehen die Formen an die **Steingutfabrik Franz Anton Mehlem** in Bonn und von dort um 1905 an die **Porzellanfabrik Dressel, Kister & Cie.** in Passau, die bis ca. 1940 Figuren und Gruppen aus den Höchster Formen in Porzellan herstellt und sie mit der Radmarke allein oder neben der Radmarke mit der Passauer Marke des Bischofsstabs oder seltener der Ludwigsburger Marke des gekrönten L versieht. Nach 1945 gelangen die Formen an eine Gruppe, die erfolglos versucht, die Manufaktur in Frankenthal wieder zu beleben. Dann werden die Formen angeblich zerstört.

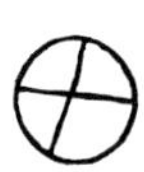

852
Göltz · Marke ca. 1746 – 1756 · Eingeritzt

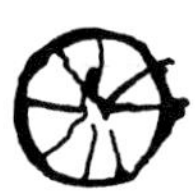

854
Göltz · Marke ca. 1746 – 1756 · Eingeritzt

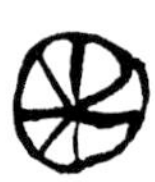

855
Göltz · Marke ca. 1746 – 1756 · Eingeritzt

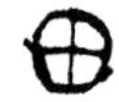

856
Göltz · Marke ca. 1746 – 1756 · Eingeritzt

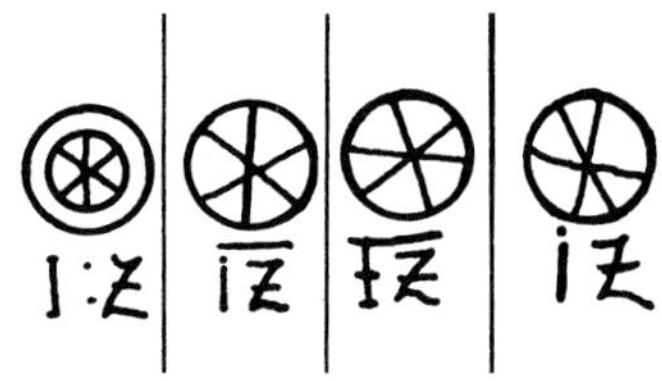

857-860
Göltz · Marken 1746 – 1753 · Mangan aufglasur · Signatur des Malers Johannes Zeschinger, tätig an der Manufaktur ca. 1746 – 1753

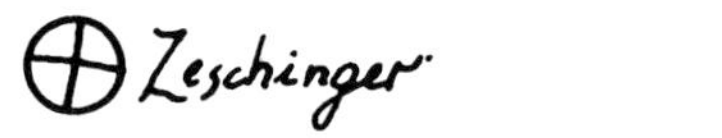

861
Göltz · Marke 1746 – 1753 · Gold aufglasur · Signatur des Malers Johannes Zeschinger, tätig an der Manufaktur ca. 1746 – 1753

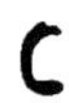

862
Göltz · Marke um 1748 · Aufglasur · Möglicherweise Signatur des Malers Lothar Charlot, in den Manufakturakten 1748 erwähnt

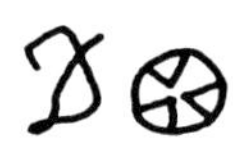

863
Göltz · Marke um 1749 · Rot aufglasur · Möglicherweise Signatur des Malers Joseph Philipp Danhofer, in den Manufakturakten 1749 erwähnt

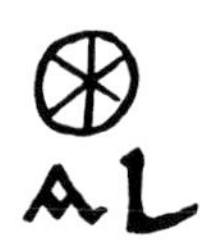

864
Göltz · Marke um 1749 · Grün aufglasur oder karminrot aufglasur · Signatur des Malers Adam Ludwig, in den Manufakturakten 1749 erwähnt

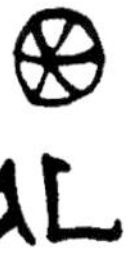

865
Göltz • Marke um 1749 • Grün aufglasur oder karminrot aufglasur • Signatur des Malers Adam Ludwig, in den Manufakturakten 1749 erwähnt

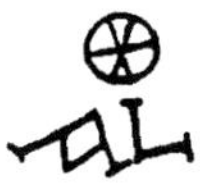

866
Göltz • Marke um 1749 • Grün aufglasur oder karminrot aufglasur • Signatur des Malers Adam Ludwig, in den Manufakturakten 1749 erwähnt

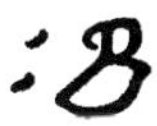

867
Göltz und **Churfürstlich Privilegierte Porcelain Fabrique** • Marke ca. 1748 – 1771 • Verschiedene Aufglasurfarben • Signatur des Malers Philipp Magnus Bechel, in den Manufakturakten 1748 und 1771 erwähnt

868
Göltz und **Churfürstlich Privilegierte Porcelain Fabrique** • Marke ca. 1748 – 1771 • Verschiedene Aufglasurfarben • Signatur des Malers Philipp Magnus Bechel, in den Manufakturakten 1748 und 1771 erwähnt

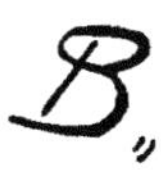

869
Göltz und **Churfürstlich Privilegierte Porcelain Fabrique** • Marke ca. 1748 – 1771 • Verschiedene Aufglasurfarben • Signatur des Malers Philipp Magnus Bechel, in den Manufakturakten 1748 und 1771 erwähnt

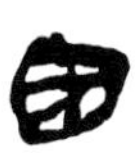

870
Göltz und **Churfürstlich Privilegierte Porcelain Fabrique** • Marke 1750 – 1763 • Rot aufglasur

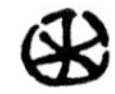

871
Göltz und **Churfürstlich Privilegierte Porcelain Fabrique** • Marke 1750 – 1763 • Rot aufglasur

872-874
Göltz und **Churfürstlich Privilegierte Porcelain Fabrique** • Marken 1750 – 1763 • Schwarzbraun aufglasur

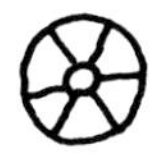

875
Göltz und **Churfürstlich Privilegierte Porcelain Fabrique** • Marke 1750 – 1763 • Rot aufglasur

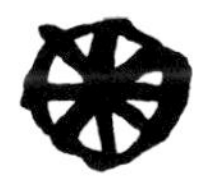

876
Göltz und **Churfürstlich Privilegierte Porcelain Fabrique** • Marke 1750 – 1763 • Rot aufglasur

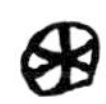

877
Göltz und **Churfürstlich Privilegierte Porcelain Fabrique** • Marke 1750 – 1763 • Gelb aufglasur

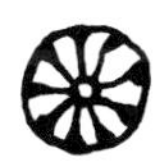

878
Göltz und **Churfürstlich Privilegierte Porcelain Fabrique** • Marke 1750 – 1763 • Rot aufglsur

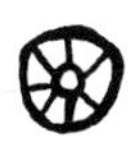

879
Göltz und **Churfürstlich Privilegierte Porcelain Fabrique** • Marke 1750 – 1763 • Rot aufglasur

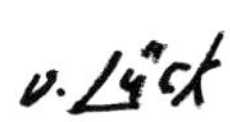

880
Göltz und **Churfürstlich Privilegierte Porcelain Fabrique** • Marke 1751 – 1752 • Signatur des Modelleurs Johann Christoph Ludwig Lück

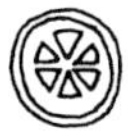

881
Churfürstlich Privilegierte Porcelain Fabrique und **Churfürstlich Mainzische Manufaktur** · Marke ca. 1759 – 1765 · In die Masse gedrückt

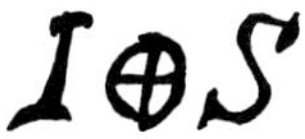

882
Churfürstlich Privilegierte Porcelain Fabrique und **Churfürstlich Mainzische Manufaktur** · Marke ca. 1759 – 1765 · In die Masse gedrückt · Buchstaben J und S Zeichen des Formers Joseph Schneider, in den Manufakturakten 1758, 1764 und 1766 erwähnt

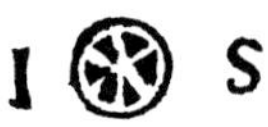

883
Churfürstlich Privilegierte Porcelain Fabrique und **Churfürstlich Mainzische Manufaktur** · Marke ca. 1759 – 1765 · In die Masse gedrückt · Buchstaben J und S Zeichen des Formers Joseph Schneider, in den Manufakturakten 1758, 1764 und 1766 erwähnt

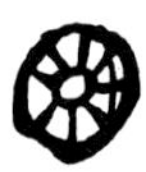

884
Churfürstlich Privilegierte Porcelain Fabrique und **Churfürstlich Mainzische Manufaktur** · Marke 1763 – 1796 · Blau unterglasur

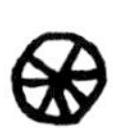

885
Churfürstlich Privilegierte Porcelain Fabrique und **Churfürstlich Mainzische Manufaktur** · Marke 1763 – 1796 · Blau unterglasur

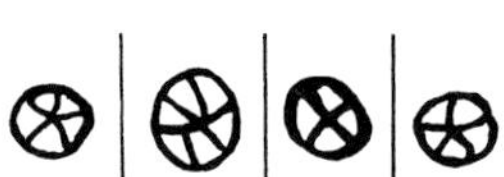

886-889
Churfürstlich Privilegierte Porcelain Fabrique und **Churfürstlich Mainzische Manufaktur** · Marken 1763 – 1796 · Blau unterglasur

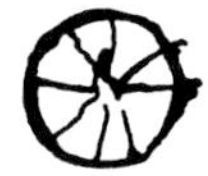

890
Churfürstlich Privilegierte Porcelain Fabrique und **Churfürstlich Mainzische Manufaktur** · Marke 1763 – 1796 · Blau unterglasur

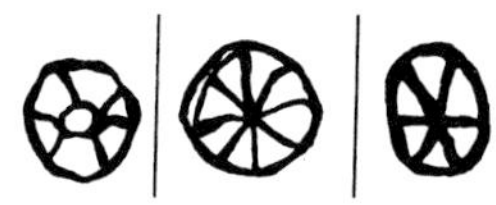

891-893
Churfürstlich Privilegierte Porcelain Fabrique und **Churfürstlich Mainzische Manufaktur** · Marken 1763 – 1796 · Blau unterglasur

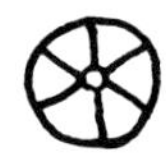

894
Churfürstlich Privilegierte Porcelain Fabrique und **Churfürstlich Mainzische Manufaktur** · Marke 1763 – 1796 · Blau unterglasur

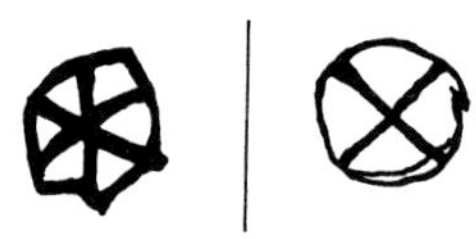

895, 896
Churfürstlich Privilegierte Porcelain Fabrique und **Churfürstlich Mainzische Manufaktur** · Marken 1763 – 1796 · Blau unterglasur

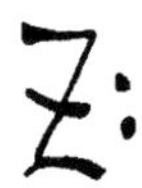

897
Churfürstlich Privilegierte Porcelain Fabrique · Marke um 1764 · Aufglasur · Signatur des Malers Philipp Zisler, in den Manufakturakten 1764 erwähnt

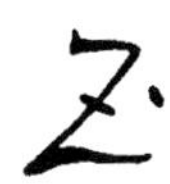

898
Churfürstlich Privilegierte Porcelain Fabrique · Marke um 1764 · Aufglasur · Signatur des Malers Philipp Zisler, in den Manufakturakten 1764 erwähnt

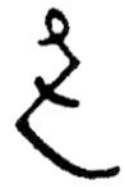

899
Churfürstlich Privilegierte Porcelain Fabrique ✤ Marke um 1764 ✤ Aufglasur ✤ Signatur des Malers Philipp Zisler, in den Manufakturakten 1764 erwähnt

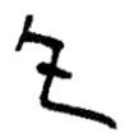

900
Churfürstlich Privilegierte Porcelain Fabrique ✤ Marke um 1764 ✤ Aufglasur ✤ Signatur des Malers Philipp Zisler, in den Manufakturakten 1764 erwähnt

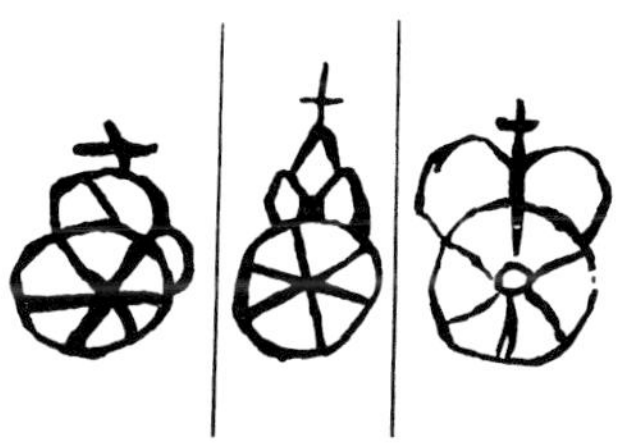

901-903
Churfürstlich Privilegierte Porcelain Fabrique und **Churfürstlich Mainzische Manufaktur** ✤ Marken 1765 – 1796 ✤ Rad mit Kurhut ✤ Blau unterglasur

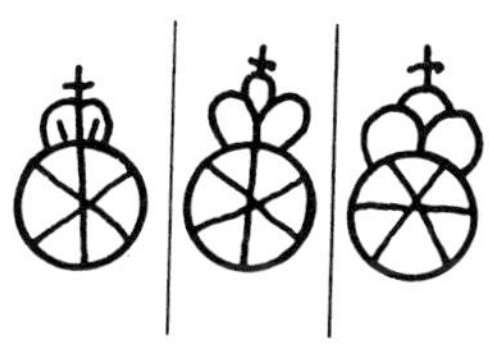

904-906
Churfürstlich Privilegierte Porcelain Fabrique und **Churfürstlich Mainzische Manufaktur** ✤ Marken 1765 – 1796 ✤ Rad mit Kurhut ✤ Blau unterglasur

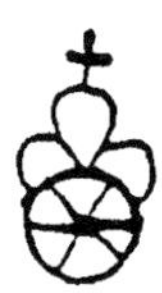

907
Churfürstlich Privilegierte Porcelain Fabrique und **Churfürstlich Mainzische Manufaktur** ✤ Marke 1765 – 1796 ✤ Rad mit Kurhut ✤ Blau unterglasur

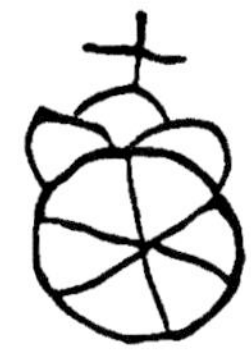

908
Churfürstlich Privilegierte Porcelain Fabrique und **Churfürstlich Mainzische Manufaktur** ✤ Marke 1765 – 1796 ✤ Rad mit Kurhut ✤ Blau unterglasur

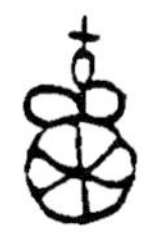

909
Churfürstlich Privilegierte Porcelain Fabrique und **Churfürstlich Mainzische Manufaktur** ✤ Marke 1765 – 1796 ✤ Rad mit Kurhut ✤ Blau unterglasur

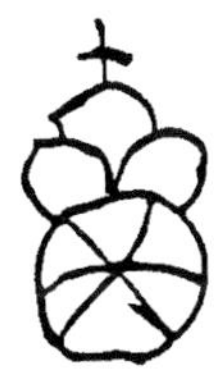

910
Churfürstlich Privilegierte Porcelain Fabrique und **Churfürstlich Mainzische Manufaktur** ✤ Marke 1765 – 1796 ✤ Rad mit Kurhut ✤ Blau unterglasur

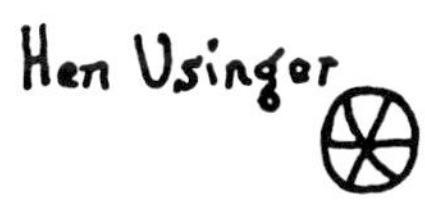

911
Churfürstlich Privilegierte Porcelain Fabrique und **Churfürstlich Mainzische Manufaktur** ✤ Marke ca. 1774 – ca. 1782 ✤ Rad blau unterglasur, Name rot aufglasur ✤ Signatur des Malers Johann Heinrich Usinger, in den Manufakturakten 1774 und 1782 erwähnt

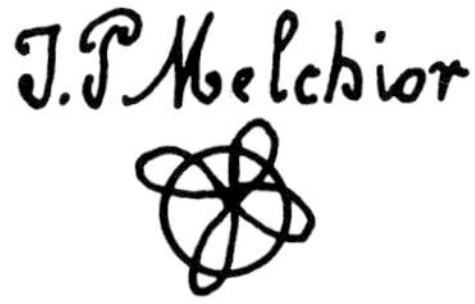

912
Churfürstlich Privilegierte Porcelain Fabrique und **Churfürstlich Mainzische Manufaktur** · Marke 1765 – 1779 · Eingeritzt · Signatur des Modelleurs Johann Peter Melchior, an der Manufaktur tätig von 1765 – 1779

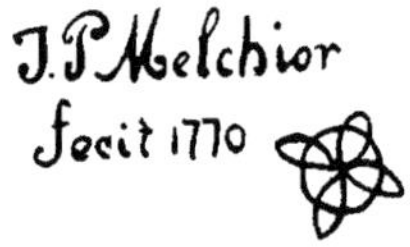

913
Churfürstlich Privilegierte Porcelain Fabrique und **Churfürstlich Mainzische Manufaktur** · Diese Marke 1770 · Eingeritzt · Signatur des Modelleurs Johann Peter Melchior, tätig an der Manufaktur von 1765 – 1779

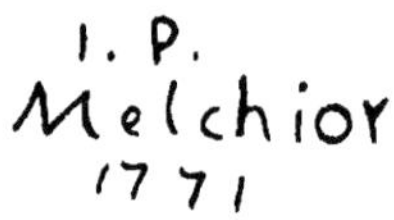

914
Churfürstlich Privilegierte Porcelain Fabrique und **Churfürstlich Mainzische Manufaktur** · Diese Marke 1771 · Eingeritzt · Signatur des Modelleurs Johann Peter Melchior, tätig an der Manufaktur von 1765 – 1779

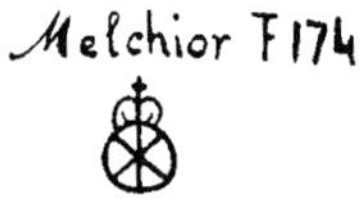

915
Churfürstlich Privilegierte Porcelain Fabrique und **Churfürstlich Mainzische Manufaktur** · Diese Marke 1774 · Eingeritzt · Signatur des Modelleurs Johann Peter Melchior, tätig an der Manufaktur von 1765 – 1779

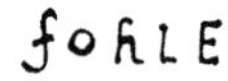

916
Churfürstlich Privilegierte Porcelain Fabrique und **Churfürstlich Mainzische Manufaktur** · Marke ca. 1770 – 1775 · Neben dem Kurhut blau unterglasur ist der unvollständige Name des Bossierers Johann Christian Fohler eingeritzt

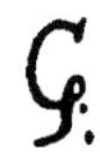

917
Churfürstlich Privilegierte Porcelain Fabrique und **Churfürstlich Mainzische Manufaktur** · Marke um 1773 · Rot aufglasur · Signatur des Malers Georg Friedrich Geisler, in den Manufakturakten 1773 erwähnt

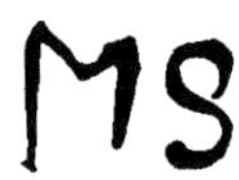

918
Churfürstlich Privilegierte Porcelain Fabrique und **Churfürstlich Mainzische Manufaktur** · Marke um 1774 · Blau unterglasur · Möglicherweise Signatur des Blaumalers Michael Schuchard, in den Manufakturakten 1774 erwähnt

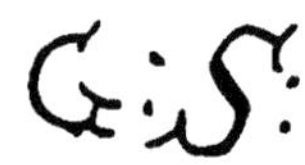

919
Churfürstlich Privilegierte Porcelain Fabrique und **Churfürstlich Mainzische Manufaktur** · Marke um 1774 · Möglicherweise Signatur des Malers Philipp Gerhard Sommerlat, in den Manufakturakten 1774 erwähnt

Die Maler, die folgende Signaturen benutzten, sind noch nicht identifiziert. Es sollte jedoch beachtet werden, dass nach Einführung der blauen Unterglasurfarbe 1765 nur noch äußerst selten Malersignaturen zu finden sind. Die folgenden Signaturen sind in verschiedenen Farben auf der Glasur angebracht, dabei benutzten die Maler meist eine Farbe des Dekors, an dem sie gerade arbeiteten.

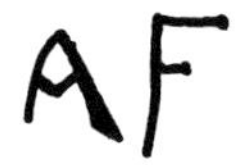

920
Malersignatur · 1750 – 1765

921
Malersignatur · 1750 – 1753

922
Malersignatur · 1750 – 1765

923
Malersignatur · 1750 – 1765

924
Malersignatur · 1750 – 1765

925
Malersignatur · 1750 – 1765

926
Malersignatur · 1750 – 1765

927
Malersignatur · 1750 – 1765

928
Malersignatur · Blau unterglasur mit Kurhut · wahrscheinlich Blaumaler · 1765 – 1796

929
Malersignatur · 1750 – 1765

930
Malersignatur · 1750 – 1765

931
Porzellanmanufaktur Höchst · 1947 – 1964 · Marke 1947 – 1964 · Blau unterglasur

932
Höchster Porzellanmanufaktur GmbH · 1965 – heute · Marke seit 1965

Höhr-Grenzhausen, Pfalz

933
Klaus & Peter Müller · 1950 – heute · Marke 1955 – · Geschenkartikel, Figuren, Zierporzellan

934
Klaus & Peter Müller · Marke 1957 –

935
Klaus & Peter Müller · Marke 1958 –

Hof-Moschendorf, Bayern

936
Kühnert & Tischer, 1879 – 1895, dann **Porzellanfabrik Moschendorf AG**, 1895 – 1951 · Haushaltsporzellan, Zierporzellan, Puppenköpfe · Marke nach 1879 · Eingepresst auf Puppenköpfen

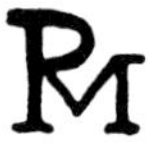

937
Porzellanfabrik Moschendorf · Marke nach 1879 · Eingepresst auf Puppenköpfen

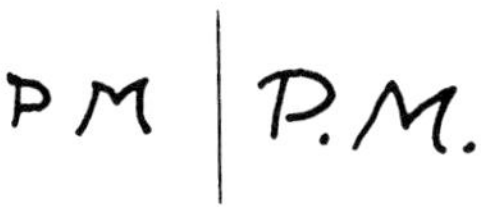

938, 939
Porzellanfabrik Moschendorf · Marken nach 1879 · Eingepresst auf Puppenköpfen

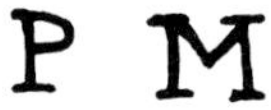

940
Porzellanfabrik Moschendorf · Marke nach 1879 · Eingepresst auf Puppenköpfen

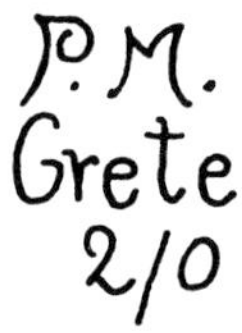

941
Porzellanfabrik Moschendorf · Marke 1879 – ca. 1945 · Eingepresst auf Puppenköpfen

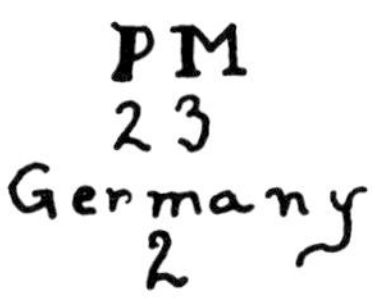

942
Porzellanfabrik Moschendorf · Marke bis ca. 1938 · Eingepresst auf Puppenköpfen

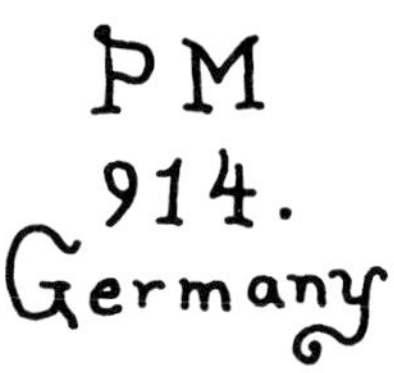

943
Porzellanfabrik Moschendorf · Marke bis ca. 1938 · Eingepresst auf Puppenköpfen

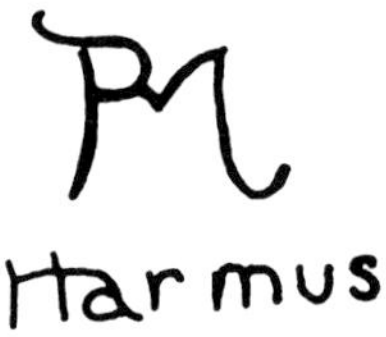

944
Porzellanfabrik Moschendorf · Marke nach 1878 · Eingepresst auf Puppenköpfen für C. Harmus

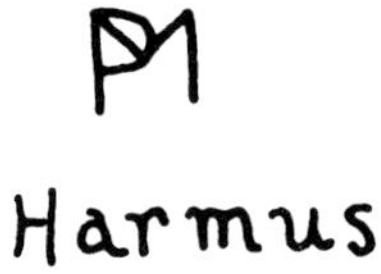

945
Porzellanfabrik Moschendorf · Marke ca. 1900 – ca. 1938 · Eingepresst auf Puppenköpfen für C. Harmus

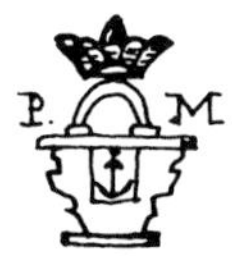

946
Porzellanfabrik Moschendorf · Marke ca. 1900 – ca. 1938 · Grün

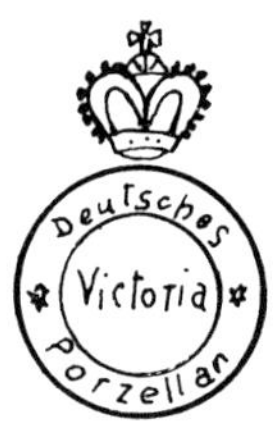

947
Porzellanfabrik Moschendorf · Marke 1878 – ca. 1938

948
Porzellanfabrik Moschendorf · Marke ca. 1904 – ca. 1938

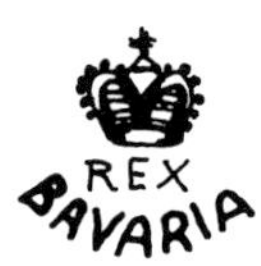

949
Porzellanfabrik Moschendorf · Marke ca. 1904 – 1938

Hohenberg, Bayern

Porzellanfabrik C.M. Hutschenreuther, 1814 – 1969, von Carl Magnus Hutschenreuther gegründet, der als Erster die industrielle Herstellung von Porzellan in Bayern einführt. Nach seinem Tod 1845 übernimmt sein Sohn Lorenz Hutschenreuther die Fabrikleitung, verlässt die Firma aber 1857, um seine eigene **Porzellanfabrik Lorenz Hutschenreuther** in **Selb** zu gründen. Die Porzellanfabrik C.M. Hutschenreuther wird 1904 in eine AG umgewandelt und kauft 1909 die Porzellanfabrik M. Zdekauer in Altrohlau (Böhmen), 1918 die **Porzellanfabrik Arzberg** in **Arzberg** und 1918 die **Porzellanfabrik C. Tielsch** in **Altwasser** (Schlesien). 1969 vereinigen sich die Fabriken C.M. Hutschenreuther und Lorenz Hutschenreuther zur **Hutschenreuther AG** in **Selb**, 1969 – 1998, dann umgewandelt in **BHS tabletop**, 1998 – heute.Haushalts-, Tafel-, Hotel- und Zierporzellan, Figuren, Geschenkartikel.

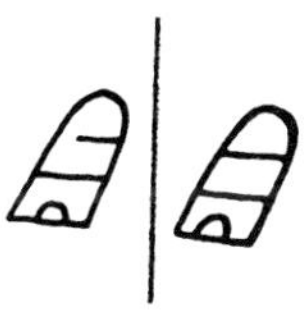

950
Porzellanfabrik C.M. Hutschenreuther ❧ Marken ab 1879 ❧ Blau unterglasur

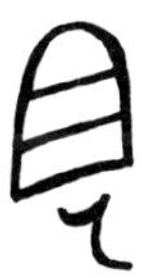

951
Porzellanfabrik C.M. Hutschenreuther ❧ Marke 1879 ❧ Blau unterglasur

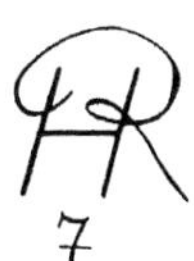

952
Porzellanfabrik C.M. Hutschenreuther ❧ Marke 1882 – ❧

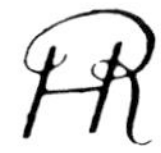

953
Porzellanfabrik C.M. Hutschenreuther ❧ Marke 1882 – ❧ Blau unterglasur

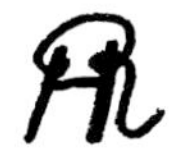

954
Porzellanfabrik C.M. Hutschenreuther ❧ Marke 1882 – ❧ Blau unterglasur

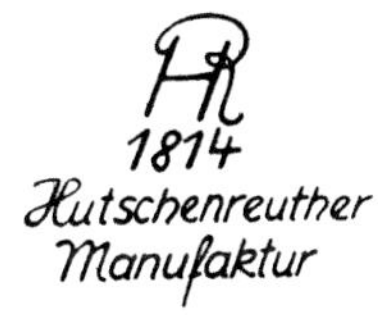

955
Hutschenreuther AG ❧ Marke nach 1969 für die Hutschenreuther Manufaktur-Kollektion ❧ Marke 1999 umgeschrieben auf **Winterling Porzellan AG** in **Kirchenlamitz**

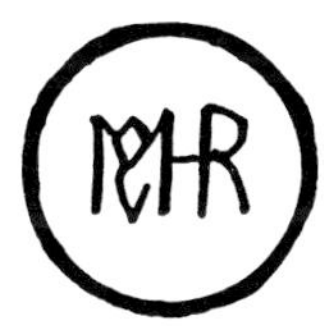

956
Porzellanfabrik C.M. Hutschenreuther ❧ Marke 1857 – 1899 ❧ Prägestempel

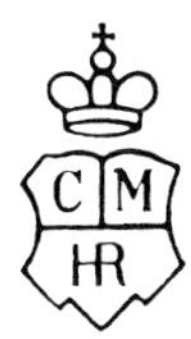

957
Porzellanfabrik C.M. Hutschenreuther ❧ Marke 1904 – ❧ Blau oder grün unterglasur

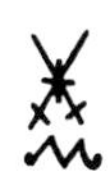

958
Porzellanfabrik C.M. Hutschenreuther ❧ Marke 1876 – ❧ Blau unterglasur ❧ Siehe auch **Dresden**, **Meyer & Sohn**

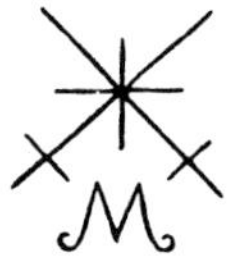

959
Porzellanfabrik C.M. Hutschenreuther ·
Marke 1876 – · Blau unterglasur

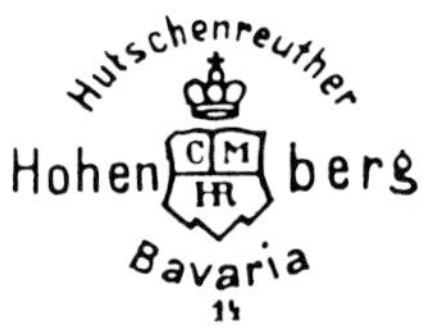

960
Porzellanfabrik C.M. Hutschenreuther ·
Marke 1878 – 1900 · Blau oder grün unterglasur oder schwarz aufglasur

961
Porzellanfabrik C.M. Hutschenreuther ·
Marke 1889 -

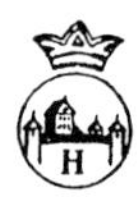

962
Porzellanfabrik C.M. Hutschenreuther ·
Marke 1890 -

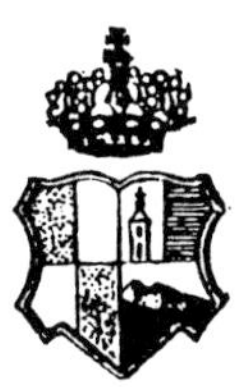

963
Porzellanfabrik C.M. Hutschenreuther ·
Marke 1893 – · Malereimarke aufglasur

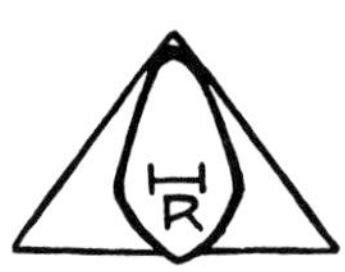

964
Porzellanfabrik C.M. Hutschenreuther ·
Marke Ende 19. Jhdt.

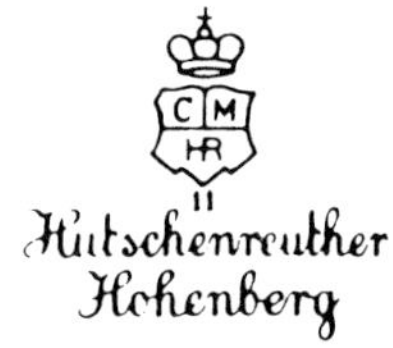

965
Porzellanfabrik C.M. Hutschenreuther ·
Marke 1901 – 1914 · Grün unterglasur oder schwarz aufglasur

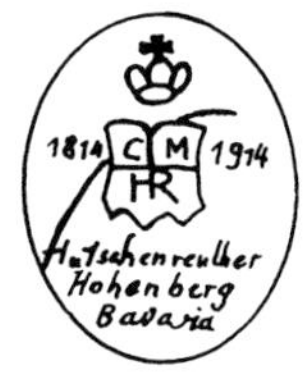

966
Porzellanfabrik C.M. Hutschenreuther ·
Marke 1914 – 1934 · Jubiläumsmarke 100 Jahre · Auch mit – Germany – unter dem Oval

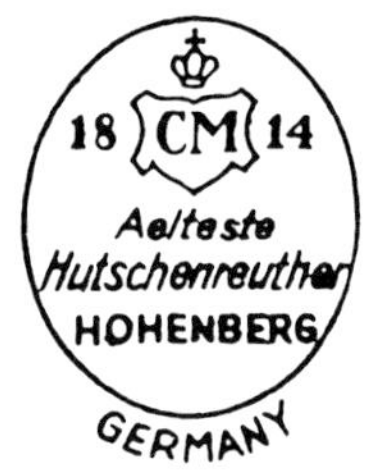

967
Porzellanfabrik C.M. Hutschenreuther ·
Marke 1949 -

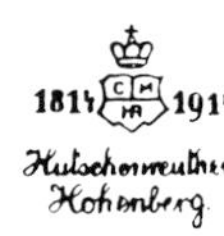

968
Porzellanfabrik C.M. Hutschenreuther ·
Marke 1914 – 1934

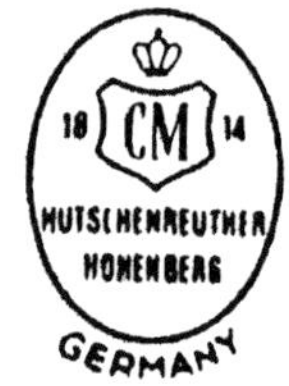

969
Porzellanfabrik C.M. Hutschenreuther ·
Marke 1969 -

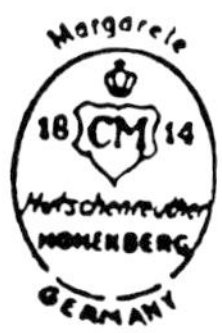

970
Porzellanfabrik C.M. Hutschenreuther •
Marke ca. 1969 – • Grün unterglasur

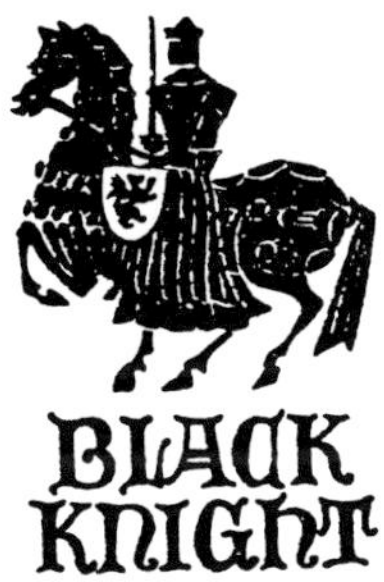

971
Porzellanfabrik C.M. Hutschenreuther •
Marke 1925 – 1941 • Exportmarke für die USA

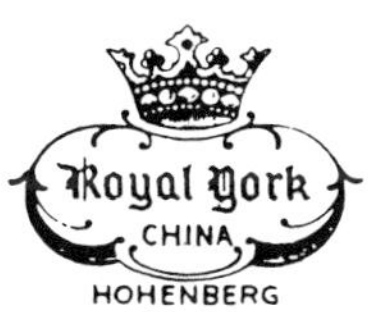

972
Porzellanfabrik C.M. Hutschenreuther •
Marke 1954 – Exportmarke für die USA •
Marke 1999 umgeschrieben auf **Winterling Porzellan AG** in **Kirchenlamitz**

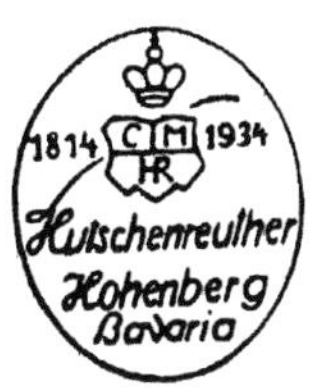

973
Porzellanfabrik C.M. Hutschenreuther •
Marke 1934 – 1939 • Jubiläumsmarke 120 Jahre • Auch mit – Germany – unter Hohenberg • Grün oder schwarz

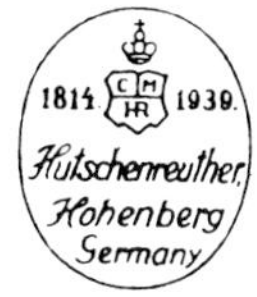

974
Porzellanfabrik C.M. Hutschenreuther •
Marke 1939 – 1946 • Jubiläumsmarke 125 Jahre

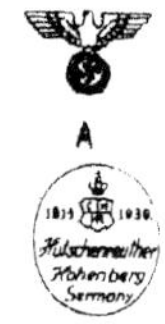

975
Porzellanfabrik C.M. Hutschenreuther •
Marke nach 1934 – 1945 • Diese Marke 1941 auf Porzellan für Reichsbehörden und Militär

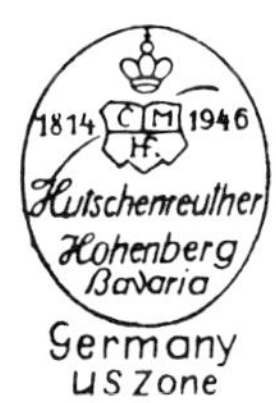

976
Porzellanfabrik C.M. Hutschenreuther •
Marke 1946 – 1949 • Zwischen Kriegsende und der Gründung der Bundesrepublik

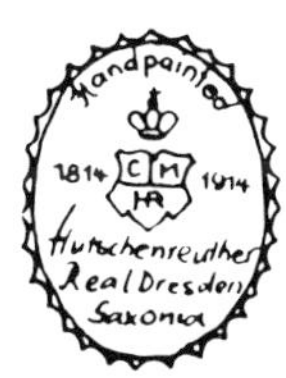

977
Porzellanfabrik C.M. Hutschenreuther •
Marke 1918 – 1945 • Marke der Kunstabteilung in Dresden • Aufglasur oft in Gold

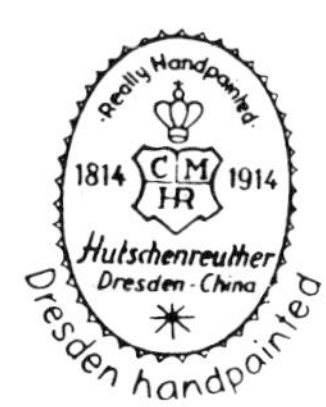

978
Porzellanfabrik C.M. Hutschenreuther •
Marke 1918 – 1945 • Marke der Kunstabteilung in Dresden • Aufglasur, gestempelt in verschiedenen Farben

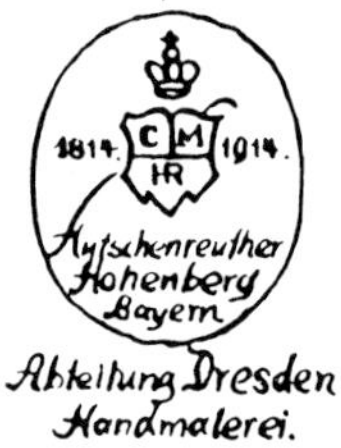

979
Porzellanfabrik C.M. Hutschenreuther ◆ Marke 1918 – 1945 ◆ Marke der Kunstabteilung in Dresden ◆ Aufglasur, gestempelt in verschiedenen Farben

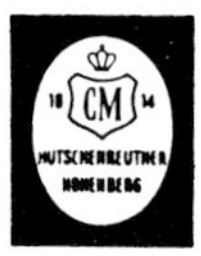

980
Porzellanfabrik C.M. Hutschenreuther ◆ Marke 1964 – 1969

Hüttengrund, Thüringen

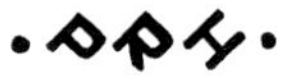

981
Paul Rauschert GmbH ◆ Porzellanfabrik 1897 – 1945 technisches und Sanitärporzellan, Puppenköpfe ◆ Zweigwerk in **Presig, Steinbach am Wald, Schmiedeberg** und **Steinwiesen**, die 1933 zusammen mit der Fabrik in Hüttengrund zur **Paul Rauschert AG** vereinigt werden 1933 – 1945, dann enteignet und umbenannt in **VEB Porzellanfabrik Hüttensteinach**, 1945 – stillgelegt 1963 ◆ Marke bis 1945 ◆ Technisches und Laborporzellan

Hüttensteinach/Sonneberg, Thüringen

Die **Porzellanfabrik Gebr. Schoenau**, 1864 – 1920, vereinigt sich mit der **Porzellanfabrik Swaine & Co.**, 1854 – 1920, zu **Gebr. Schoenau, Swaine & Co.**, 1920 – 1954. Dann wird die Firma verstaatlicht und arbeitet weiter als Teil des **VEB Sonneberger Porzellanfabriken**, 1954 – 1990. Tafel- und Haushaltsporzellan, Zierporzellan, Puppenköpfe und Kinderspielzeug, nach 1945 nur noch elektrotechnisches Porzellan.

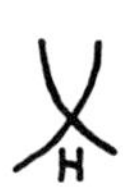

982
Gebr. Schoenau ◆ Marke 1887 – 1897

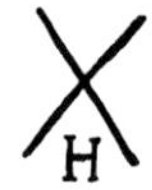

983
Gebr. Schoenau ◆ Marke 1887 – 1897

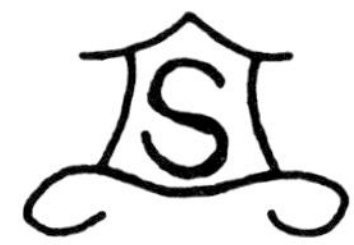

984
Gebrüder Schoenau und **Gebr. Schoenau, Swaine & Co.** ◆ Marke 1924 bis nach 1930 ◆ Mit – Decor Meissen – unten bis 1930

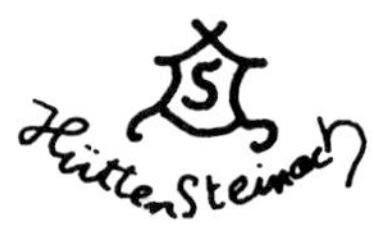

985
Gebr. Schoenau und **Gebr. Schoenau, Swaine & Co.** ◆ Marke nach 1900 – nach 1930 ◆ Mit – Decor Meissen – unten bis 1930

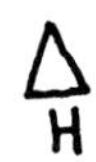

986
Gebr. Schoenau ◆ Marke nach 1900 – 1920

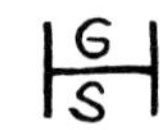

987
Gebr. Schoenau ◆ Marke nach 1900 – 1920

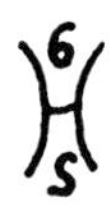

988
Gebr. Schoenau ◆ Marke nach 1900 – 1920

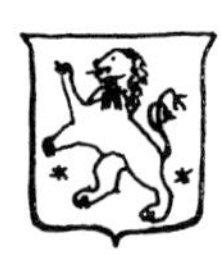

989
Swaine & Co. ◆ Marke ca. 1887 – ca. 1920

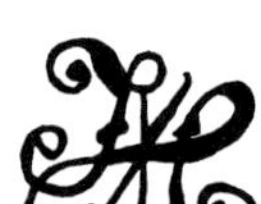

990
Swaine & Co. ◆ Marke ca. 1896 – 1920

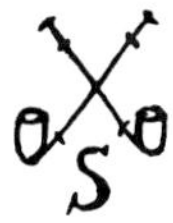

991
Swaine & Co. · Marke nach 1896 – ca. 1920

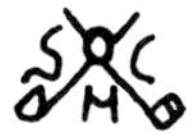

992
Swaine & Co. · Marke nach 1896 – 1920

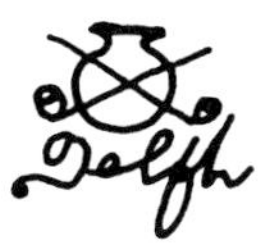

993
Swaine & Co. · Marke nach 1896 – 1920

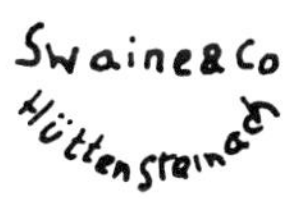

994
Swaine & Co. · Marke nach 1900 – 1920

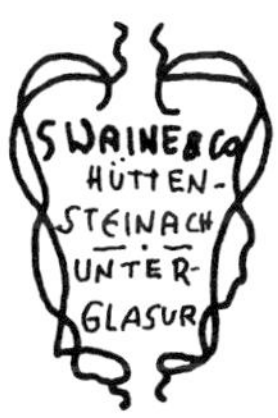

995
Swaine & Co. · Marke nach 1900 – 1920

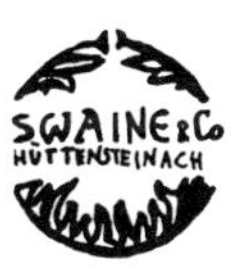

996
Swaine & Co. · Marke bis 1920

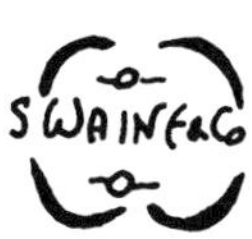

997
Swaine & Co. · Marke bis 1920

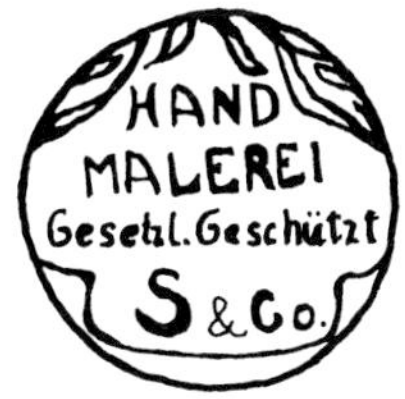

998
Swaine & Co. · Marke nach 1900 – 1920 · Malereimarke, aufglasur

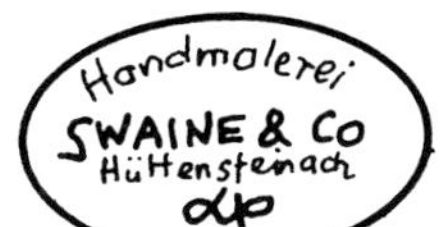

999
Swaine & Co. · Marke bis 1920 · Malereimarke, aufglasur

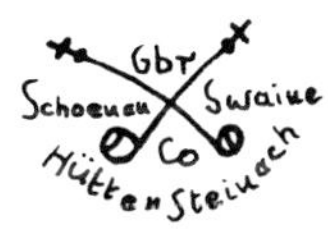

1000
Gebr. Schoenau, Swaine & Co. · Marke 1920 – 1954

1001
Gebr. Schoenau, Swaine & Co. · Marke 1920 – 1954

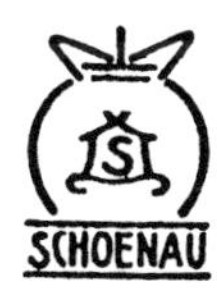

1002
Gebr. Schoenau, Swaine & Co. und **VEB Sonneberger Porzellanfabriken** · Marke 1933 – 1956

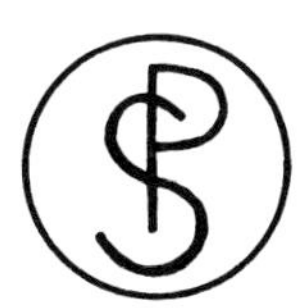

1003
VEB Sonneberger Porzellanfabriken · Marke 1956 – 1990

Hummendorf, Bayern

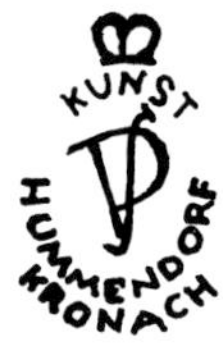

1004
Fritz Popp Porzellanmanufaktur · Porzellanmalerei · 1943 – · Marke 1943 – · Malermarke, gold aufglasur

I

Ilmenau, Thüringen

Christian Zacharias Gräbner, 1777 – 1782, gründet eine der ältesten Porzellanmanufakturen in Thüringen, gerät aber bald in finanzielle Schwierigkeiten, und der Landesherr **Herzog Karl August von Sachsen-Weimar** übernimmt die Manufaktur, 1782 – 1786. Von ihm pachtet **Gotthelf Greiner**, dem schon die Manufakturen in **Limbach** und **Großbreitenbach** gehören, den Betrieb, 1786 – 1792. Ihm folgt **Christian Nonne**, 1792 – 1808, der die Manufaktur zunächst pachtet und dann kauft. Nachdem er seinen Schwiegersohn **Ernst Karl Roesch** als Partner aufgenommen hat, heißt die Firma **Nonne & Roesch**, 1808 – 1813. Nach Nonnes Tod wird sie umbenannt in **Ilmenauer Porzellanfabrik**, 1813 – 1871, die sich in die Aktiengesellschaft **Ilmenauer Porzellanfabrik AG** umwandelt, 1871 – 1938, und später den Namen in **Ilmenauer Porzellanfabrik Graf von Henneberg AG** ändert, 1938 – 1947. Der Betrieb wird verstaatlicht und zuerst **VEB Porzellanwerk Graf von Henneberg**, 1947 – 1973, genannt und dann **VEB Henneberg Porzellan**, 1973 – 1990. Nach dem Anschluss der DDR an die Bundesrepublik wird die Fabrik privatisiert und in **Graf von Henneberg Porzellan GmbH** umbenannt, 1990 – 1998. 1998 gekauft von Rolf H. Frowein, Frowein Group, und umbenannt in **Neue Porzellanfabrik Ilmenau,** 1998 – heute. Tafel-, Haushalts- und Zierporzellan, Kaffee- und Teegeschirr, Figuren, seit 1792 auch Artikel im Wedgwood-Stil. Die Graf von Henneberg Porzellan GmbH hat eine Reihe von Marken erloschener Fabriken für sich schützen lassen.

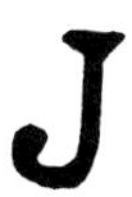

1005
Christian Zacharias Gräbner und **Herzog Karl August** · Marke 1777 – 1786 · Blau unterglasur

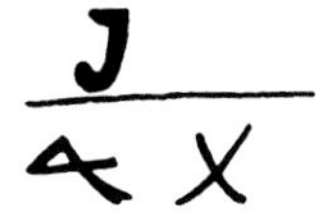

1006
Christian Zacharias Gräbner und **Herzog Karl August** · Marke 1777 – 1786 · Blau unterglasur

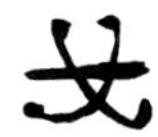

1007
Gotthelf Greiner · Marke 1786 – 1792 · Blau unterglasur

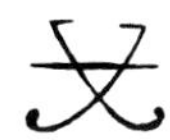

1008
Gotthelf Greiner · Marke 1786 – 1792 · Blau unterglasur

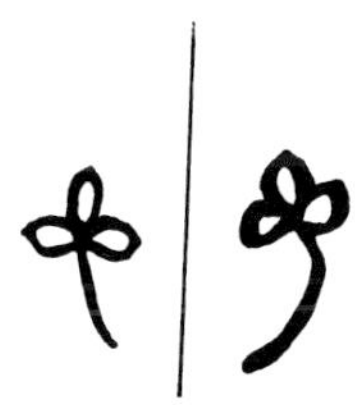

1009, 1010
Gotthelf Greiner · Marke 1786 – 1792 · Blau unterglasur

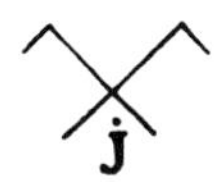

1011
Gotthelf Greiner · Marke 1786 – 1792 · Blau unterglasur

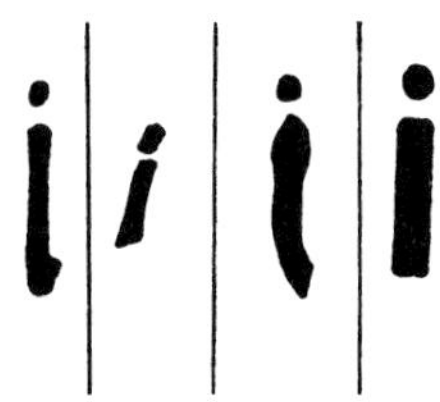

1012-1015
Christian Nonne und **Nonne & Roesch** · Marken 1792 – 1871 · Blau unterglasur

1016
Christian Nonne und **Nonne & Roesch** ꙮ Marke 1792 – 1813 ꙮ Blau unterglasur

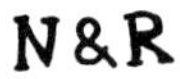

1017
Christian Nonne und **Nonne & Roesch** ꙮ Marke 1808 – 1813 ꙮ Blau unterglasur

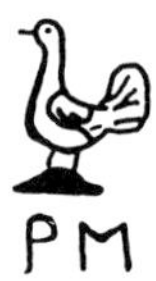

1018
Ilmenauer Porzellanfabrik ꙮ Marke 1813 – 1871 ꙮ Blau unterglasur

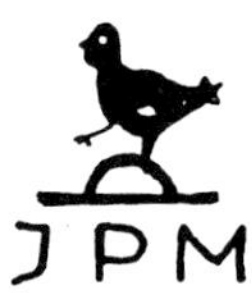

1019
Ilmenauer Porzellanfabrik ꙮ Marke 1813 – 1871 ꙮ Blau unterglasur

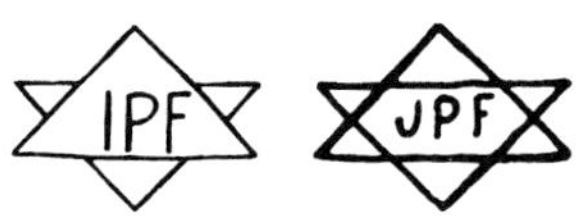

1020, 1021
Ilmenauer Porzellanfabrik AG ꙮ Marken 1903 – ꙮ Blau unterglasur

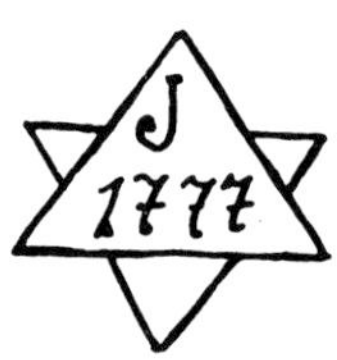

1022
Ilmenauer Porzellanfabrik AG ꙮ Marke 1905 – ꙮ Blau unterglasur

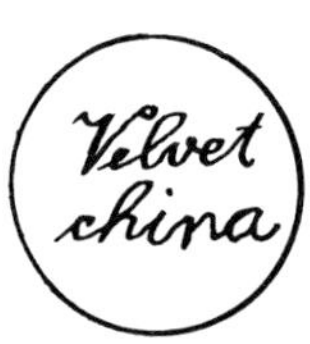

1023
Ilmenauer Porzellanfabrik AG ꙮ Marke 1907 – 1938

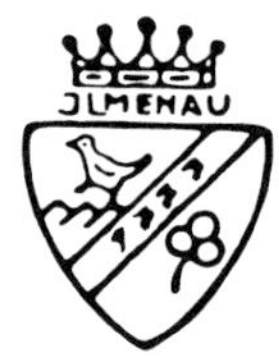

1024
Ilmenauer Porzellanfabrik AG ꙮ Marke 1930 – 1938

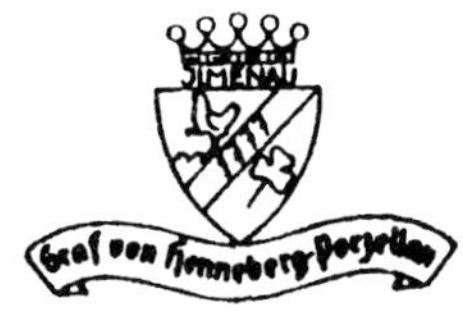

1025
Ilmenauer Porzellanfabrik AG und **Ilmenauer Porzellanfabrik Graf von Henneberg AG** ꙮ Marke 1871 – 1947

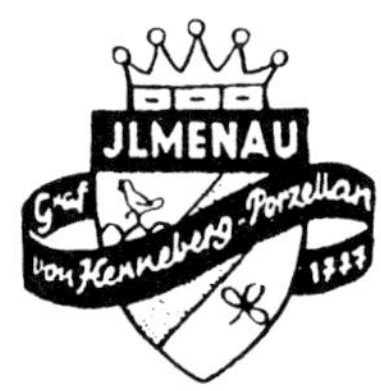

1026
Ilmenauer Porzellanfabrik Graf von Henneberg AG und **VEB Porzellanwerk Graf von Henneberg** ꙮ Marke 1934 – 1973

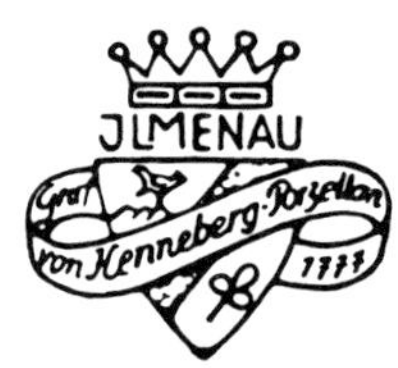

1027
Ilmenauer Porzellanfabrik Graf von Henneberg AG und **VEB Porzellanwerk Graf von Henneberg** ꙮ Marke 1938 – 1973

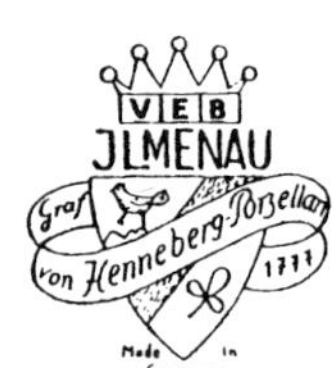

1028
VEB Porzellanwerk Graf von Henneberg ꙮ Marke 1949 – 1973

1029
VEB Henneberg Porzellan • Marke 1972 – 1990

1030
VEB Henneberg Porzellan • Marke 1973 – 1990

1031
VEB Henneberg Porzellan • Marke 1977 – 1900 • Marke zum 200. Jubiläum

1032
Graf von Henneberg Porzellan • Marke 1991 –

1033
Graf von Henneberg Porzellan • Marke 1992 –

1034
Graf von Henneberg Porzellan • Marke 1994 –

1035
Graf von Henneberg Porzellan • Marke 1998 –

1036
Dr. Helmut Fischer • Glasfabrik • Marke registriert für Porzellanprodukte

1037
Porzellanfabrik Arno Fischer • 1907 – 1952 • Haushalts- und Zierporzellan, Figuren • Verstaatlicht und umbenannt in **VEB Ilmenauer Zier- und Werbeporzellanfabrik** • 1952 – 1990 • Marke 1907 – ca. 1952

1038
Porzellanfabrik Arno Fischer • Marke 1907 – ca. 1952

1039
Porzellanfabrik Arno Fischer • Marke 1907 – 1952

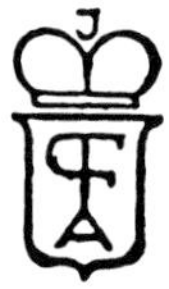

1040
Porzellanfabrik Arno Fischer • Marke 1926 –

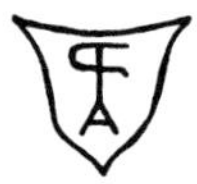

1041
Porzellanfabrik Arno Fischer • Marke 1907 – 1952

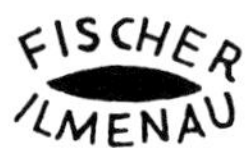

1042
Porzellanfabrik Arno Fischer • Marke nach 1907 – 1952

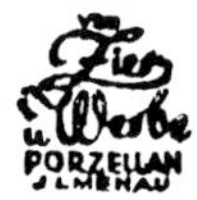

1043
VEB Ilmenauer Zier- und Werbeporzellanfabrik • Marke 1952 – 1990

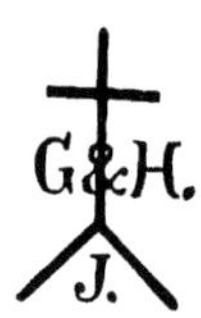

1044
Galluba und Hofmann • 1888 – 1937 • Zierporzellan, Figuren • Marke <u>1895</u> – ca. 1937

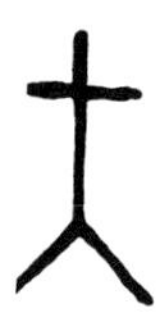

1045
Galluba und Hofmann • Marke nach 1895 – ca. 1937

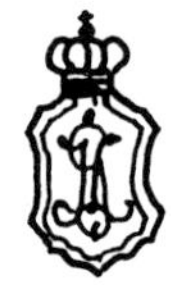

1046
Galluba und Hofmann • Marke 1905 – ca. 1937

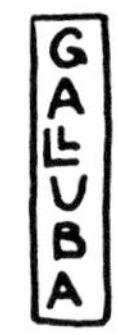

1047
Galluba und Hofmann • Marke 1911 – ca. 1937

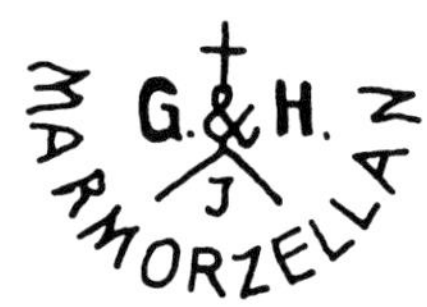

1048
Galluba und Hofmann • Marke 1895 – ca. 1927 • Auf Porzellan mit marmorähnlicher Oberfläche, genannt Marmorzellan

1049 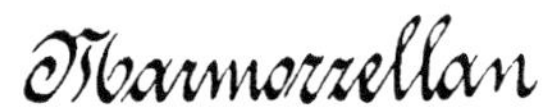

Galluba und Hofmann • Marke 1905 – ca. 1937 • Auf Porzellan mit marmorähnlicher Oberfläche, genannt Marmorzellan

Gebr. Metzler & Ortloff, 1875 – 1975, Haushalts- und Zierporzellan, Spielzeug, Geschenkartikel, Figuren, Puppenköpfe. Verstaatlicht und umbenannt in **VEB Kunstporzellan**, 1972 – 1975.

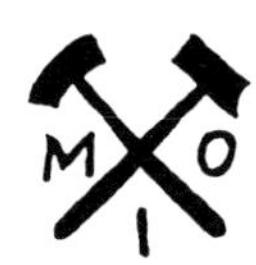

1050
Gebr. Metzler & Ortloff • Marke 1887 – ca. 1972

1051
Gebr. Metzler & Ortloff • Marke bis ca. 1972

1052
Gebr. Metzler & Ortloff · Marke bis ca. 1972

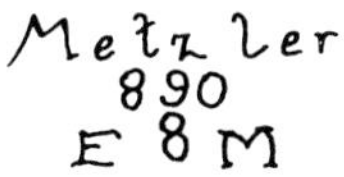

1053
Gebr. Metzler & Ortloff · Marke ca. 1875 – ca. 1918 · Eingepresst auf Puppenköpfen

1054
Porzellanfabrik Küchler & Co. · 1888 – 1891 · Marke nach 1900

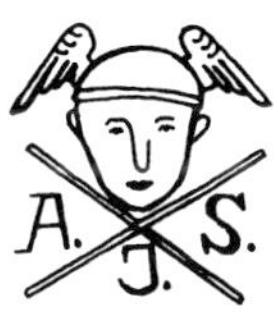

1055
August Schmidt · Porzellanmalerei · Um 1930 · Marke um 1930

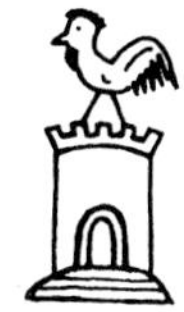

1056
Schumann & Klett · 1872 – ca. 1930 · Zierporzellan, Kaffee- und Teegeschirr, technisches Porzellan · Marke 1919 – ca. 1935 · Malermarke, aufglasur

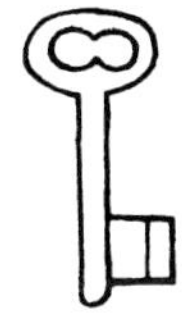

1057
Schumann & Klett · Marke nach 1872 – ca. 1930 · Malermarke, aufglasur

K

Kahla, Thüringen

Franz Bauer Porzellanmanufaktur, 1927 – ca. 1935, Porzellanmalerei, fusioniert mit der **Porzellanfabrik C.A. Lehmann & Sohn**, 1885 – ca. 1935, Porzellanmalerei, seit 1895 auch Herstellung von Kaffee- und Teegeschirr, Haushalts- und Zierporzellan, zu **Bauer & Lehmann**, ca. 1935 – 1965. Dann schließt sich die Porzellanmalerei **August Frank Porzellanmanufaktur** dem Betrieb an, 1894 – 1965, der in **Kahlaer Porzellanmanufaktur**, 1965 – 1972, umbenannt und zum Unternehmen mit halbstaatlicher Beteiligung wird. Die Firma wird sieben Jahre später völlig verstaatlicht und erhält den Namen **VEB Porzellanmalerei Kahla**, 1972 – 1990, die für den **VEB Porzellankombinat Kahla** in **Kahla** arbeitet. Marken der Kahlaer Porzellanmanufaktur sind von der **Kahla/Thüringen GmbH** in Kahla als eigene Warenzeichen registriert worden.

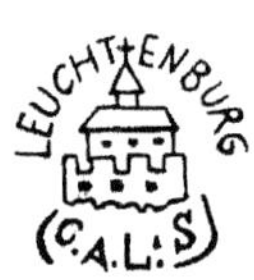

1058
C.A. Lehmann & Sohn · Marke 1885 – 1895 · Malermarke aufglasur

1059
C.A. Lehmann & Sohn · Marke 1910 – ca. 1935

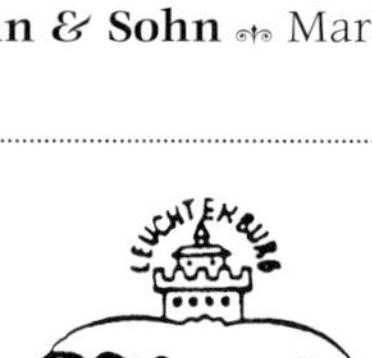

1060
C.A. Lehmann & Sohn · Marke ca. 1910 – 1935

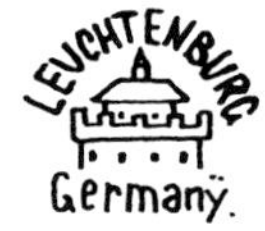

1061
C.A. Lehmann & Sohn · Marke 1909 – ca. 1935

1062
C.A. Lehmann & Sohn · Marke 1909 – 1935

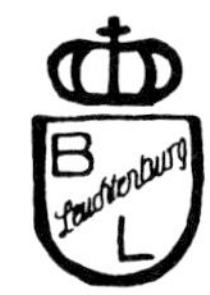

1063
Bauer & Lehmann · Marke 1935 – 1965 · Auch mit – Platina – unter dem Schild, 1939 – 1965

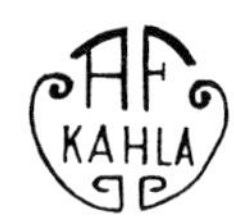

1064
August Frank · Marke 1894 – 1965 · Malermarke

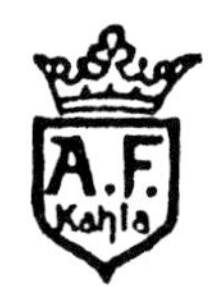

1065
August Frank · Marke 1894 – 1965 · Malermarke

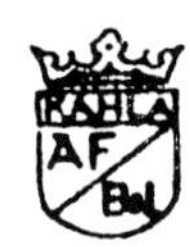

1066
Kahlaer Porzellanmanufaktur · Marke 1965 – 1972 · Malermarke

Porzellanfabrik Kahla, von Christian Eckhard gegründet, 1844 – 1856, muss wegen finanzieller Schwierigkeiten versteigert werden und wird von Friedrich August Koch, 1856 – 1872, gekauft, der sie später an seinen Sohn Hermann Koch veräußert, 1872 – 1888. Die Firma wird in die **Aktiengesellschaft Porzellanfabrik Kahla AG** umgewandelt, 1888 – 1946. Sie besitzt Zweigwerke in Hermsdorf und Zwickau. 1927 schließt sie sich mit **H. Schomburg & Söhne** in Berlin zusammen und erwirbt die **Porzellanfabrik Arzberg** in **Arzberg**, die **Porzellanfabrik E. & A. Müller** in **Schönwald** und die **Porzellanfabrik Freiberg** in **Freiberg** sowie Fabriken in Großdubrau und Roßlau. Nach dem 2. Weltkrieg wird die Firma enteignet und zu einem Teil der Sowjetischen Aktiengesellschaft **SAG Hescho** als **Werk Kahla** gemacht, 1946 – 1952. Die Sowjetunion verkauft den Betrieb an die Regierung der DDR, die ihn als **VEB Porzellanwerk Kahla** weiterführt, 1952 – 1964, und ihn mit dem VEB Vereinigte Porzellanwerke Könitz zum **VEB Porzellanwerk Kahla-Könitz** zusammenschließt. Durch eine Reorganisation der staatlichen Porzellanfabriken entsteht aus diesem Betrieb und sieben anderen Porzellanfabriken der **VEB Porzellankombinat Kahla**, 1968 – 1979. Aus einer neuen Reorganisation entsteht der **VEB Vereinigte Porzellanwerke Kahla**, dem schließlich 15 verstaatlichte Porzellanfabriken und -malereien angehören, 1979 – 1990. Diese Konstruktion wird nach dem Beitritt der DDR zur Bundesrepublik aufgelöst und die Fabrik in Kahla nach staatlicher Treuhänderschaft, 1990 – 1991, als **Kahla-Porzellan GmbH**, 1991 – 1994 privatisiert. Diese Gründung scheitert jedoch und die Fabrik wird gekauft von der **Kahla/Thüringen GmbH**, 1994 – heute. Die in der Bundesrepublik gelegenen Zweigwerke bleiben nach 1945 im Besitz der nach Schönwald übergesiedelten alten Porzellanfabrik Kahla. 1972 fusioniert sie mit ihren Fabriken in Schönwald, Arzberg, Schwandorf und Wiesau mit der **Hutschenreuther AG** in **Selb**.

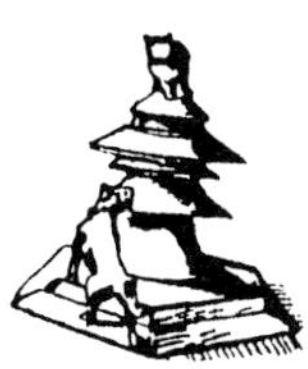

1067
Porzellanfabrik Kahla AG ❧ Marke ca. 1890 – ca. 1918

P.F.K.

1068
Porzellanfabrik Kahla AG ❧ Marke 1900 – 1918 ❧ Nur auf wenigen Stücken

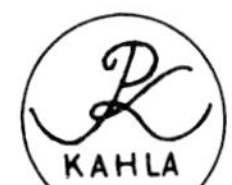

1069
Porzellanfabrik Kahla AG ❧ Marke ca. 1924 – ca. 1928

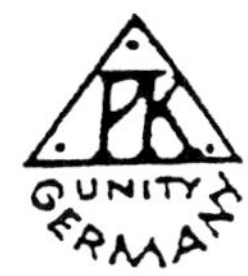

1070
Porzellanfabrik Kahla AG ❧ Marke 1925 – 1932 ❧ Marke der Kahla-Niederlassung in den USA

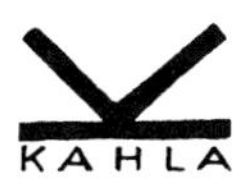

1071
Porzellanfabrik Kahla AG ❧ Marke 1927 – ca. 1928

1072
Porzellanfabrik Kahla AG ❧ Marke 1931 – 1945 ❧ Exportmarke, grün

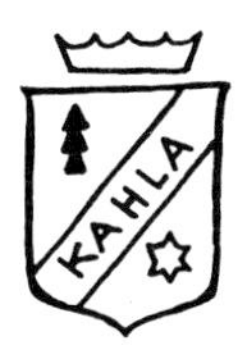

1073
Porzellanfabrik Kahla AG ❧ Marke 1931 – 1945 ❧ Blau oder grün unterglasur

1074
Porzellanfabrik Kahla AG und **VEB Porzellanwerk Kahla** • Marke 1937 – 1957

1075
Porzellanfabrik Kahla AG • Marke 1938 – 1945

1076
Porzellanfabrik Kahla AG • Marke 1931 – 1945 • Blau für Geschirr mit blauen Aufglasurdekoren

1077
Porzellanfabrik Kahla AG • Marke 1944 • Jubiläumsmarke zum 100. Firmenjubiläum • Nur auf einer Sorte Kaffeeservice

1078
VEB Porzellanwerk Kahla • Marke 1956 – 1990

1079
VEB Porzellanwerk Kahla • Marke 1956 – 1990

1080
VEB Porzellanwerk Kahla • Marke 1956 – • Auch mit – Germany – anstelle von – Thuringia –

1081
VEB Porzellanwerk Kahla • Marke 1957 – 1964 • Für Erzeugnisse der Betriebsberufsschule

1082
VEB Porzellanwerk Kahla • Marke 1957 – 1964

1083
VEB Vereinigte Porzellanwerke Kahla-Könitz • Marke 1964 – 1968

1084
Kahla Porzellan GmbH • Marke 1991 – 1994

1085
Kahla Porzellan GmbH • 1991 – • 1931 angemeldete und 1981 verlängerte Marke von **Beyer & Bock** in **Volkstedt** • Von 1968 – 1990 Betrieb des **VEB Vereinigte Porzellanwerke Kahla**

1086
Kahla Porzellan GmbH • Marke 1991 – • Frühere Marke von **Porzellanfabrik Wilhelm Jäger** in **Eisenberg** • Von 1972 an Betrieb des **VEB Porzellankombinat Kahla**

1087
Kahla Porzellan GmbH • Marke 1991 -

1088
Kahla Porzellan GmbH • Marke 1992 -

1089
Kahla Porzellan GmbH • Marke 1992 – • 1909 angemeldete Marke von **C.A. Lehmann & Sohn** in **Kahla**, 1970 – 1990 als **Kahlaer Porzellanmanufaktur** Betriebsteil des **VEB Porzellankombinat Kahla**

1090
Kahla/Thüringen Porzellan GmbH • Marke 1992 – heute

1091
Kahla/Thüringen Porzellan GmbH • Marke 1994 – heute

1092
Kahla/Thüringen Porzellan GmbH • Marke 1995 – heute

1093
Kahla/Thüringen Porzellan GmbH • Marke 1996 – heute

1094
Kahla/Thüringen Porzellan GmbH • Marke 1995 • Marke zum 150. Firmenjubiläum

1095
Kahla/Thürigen Porzellan GmbH • Marke 1999 -

1096
Julius Lange Porzellanfabrik, 1863 – 1923, dann **Karl Lange**, 1923 – 1940, dann **Paul Seiler, ehem. Julius Lange**, 1940 – • Marke ca. 1910 – ca. 1940

Kaltenlengsfeld, Thüringen

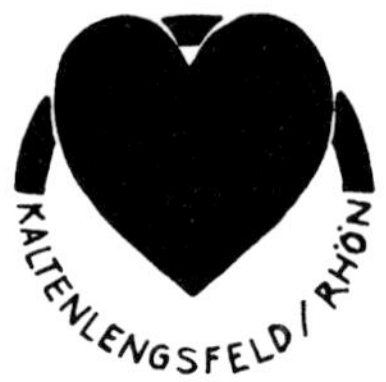

1097
Eine private Porzellanmalerei, unbekannt – 1946, wird enteignet und umgewandelt in den **VEB Porzellan-Kunstmalerei**, 1946 – erloschen • Marke 1946–

Karlsruhe, Baden

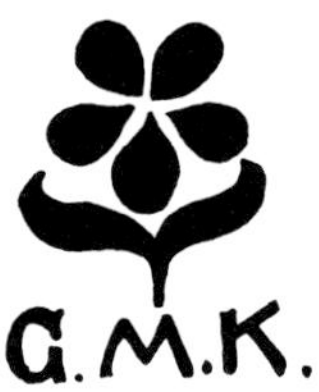

1098
Großherzogliche Majolika-Manufaktur • 1901 – 1927 • Marke 1904 – 1927 für Porzellanwaren

Kassel, Hessen

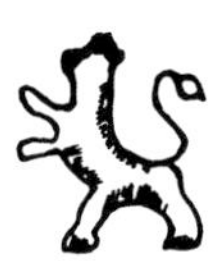

1099
Landgräfliche Porzellanmanufaktur • 1766 – 1788 • Tafelporzellan, Kaffee- und Teegeschirr, Zierporzellan, Figuren • Marke ca. 1766 – 1788 • Blau unterglasur

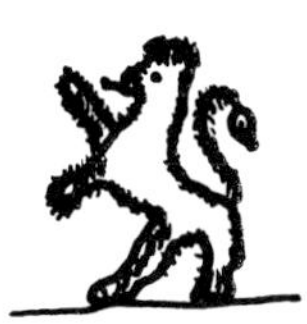

1100
Landgräfliche Porzellanmanufaktur • Marke ca. 1766 – 1788 • Blau unterglasur

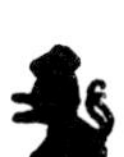

1101
Landgräfliche Porzellanmanufaktur • Marke ca. 1766 – 1788 • Blau unterglasur

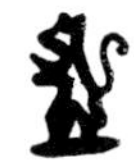

1102
Landgräfliche Porzellanmanufaktur • Marke ca. 1766 – 1788 • Blau unterglasur

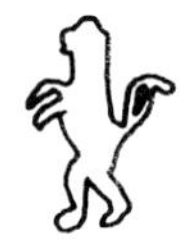

1103
Landgräfliche Porzellanmanufaktur • Marke ca. 1766 – 1788 • Blau unterglasur

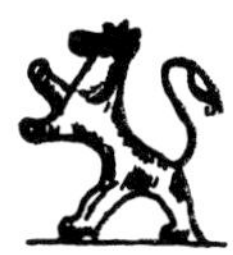

1104
Landgräfliche Porzellanmanufaktur • Marke ca. 1766 – 1788 • Blau unterglasur

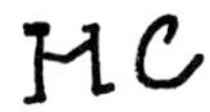

1105
Landgräfliche Porzellanmanufaktur • Marke ca. 1766 – 1788 • Blau unterglasur

1106
Gustav Kallmeier • Porzellanmalerei • 1885 – 1896

Katzhütte, Thüringen

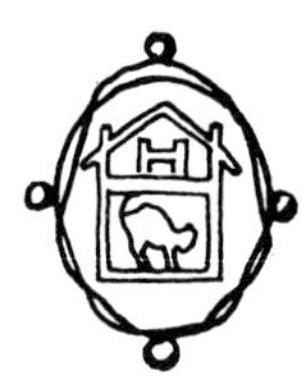

1107
Hertwig & Co. Porzellanfabrik • 1864 – 1958 • Geschenkartikel, Figuren, Haushaltsteingut • Verstaatlicht und umbenannt in **VEB Zierkeramik** • 1958 – geschlossen 1990 • Marke 1914 – 1958

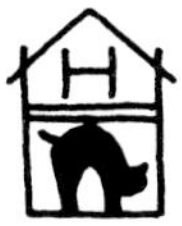

1108
Hertwig & Co. Porzellanfabrik • Marke 1914 – 1958

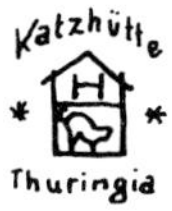

1109
Hertwig & Co. Porzellanfabrik • Marke bis 1945

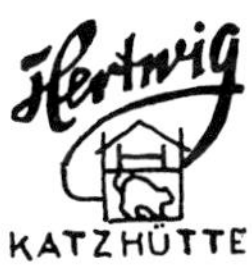

1110
Hertwig & Co. Porzellanfabrik • Marke ca. 1941 – 1958

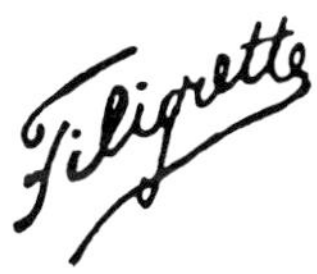

1111
Hertwig & Co. Porzellanfabrik • Marke 1915 – 1925

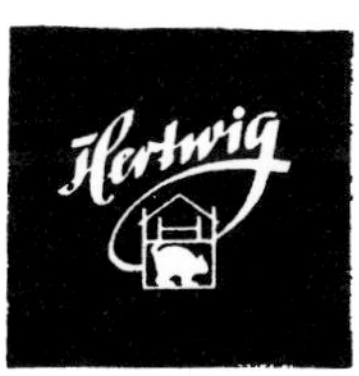

1112
Hertwig & Co. Porzellanfabrik • Marke ca. 1941 – 1958

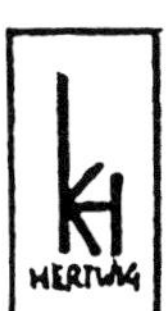

1113
Hertwig & Co. Porzellanfabrik
Marke 1933 – 1958

Kelsterbach, Hessen

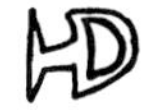

1114
Landgräfliche Porzellanmanufaktur • 1761 – 1768 • Kaffee- und Teegeschirr, Zierporzellan, Figuren • Marke 1761 – ca. 1765 • In die Masse geritzt

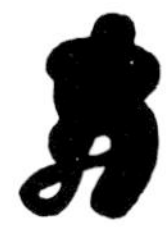

1115
Landgräfliche Porzellanmanufaktur • Marke ca. 1764 – 1768 • Blau unterglasur

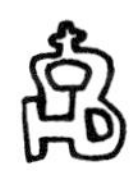

1116
Landgräfliche Porzellanmanufaktur • Marke ca. 1764 – 1768 • Blau unterglasur

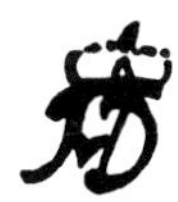

1117
Landgräfliche Porzellanmanufaktur • Marke ca. 1764 – 1768 • Blau unterglasur

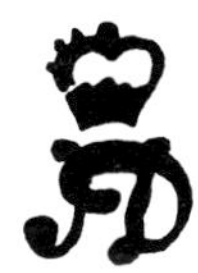

1118
Landgräfliche Porzellanmanufaktur • Marke ca. 1764 – 1768 • Blau unterglasur

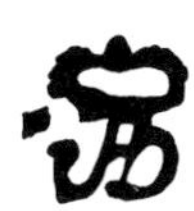

1119
Landgräfliche Porzellanmanufaktur • Marke ca. 1764 – 1768 • Blau unterglasur

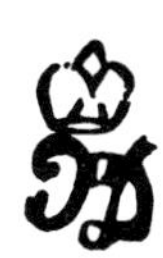

1120
Landgräfliche Porzellanmanufaktur • Marke ca. 1766 – 1768 • Blau unterglasur

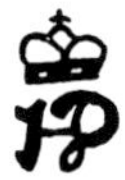

1121
Landgräfliche Porzellanmanufaktur · Marke ca. 1766 – 1768 · Blau unterglasur

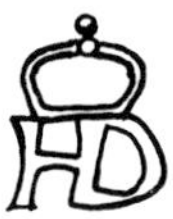

1122
Landgräfliche Porzellanmanufaktur · Marke ca. 1766 – 1768 · Eingepresst

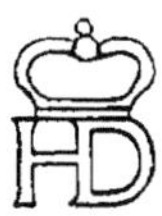

1123
Landgräfliche Porzellanmanufaktur · Marke ca. 1766 – 1768 · Eingepresst

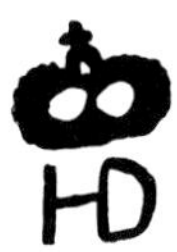

1124
Johann Jacob Lay, Porzellanfabrik · 1789 – stillgelegt 1792 · Wieder eröffnet 1798 – 1802 · Tafelporzellan, Kaffee- und Teegeschirr, Zierporzellan, Figuren · Marke 1789 – 1792 · Blau unterglasur

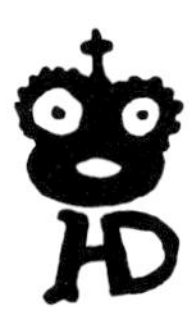

1125
Johann Jacob Lay, Porzellanfabrik · Marke 1789 – 1792 · Blau unterglasur

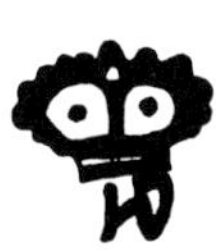

1126
Johann Jacob Lay, Porzellanfabrik · Marke 1789 – 1792 · Blau unterglasur

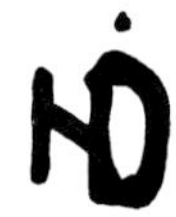

1127
Johann Jacob Lay, Porzellanfabrik · Marke 1789 – 1792 · Blau unterglasur

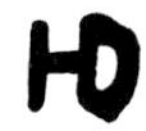

1128
Johann Jacob Lay, Porzellanfabrik · Marke 1798 – 1802 · Blau unterglasur

Kirchenlamitz, Bayern

Sitz der **Winterling Porzellan AG** mit Werken in Kirchenlamitz, Röslau und Windischeschenbach, sowie seit 1998 die Werke der ehemaligen **Hutschenreuther AG**, Selb Werk B und Arzberg. Die ehemaligen Hutschenreuther-Marken sind auf Winterling übergegangen. Die unter **BHS tabletop** firmierenden Hutschenreuther Fabriken in **Selb**, Weiden und Schönwald dürfen die Löwenmarke bis 2009 weiter benutzen. Die Markenrechte von Winterling wurden 2006 von Rolf H. Frowein, Frowein Group, gekauft.

1129
Oscar Schaller & Co. Nachf. · Heute Werk der Winterling Porzellan AG · 1921 – heute · Tafel- und Haushaltsporzellan · Marke nach 1921

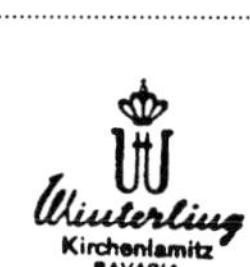

1130
Oscar Schaller & Co. Nachf. · Marke nach 1950

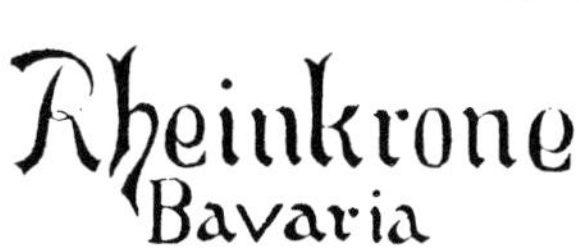

1131
Oscar Schaller & Co. Nachf. · Marke 1935 -

Arabella
Atelier-Porzellan

1132
Oscar Schaller & Co. Nachf. · Marke 1979 – · Auch ohne – Atelier-Porzellan – Marke 1985 –

take it
by Winterling

1133
Winterling Porzellan AG · Marke 1995 -

BAVARIA

1134
Rudolf Wächter Porzellanmanufaktur · Porzellanmalerei · Nachgewiesen 1893, 1928, 1930 und 1939 · Erloschen · Marke 1893 -

RW
BAVARIA

1135
Rudolf Wächter Porzellanmanufaktur · Marke 1928 -

Kleindembach, Thüringen

Porzellanfabrik Karl Egelkraut, 1910 – ca. 1945, Haushaltsporzellan, Sammeltassen, Zierporzellan. Nach dem 2. Weltkrieg wird die Fabrik verstaatlicht und als volkseigener Betrieb weitergeführt, 1945 – 1958. Später wird sie mit **Frank & Friedheim** in **Freienorla** zum **VEB Porzellanwerk Freienorla** als Werk II vereinigt, 1958 – 1968, dann Betriebsteil des VEB Porzellankombinat Kahla, 1968 – stillgelegt 1970.

1136
VEB Porzellanwerk Freienorla · Marke 1958 – 1968

Thüringische Porzellan-Union Köhler & Quist, 1905 – 1909. Nachdem Köhler die Fabrik verlässt, umbenannt in **Porzellanmanufaktur Union Quist und Kowalski**, 1909 – 1916. Als auch Kowalski ausscheidet, wird der Name geändert in **Porzellanmanufaktur Union Edmund Quist**, 1916 – 1927. Haushaltsporzellan.

Union

1137
Thüringische Porzellan-Union Köhler & Quist · Marke 1906 – 1927

Orla

1138
Thüringische Porzellan-Union Köhler & Quist · Marke 1906 – 1909

UNION
QUIST

1139
Porzellanmanufaktur Union Edmund Quist · Marke 1919 – (1927)

UNION
QUIST

1140
Porzellanmanufaktur Union Edmund Quist · Marke 1920 – 1930

WEIMAR
ORLA

1141
Porzellanmanufaktur Union Edmund Quist · Marke 1917 – 1927

UNION
Quist
Kleindembach

1142
Porzellanmanufaktur Union Edmund Quist · Marke 1919 – 1927

Kloster Veilsdorf, Thüringen

Eine von **Prinz Friedrich Wilhelm Eugen von Hildburghausen** gegründete Porzellanmanufaktur, 1760 – 1797, stellt Tafel-, Zierporzellan und Figuren her. Die Erben des Prinzen verkaufen die Manufaktur an die fünf Söhne des Porzellanfabrikanten Gotthelf Greiner aus Limbach. Sie bleibt im Besitz der **Familie Greiner** von 1798 – 1822. Danach sind **Florentinus Greiner**, 1822 – 1852, **Heinrich C.E. Fichtner**, 1853 – 1859, **Gotthold Greiner**, 1859 – 1862, **Wilhelm Theodor Hutschenreuther** und **Gustav Adolf Kieser** und die **Kieser & Heubach OHG Kloster Veilsdorf**, 1863 – 1884, Eigentümer. Danach wird die Fabrik in eine Aktiengesellschaft umgewandelt und erhält den Namen **Porzellanfabrik zu Kloster Veilsdorf AG**, 1884 – 1946. Tafel- und Zierporzellan, Kaffee- und Teeservice, Figuren, seit 1863 zunehmend technisches Porzellan und kleinere Artikel wie Puppenköpfe, Spielzeug, Knöpfe. Nach 1884 überwiegend technisches, insbesondere elektrotechnisches Porzellan. 1945 wird die Fabrik verstaatlicht und in **VEB Porzellanfabrik Kloster Veilsdorf** umbenannt, 1946 – 1990, die ein Zweigwerk des VEB Kombinat Keramische Werke in Hermsdorf ist. Nach Auflösung der DDR führt ein staatlicher Treuhänder die Fabrik als **Tridelta AG** fort, 1990 – 1992, bis sie als **Porzellanwerk Kloster Veilsdorf GmbH** privatisiert wird, 1992 – 1994. Dann kauft **Paul Rauschert** in **Pressig** das Werk, 1994 – heute.

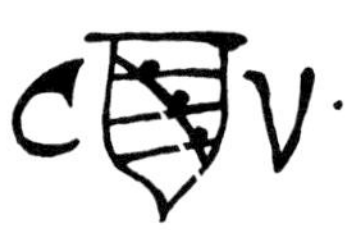

1143
Prinz Friedrich Wilhelm Eugen von Hildburghausen ❧ Marke 1760 – 1797 ❧ Blau unterglasur

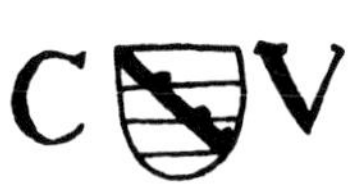

1144
Prinz Friedrich Wilhelm Eugen von Hildburghausen ❧ Marke 1760 – 1797 ❧ Blau unterglasur

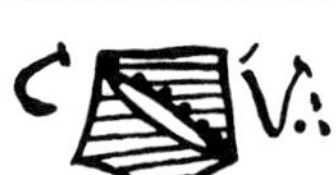

1145
Prinz Friedrich Wilhelm Eugen von Hildburghausen ❧ Marke 1760 – 1797 ❧ Blau unterglasur

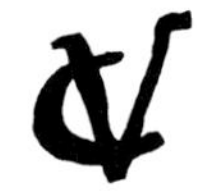

1146
Prinz Friedrich Wilhelm Eugen von Hildburghausen ❧ Marke 1760 – 1797 ❧ Blau unterglasur

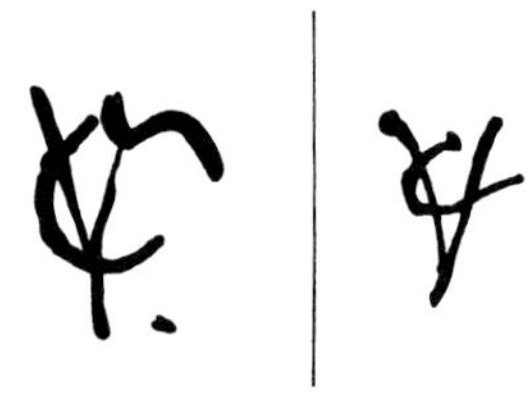

1147, 1148
Prinz Friedrich Wilhelm Eugen von Hildburghausen ❧ Marken 1760 – 1797 ❧ Blau unterglasur

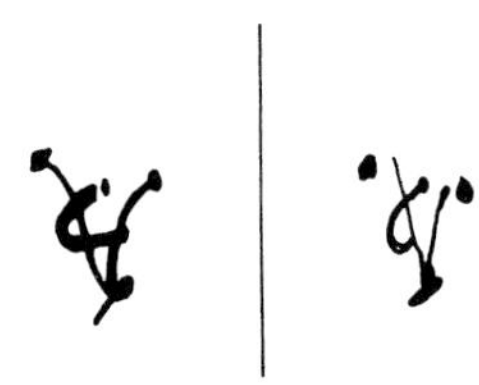

1149, 1150
Prinz Friedrich Wilhelm Eugen von Hildburghausen ❧ Marken 1760 – 1797 ❧ Blau unterglasur

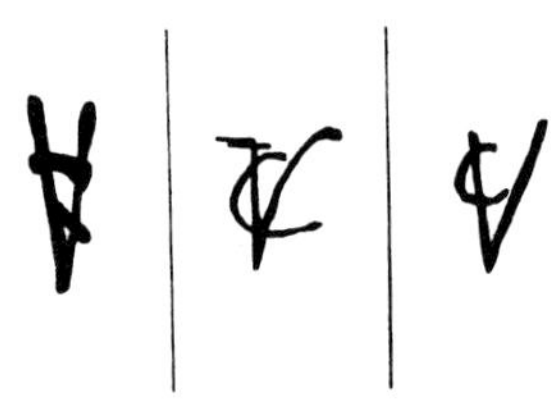

1151-1153
Prinz Friedrich Wilhelm Eugen von Hildburghausen ❧ Marken 1760 – 1797 ❧ Blau unterglasur

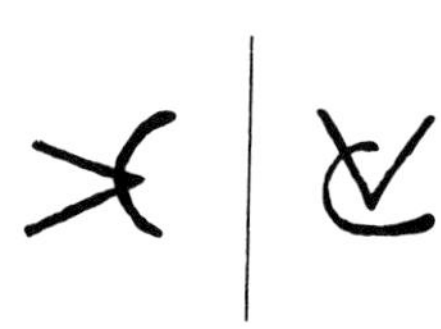

1154, 1155
Prinz Friedrich Wilhelm Eugen von Hildburghausen ❧ Marken 1760 – 1797 ❧ Blau unterglasur

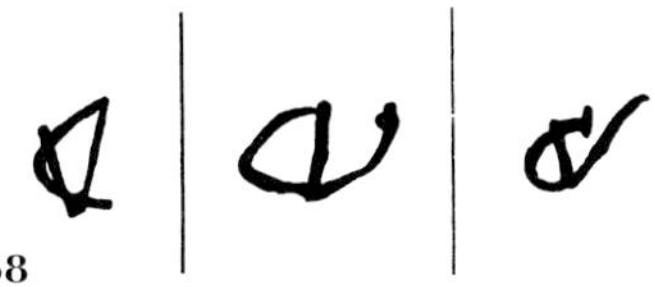

1156-1158
Prinz Friedrich Wilhelm Eugen von Hildburghausen • Marken 1760 – 1797 • Blau unterglasur

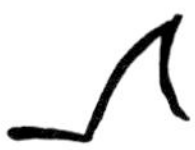

1159
Prinz Friedrich Wilhelm Eugen von Hildburghausen • Marke 1760 – 1797 • Blau unterglasur

1160
Prinz Friedrich Wilhelm Eugen von Hildburghausen • Marke 1760 – 1797 • Blau unterglasur

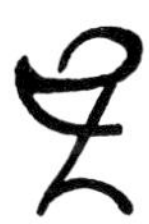

1161
Prinz Friedrich Wilhelm Eugen von Hildburghausen • Marke 1760 – 1797 • Blau unterglasur

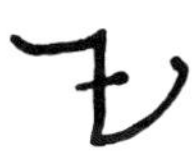

1162
Prinz Friedrich Wilhelm Eugen von Hildburghausen • Marke 1760 – 1797 • Blau unterglasur

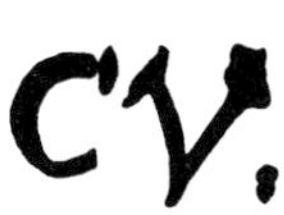

1163
Prinz Friedrich Wilhelm Eugen von Hildburghausen • Marke 1760 – 1797 • Blau unterglasur

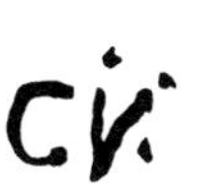

1164
Prinz Friedrich Wilhelm Eugen von Hildburghausen • Marke 1760 – 1797 • Blau unterglasur

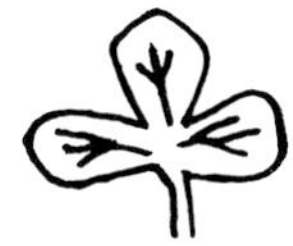

1165
Familie Greiner und **Nachfolger** • Marke 1798 – 1863 • Blau unterglasur

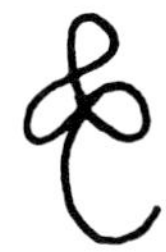

1166
Familie Greiner und **Nachfolger** • Marke 1798 – 1863 • Blau unterglasur

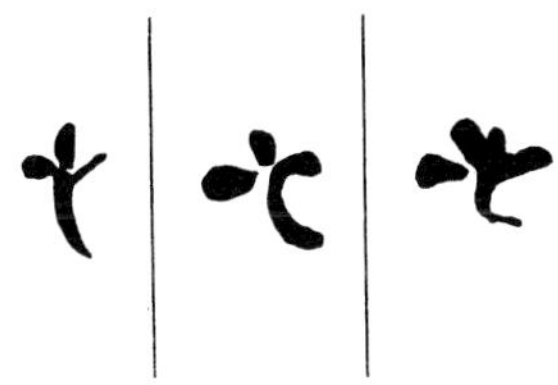

1167-1169
Familie Greiner und **Nachfolger** • Marken 1798 – 1863 • Blau unterglasur

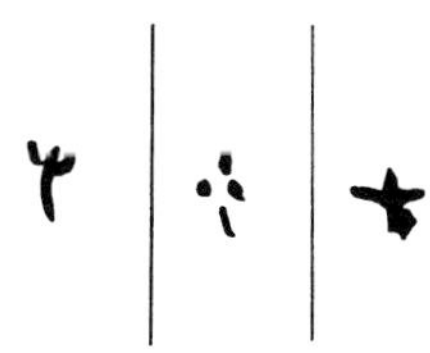

1170-1172
Familie Greiner und **Nachfolger** • Marken 1798 – 1863 • Blau unterglasur

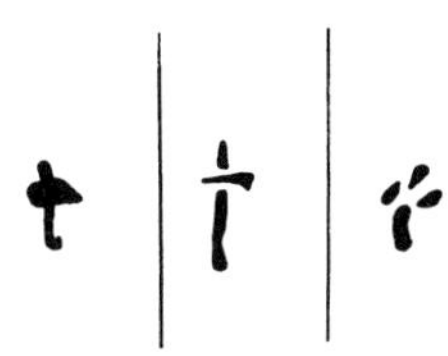

1173-1175
Familie Greiner und **Nachfolger** • Marken 1798 – 1863 • Blau unterglasur

1176
Porzellanfabrik Kloster Veilsdorf AG •
Marke 1884 – 1945 • Eingepresst auf Puppenköpfen

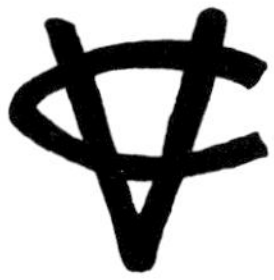

1177
Porzellanfabrik Kloster Veilsdorf AG ·
Marke 1884 - 1945 · Blau unterglasur

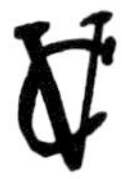

1178
Porzellanfabrik Kloster Veilsdorf AG ·
Marke 1884 - 1945 · Blau unterglasur

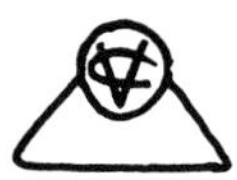

1179
Porzellanfabrik Kloster Veilsdorf AG ·
Marke 1927 - 1945

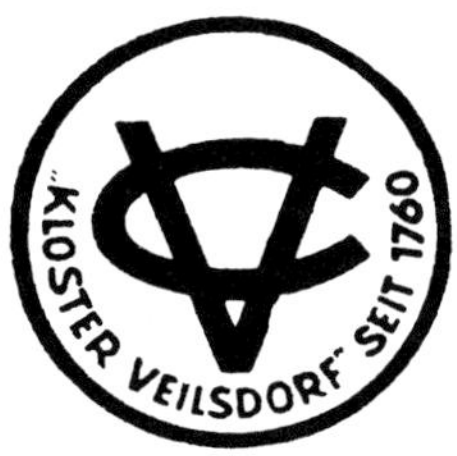

1180
VEB Porzellanwerk Kloster Veilsdorf ·
Marke 1956 - vor 1990

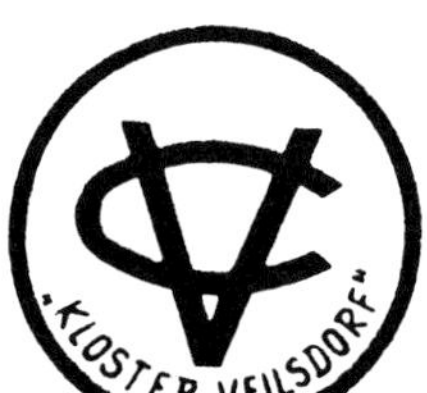

1181
VEB Porzellanwerk Kloster Veilsdorf ·
Marke 1956 - vor 1990

1182
VEB Porzellanwerk Kloster Veilsdorf ·
Marke 1954 - 1990 · Marke des VEB Kombinat Keramische Werke Hermsdorf über der Marke von Kloster Veilsdorf

Kloster Vessra, Sachsen

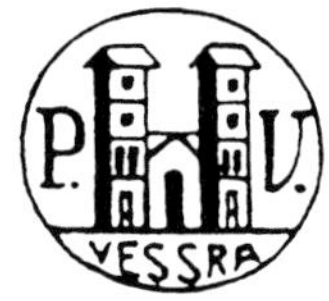

1183
Porzellanfabrik Kloster Vessra Bofinger & Co. · 1892 - 1921 · Haushaltsporzellan · Marke 1892 - 1921

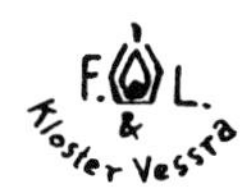

1184
Porzellanfabrik Kloster Vessra Oscar Fischer & Theodor Lehmann · 1921 - geschlossen 1937 · Haushaltsporzellan · Marke 1921 - 1937

Köln, Rheinprovinz

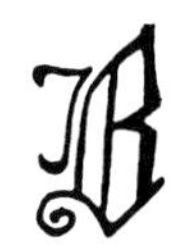

1185
Johannes W. Bruckmann und **J. W. Bruckmanns Söhne** · Porzellanmanufaktur und Porzellanmalerei · 1832 - 1890

1186
Engelbert Cremer & Sohn · 1793 - um 1800 · Kaffee- und Teegeschirr, Haushaltsgeschirr aus Frittenporzellan · Marke 1793 - ca. 1800

1187 „Cremer Nippes"
Engelbert Cremer & Sohn · Marke 1793 - ca. 1800

'Eng. Cremer u. Sohn
1188 in Cöln a. R."
Engelbert Cremer & Sohn · Marke 1793 - ca. 1800

1189 KÖLN
Engelbert Cremer & Sohn · Marke 1793 - ca. 1800

Köln-Kalk, Rheinprovinz

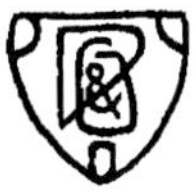

1190
Dirks & Giersberg • Porzellanmalerei • Nachgewiesen 1904 und 1926 • Marke nach 1904 –

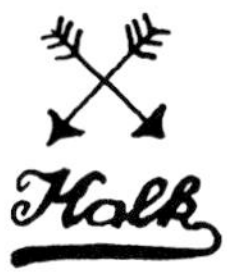

1191
Porzellanfabrik Kalk • 1863 – 1897, dann übernommen von **G. A. Seiffert** • 1897 – 1900 • 1900 schließen sich die Porzellanfabrik **Geyer und Körbitz** in Eisenberg zusammen. Sitz der Firma ist Eisenberg. Die bisherigen Marken werden weiterbenutzt. • Haushaltgeschirr, Kaffee- und Teeservice, technisches Porzellan

Köln-Mülheim, Rheinprovinz

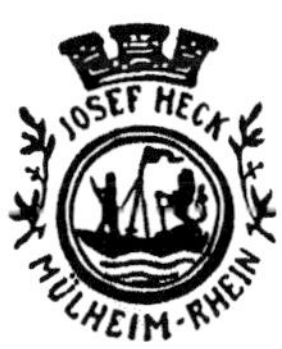

1192
Josef Heck • 1906 – ca. 1926 • Porzellanmalerei • Marke 1906 – • Malermarke aufglasur

Königsee, Thüringen

Albert Beck Porzellanfabrik, 1910 – ca. 1962, Haushalts- und Sanitärporzellan, wird enteignet und mit der früheren **Porzellanfabrik Garsitz Dr. W. Roehler** zum **VEB Porzellanwerke Königsee und Garsitz** zusammengeschlossen, 1962 – 1968, der als Zweigwerk dem **VEB Porzellankombinat Kahla** angeschlossen wird, 1968 – geschlossen 1990.Die **August Riedeler Porzellan- und Steingutfabrik**, 1892 – 1935, wird gekauft von Dr. Roehler und weitergeführt als **Porzellanfabrik Garsitz Dr. W. Roehler**, 1935 – ca. 1945, Zierporzellan, Spielzeug, Puppen, dann enteignet und in **Zweigwerk Königsee des VEB Thüringer Porzellanwerke** umbenannt, ca. 1946 – 1962. Zusammengeschlossen mit **Albert Beck Porzellanfabrik** 1962. Nach 1990 privatisiert und zurückgekauft durch den Erben Peter Roehler von der Roehler Spielwarenfabrik in Forchheim, der das Werk **Kinderporzellanfabrik Königsee** nennt, 1991 – heute.

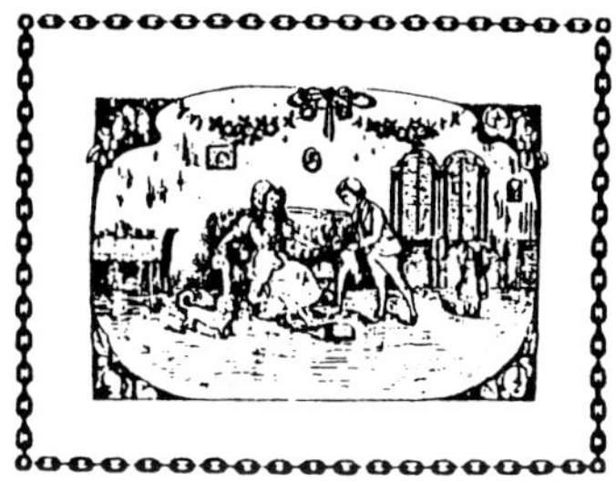

1193
Albert Beck Porzellanfabrik • Marke 1913 –

1194
VEB Thüringer Porzellanwerke Zweigwerk Königsee • Marke 1963 – 1968

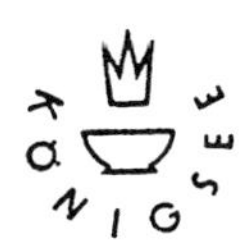

1195
VEB Thüringer Porzellanwerke Zweigwerk Königsee • Marke 1960 – 1962

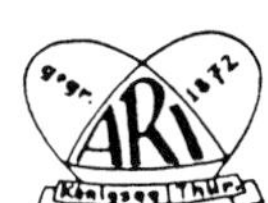

1196
A. Riedeler Porzellan- und Steingutfabrik und Nachfolger • Mokkatassen, Kinderservice, Puppenköpfe • Marke 1892 – ca. 1960 • Nach 1960 nur auf Plastikpuppen

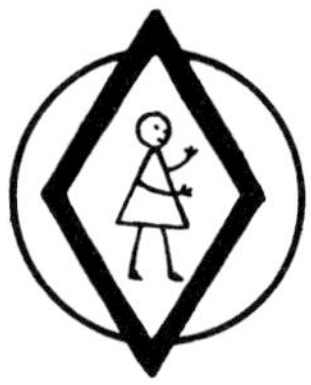

1197
A. Riedeler Porzellan- und Steingutfabrik · Marke 1892 – 1935 · Eingepresst auf Puppenköpfen

Königszelt, Schlesien

Porzellanfabrik Silber & Comp. 1860 – ca. 1872, dann **Porzellanfabrik C. Heckmann & Rappsilber**, ca. 1872 – 1878, dann **Porzellanfabrik August Rappsilber**, 1878 – 1886, dann **A.-G. Porzellanfabrik Königszelt vorm. August Rappsilber**, 1886 – 1945. 1905 Kauf der Aktienmehrheit der Porzellanfabrik L. Hutschenreuther in Selb, die seit 1969 die Marke 1213 ohne –Silesia– für Sammlerartikel wieder benutzte.

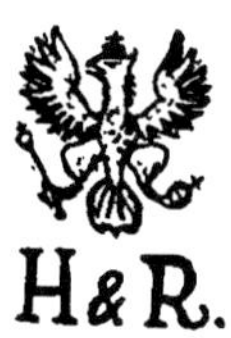

1198
Heckmann & Rappsilber · Marke 1872 – 1878

H & R
Königszelt

1199
Heckmann & Rappsilber · Marke 1872 – 1878

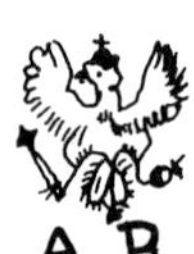

1200
August Rappsilber · Marke 1880 – ca. 1886

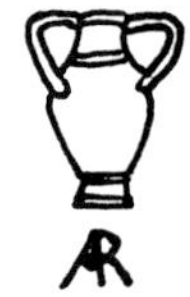

1201
August Rappsilber zugeschrieben, aber nicht bestätigt · Marke ca. 1878 – ca. 1886

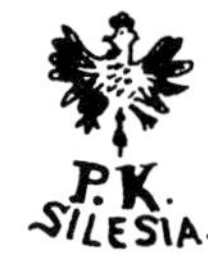

1202
A.-G. Porzellanfabrik Königszelt · Marke ca. 1866 – ca. 1918

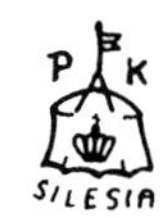

1203
A.-G. Porzellanfabrik Königszelt · Marke 1914 – ca. 1925

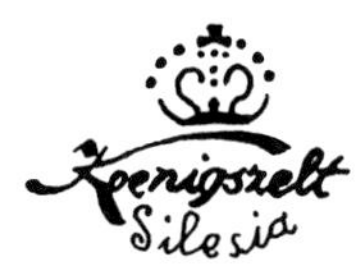

1204
A.-G. Porzellanfabrik Königszelt · Marke ca. 1922 – (1932) · Mit –Germany– anstatt –Silesia– von ca. 1930 – 1945

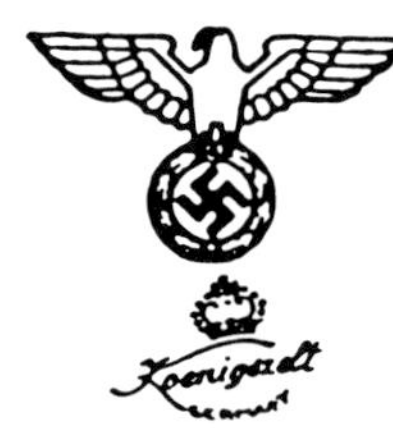

1205
A.-G. Porzellanfabrik Königszelt · Fabrikmarke mit NS-Reichsadler für Lieferungen an Reichsbehörden, Militär und staatliche Betriebe ca. 1938 – 1945

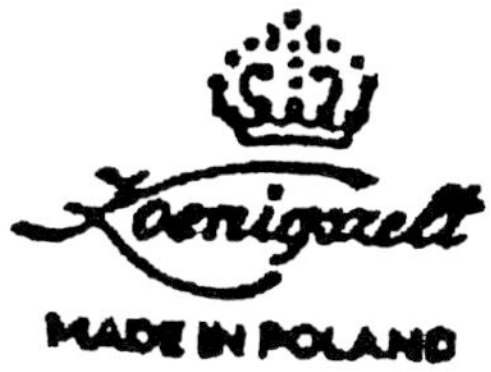

1206
Jaworzyna Slaska ☙ Porzellanfabrik ☙ Polnischer Nachfolger der Porzellanfabrik Königszelt ☙ Die Fabrik wurde 1945 enteignet und in Staatsbesitz überführt ☙ Marke 1945 - 1954 ☙ privatisiert nach 1990

Könitz, Thüringen

Die **Könitzer Porzellanfabrik Rödl & Metzel**, 1910 - ca. 1925, wird nach dem Ausscheiden von Rödl zur **Könitzer Porzellanfabrik Gebr. Metzel**, ca. 1925 - 1945. Dann enteignet und zum Teil der **SAG Hescho** in Hermsdorf gemacht, 1945 - 1950. Zurückgekauft durch die DDR und umbenannt in **Zweigwerk Könitz des VEB Keramische Werke Hermsdorf**, 1950 - 1958. Mit den Porzellanfabriken in **Kleindembach** und **Freienorla** zusammengeschlossen zum **VEB Ostthüringer Porzellanwerke Könitz**, 1958 - 1964. Nach einem weiteren Zusammenschluss mit der Porzellanfabrik in Probstzella umbenannt in **VEB Vereinigte Porzellanwerke Könitz**,1964 - 1968. Siehe weiter unter **Kahla**. Haushalts- und Hotelporzellan. Nach der Auflösung der DDR wird der Betrieb in Könitz privatisiert und arbeitet als **Könitz Porzellan**, 1992 - heute, spezialisiert in Tassen und Bechern.

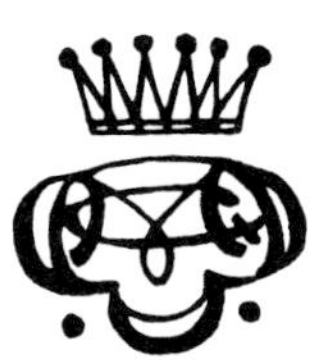

1207
Könitzer Porzellanfabrik Gebr. Metzel ☙ Marke 1925 - ca. 1945

1208
Könitzer Porzellanfabrik Gebr. Metzel ☙ Marke 1925 - 1945

1209
Könitzer Porzellanfabrik Gebr. Metzel ☙ Marke 1925 - 1945

1210
VEB Ostthüringer Porzellanwerke Könitz ☙ Marke 1958 - 1964

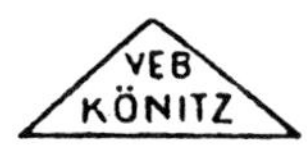

1211
VEB Ostthüringer Porzellanwerke Könitz ☙ Marke 1958 - 1964

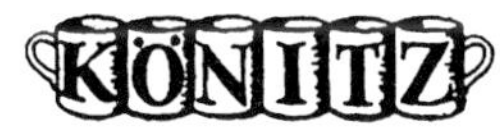

1212
Könitz Porzellan GmbH, Turpin Rosenthal ☙ Becher und Tassen ☙ Marke 1994 - heute

Köppelsdorf, Thüringen

Eine von **Adolf Kratky**, 1892 - 1894, gegründete Porzellanfabrik geht an **Dressel & Koch** über, 1894 - 1897. Nachfolger sind **Koch & Weithase**, 1897 - 1902, Koch scheidet aus und Julius Hering wird neuer Partner in der Firma **Hering & Weithase**, 1902 - 1905. Als Weithase die Firma verlässt, nimmt Hering seinen Sohn Fritz in das Geschäft, das jetzt als **Julius Hering & Sohn** firmiert, 1905 - 1947. Dann wird die Fabrik verstaatlicht und umbenannt in **VEB Thüringer Porzellanwerke Hochvoltporzellan Köppelsdorf**, 1947 - 1951, der 1951 dem **VEB Vereinigte Porzellanfabriken Köppelsdorf** angegliedert wird, 1951 - 1990. Bis 1955 Haushalts- und Zierporzellan, technisches Porzellan und Puppenköpfe. Danach nur noch Hoch- und Niederspannungsisolatoren.

1213
Dressel & Koch • Marke 1894 – 1897 •
Eingepresst auf Puppenköpfen

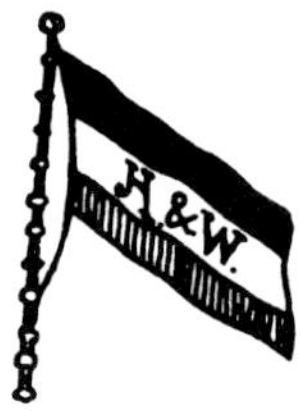

1214
Hering & Weithase • Marke 1902 – 1905

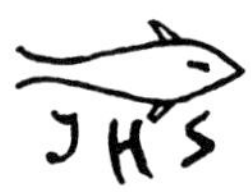

1215
J. Hering & Sohn • Marke 1926 – 1945

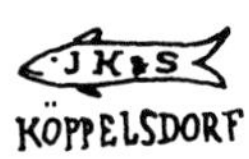

1216
J. Hering & Sohn • Marke 1907 – 1945

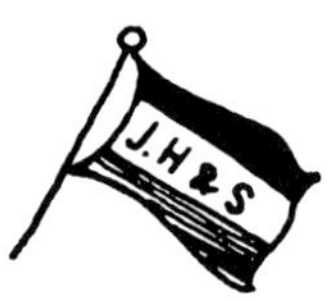

1217
J. Hering & Sohn • Marke 1909 – 1945 •
Mit –Brillant– unter der Fahne für feuerfestes Kochgeschirr

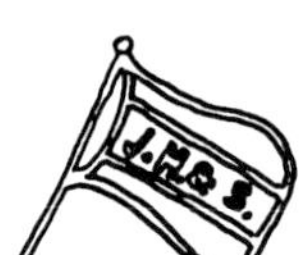

1218
J. Hering & Sohn • Marke 1909 – 1945 •
Eingepresst

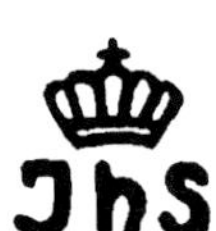

1219
J. Hering & Sohn • Marke ca. 1912 –

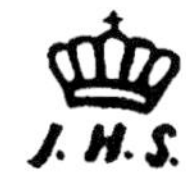

1220
J. Hering & Sohn • Marke ca. 1912 –

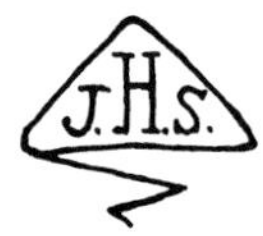

1221
J. Hering & Sohn • Marke 1912 – 1945

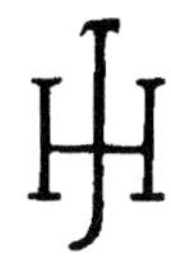

1222
J. Hering & Sohn • Marke 1935 – 1945

Porzellanfabrik Armand Marseille, 1885 – 1919, vereinigt mit **Porzellanfabrik Ernst Heubach** zu **Vereinigte Köppelsdorfer Porzellanfabrik, vorm. Armand Marseille und Ernst Heubach**, 1919 – 1932. Die Betriebe trennen sich wieder, es entsteht die **Porzellanfabrik Armand Marseille GmbH**, 1932 – 1953. Verstaatlicht und mit der **Porzellanfabrik Gebr. Schoenau, Swaine & Co.** in Hüttensteinach zusammengeschlossen zum **VEB Sonneberger Porzellanfabriken II**, 1953 – 1963, der später an den **VEB Vereinigte Porzellanwerke Köppelsdorf** angeschlossen wird, 1963 – 1990. Die Fabrikgebäude von Marseille werden 1963 geschlossen. Puppenköpfe und elektrotechnisches Porzellan.

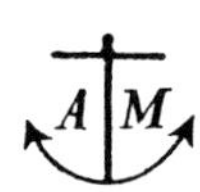

1223
Porzellanfabrik Armand Marseille • Marke 1887 – 1910

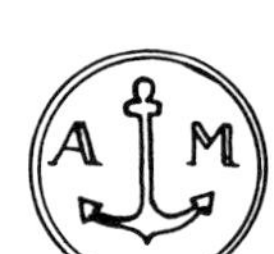

1224
Porzellanfabrik Armand Marseille • Marke 1887 – 1910

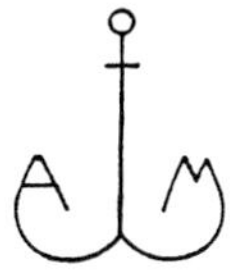

1225
Porzellanfabrik Armand Marseille · Marke 1910 – 1919

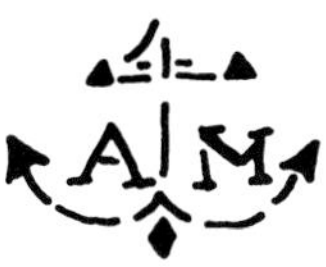

1226
Porzellanfabrik Armand Marseille · Marke 1909 – 1919 · Eingepresst auf Puppenköpfen

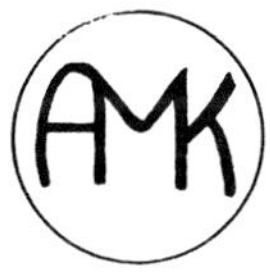

1227
Porzellanfabrik Armand Marseille · Marke 1900 – 1919

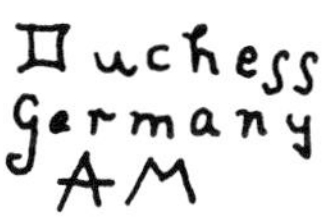

1228
Porzellanfabrik Armand Marseille · Marke 1900 – 1919 · Eingepresst auf Puppenköpfen

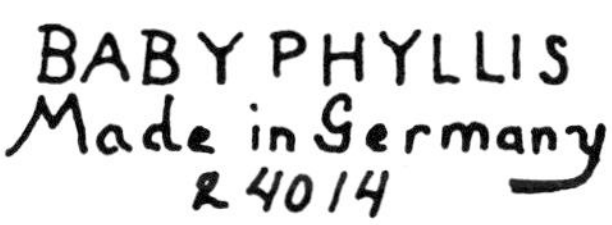

1229
Vereinigte Köppelsdorfer Porzellanfabriken · Marke um 1922 · Eingepresst auf Puppenköpfen

1230
Vereinigte Köppelsdorfer Porzellanfabriken · Marke 1924 – · Eingepresst auf Puppenköpfen

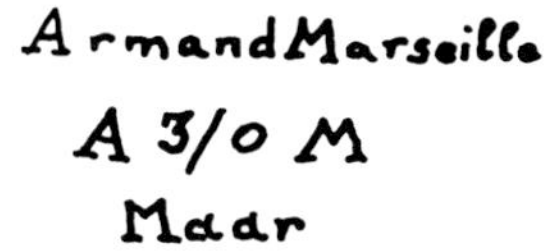

1231
Porzellanfabrik Armand Marseille · Marke 1900 – · Eingepresst auf Puppenköpfen

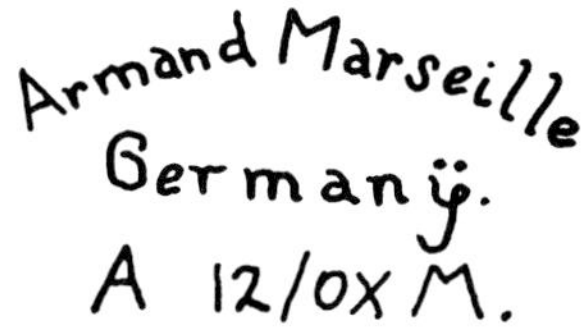

1232
Porzellanfabrik Armand Marseille · Marke 1900 – · Eingepresst auf Puppenköpfen

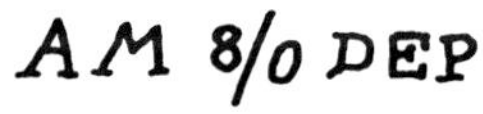

1233
Porzellanfabrik Armand Marseille · Marke 1900 – · Eingepresst auf Puppenköpfen

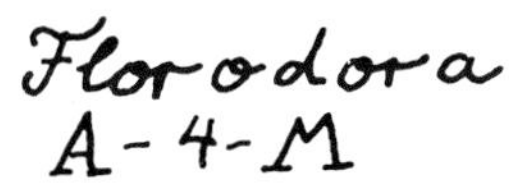

1234
Porzellanfabrik Armand Marseille · Marke seit 1901 – · Eingepresst auf Puppenköpfen

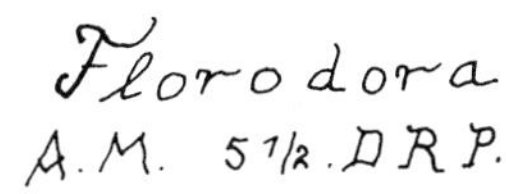

1235
Porzellanfabrik Armand Marseille · Marke seit 1901 – · Eingepresst auf Puppenköpfen

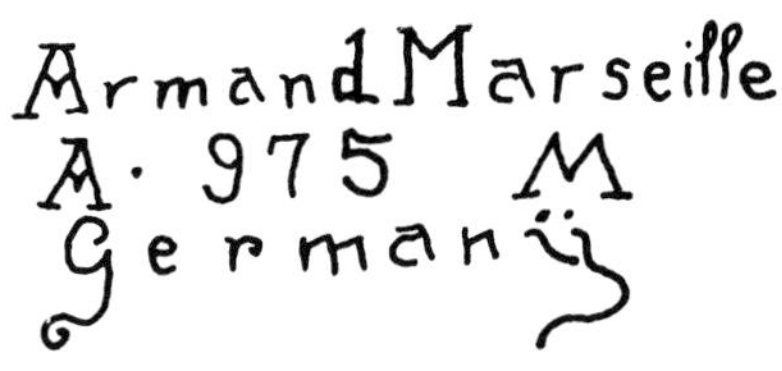

1236
Porzellanfabrik Armand Marseille · Marke um 1914 – · Eingepresst auf Puppenköpfen

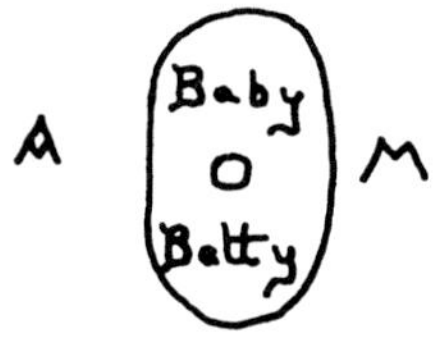

1237
Vereinigte Köppelsdorfer Porzellanfabriken · Marke ca. 1920 – · Eingepresst auf Puppenköpfen

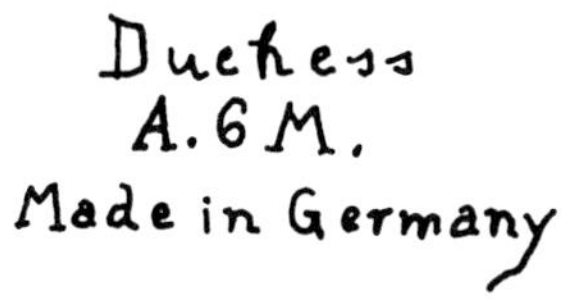

1238
Porzellanfabrik Armand Marseille · Marke 1910 – · Eingepresst auf Puppenköpfen

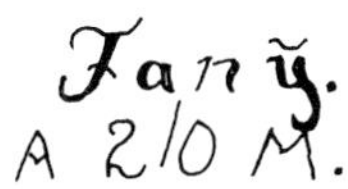

1239
Porzellanfabrik Armand Marseille · Marke 1910 – · Eingepresst auf Puppenköpfen

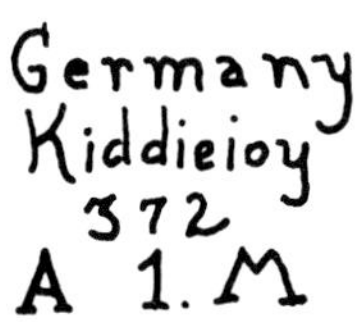

1240
Vereinigte Köppelsdorfer Porzellanfabriken · Marke nach 1926 – · Eingepresst auf Puppenköpfen

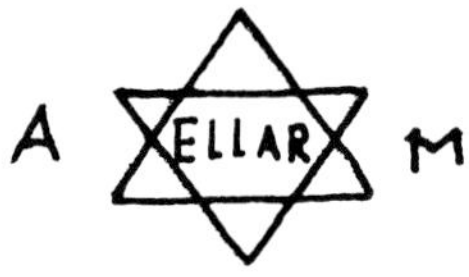

1241
Porzellanfabrik Armand Marseille · Marke 1910 – 1919 · Eingepresst auf Puppenköpfen

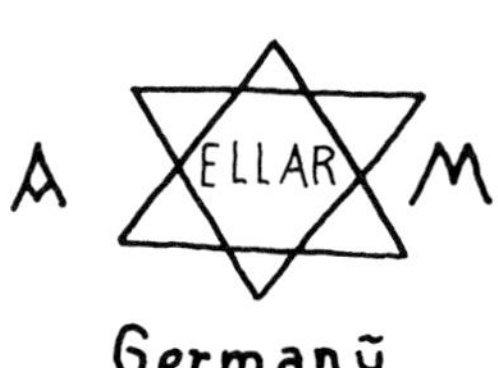

1242
Porzellanfabrik Armand Marseille · Marke 1910 – 1919 · Eingepresst auf Puppenköpfen

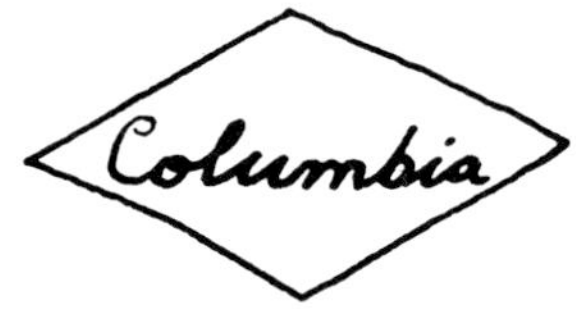

1243
Porzellanfabrik Armand Marseille · Marke ca. 1910 – · Eingepresst auf Puppenköpfen

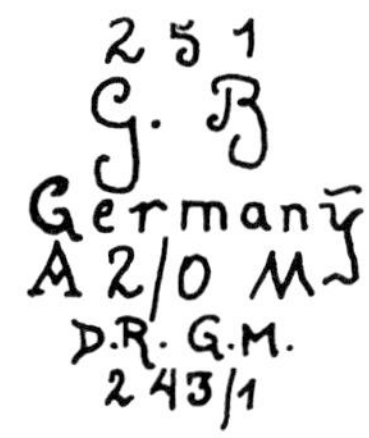

1244
Vereinigte Köppelsdorfer Porzellanfabriken · Marke ca. 1920 – · Eingepresst auf Puppenköpfen für George Borgfeldt in New York

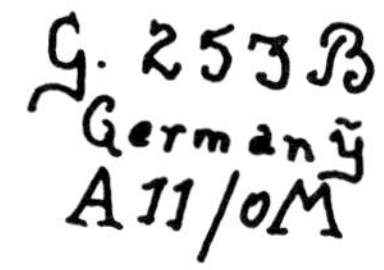

1245
Vereinigte Köppelsdorfer Porzellanfabriken · Marke ca. 1920 – · Eingepresst auf Puppenköpfen für George Borgfeldt in New York

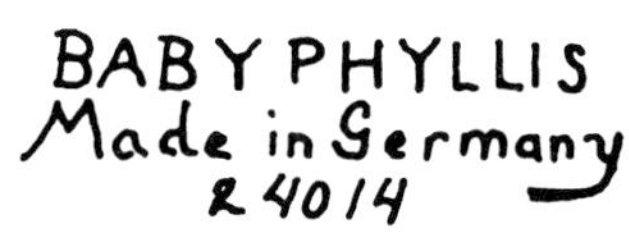

1246
Vereinigte Köppelsdorfer Porzellanfabriken · Marke um 1922 – · Eingepresst auf Puppenköpfen

Porzellanfabrik Ernst Heubach, 1887 – 1919, vereint sich mit **Porzellanfabrik Armand Marseille** zu **Vereinigte Köppelsdorfer Porzellanfabriken, vorm. Armand Marseille und Ernst Heubach**, 1919 – 1932. Dann trennt sich Marseille von der Firma. Der Betrieb wird verstaatlicht und erhält den Namen **VEB Thüringer Porzellanwerke Köppelsdorf,** 1946 – 1948, dann **VEB IKA Porzellanfabrik Köppelsdorf,** 1948 – 1951. Nach Angliederung des **VEB Thüringer Porzellanwerke Hochvoltporzellan Köppelsdorf** und der enteigneten **Porzellan-**

fabrik Paul Rauschert in **Hüttengrund** entsteht der **VEB Vereinigte Porzellanfabriken Köppelsdorf**, 1951 – 1965, dem 1963 der **VEB Sonneberger Porzellanfabrik II** (siehe Köppelsdorf Armand Marseille) angeschlossen wird. Dann **VEB Elektrokeramische Werke Sonneberg**, 1965 – 1969, der in dem **VEB Kombinat Keramische Werke Hermsdorf** in **Hermsdorf** aufgeht, 1969 – aufgelöst 1990. Puppenköpfe, elektrotechnisches Porzellan.

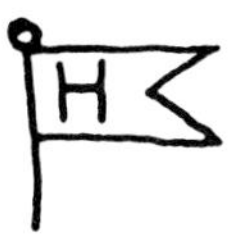

1247
Porzellanfabrik Ernst Heubach ∞ Marke
1887 – 1919

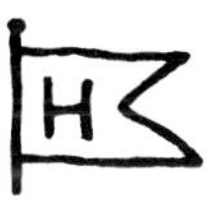

1248
Porzellanfabrik Ernst Heubach ∞ Marke
1887 – 1919 ∞ Eingepresst auf Puppenköpfen

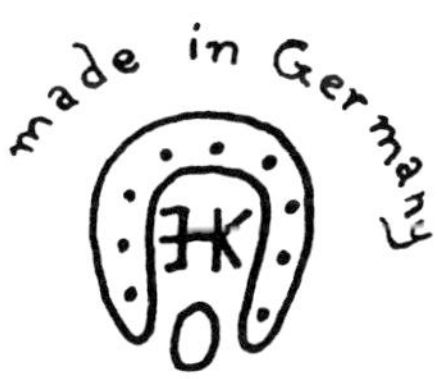

1249
Porzellanfabrik Ernst Heubach ∞ Marke
nach 1910 ∞ Eingepresst auf Puppenköpfen

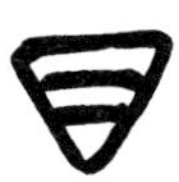

1250
Porzellanfabrik Ernst Heubach ∞ Marke
1887 – 1919 ∞ Eingepresst auf Puppenköpfen

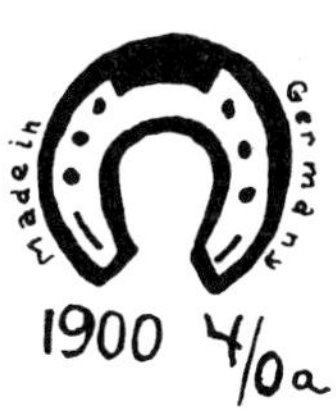

1251
Porzellanfabrik Ernst Heubach ∞ Marke
1900 – ∞ Eingepresst auf Puppenköpfen

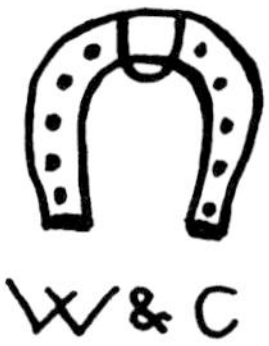

1252
Porzellanfabrik Ernst Heubach ∞ Marke
1887 – 1919 ∞ Eingepresst auf Puppenköpfen

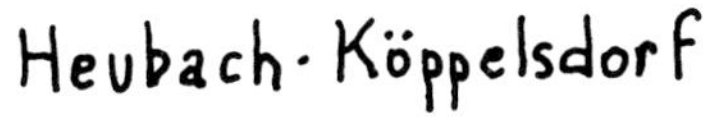

1253
Porzellanfabrik Ernst Heubach ∞ Marke
1887 – 1919 ∞ Eingepresst auf Puppenköpfen

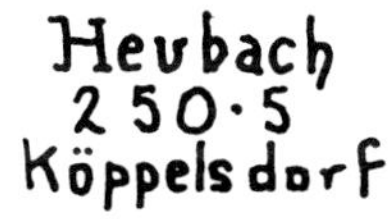

1254
Vereinigte Köppelsdorfer Porzellanfabriken ∞ Marke um 1920 ∞ Eingepresst auf Puppenköpfen

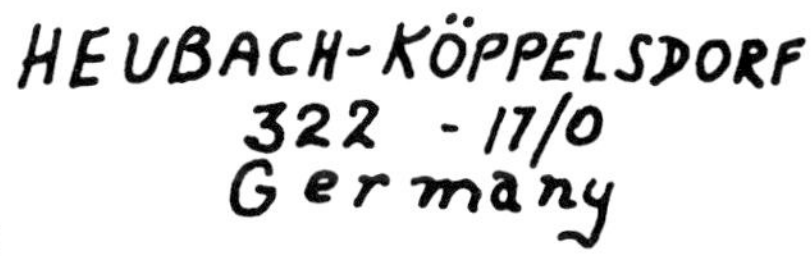

1255
Vereinigte Köppelsdorfer Porzellanfabriken ∞ Marke um 1920 ∞ Eingepresst auf Puppenköpfen

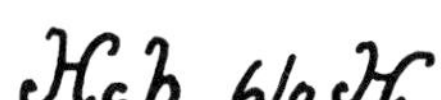

1256
Porzellanfabrik Ernst Heubach ∞ Marke
1887 – 1919 ∞ Eingepresst auf Puppenköpfen

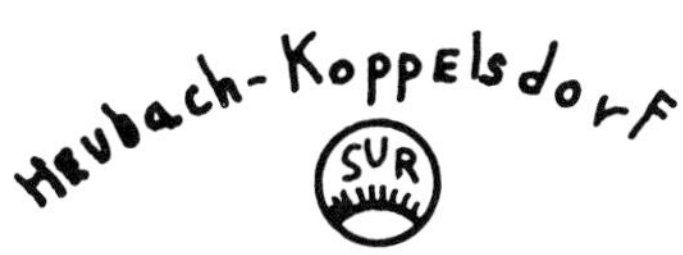

1257
Porzellanfabrik Ernst Heubach ∞ Marke
1887 – 1919 ∞ Eingepresst auf Puppenköpfen

1258
Vereinigte Köppelsdorfer Porzellanfabriken • Marke 1919 – 1932

1259
Vereinigte Köppelsdorfer Porzellanfabriken • Marke 1954 – 1964

1260
Porzellan Union • Besteht 1922 – • Technisches und elektrotechnisches Porzellan • Marke 1922 –

Kolmar, Westpreußen

Porzellan- und Steingutfabrik Kolmar, 1897 – 1920, seit 1899 Aktiengesellschaft. Haushaltsporzellan, Kaffee- und Teeservice, technisches Porzellan. Nach dem 1. Weltkrieg fällt das Gebiet um Posen 1919 an Polen. Kolmar wird in Chodziez umbenannt und die Fabrik wird von einer polnischen Porzellanfabrik in Cmielow übernommen. Von 1940 – 1944 ist sie wieder in deutschem Besitz, danach wird sie verstaatlicht.

1261
Porzellan- und Steingutfabrik Kolmar • Marke 1897 – 1920 • Blau und rot aufglasur

1262
Porzellan- und Steingutfabrik Kolmar • Marke 1897 – 1920 • Blau unterglasur

1263
Porzellan- und Steingutfabrik Kolmar • Marke 1897 – 1920 • Blau unterglasur

1264
Porzellan- und Steingutfabrik Kolmar • Marke 1940 – 1944 • Blau unterglasur

Konstanz

1265
Porzellanmanufaktur Alt-Konstanz • Porzellanmalerei • 1919 – 1930 • Marke 1919 – 1930, Malermarke • Dann **Porzellanmanufaktur Konstanz** • Porzellanmalerei • Marke 1930 – ca. 1935

1266
Porzellanmanufaktur Alt-Konstanz und **Porzellanmanufaktur Konstanz** • Marke 1927 – ca. 1935 • Malermarke aufglasur

1267
Porzellanmanufaktur Konstanz • Marke 1931 – ca. 1935 • Malermarke aufglasur

Kranichfeld, Thüringen

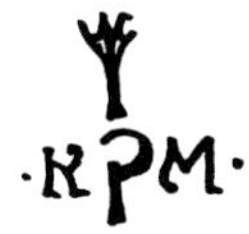

1268
Kranichfelder Porzellan-Manufaktur Reinhardt Rothe · 1903 – ca. 1910 · Zierporzellan, Figuren · Marke 1903 – ca. 1910

1269
Kranichfelder Porzellan-Manufaktur Reinhardt Rothe · Marke 1903 – ca. 1910 · Eingepresst

Kronach, Bayern

Alka-Kunst und **Kaiser Porzellan** siehe Staffelstein

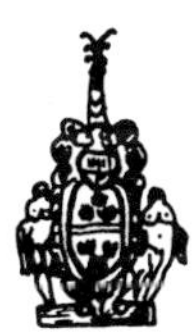

1270
Bauer, Rosenthal & Co. · 1897 – 1901 · Dann in die **Rosenthal AG** in **Selb** eingegliedert, 1971 Umstellung von Porzellan- auf Keramikproduktion · Marke 1898 – 1900 · Gold aufglasur

1271
Bauer, Rosenthal & Co. · Marke 1898 – 1901 · Grün unterglasur

1272
Bauer, Rosenthal & Co. · Marke 1898 – 1901 · Grün unterglasur

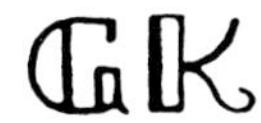

1273
Gebr. Kühnlenz Porzellanfabrik · 1884 – 1901 · dann Cuno Kühnlenz · 1901 – 1927 · Puppenköpfe, Badeartikel, elektrotechnisches Porzellan

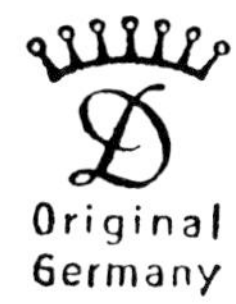

1274
Martha Budich · Porzellanmalerei · Ca. 1950 – 1977 · Marke 1962 – 1977 · Aufglasur

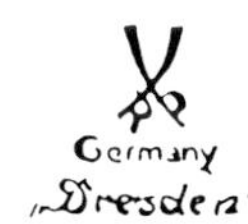

1275
R. & E. Pech Porzellanmanufaktur · ca. 1830 · Möglicherweise Vorgänger von Martha Budich

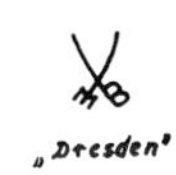

1276
Martha Budich · Marke 1951 – 1963 · Aufglasur · Die Marke musste nach Einspruch des VEB Staatliche Porzellanmanufaktur Meissen aufgegeben werden.

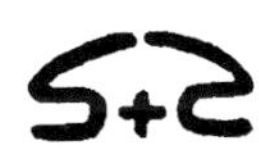

1277
Kronacher Porzellanfanbrik Viktor Schmidt · 1912 – 1919, umgewandelt in **Kronacher Porzellanfabrik Stockhardt & Schmidt-Eckert,** 1919 – 1926 später **Kronacher Porzellanfabrik GmbH**, 1926 – verkauft an Ceram, Wien und geschlossen 1996 · Haushalts- und technisches Porzellan, später nur technisches Porzellan. Der Firma gehörte auch eine Porzellanfabrik in Meißen, 1923-1925, die sie an die **Meißner Ofen- und Porzellanfabrik vorm. C Teichert** verkaufte.

1278
Kronacher Porzellanfabrik Stockhardt und Schmidt-Eckert · Marke 1925 – ca. 1996 · Eingepresst

1279
Kronacher Porzellanfabrik Stockhardt und Schmidt-Eckert · Marke 1925 – ca. 1996

1280
Kronacher Porzellanfabrik Stockhardt und Schmidt-Eckert · Marke 1925 – 1996

Krummennaab, Bayern

Wenzeslaus Mannl Porzellanfabrik und -malerei, 1879 – 1931. Übernahme durch **Käthe Illinger**, geb. Mannl und andere als Porzellanfabrik **Illinger & Co.**, 1931 – stillgelegt 1938. Dann erwirbt der Betriebsleiter Lange die Firma und führt sie als **Hermann Lange GmbH** weiter, 1938 – 1939. Anschließend Verkauf an Seltmann, Weiden. Fortführung als Werk Krummennaab der **Porzellanfabrik Wilhelm Seltmann**, 1939 – heute. Haushalts-, Tafel-, Hotel- und Zierporzellan.

1281
Porzellanfabrik Krummennaab W. Mannl · Marke 1897 – 1931

1282
Porzellanfabrik Krummennaab W. Mannl · Marke 1917 – 1931

1283
Porzellanfabrik Krummennaab Illinger & Co. · Marke 1931 – 1933

1284
Hermann Lange GmbH · Marke 1934 – 1939

Küps

1285
Lindner Porzellanfabrik KG, früher **Küpser Porzellanmanufaktur Ernst Lindner** · 1932 – heute, Porzellanproduktion seit 1948 · Kaffee- und Teeservice, Zierporzellan, Geschenkartikel, Porzellanmalerei · Marke 1948 –

1286
Lindner Porzellanfabrik KG · Marke 1948 –

1287
Lindner Porzellanfabrik KG · Marke 1970 –

1288
Lindner Porzellanfabrik KG · Marke 1970 –

1289
Lindner Porzellanfabrik KG · Marke nach 1970 -

Aus einer Porzellanmalerei von **Friedrich Wunder** entsteht eine Porzellanfabrik, 1879 - 1882, die **Wenck & Zitzmann** fortsetzen, 1882 - 1890. Sie wird verkauft und umbenannt in **Oberfränkische Porzellanfabrik Ohnemüller & Ulrich**, 1890 - 1919, dann heißt sie **Porzellanfabrik J. Edelstein**, später in **Edelstein Porzellanfabrik AG**, 1919 - 1972, Betrieb der Colditz AG. Verkauft an Slater & Walker, London 1972. Haushalts- und Zierporzellan, Figuren, Geschenkartikel.

1290
Wenck & Zitzmann · Marke 1882 - 1890

1291
Oberfränkische Porzellanfabrik Ohnemüller & Ulrich · Marke 1890 - ca. 1919

1292
Oberfränkische Porzellanfabrik Ohnemüller & Ulrich · Marke 1890 - ca. 1919

1293
Oberfränkische Porzellanfabrik Ohnemüller & Ulrich · Marke nach 1900 - 1907 · Auf Kunstgegenständen aus Cuprolit, einer keramischen Masse mit Kupferoxid-Auflage

1294
Porzellanfabrik J. Edelstein · Marke 1924 - 1933 · Grün unterglasur

1295
Edelstein Porzellanfabrik AG · Marke 1929 - 1972 · Grün unterglasur

Cutik Porzellanmanufaktur Klaus Cutik, 1960 - 1971, Porzellanmalerei. Umgewandelt in **Royal Porzellan GmbH**, 1971 - in Konkurs 1996. Fabrikationsgebäude erworben von **Royal Werbeideen aus Porzellan**, 1996 - heute. Diese Firma führt kein eigenes Markenzeichen, sondern bringt auf Verlangen der Kunden von denen gewünschte Zeichen an.

1296
Cutik Porzellanmanufaktur · Marke 1960 - 1971 · Cutik war früher Mitinhaber der Porzellanmalerei **Bauer & Lehmann** in **Kahla**, deren Marke er in Küps variierte.

1297
Royal Porzellan GmbH · Marke 1971 - 1996 · Schwarz aufglasur

1298
Wilhelm Rittirsch Porzellanfabrik · 1950 - geschlossen 1974 · Geschenkartikel, Spitzenfiguren · Figuren im Meißener Stil · Marke 1950 - 1974

1299

Wilhelm Rittirsch Porzellanfabrik • Marke 1950 - 1974 • Auch mit - Dresdner Art - unter der Marke

1300

Porzellanfabrik Albert Rosenlöcher • Ca. 1882 - geschlossen 1887 • Haushaltsporzellan, Pfeifenteile • Marke ca. 1882 - 1887 • Davor Johann Matthes, 1830 - 1852, Gustav Greiner, 1851 - 1867, dann K.W.A Maurer, dessen Witwe Rosenlöcher heiratet

1301

Porzellanfabrik Albert Rosenlöcher • Marke 1887

1302

G. Wolf Porzellanmanufaktur • Porzellanmalerei • Keine Daten gefunden • Marke ca. 1958

L

Lamspringe, Niedersachsen

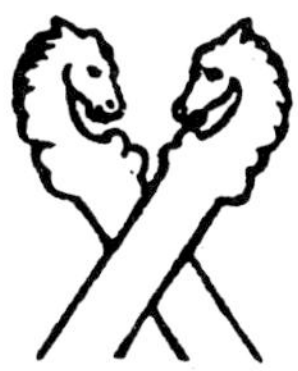

1303
Niedersachsenwerk Lamspringe, 1922 – 1925 · Später **Hannoversche Porzellanfabrik und Metallwerk AG Lamspringe** · 1925 – 1934 · Elektrotechnisches Porzellan · Marke <u>1928</u> – 1934

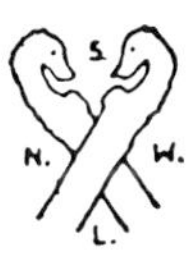

1304
Niedersachsenwerk Lamspringe · Porzellanfabrik · Marke 1922 – 1925

Landstuhl, Bayern

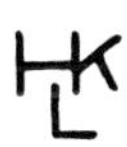

1305
H. Klingler · Porzellanmalerei · 1926 – nach 1930 · Malermarke aufglasur um 1930

Krister Porzellanmanufaktur, 1954 – heute. Ursprünglich in Waldenburg, Schlesien ansässig. Seit 1927 Tochter der **Rosenthal AG** in **Selb**. Nach dem Verlust der Produktionsstätten in Schlesien 1945 wird die Firma unter dem alten Namen in Landstuhl neu etabliert, 1951 – heute. Haushalts- und Zierporzellan.

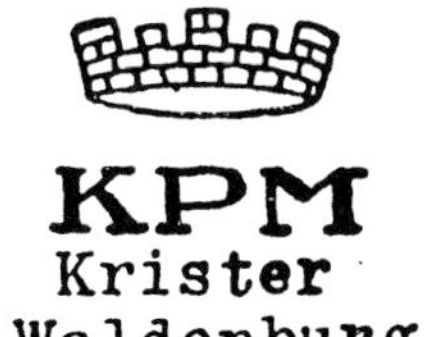

1306
Krister Porzellanmanufaktur · Marke 1941 – heute · Schon in Waldenburg benutzt

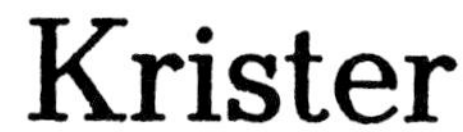

1307
Krister Porzellanmanufaktur · Marke ca. 1951 – heute

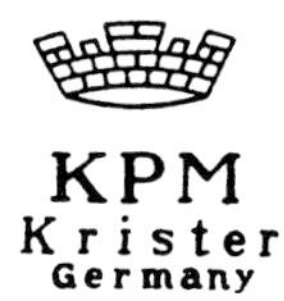

1308
Krister Porzellanmanufaktur · Marke ca. 1951 – heute

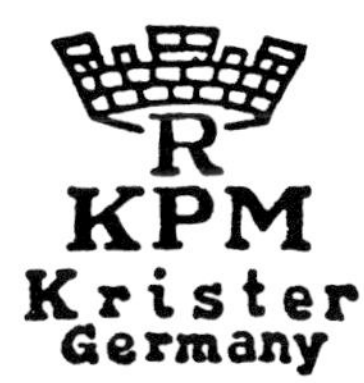

1309
Krister Porzellanmanufaktur · Marke <u>1953</u> – heute

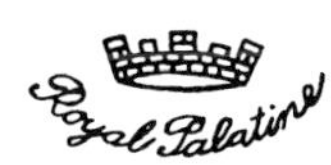

1310
Krister Porzellanmanufaktur · Marke <u>1956</u> – heute

Langenberg, Thüringen

Bufe & Büttner, 1902 – 1913, dann **E. & A. Bufe Porzellanfabrik Langenberg**, 1913 – 1972. Verstaatlicht und umbenannt in **VEB Porzellanwerk Gera-Langenberg**, der ein Zweigwerk des **VEB Porzellankombinat Kahla** in **Kahla** wird, 1972 – zur Auflösung des Kombinats 1990. Gebrauchsporzellan, Zierporzellan.

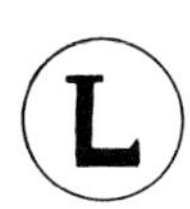

1311
E. & A. Bufe Porzellanfabrik Langenberg · Marke 1913 – 1972 · gestempelt

Langenfeld, Niedersachsen

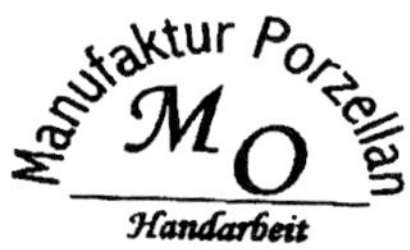

1312
Manufaktur Porzellan Uwe Othengrafen • Gegründet 2001 • Geschenkartikel und Kunstporzellan • Marke 2001 –

Langewiesen, Thüringen

Porzellanfabrik Langewiesen Oscar Schlegelmilch, 1892 – 1972. Verstaatlicht und zum Teil des **VEB Porzellankombinat Colditz** in **Colditz** gemacht, 1972 – geschlossen 1975. Gebrauchsporzellan, Zierporzellan.

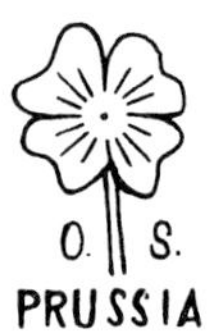

1313
Porzellanfabrik Langewiesen Oscar Schlegelmilch • Marke nach 1892

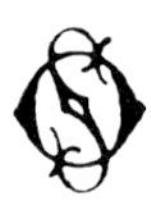

1314
Porzellanfabrik Langewiesen Oscar Schlegelmilch • Marke ca. 1892 – 1928

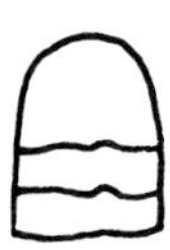

1315
Porzellanfabrik Langewiesen Oscar Schlegelmilch • Marke nach 1892

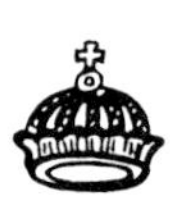

1316
Porzellanfabrik Langewiesen Oscar Schlegelmilch • Marke nach 1900

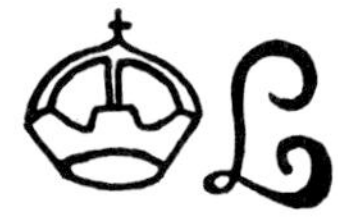

1317
Porzellanfabrik Langewiesen Oscar Schlegelmilch • Marke ca. 1900 – ca. 1957

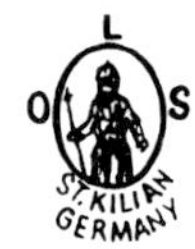

1318
Porzellanfabrik Langewiesen Oscar Schlegelmilch • Marke 1904 – (1914)

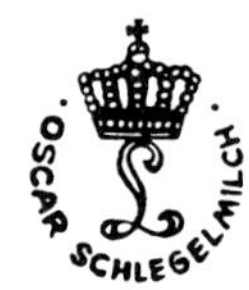

1319
Porzellanfabrik Langewiesen Oscar Schlegelmilch • Marke 1950 – 1972

Lauenstein, Bayern

1320
Keramika Arno Apel • 1954 – 1974 • Zierporzellan • Marke 1954 – 1974

Lauf, Bayern

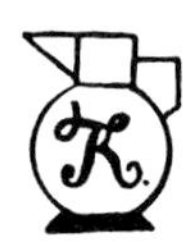

1321
Porzellan- und Terrakottafabrik Fritz Krug KG • 1870 – 1968 • Figuren, Zierporzellan, Grabschmuckartikel • Marke 1902 – 1968 • Grün unterglasur

Lauscha, Thüringen

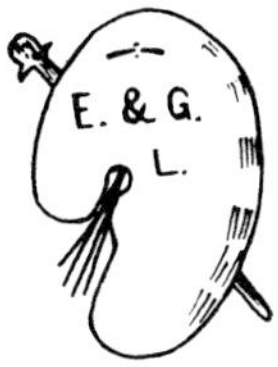

1322
Günther Greiner, später **Ens & Greiner**, Porzellanmalerei · 1824 – 1897, dann verlegt nach Volkstedt · Marke 1885 – (1897) · Malermarke aufglasur

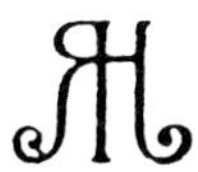

1323
Richard Hartmann · Porzellanmalerei · 1920 – ca. 1930

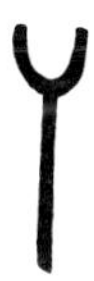

1324
Ens & Greiner · Marke 1897 – · Malermarke aufglasur

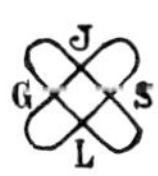

1325
Julius Greiner Sohn · 1871 – ca. 1930 · Porzellanmalerei · Marke ca. 1885 – · Auch mit – GESETZL. GESCHÜTZT – unten im Bogen · Malermarke aufglasur

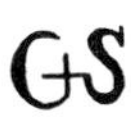

1326
Julius Greiner Sohn · Marke nach 1871 · Malermarke aufglasur · Auch in Leipzig

Leipzig, Sachsen

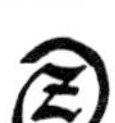

1327
Oscar Zenari · Porzellanmalerei · 1901 – erloschen · Marke nach 1902 · Malermarke aufglasur

Lenggries, Bayern

Eduard Kirsch, 1955 – 1960, dann **Kirsch & Hertwig**, 1960 – 1995. Zierporzellan, Geschenkartikel. Kirsch war früher Mitbesitzer der **Porzellanmanufaktur Sitzendorf** in **Sitzendorf**, E. F. Hertwig war Mitbesitzer von **Hertwig & Co.** in **Katzhütte**.

1328 **Union**
Kirsch & Hertwig · Marke 1971 · Grün unterglasur

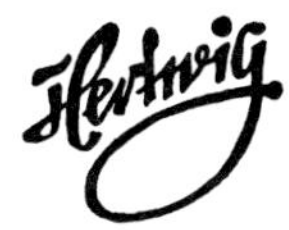

1329
Kirsch & Hertwig · Marke 1971 –

Lettin/Halle, Provinz Sachsen

Heinrich Baensch, 1858 – ca. 1930, dann **Porzellanfabrik Lettin, vorm. Heinrich Baensch**, ca. 1930 – 1945. Verstaatlicht und erst umbenannt in **VEB Porzellanfabrik Lettin**, 1945 – 1969, dann in **VEB Porzellanwerk Lettin**, der ein **Zweigwerk des VEB Porzellankombinats Colditz** in **Colditz** wird, 1969 – 1990 erloschen mit der Auflösung des Kombinats. Haushalts- und Zierporzellan, Apothekergefäße, elektrotechnisches Porzellan.

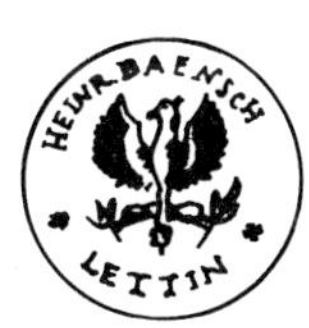

1330
Heinrich Baensch · Marke ca. 1858 – ca. 1930

1331
Heinrich Baensch · Marke ca. 1900 – ca. 1930

1332
Heinrich Baensch · Marke ca. 1900 – ca. 1930

1333
Heinrich Baensch · Marke ca. 1900 – 1930

1334
Porzellanfabrik Lettin, vorm. Heinrich Baensch · Marke ca. 1930 – 1945

1335
Porzellanfabrik Lettin, vorm. Heinrich Baensch · Marke ca. 1927 – 1945

1336
Porzellanfabrik Lettin, vorm. Heinrich Baensch · Marke 1927 – 1945

1337
Porzellanfabrik Lettin, vorm. Heinrich Baensch · Marke ca. 1930 – 1945 · Für elektrotechnisches Porzellan

1338
VEB Porzellanfabrik Lettin · Marke ca. 1949 – 1954 · Schiebebild grün/schwarz/gelb

1339
VEB Porzellanfabrik Lettin · Marke 1954 – 1969

1340
VEB Porzellanfabrik Lettin · Marke ca. 1956 – 1969

1341
VEB Porzellanwerk Lettin · Marke 1970 – 1990

Lichte, Thüringen

Wilhelm Liebmann, 1824 – 1840, stellt in einer 1822 gegründeten Töpferei seit 1832 Porzellan her. Gekauft von den **Gebr. Heubach**, 1840 – 1904. Umgewandelt in die **Gebr. Heubach AG**, 1904 – 1938. Nach Konkurs gekauft von **Otto Friedrich Fürst zu Ysenburg und Büdingen** 1904 – 1945. Die Fabrik wird enteignet und drei Jahre später verstaatlicht als **VEB Porzellanfabrik Lichte**, 1948 – 1954, dann umbenannt in **VEB Porzellanwerk Lichte** 1954 – 1972. Nach der Vereinigung mit dem **VEB Porzellanfabrik Piesau** umbenannt in **VEB Zierporzellanwerke Lichte und Piesau**, 1972 – 1976, der mit sechs anderen Porzellanfabriken zum **VEB Vereinigte Zierporzellanwerke Lichte** zusammengeschlossen wird, 1976 – 1990. Nach 1990 ist **Fürst zu Ysenburg und Büdingen** wieder Eigentümer,1990 – 1993, dann wird die Fabrik in die **Lichte Porzellan GmbH** umgewandelt, 1994 – heute. Haushalts- und Zierporzellan, Figuren, Puppenköpfe, elektrotechnisches Porzellan.

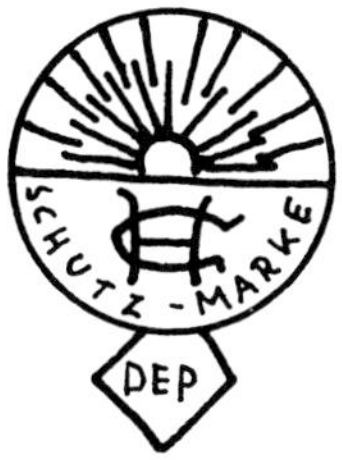

1342
Gebr. Heubach und **Gebr. Heubach AG** ·
Marke 1882 – 1915

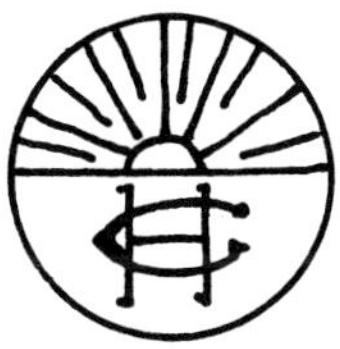

1343
Gebr. Heubach und **Gebr. Heubach AG** ·
Marke 1882 – 1915

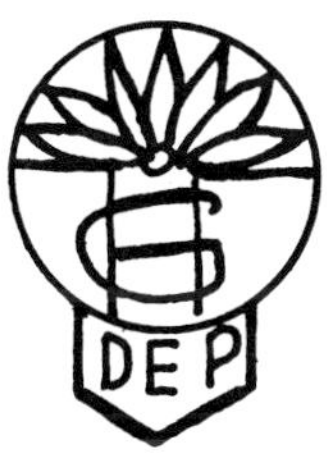

1344
Gebr. Heubach und **Gebr. Heubach AG** ·
Marke 1882 – 1915

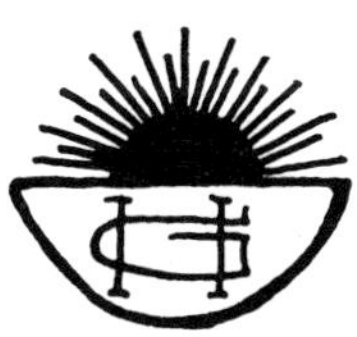

1345
Gebr. Heubach und **Gebr. Heubach AG** ·
Marke 1882 – 1915

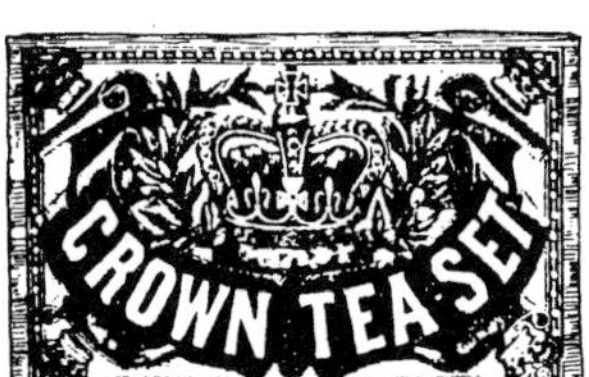

1346
Gebr. Heubach und **Gebr. Heubach AG** ·
Marke 1894 –

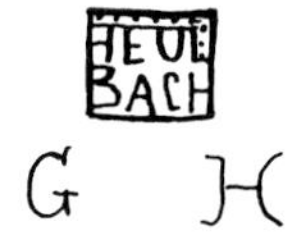

1347
Gebr. Heubach und **Gebr. Heubach AG** ·
Marke 1909 – 1945 · Halsmarke auf Puppenköpfen

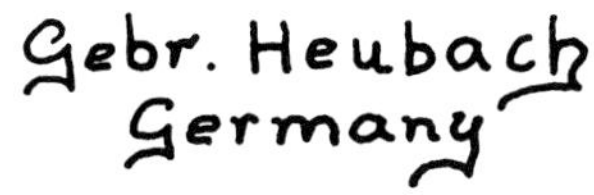

1348
Gebr. Heubach und **Gebr. Heubach AG** ·
Marke nach 1900 · Halsmarke auf Puppenköpfen

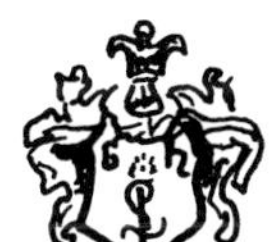

1349
Gebr. Heubach AG · Marke 1907 – (1917)

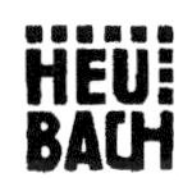

1350
Gebr. Heubach AG · Marke 1909 – 1945

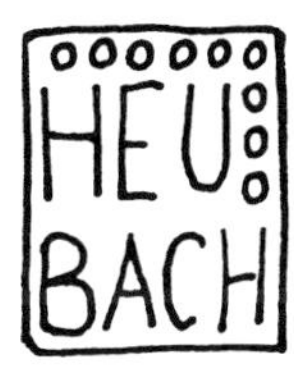

1351
Gebr. Heubach AG · Marke 1909 – 1945

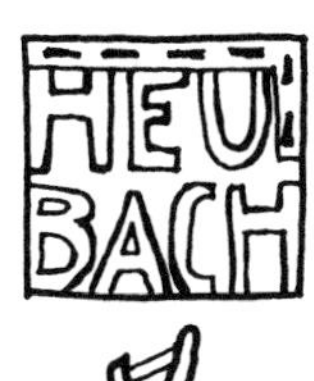

1352
Gebr. Heubach AG · Marke 1909 – 1945 ·
Halsmarke auf Puppenköpfen

1353
Gebr. Heubach und **Gebr. Heubach AG** · Marke 1909 – 1945 · Halsmarke auf Puppenköpfen

1354
Gebr. Heubach AG · Marke 1909 -

1355
Gebr. Heubach AG · Marke ca. 1909 – 1945

1356
VEB Porzellanwerk Lichte · Marke 1949 – 1965

1357
VEB Porzellanwerk Lichte · Marke 1958 – 1972

1358
VEB Vereinigte Zierporzellanwerke Lichte und Piesau · Marke 1966 – 1985

1359
VEB Porzellanwerk Lichte und **VEB Vereinigte Zierporzellanwerke Lichte und Piesau** und **Vereinigte Zierporzellanwerke Lichte** · Marke ca. 1986 – 1990

1360
VEB Vereinigte Zierporzellanwerke Lichte · Marke 1966 – 1985

1361
VEB Porzellanwerk Lichte und **VEB Vereinigte Zierporzellanwerke Lichte und Piesau** · Marke 1966 – 1985

1362
VEB Porzellanwerk Lichte und VEB Zierporzellanwerke Lichte und Piesau und **VEB Vereinigte Zierporzellanwerke Lichte** · Marke ca. 1966 – 1985 · Mit –Made in Germany- unten 1966 – 1972 · Mit -Made in GDR- unten 1972-1985

1363
Lichte Porzellan GmbH · Marke 1994 – heute

1364
Zehender & Grosswald · Porzellanmalerei · 1927 – 1932

Liersmühle, Rheinland

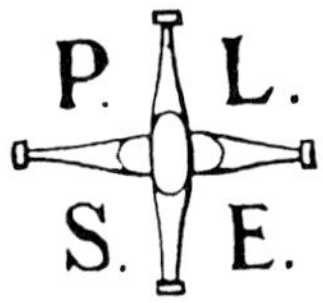

1365
Friedrich Christian Schmeisser • Porzellanfabrik • Porzellanblumen, Elfenbeinporzellan • Marke – ca. 1908

Limbach, Thüringen

Gotthelf Greiner, 1772 – 1792, dann fortgeführt von seinen Söhnen Johann Jacob, Florentin und Johann Michael Gotthelf, später von seinen Enkeln und dann von **Simon und Viktor Dressel** unter dem Namen **Gotthelf Greiners Söhne**, 1792 – 1872. Umgewandelt in eine Aktiengesellschaft **Porzellanfabrik Limbach AG**, 1872 – 1940. 1939 wird die Porzellanfabrikation eingestellt. Die zuerst geführte Marke – zwei gekreuzte L – muss Greiner 1787 nach einem Einspruch der **Königlichen Porzellan Manufaktur Meissen** aufgeben. Er führte dann ein Kleeblatt aus seinem Familienwappen als Marke ein, das er auch für seine Fabriken in **Kloster Veilsdorf, Ilmenau** und **Großbreitenbach** benutzt, so dass es schwer ist, anhand der Kleeblattmarke auf den Herstellungsort zu schließen.Haushaltsporzellan, Zierporzellan, Figuren, Kopchen, Puppenköpfe, Gelenkpuppen.

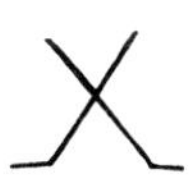

1366
Gotthelf Greiner • Marke 1772 – 1787 • Blau unterglasur

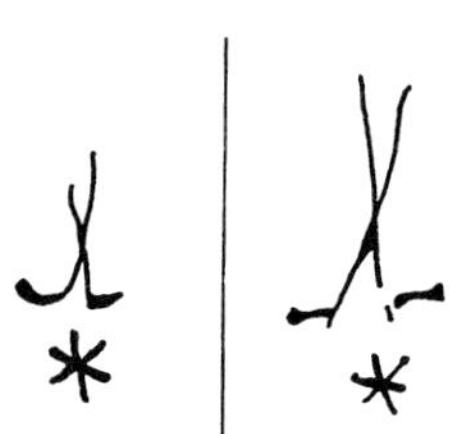

1367, 1368
Gotthelf Greiner • Marken 1772 – 1787 • Blau unterglasur

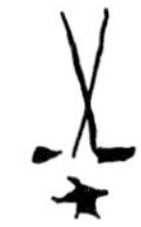

1369
Gotthelf Greiner • Marke 1772 – 1787 • Blau unterglasur

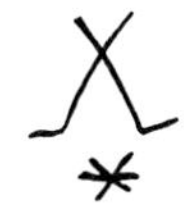

1370
Gotthelf Greiner • Marke 1772 – 1787 • Blau unterglasur

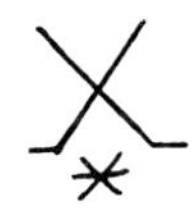

1371
Gotthelf Greiner • Marke 1772 – 1787 • Blau unterglasur

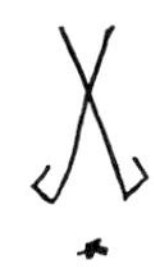

1372
Gotthelf Greiner • Marke 1772 – 1787 • Blau unterglasur

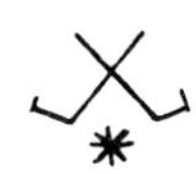

1373
Gotthelf Greiner • Marke 1772 – 1787 • Blau unterglasur

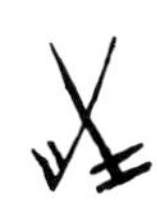

1374
Gotthelf Greiner • Marke 1772 – 1787 • Blau unterglasur

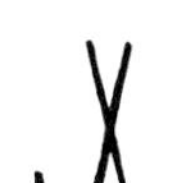

1375
Gotthelf Greiner • Marke 1772 – 1787 • Blau unterglasur

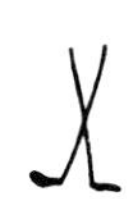

1376
Gotthelf Greiner • Marke 1772 – 1787 • Blau unterglasur

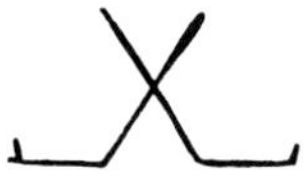

1377
Gotthelf Greiner · Marke 1772 – 1787 · Blau unterglasur

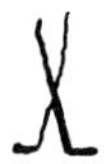

1378
Gotthelf Greiner · Marke 1772 – 1787 · Blau unterglasur

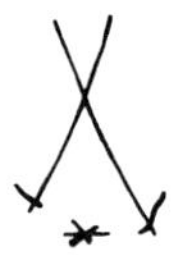

1379
Gotthelf Greiner · Marke 1772 – 1787 · Blau unterglasur

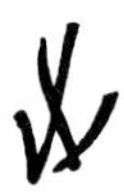

1380
Gotthelf Greiner · Marke 1772 – 1787 · Blau unterglasur

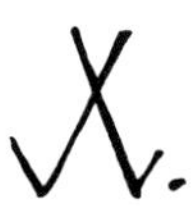

1381
Gotthelf Greiner · Marke 1772 – 1787 · Blau unterglasur

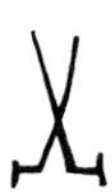

1382
Gotthelf Greiner · Marke 1772 – 1787 · Blau unterglasur

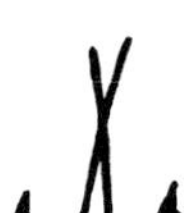

1383
Gotthelf Greiner · Marke 1772 – 1787 · Blau unterglasur

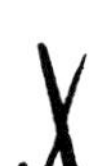

1384
Gotthelf Greiner · Marke 1772 – 1787 · Blau unterglasur

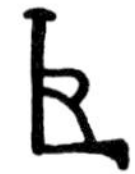

1385
Gotthelf Greiner · Marke 1772 – 1797 · Blau unterglasur

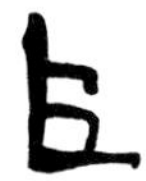

1386
Gotthelf Greiner · Marke 1772 – 1797 · Blau unterglasur

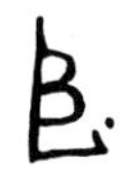

1387
Gotthelf Greiner · Marke 1772 – 1797 · Blau unterglasur ·

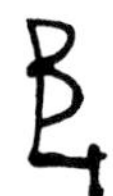

1388
Gotthelf Greiner · Marke 1772 – 1797 · Blau unterglasur

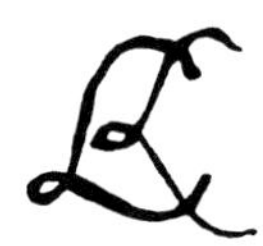

1389
Gotthelf Greiner · Marke 1772 – 1797 · Blau unterglasur

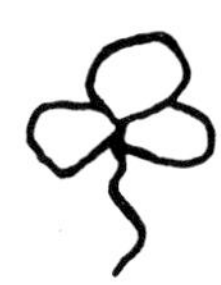

1390
Gotthelf Greiner und **Gotthelf Greiners Söhne** · Marke 1788 – ca. 1797 · Blau unterglasur

1391
Gotthelf Greiner und **Gotthelf Greiners Söhne** · Marke 1788 – 1797 · Blau unterglasur, auch schwarz, gold, grün oder purpur aufglasur

1392
Gotthelf Greiner und **Gotthelf Greiners Söhne** · Marke 1788 – 1872 · Blau unterglasur, auch schwarz, gold, grün oder purpur aufglasur

1393
Gotthelf Greiner und **Gotthelf Greiners Söhne** · Marke 1788 – 1872 · Blau unterglasur, auch schwarz, gold, grün oder purpur aufglasur

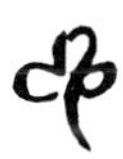

1394
Gotthelf Greiner und **Gotthelf Greiners Söhne** · Marke 1788 – 1872 · Blau unterglasur, auch schwarz, gold, grün oder purpur aufglasur

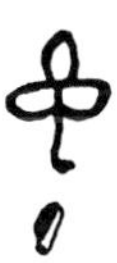

1395
Gotthelf Greiner und **Gotthelf Greiners Söhne** · Marke 1788 – 1872 · Blau unterglasur, auch schwarz, gold, grün oder purpur aufglasur

1396
Gotthelf Greiner und **Gotthelf Greiners Söhne** · Marke 1788 – 1872 · Blau unterglasur, auch schwarz, gold, grün oder purpur aufglasur

1397
Gotthelf Greiner und **Gotthelf Greiners Söhne** · Marke 1788 – 1872 · Blau unterglasur, auch schwarz, gold, grün oder purpur aufglasur

1398
Gotthelf Greiner und **Gotthelf Greiners Söhne** · Marke 1788 – 1872 · Blau unterglasur, auch schwarz, gold, grün oder purpur aufglasur

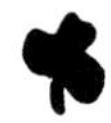

1399
Gotthelf Greiner und **Gotthelf Greiners Söhne** · Marke 1788 – 1872 · Blau unterglasur, auch schwarz, gold, grün oder purpur aufglasur

1400
Porzellanfabrik Limbach AG · Marke 1887 – ca. 1919 · Blau unterglasur

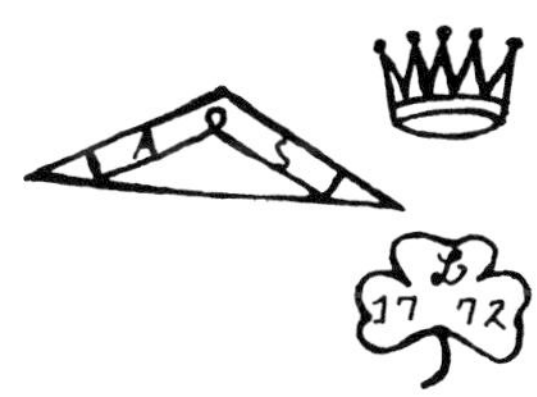

1401
Porzellanfabrik Limbach AG · Marke 1887 – ca. 1919 · Blau oder grün unterglasur

1402
Porzellanfabrik Limbach AG · Marke 1887 – ca. 1919 · Blau oder grün unterglasur

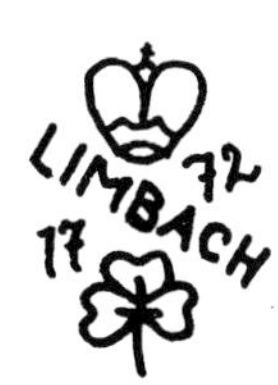

1403
Porzellanfabrik Limbach AG · Marke 1918 – 1940 · Blau oder grün unterglasur

1404
Porzellanfabrik Limbach AG · Marke 1918 – 1940 · Blau oder grün unterglasur

1405
Porzellanfabrik Limbach AG · Marke 1918 – 1940 · Blau unterglasur

Lippelsdorf, Thüringen

Kuch & Co., 1877 – 1883, dann **Wagner, Apel & Leube**, 1883 – 1901, anschließend **Wagner & Apel Porzellanfabrik**, 1901 – 1972. Die Firma wird verstaatlicht als **VEB Porzellanfiguren Lippelsdorf**,1972 – 1976, der dem **VEB Gräfenthaler Porzellanfiguren** angeschlossen wird, 1976 – 1990. Nach dem Ende der DDR wird die Fabrik an die Erben der früheren Eigentümer zurückgegeben und umbenannt in **Porzellanfabrik Wagner & Apel**, 1990 – heute. Zier- und Kunstporzellan, Figuren.

1406
Wagner & Apel Porzellanfabrik · Marke 1901 – 1945

1407
Wagner & Apel Porzellanfabrik · Marke 1901 – 1945

1408
Wagner & Apel Porzellanfabrik · Marke 1954 – 1972

1409
Wagner & Apel Porzellanfabrik · Marke 1954 – 1972

1410
Wagner & Apel Porzellanfabrik · Marke 1954 – ca. 1972

1411
VEB Porzellanfiguren Lippelsdorf · Marke 1974 – 1976

1412
Porzellanfabrik Wagner & Apel · Marke 1990 – heute

Lorch

1413
Metallporzellanfabrik Deusch & Co. · 1898 – heute · Seit 1977 ist Konrad Rösch Eigentümer · Mokka-, Kaffee- und Teeservice, Zierporzellan mit Silber- oder Goldauflage ·

Marke 1949 – heute ⚘ Gegründet in Schwäbisch-Gmünd

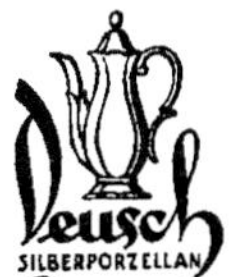

1414
Metallporzellanfabrik Deusch & Co. ⚘
Marke 1949 -

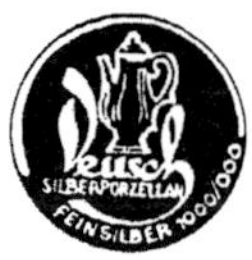

1415
Metallporzellanfabrik Deusch & Co. ⚘
Marke 1949 – heute

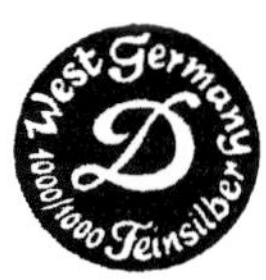

1416
Metallporzellanfabrik Deusch & Co. ⚘
Marke 1949 – 1990

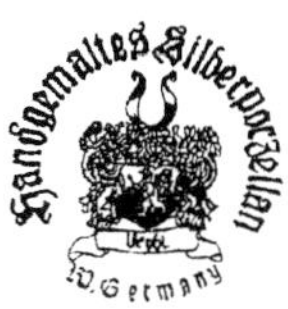

1417
Metallporzellanfabrik Deusch & Co. ⚘
Marke 1989 – heute

Lübeck

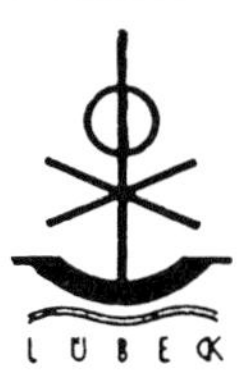

1418
Lübecker Porzellanfabrik Berghaus & Co.
ca. 1926 – ca. 1930

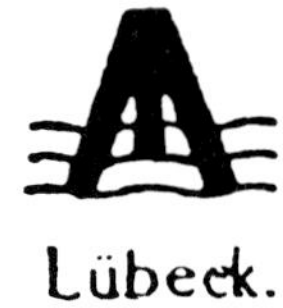

1419
Vereinigte Porzellanwerke zu Lübeck
1921 – Konkurs 1925

Ludwigsburg, Württemberg

Herzog Carl Eugen von Württemberg ordnet die Gründung einer Porzellanmanufaktur an, die den Namen **Herzoglich Aechte Porcelain Fabrique** erhält, 1758 – 1805. Sein Nachfolger Friedrich wird 1805 König und ändert den Namen der Manufaktur in **Königliche Porzellan Manufaktur**, 1805 – 1824, als König Wilhelm I. den Betrieb wegen finanzieller Schwierigkeiten schließen lässt. Ein Teil der Formen wird an **Eduard Kick** in **Amberg** und an die **Königlich Privilegierte Porcellain Fabricke** in **Regensburg** verkauft. Weil zahlreiche Nachahmer die ehemaligen Ludwigsburger Marken benutzen, lässt die Königliche Privatvermögensverwaltung sie 1906 für sich schützen. Der Stuttgarter Kunsthändler Otto Wanner-Brandt erwirbt die Rechte an den Marken 1926 und bringt sie in die von ihm mitgegründete neue **Porzellan-Manufaktur Ludwigsburg GmbH** ein, 1947 – heute, die sie weiter geschützt hält. Tafel- und Zierporzellan, Figuren.

1420-1423

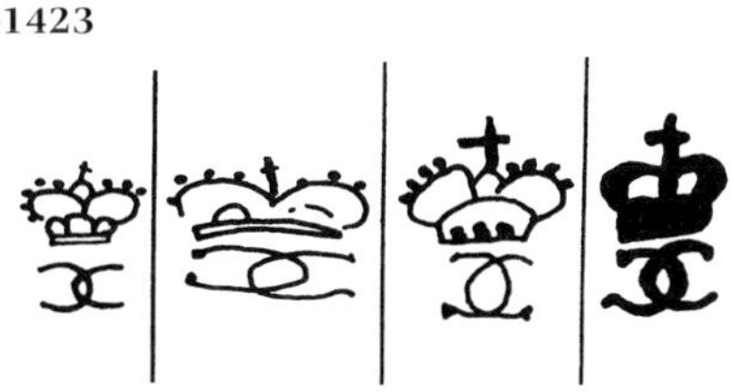

Herzoglich Aechte Porcelain Fabrique ⚘
Marken 1758 – 1793 ⚘ Blau unterglasur

1424
Herzoglich Aechte Porcelain Fabrique ⚘
Marke 1758 – 1793 ⚘ Blau unterglasur

1425
Herzoglich Aechte Porcelain Fabrique ·
Marke 1758 – 1793 · Blau unterglasur

1426
Herzoglich Aechte Porcelain Fabrique ·
Marke 1758 – 1793 · Blau unterglasur

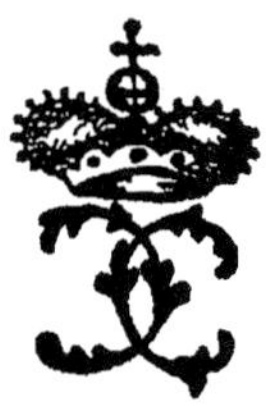

1427
Herzoglich Aechte Porcelain Fabrique ·
Marke 1758 – 1793 · Blau unterglasur

1428
Herzoglich Aechte Porcelain Fabrique ·
Marke 1758 – 1793 · Blau unterglasur

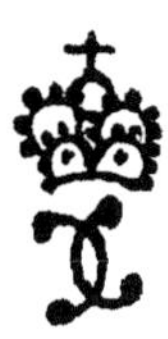

1429
Herzoglich Aechte Porcelain Fabrique ·
Marke 1758 – 1793 · Blau unterglasur

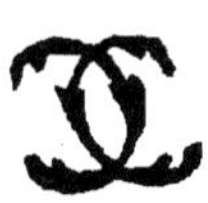

1430
Herzoglich Aechte Porcelain Fabrique ·
Marke 1758 – 1793 · Blau unterglasur

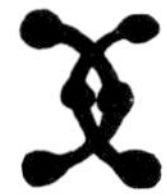

1431
Herzoglich Aechte Porcelain Fabrique ·
Marke 1758 – 1793 · Blau unterglasur

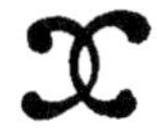

1432
Herzoglich Aechte Porcelain Fabrique ·
Marke 1758 – 1793 · Blau unterglasur

1433
Herzoglich Aechte Porcelain Fabrique ·
Marke 1758 – 1793 · Blau unterglasur

1434
Herzoglich Aechte Porcelain Fabrique ·
Marke 1793 – 1795 · Blau unterglasur

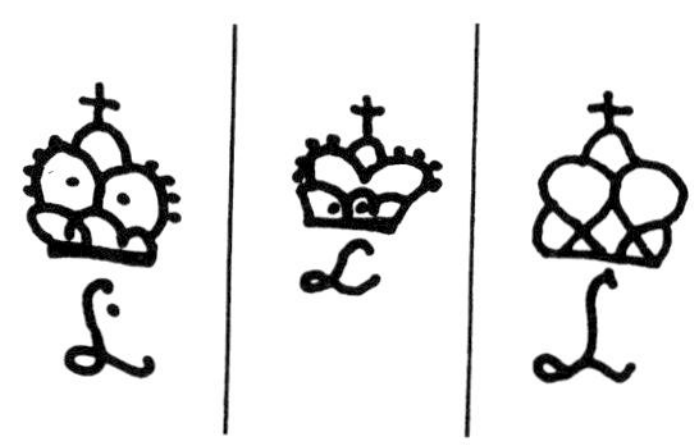

1435-1437
Herzoglich Aechte Porcelain Fabrique ·
Marken 1793 – 1795 · Blau unterglasur

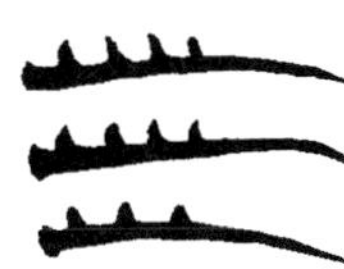

1438
Herzoglich Aechte Porcelain Fabrique und **Königliche Porzellan Manufaktur** · Marke 1793 – ca. 1816 · Blau unterglasur

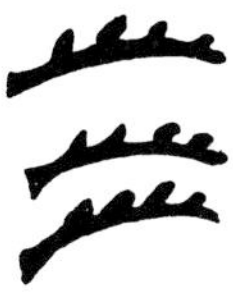

1439
Herzoglich Aechte Porcelain Fabrique und **Königliche Porzellan Manufaktur** • Marke
1793 – ca. 1816 • Blau unterglasur

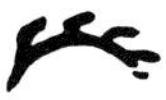

1440
Herzoglich Aechte Porcelain Fabrique und **Königliche Porzellan Manufaktur** • Marke
1793 – ca. 1816 • Blau unterglasur

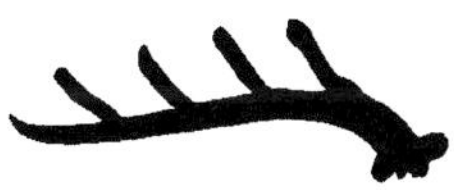

1441
Herzoglich Aechte Porcelain Fabrique und **Königliche Porzellan Manufaktur** • Marke
1793 – ca. 1816 • Blau unterglasur •

1442
Herzoglich Aechte Porcelain Fabrique und **Königliche Porzellan Manufaktur** • Marke
1793 – ca. 1816 • Blau unterglasur

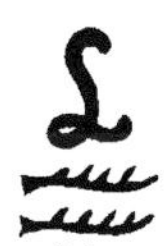

1443
Herzoglich Aechte Porcelain Fabrique und **Königliche Porzellan Manufaktur** • Marke
1793 – ca. 1816 • Blau unterglasur

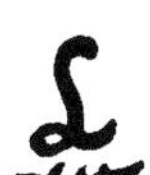

1444
Herzoglich Aechte Porcelain Fabrique und **Königliche Porzellan Manufaktur** • Marke
1793 – ca. 1816 • Blau unterglasur

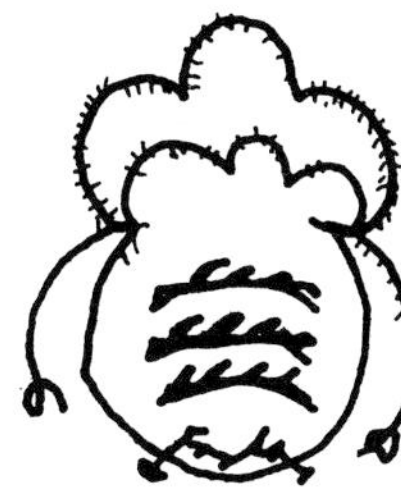

1445
Herzoglich Aechte Porcelain Fabrique und **Königliche Porzellan Manufaktur** • Marke
1793 – ca. 1816 • Blau unterglasur

1446
Herzoglich Aechte Porcelain Fabrique und **Königliche Porzellan Manufaktur** • Marke
1805 – 1816 • Gold oder Farbe aufglasur

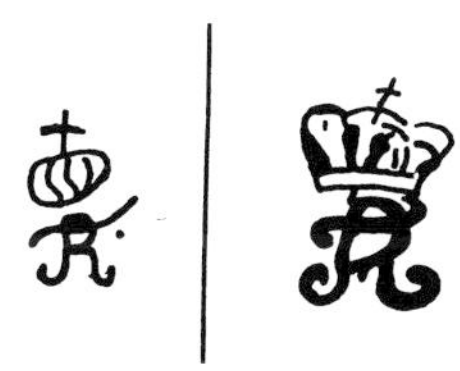

1447
Herzoglich Aechte Porcelain Fabrique und **Königliche Porzellan Manufaktur** •
Marken 1805 – 1816 • Gold oder Farbe aufglasur

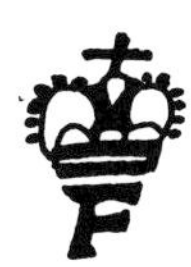

1448
Herzoglich Aechte Porcelain Fabrique und **Königliche Porzellan Manufaktur** • Marke
1805 – 1816

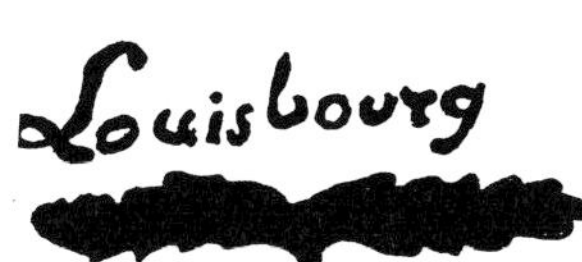

1449
Königliche Porzellan Manufaktur • Marke
1810 – 1816 • Gold oder Farbe aufglasur

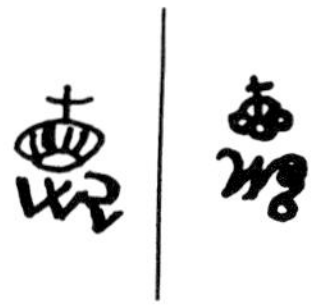

1450, 1451
Herzoglich Aechte Porcelain Fabrique und **Königliche Porzellan Manufaktur** · Marken 1816 – 1824 · Gold oder Farbe aufglasur

1452
Königliche Privatvermögensverwaltung und **Wanner-Brandt** und **Porzellan Manufaktur Ludwigsburg GmbH** · Marke 1906 – heute

1453
Königliche Privatvermögensverwaltung und **Wanner-Brandt** und **Porzellan Manufaktur Ludwigsburg GmbH** · Marke 1906 – heute

1454
Königliche Privatvermögensverwaltung und **Wanner-Brandt** und **Porzellan Manufaktur Ludwigsburg GmbH** · Marke 1906 – heute

1455
Königliche Privatvermögensverwaltung und **Wanner-Brandt** und **Porzellan Manufaktur Ludwigsburg GmbH** · Marke 1906 – heute

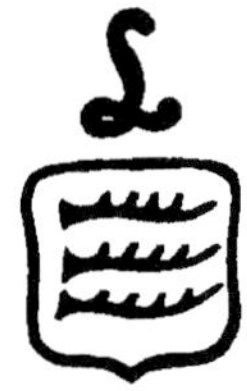

1456
Königliche Privatvermögensverwaltung und **Wanner Brandt** und **Porzellan Manufaktur Ludwigsburg GmbH** · Marke 1906 – heute

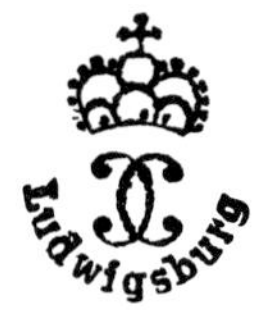

1457
Porzellanmanufaktur Ludwigsburg GmbH · Marke 1973 – heute

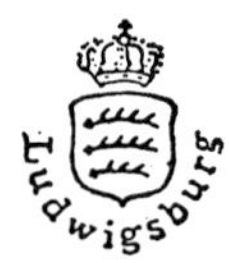

1458
Porzellanmanufaktur Ludwigsburg GmbH · Marke 1973 – heute

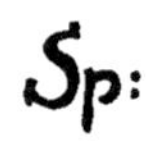

1459
Herzoglich Aechte Porcelain Fabrique · Malermarke des Blaumalers Johann Ulrich Sperl, tätig an der Manufaktur von 1759 – 1796 · Aufglasur · Immer mit einer Manufakturmarke

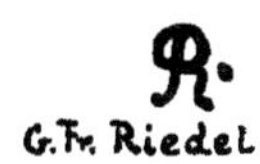

1460
Herzoglich Aechte Porcelain Fabrique · Malermarke des Ober- und Buntmalers Gottlieb Friedrich Riedel, tätig an der Manufaktur von 1759 – 1779 · Aufglasur · Immer mit einer Manufakturmarke

1461
Herzoglich Aechte Porcelain Fabrique · Malermarke des Vogel- und Landschaftsmalers

Johann Jacob Höflich d. Ä., tätig an der Manufaktur von 1760 – 1772 ❧ Aufglasur ❧ Immer mit einer Manufakturmarke

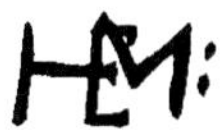

1462
Herzoglich Aechte Porcelain Fabrique ❧
Malermarke des Buntmalers Johann Georg Heinzenmann, tätig an der Manufaktur von 1760 – 1819 ❧ Aufglasur ❧ Immer mit einer Manufakturmarke

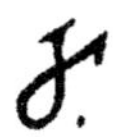

1463
Herzoglich Aechte Porcelain Fabrique ❧
Malermarke des Bunt- und Landschaftsmalers Dominicus Christoph Sausenhofer, tätig an der Manufaktur von 1760 – 1802 ❧ Aufglasur ❧ Immer mit einer Manufakturmarke

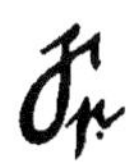

1464
Herzoglich Aechte Porcelain Fabrique ❧
Malermarke des Bunt- und Landschaftsmalers Dominicus Christoph Sausenhofer, tätig an der Manufaktur von 1760 – 1802 ❧ Aufglasur ❧ Immer mit einer Manufakturmarke

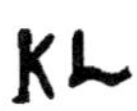

1465
Herzoglich Aechte Porcelain Fabrique ❧
Malermarke des Buntmalers Johann David Klöpfel, tätig an der Manufaktur von 1760 – 1774 ❧ Aufglasur ❧ Immer mit einer Manufakturmarke

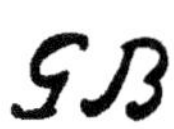

1466
Herzoglich Aechte Porcelain Fabrique ❧
Malermarke des Malers Johann Georg Bensel, tätig an der Manufaktur von 1761 – ca. 1785 ❧ Aufglasur ❧ Immer mit einer Manufakturmarke

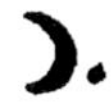

1467
Herzoglich Aechte Porcelain Fabrique ❧
Malermarke des Buntmalers Johann Philipp Ihle, tätig an der Manufaktur von 1763 – 1781 ❧ Aufglasur ❧ Immer mit einer Manufakturmarke

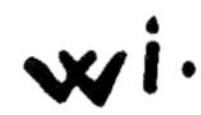

1468
Herzoglich Aechte Porcelain Fabrique ❧
Möglicherweise Malermarke des Miniaturmalers Johann Michael Winkler, tätig an der Manufaktur von 1764 – ca. 1769 ❧ Aufglasur ❧ Immer mit einer Manufakturmarke

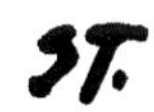

1469
Herzoglich Aechte Porcelain Fabrique ❧
Malermarke des Landschaftsmalers Leonhard Gottfried Stengelein, tätig an der Manufaktur bis 1787 ❧ Aufglasur ❧ Immer mit einer Manufakturmarke

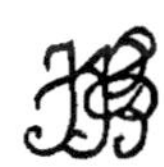

1470
Herzoglich Aechte Porcelain Fabrique ❧
Malermarke des Figurenmalers Johann Jacob Groth, tätig an der Manufaktur von 1768 – 1786 ❧ Aufglasur ❧ Immer mit einer Manufakturmarke

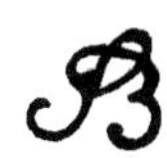

1471
Herzoglich Aechte Porcelain Fabrique ❧
Malermarke des Figurenmalers Johann Jacob Groth, tätig an der Manufaktur von 1768 – 1786 ❧ Aufglasur ❧ Immer mit einer Manufakturmarke

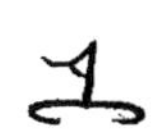

1472
Herzoglich Aechte Porcelain Fabrique ❧
Malermarke des Blumen- und Blaumalers Johann Wilhelm Leinfelder, tätig an der Manufaktur 1768 – 1801 ❧ Aufglasur ❧ Immer mit einer Manufakturmarke

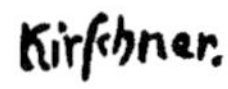

1473
Herzoglich Aechte Porcelain Fabrique · Malermarke des Buntmalers Gottlieb Friedrich Kirschner, tätig an der Manufaktur von 1770 – 1789 · Aufglasur · Immer mit einer Manufakturmarke

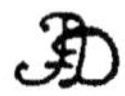

1474
Herzoglich Aechte Porcelain Fabrique · Malermarke des Buntmalers Johann Andreas Dannemann, tätig an der Manufaktur 1776 · Aufglasur · Immer mit einer Manufakturmarke

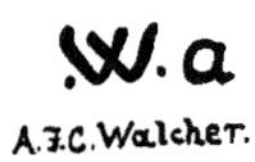

1475
Herzoglich Aechte Porcelain Fabrique und **Königliche Porzellan Manufaktur** · Malermarke des Blumenmalers Albrecht Joseph Christian Wilhelm Walcher, tätig an der Manufaktur von 1779 – 1824 · Aufglasur · Immer mit einer Manufakturmarke

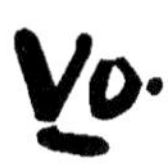

1476
Herzoglich Aechte Porcelain Fabrique und **Königliche Porzellan Manufaktur** · Malermarke des Buntmalers Albrecht Vogelmann, tätig an der Manufaktur von 1782 – 1787 · Aufglasur · Immer mit einer Manufakturmarke

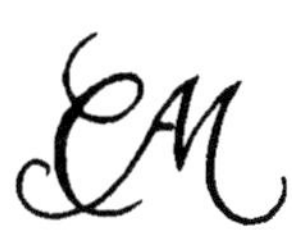

1477
Königliche Porzellan Manufaktur · Hausmalermarke der Königin Charlotte Auguste Mathilde von Württemberg · Ca. 1806 – 1824 · Aufglasur, oft mit Jahreszahl · Immer mit einer Manufakturmarke

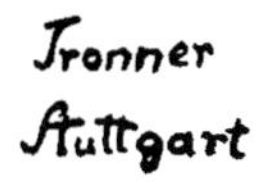

1478
Königliche Porzellan Manufaktur · Malermarke des Buntmalers Johann Anton Tronner, tätig an der Manufaktur von 1811 – 1824 · Dann Hausmaler in Stuttgart · Aufglasur

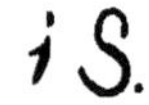

1479
Königliche Porzellan Manufaktur · Malermarke des Obermalers Joseph Sauterleuthe, tätig an der Manufaktur von 1814 – 1824 · Aufglasur · Immer mit einer Manufakturmarke

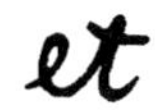

1480
Königliche Porzellan Manufaktur · Malermarke des Miniatur- und Historienmalers Louis Socrate Fouquet, tätig an der Manufaktur von 1819 – 1821 · Aufglasur · Immer mit einer Manufakturmarke

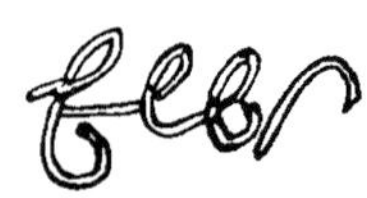

1481
Herzoglich Aechte Porcelain Fabrique · Marke des Bossierers Philip Bartholomäus Elbs, tätig an der Manufaktur von 1760 – 1770 · Eingeritzt · Immer mit einer Manufakturmarke

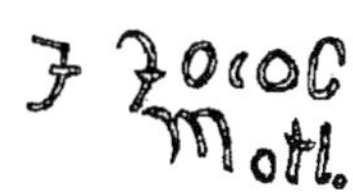

1482
Herzoglich Aechte Porcelain Fabrique · Marke des Bossierers Johann Jacob Motl, tätig an der Manufaktur von 1760 – 1765 · Eingeritzt · Immer mit einer Manufakturmarke

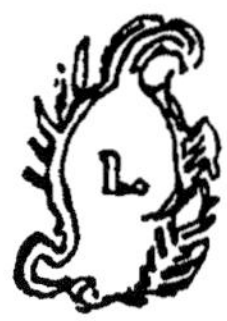

1483
Herzoglich Aechte Porcelain Fabrique • Marke des Oberbossierers Jean Jaques Louis, tätig an der Manufaktur von 1762 – 1772 • Eingeritzt • Immer mit einer Manufakturmarke

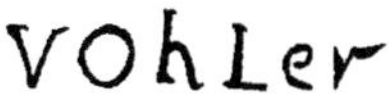

1484
Herzoglich Aechte Porcelain Fabrique • Marke des Bossierers Johann Christian Vohler, tätig an der Manufaktur 1763 – 1764 • Eingeritzt • Immer mit einer Manufakturmarke

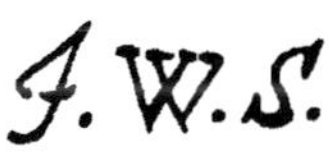

1485
Herzoglich Aechte Porcelain Fabrique • Marke des Bossierers Johann Wilhelm Schumacher, tätig an der Manufaktur von 1763 – 1789 • Eingeritzt • Immer mit einer Manufakturmarke

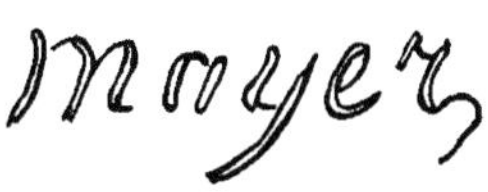

1486
Herzoglich Aechte Porcelain Fabrique • Marke des Bossierers und Modelleurs Johann Jacob Mayer, tätig an der Manufaktur von 1764 – 1771 • Eingeritzt • Immer mit einer Manufakturmarke

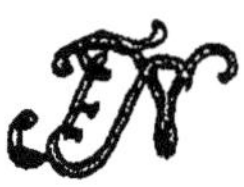

1487
Herzoglich Aechte Porcelain Fabrique • Wahrscheinlich Marke des Bossierers Friedrich Nicolaus Schmauch, tätig an der Manufaktur 1778 • Eingeritzt • Immer mit einer Manufakturmarke

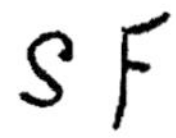

1488
Herzoglich Aechte Porcelain Fabrique • Marke des Modelleurs Peter Anton Seefried, tätig an der Manufaktur von 1766 – 1767 • Eingeritzt • Immer mit einer Manufakturmarke

Porzellan-Manufaktur Alt Ludwigsburg GmbH • 1919 – 1920 • Nach juristischen Auseinandersetzungen benannte sich die Firma um in **Porzellan-Manufaktur Ludwigsburg AG** • 1920 – 1927 • Die Firma stand in keiner Beziehung zur **Herzoglich Aechten Porcelain Fabrique Ludwigsburg**

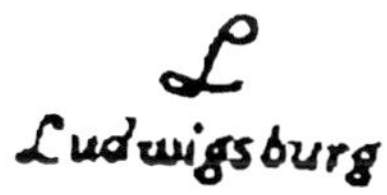

1489
Porzellan-Manufaktur Alt Ludwigsburg GmbH • Marke 1919 – 1920

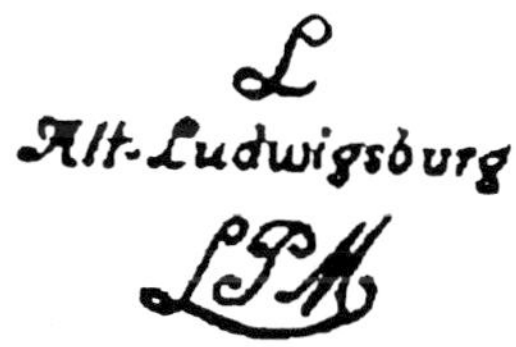

1490
Porzellan-Manufaktur Alt Ludwigsburg GmbH • Marke 1919 – 1920

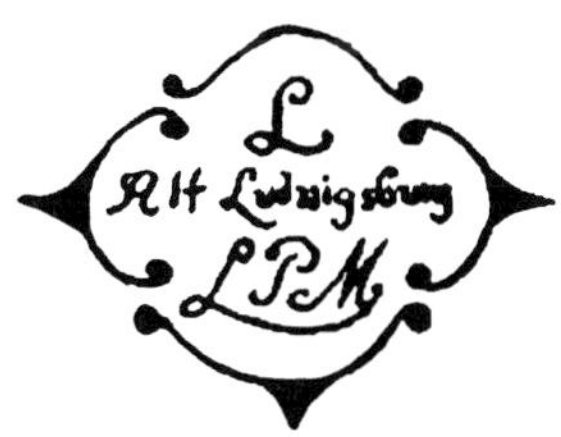

1491
Porzellan-Manufaktur Alt Ludwigsburg GmbH • Marke 1919 – 1920

Ludwigsburg, Württemberg

1492
Porzellan-Manufaktur Ludwigsburg AG ◦ Marke 1920 - 1927

Lübtheen, Mecklenburg

1493
Lübtheener Porzellanfabrik Gertrud Ludwig ◦ 1933 - erloschen ◦ Elektrotechnisches Porzellan ◦ Marke 1933 - ca. 1945

Lüftelberg, Rheinprovinz

1494
B. Bertram ◦ Porzellanmalerei ◦ Vor 1924 - nach 1933 ◦ Marke ca. 1930 - nach 1933 ◦ Malermarke, aufglasur

1495
B. Bertram ◦ Porzellanmalerei ◦ Vor 1924 - nach 1933 ◦ Marke ca. 1930 - nach 1933 ◦ Malermarke, aufglasur

M

Mäbendorf, Sachsen

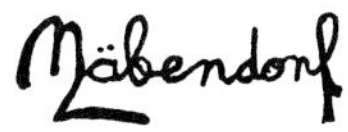

1496
Mäbendorfer Porzellanfabrik Karl Schlegelmilch, 1882 - 1918, dann übernommen von **Mathes & Co.**, 1918 - 1919, anschließend **Mathes & Ebel**, 1919 - 1935 ∞ Haushalts- und Zierporzellan, Porzellanmalerei ∞ Marke 1919 - 1928

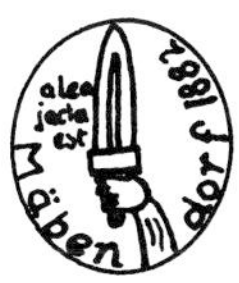

1497
Mathes & Ebel ∞ Marke 1928 - 1935

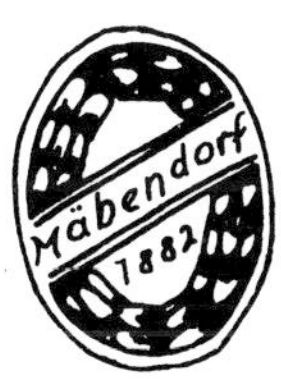

1498
Mathes & Ebel ∞ Marke 1928 - 1935

Magdeburg-Buckau, Provinz Sachsen

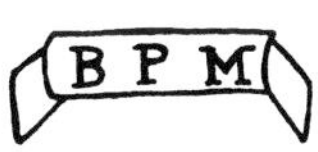

1499
Buckauer Porzellanmanufaktur ∞ 1833 - ca. 1940 ∞ Haushalts- und Tafelporzellan ∞ Marke Ende 19. Jahrhundert

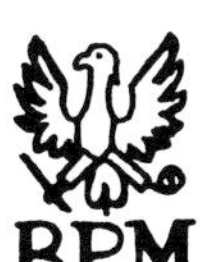

1500
Buckauer Porzellanmanufaktur ∞ Marke nach 1850

Manebach, Thüringen

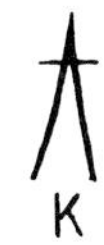

1501
Manebacher Porzellanmanufaktur, 1878 - 1927 dann **Franz R. Kirchner**, 1927 - 1947, verstaatlicht und umbenannt in **VEB Thüringer Porzellanwerke, Betrieb Manebach**, 1948 - 1969, dem **VEB Porzellanwerk Ilmenau** angeschlossen, 1969 - geschlossen 1974 ∞ Zierporzellan und Figuren ∞ Marke ca. 1931 - 1947

Mannheim, Baden

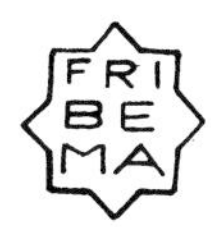

1502
Fritz Bensinger ∞ 1886 - 1933 ∞ Porzellanmalerei ∞ Marke um 1930 ∞ Malermarke aufglasur

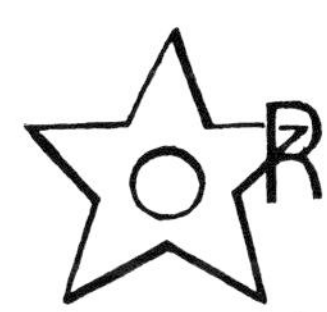

1503
M. Sterner Porzellanmanufaktur, 1892 - 1899, dann **Rheinische Porzellanfabrik Mannheim,** 1899 - 1933 ∞ Haushalts- und Zierporzellan, Werbeartikel ∞ Marke Sterner 1896 - (1907)

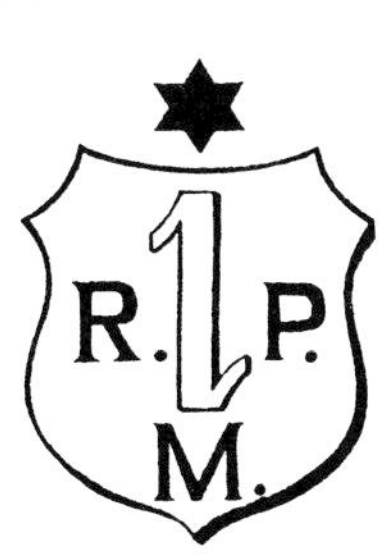

1504
Rheinische Porzellanfabrik Mannheim ∞ Marke 1899 - ca. 1909

Mannheim, Baden

1505
Rheinische Porzellanfabrik Mannheim •
Marke 1909 - 1933 • Eingepresst

Marburg, Hessen

1506
Ludwig Schneider • 1809 - 1930 • Kunsttöpferei und Porzellanmalerei • Marke um 1924

Marktleuthen, Bayern

1507
Porzellanfabrik Marktleuthen, dann **Drechsel & Strobel**, 1898 - 1903, dann **Porzellanfabrik Heinrich Winterling**, 1903 - heute • Haushaltsporzellan, Kaffee- und Teegeschirr, Waschgeschirr, Nippes • Marke Drechsel & Strobel 1898 - (1908)

1508
Drechsel & Strobel • Marke 1900 - (1910)

1509
Porzellanfabrik Heinrich Winterling •
Marke 1903 - 1945

1510
Porzellanfabrik Heinrich Winterling •
Marke 1903 - 1945

1511
Porzellanfabrik Heinrich Winterling •
Marke 1934 -

1512
Porzellanfabrik Heinrich Winterling •
Marke 1934 - ca. 1950

1513
Porzellanfabrik Heinrich Winterling •
Fabrikmarke mit NS-Reichsadler für Lieferungen an Reichsbehörden, Militär und staatliche Betriebe ca. 1938 - 1945 • Diese Marke 1941 • Grün unterglasur

1514
Porzellanfabrik Heinrich Winterling •
Marke 1950 - heute

1515
Porzellanfabrik Heinrich Winterling •
Marke 2005 - heute

Marktredwitz, Bayern

Jäger, Thomas & Co., 1898 - 1902, nachdem Fritz Thomas die Firma verlässt, heißt sie **Porzellanfabrik Marktredwitz Jäger & Co.**, 1902 - 1979, dann verkauft an die italienische Firma Sebring und umbenannt in **Jäger Porzellan GmbH**, 1979 - heute. Haushalts- und Hotelporzellan, Kaffee- und Teegeschirr, Geschenkartikel.

1516
Jäger, Thomas & Co. • Marke 1898 - 1902

1517
Porzellanfabrik Marktredwitz Jäger & Co.
• Marke 1902 - (1908)

1518
Porzellanfabrik Marktredwitz Jäger & Co.
• Marke 1912 - ca. 1950 • Auf Hotelporzellan • Grün unterglasur

1519
Porzellanfabrik Marktredwitz Jäger & Co.
• Marke 1911 - ca. 1950

1520
Porzellanfabrik Marktredwitz Jäger & Co.
• Marke ca. 1912 - 1917 • Für Lieferungen an den USA-Importeur George Borgfeldt in New York

1521
Porzellanfabrik Marktredwitz Jäger & Co.
• Marke um 1950

1522
Porzellanfabrik Marktredwitz Jäger & Co.
• Marke um 1950

1523
Porzellanfabrik Marktredwitz Jäger & Co.
• Marke bis 1979 • Grün unterglasur

1524
Porzellanfabrik Marktredwitz Jäger & Co.
Fabrikmarke mit NS-Reichsadler für Lieferungen an Reichsbehörden, Militär und staatliche Betriebe ca. 1938 – 1945 • Diese Marke 1938 • Grün unterglasur

1525
Kerafina GmbH Porzellanfabrik • 1950 – heute • Zierporzellan, Geschenkartikel, Porzellanlampen • Marke ca. 1950 – 1954 • Auch mit – Echt Cobalt – unter der Marke

1526
Kerafina GmbH Porzellanfabrik • Marke 1954 – 1958

1527
Kerafina GmbH Porzellanfabrik • Marke 1954 – 1958

1528
Kerafina GmbH Porzellanfabrik • Marke ca. 1950 – 1958

1529
Kerafina GmbH Porzellanfabrik • Marke ca. 1950 – 1958

1530
Kerafina GmbH Porzellanfabrik • Marke ca. 1950 – 1958 • Auch mit – Echt Cobalt – unter der Marke

1531
Kerafina GmbH Porzellanfabrik • Marke 1964 – heute • Grün aufglasur • Auch mit – 22 Karat Gold – oder – Echt Cobalt – unter der Marke

1532
Kerafina GmbH Porzellanfabrik • Marke 1964 – heute • Grün aufglasur • Auch mit – Handarbeit Echt Cobalt – unter der Marke

1533
Kerafina GmbH Porzellanfabrik • Marke 1954 – heute • Auch mit – Handarbeit – unter der Marke

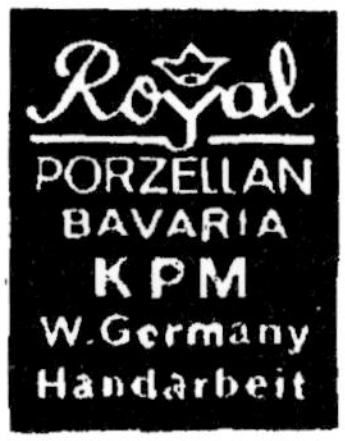

1534
Kerafina GmbH Porzellanfabrik • Marke 1964 – heute • Untergrund grün, Schrift gold aufglasur

---

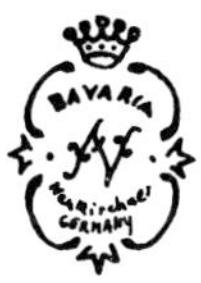

1535
Franz Neukirchner Porzellanmanufaktur • 1916 – ca 1977 erloschen • Porzellanmalerei • Marke 1916 – 1925 • Siehe auch **Waldershof, Franz Neukirchner**

Krister Porzellanmanufaktur Einige der Marken der **Krister Porzellanmanufaktur** in **Landstuhl** sind auch für die Krister Porzellanmanufaktur in Marktredwitz als Warenzeichen angemeldet worden.

Fritz Thomas gründet nach seinem Ausscheiden aus der Porzellanfabrik Jäger, Thomas & Co. zusammen mit einem Partner die **Porzellanfabrik Marktredwitz Thomas & Ens**, 1902 – 1908. Die Partner trennen sich 1908 und Thomas führt die Firma fort, benennt sie um in **Porzellanfabrik F. Thomas Marktredwitz**, verkauft sie aber im selben Jahr an die **Porzellanfabrik Ph. Rosenthal & Co. AG** in **Selb**. Seit 1961 nur technisches Porzellan und kochfeste Keramik.

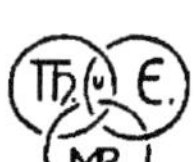

1536
Porzellanfabrik Marktredwitz Thomas & Ens • Marke 1903 – 1908

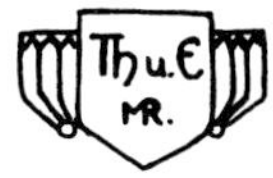

1537
Porzellanfabrik Marktredwitz Thomas & Ens • Marke 1904 – 1908

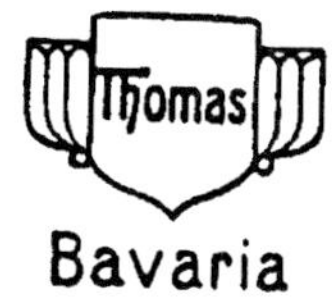

1538
Porzellanfabrik F. Thomas • Marke 1908 – 1922 • Nach 1922 mit Punkten als Jahreszeichen

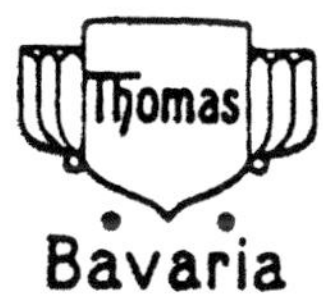

1539
Porzellanfabrik F. Thomas • Marke mit zwei Punkten unten für 1924

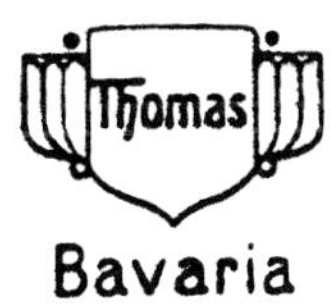

1540
Porzellanfabrik F. Thomas • Marke mit zwei Punkten oben für 1925

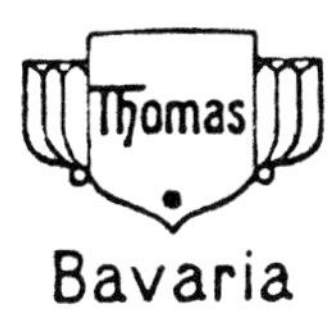

1541
Porzellanfabrik F. Thomas • Marke mit einem Punkt im Schild für 1926

1542
Porzellanfabrik F. Thomas · Marke mit drei Punkten im Schild für 1927

1543
Porzellanfabrik F. Thomas · Marke mit zwei Punkten im Schild für 1928

1544
Porzellanfabrik F. Thomas · Marke 1929 · Im Gegensatz zur ähnlich aussehenden Marke 1542 für 1923 berührt der Horizontalstrich des Buchstabens T nicht den linken Schildrand

1545
Porzellanfabrik F. Thomas · Marke seit 1930 · Marke mit –Germany– unten anstelle von –Bavaria– · seit 1939 · Marke mit –Germany US Zone– 1945 – 1949

1546
Porzellanfabrik F. Thomas · Marke mit einem Punkt unten im Schild für 1931

1547
Porzellanfabrik F. Thomas · Marke mit zwei Punkten unten im Schild für 1932

1548
Porzellanfabrik F. Thomas · Marke mit drei Punkten unten im Schild für 1933

1549
Porzellanfabrik F. Thomas · Marke 1938 – heute · Auch mit – Germany – unten

1550
Rosenthal Porzellan AG für **Porzellanfabrik F. Thomas** · Marke 1957 – heute

1551
Rosenthal Porzellan AG für **Porzellanfabrik F. Thomas** · Marke 1962 – heute

1552
Rosenthal Porzellan AG für **Porzellanfabrik F. Thomas** · Marke 1978 –

Marktschwaben, Bayern

1553
Porzellanfabrik Schwaben GmbH · 1921 – 1927 · Haushaltsporzellan

1554
Keramische Fabrik München-Schwaben AG · 1927 – 1935 · Haushalts-, Tafel- und Zierporzellan sowie Steingut

Martinroda, Thüringen

Porzellanfabrik Martinroda, Friedrich Eger & Co. KG, 1900 – 1972, Zierporzellan, Geschenkartikel. Verstaatlicht und umbenannt in **VEB Porzellanwerk Martinroda**, 1972 – 1975, der zum Betriebsteil des **VEB Vereinigte Zierporzellanwerke Lichte** in **Lichte** gemacht wird, 1975 – 1977. Dann Betriebsteil des **VEB Henneberg Porzellanfabrik** in **Ilmenau**, 1977 – 1990. Die Fabrik wird restituiert unter dem alten Namen **Porzellanfabrik Martinroda Friedrich Eger**.

1555
Porzellanfabrik Martinroda Friedrich Eger & Co. und **VEB Porzellanwerk Martinroda** und **Porzellanfabrik Martinroda Friedrich Eger** · Marke 1901 – 1976 und 1990 – heute

Merzig, Sauerland

1556
Porzellanfabrik Bonzel & Barthel · 1927 – ca. 1934 · dann **Porzellanfabrik Bonzel & Cie.** · Technisches und Laborporzellan · Marke 1927 – ca. 1934

Meißen, Sachsen

1557
ARITE Porcelain GmbH · 1993 – Gesamtvollstreckung · Marke 1993 – 1998 · Tafel- und Zierporzellan, Geschenkartikel

1558
ARITE Porzellan GmbH · Marke 1998 – 2002

1559
Neue Private Porzellan Gesellschaft, Nachfolgerin von **ARITE** · Marke 2002 – heute

Die erste europäische Porzellanmanufaktur wird nach der Erfindung des Hartporzellans durch Johann Friedrich Böttger von Kurfürst Friedrich August I. von Sachsen, gleichzeitig August II. König von Polen, als **Königliche Porcelain Fabrique** gegründet und von seinem Sohn, Kurfürst Friedrich August II., zugleich König August III. von Polen, weitergeführt, 1710 – 1763. Da die sächsischen Kurfürsten die polnische Krone verlieren, muss die Manufaktur in **Churfürstliche Porcellain Fabrique** umbenannt werden, 1763 – 1806. Nach der Erhebung Sachsens zum Königreich durch Napoleon heißt die Manufaktur **Königliche Porzellan Manufaktur**, 1806 – 1919, seit 1831 ist sie Eigentum des Staates Sachsen. Als der letzte König abdankt, erhält sie den Namen **Staatliche Porzellan Manufaktur**, 1919 - 1946. Nach dem 2. Weltkrieg wird die Manufaktur demontiert. Manufakturarbeiter bauen neue Produktionseinrichtungen und beginnen noch 1945 wieder mit der Porzellanherstellung. 1946 beschlagnahmt die Sowjetunion die Manufaktur und betreibt sie als **Porzellanmanufaktur Meissen, Betrieb der SAG „Zement"**, 1946 - 1950. Sie verkauft den Betrieb an die DDR, die ihn **VEB Staatliche Porzellan Manufaktur Meissen** nennt, 1950 - 1990. Nach dem Ende der DDR wird die Manufaktur dem Freistaat Sachsen zurückgegeben und erhält wieder den Namen **Staatliche Porzellan Manufaktur Meissen**, 1990 - heute. Tafel- und Zierporzellan, Kaffee-, Tee- und Schokoladengeschirr, Figuren, Sammler- und Geschenkartikel, Wandplatten, Medaillen und Münzen, Puppenköpfe, Pfeifenköpfe, Labor-, Apotheker- und technisches Porzellan. In den ersten Jahren werden auch Artikel aus rotem Steinzeug hergestellt. Nach Wiederherstellung des vergessenen Rezeptes produziert die Manufaktur seit 1910 „Böttgersteinzeug". Seine Marken sind hier mit aufgeführt. Da es von 1710 - 1774 und von 1824 - 1850 kein System für die Form der Marken gibt, bedeutet das, dass ähnlich aussehende Marken nicht unbedingt aus derselben Periode stammen müssen. Meissener Marken mit dem Zusatz: -Germany- oder -Made in Germany- in Blau unter der Glasur sind bisher nicht beobachtet worden. Es gibt lediglich auf einigen Stücken einen Gummi-Tintenstempel mit -Germany- oder einen goldfarbenen und ablösbaren Aufkleber mit schwarzer Schrift -Made in Germany-

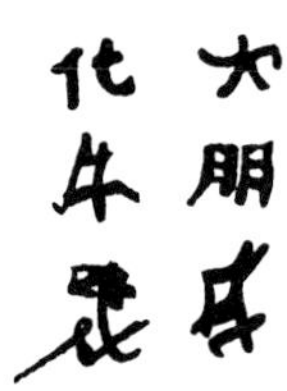

1560
Königliche Porcelain Fabrique und **Churfürstliche Porcellain Fabrique** · Marke ca. 1717 - ca. 1774 · Blau unterglasur

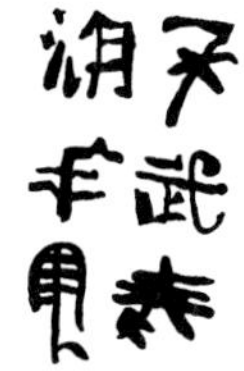

1561
Königliche Porcelain Fabrique und **Churfürstliche Porcellain Fabrique** · Marke ca. 1717 - ca. 1774 · Blau unterglasur

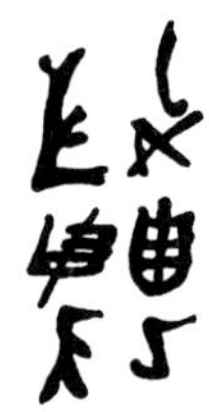

1562
Königliche Porcelain Fabrique und **Churfürstliche Porcellain Fabrique** · Marke ca. 1717 - ca. 1774 · Blau unterglasur

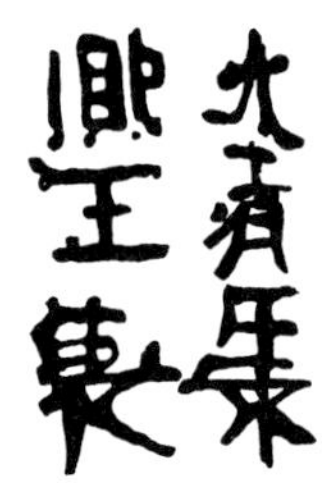

1563
Königliche Porcelain Fabrique und **Churfürstliche Porcellain Fabrique** · Marke ca. 1717 - ca. 1774 · Blau unterglasur

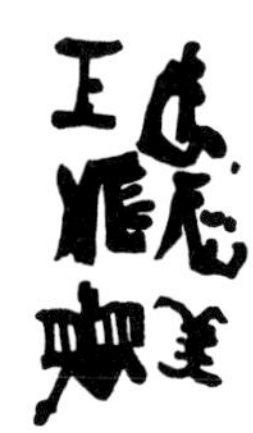

1564
Königliche Porcelain Fabrique und **Churfürstliche Porcellain Fabrique** · Marke ca. 1724 - ca. 1774 · Blau unterglasur

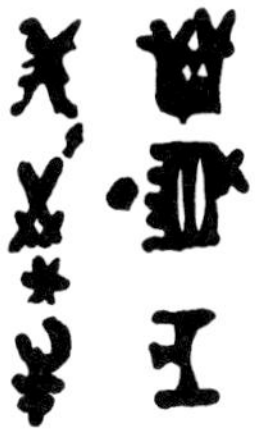

1565
Churfürstliche Porcellain Fabrique und **Königliche Porzellan Manufaktur** • Marke ca. 1774 – ca. 1835 • Blau unterglasur, auch grün unterglasur • Nach 1774 die am häufigsten verwendete pseudochinesische Marke

1566
Königliche Porcelain Fabrique • Marke ca. 1717 – ca. 1730 • Blau unterglasur

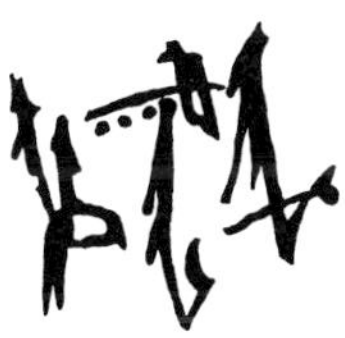

1567
Königliche Porcelain Fabrique • Marke ca. 1717 – ca. 1730 • Blau unterglasur

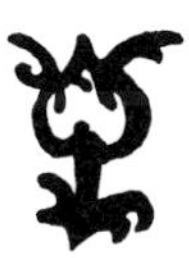

1568
Königliche Porcelain Fabrique • Marke ca. 1717 – 1730 • Blau unterglasur

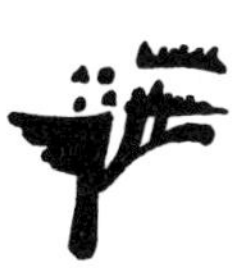

1569
Königliche Porcelain Fabrique • Marke ca. 1717 – ca. 1730 • Blau unterglasur

1570
Königliche Porcelain Fabrique • Marke ca. 1717 – ca. 1724 • Blau unterglasur

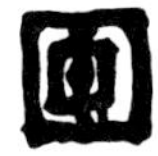

1571
Königliche Porcelain Fabrique • Marke ca. 1717 – ca. 1724 • Blau unterglasur

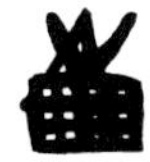

1572
Königliche Porcelain Fabrique • Marke ca. 1717 – ca. 1724 • Blau unterglasur

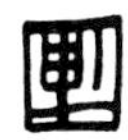

1573
Königliche Porcelain Fabrique • Marke ca. 1717 – ca. 1724 • Blau unterglasur

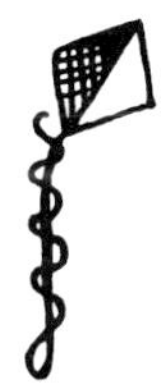

1574
Königliche Porcelain Fabrique • Marke ca. 1717 – ca. 1730 • Blau unterglasur

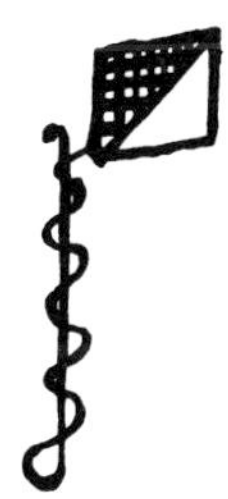

1575
Königliche Porcelain Fabrique • Marke ca. 1717 – ca. 1730 • Blau unterglasur

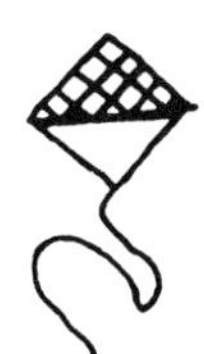

1576
Königliche Porcelain Fabrique • Marke ca. 1717 – ca. 1730 • Blau unterglasur

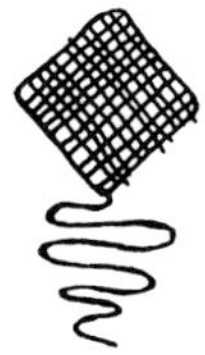

1577
Königliche Porcelain Fabrique • Marke ca. 1717 – ca. 1730 • Blau unterglasur

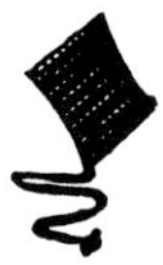

1578
Königliche Porcelain Fabrique • Marke ca. 1717 – ca. 1730 • Blau unterglasur

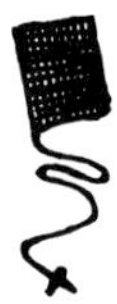

1579
Königliche Porcelain Fabrique • Marke ca. 1717 – ca. 1730 • Blau unterglasur

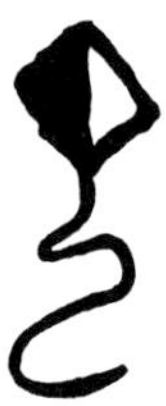

1580
Königliche Porcelain Fabrique • Marke ca. 1717 – ca. 1730 • Blau unterglasur

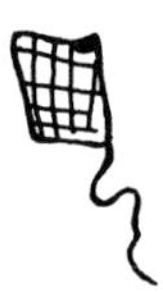

1581
Königliche Porcelain Fabrique • Marke ca. 1717 – ca. 1730 • Blau unterglasur

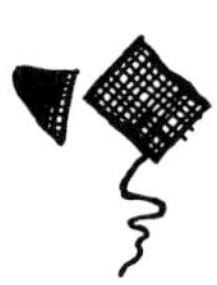

1582
Königliche Porcelain Fabrique • Marke ca. 1717 – ca. 1730 • Blau unterglasur

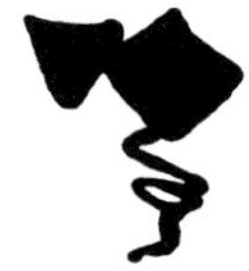

1583
Königliche Porcelain Fabrique • Marke ca. 1717 – ca. 1730 • Blau unterglasur

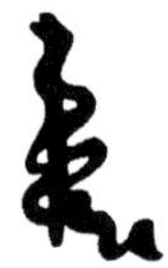

1584
Königliche Porcelain Fabrique • Marke 1717 – 1721 • Blau unterglasur • Auch – Peitschenmarke – oder Merkurstab – caduceus – genannt, richtig wäre Äskulapstab – bacteria – (griechisch für Stab, Stock)

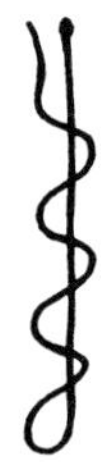

1585
Königliche Porcelain Fabrique • Marke 1717 – ca. 1734 • Blau unterglasur

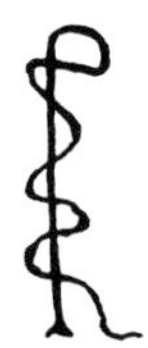

1586
Königliche Porcelain Fabrique • Marke 1717 – ca. 1734 • Blau unterglasur

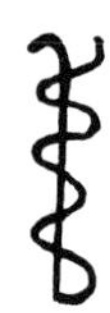

1587
Königliche Porcelain Fabrique • Marke 1717 – ca. 1734 • Blau unterglasur

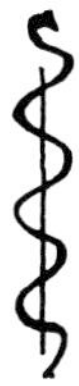

1588
Königliche Porcelain Fabrique • Marke
1717 – ca. 1734 • Blau unterglasur

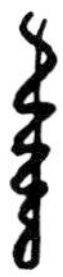

1589
Königliche Porcelain Fabrique • Marke
1717 – ca. 1734 • Blau unterglasur

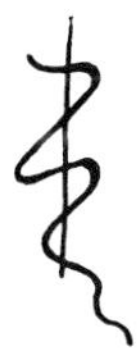

1590
Königliche Porcelain Fabrique • Marke
1717 – ca. 1734 • Blau unterglasur

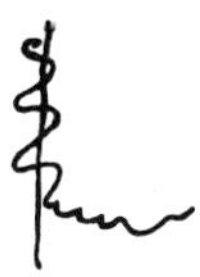

1591
Königliche Porcelain Fabrique • Marke
1717 – ca. 1734 • Blau unterglasur

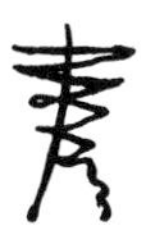

1592
Königliche Porcelain Fabrique • Marke
1717 – ca. 1734 • Blau unterglasur

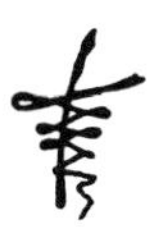

1593
Königliche Porcelain Fabrique • Marke
1717 – ca. 1734 • Blau unterglasur

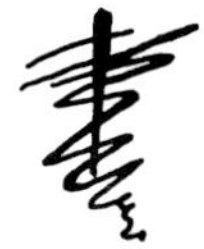

1594
Königliche Porcelain Fabrique • Marke
1717 – ca. 1734 • Blau unterglasur

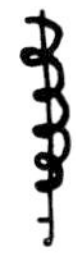

1595
Königliche Porcelain Fabrique • Marke
1717 – ca. 1734 • Blau unterglasur

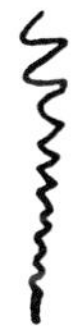

1596
Königliche Porcelain Fabrique • Marke
1717 – ca. 1734 • Blau unterglasur

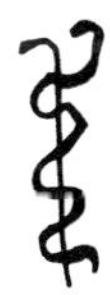

1597
Königliche Porcelain Fabrique • Marke
1717 – ca. 1734 • Blau unterglasur

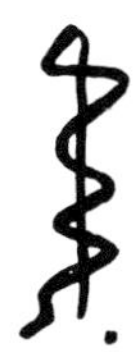

1598
Königliche Porcelain Fabrique • Marke
1717 – ca. 1734 • Blau unterglasur

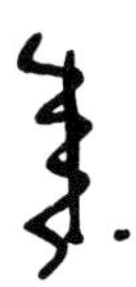

1599
Königliche Porcelain Fabrique • Marke
1717 – ca. 1734 • Blau unterglasur

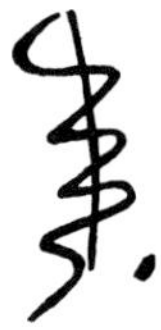

1600
Königliche Porcelain Fabrique • Marke
1717 – ca. 1734 • Blau unterglasur

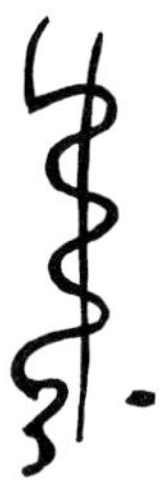

1601
Königliche Porcelain Fabrique • Marke
1717 – ca. 1734 • Blau unterglasur

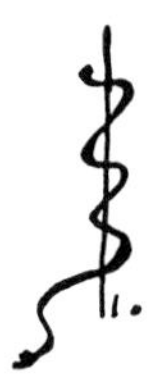

1602
Königliche Porcelain Fabrique • Marke
1717 – ca. 1734 • Blau unterglasur

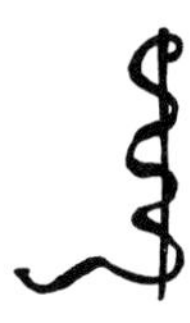

1603
Königliche Porcelain Fabrique • Marke
1717 – ca. 1734 • Blau unterglasur

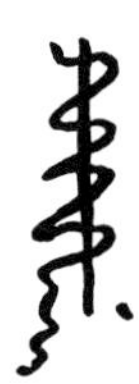

1604
Königliche Porcelain Fabrique • Marke
1717 – ca. 1734 • Blau unterglasur

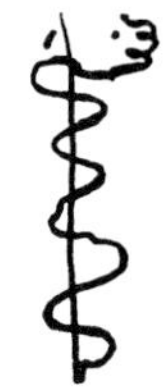

1605
Königliche Porcelain Fabrique • Marke
1717 – ca. 1734 • Blau unterglasur

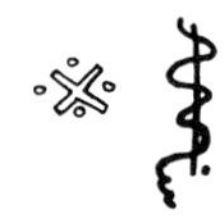

1606
Königliche Porcelain Fabrique • Marke
1726 – ca. 1734 • Peitsche blau unterglasur • Kreuz und Punkte eingepresst • Zeichen des Formers Andreas Schieffer, in der Manufaktur tätig von 1726 – 1761

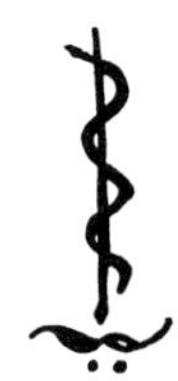

1607
Königliche Porcelain Fabrique • Marke
1717 – ca. 1734 • Blau unterglasur

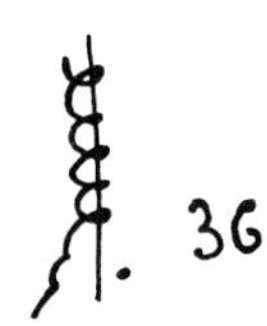

1608
Königliche Porcelain Fabrique • Marke
1717 – ca. 1734 • Blau unterglasur

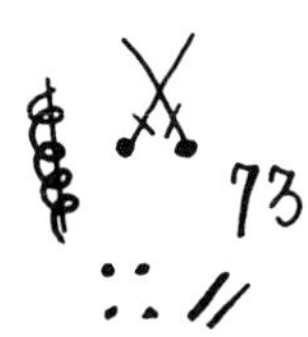

1609
Königliche Porcelain Fabrique • Marke
1724 – 1731 • Blau unterglasur

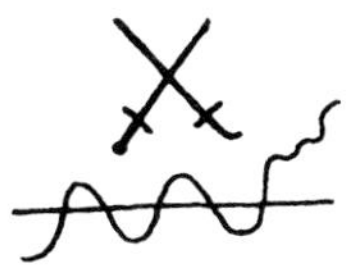

1610
Königliche Porcelain Fabrique • Marke
1724 – ca. 1734 • Blau unterglasur

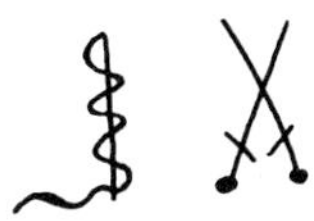

1611
Königliche Porcelain Fabrique • Marke
1724 – ca. 1734 • Blau unterglasur

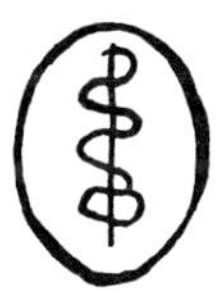

1612
Königliche Porcelain Fabrique • Marke
1724 – ca. 1734 • Blau unterglasur

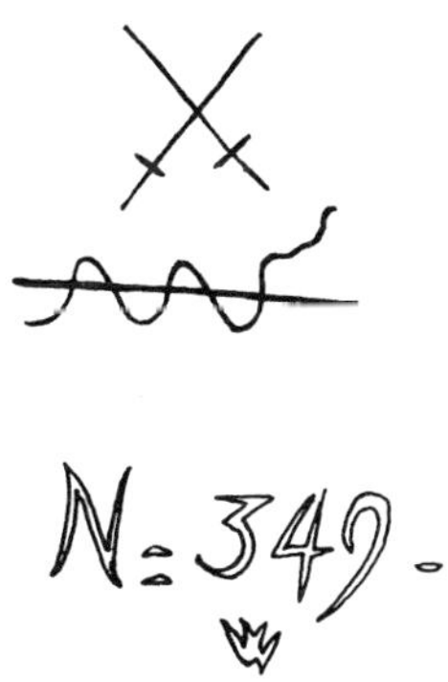

1613
Königliche Porcelain Fabrique • Marke
1727 – ca. 1734 • Schwerter und Äskulapstab blau unterglasur • Buchstaben und Zahlen eingeritzt • Inventarbezeichnung des Johanneums in Dresden

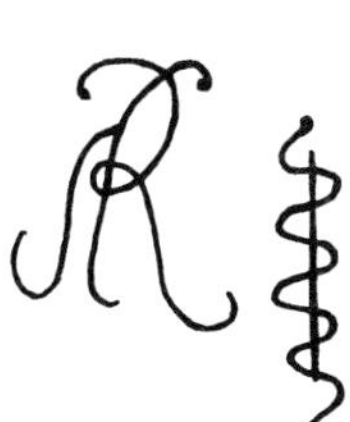

1614
Königliche Porcelain Fabrique • Marke
1723 – 1731 • Blau unterglasur • Hofmarke

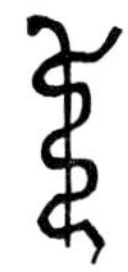

1615
Königliche Porcelain Fabrique • Marke
1875 – heute • Als Warenzeichen seit 1875 geschützt und seitdem gelegentlich auf besonderen Editionen angebracht, üblicherweise mit der Jahreszahl der Herstellung

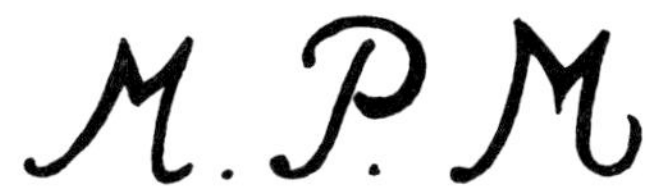

1616
Königliche Porcelain Fabrique • Marke
1722 • Blau unterglasur

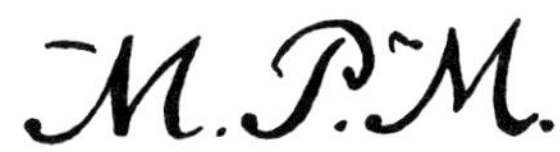

1617
Königliche Porcelain Fabrique • Marke
1722 • Blau unterglasur

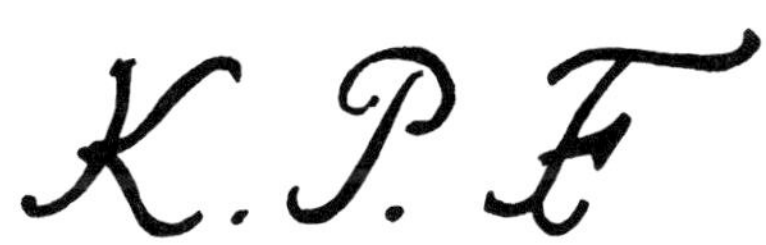

1618
Königliche Porcelain Fabrique • Marke
1722 • Blau unterglasur

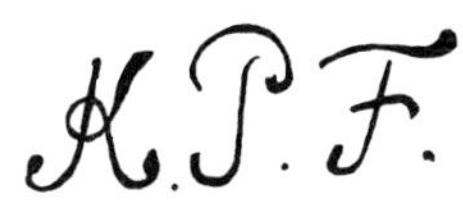

1619
Königliche Porcelain Fabrique • Marke
1722 • Blau unterglasur

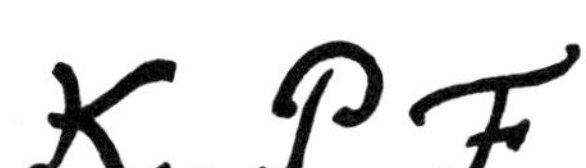

1620
Königliche Porcelain Fabrique • Marke
1722 • Blau unterglasur

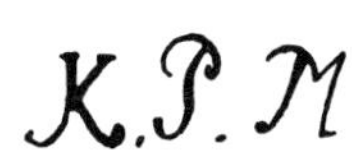

1621
Königliche Porcelain Fabrique • Marke
1723 – ca. 1730 • Blau unterglasur

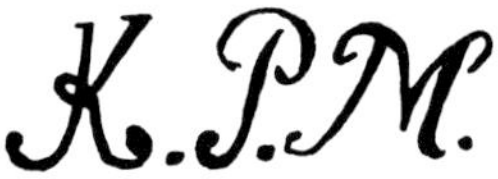

1622
Königliche Porcelain Fabrique ஃ Marke
1723 – ca. 1730 ஃ Blau unterglasur

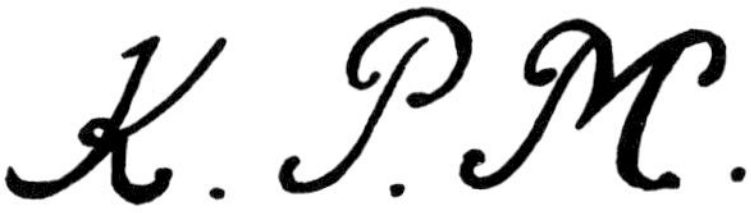

1623
Königliche Porcelain Fabrique ஃ Marke
1723 – ca. 1730 ஃ Blau unterglasur

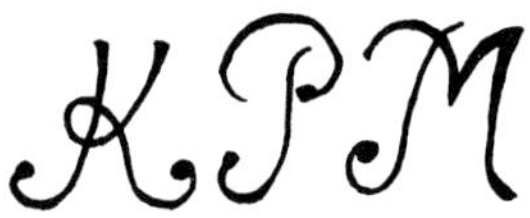

1624
Königliche Porcelain Fabrique ஃ Marke
1723 – ca. 1730 ஃ Blau unterglasur

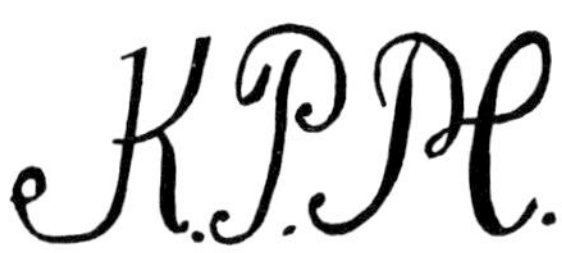

1625
Königliche Porcelain Fabrique ஃ Marke
1723 – ca. 1730 ஃ Blau unterglasur

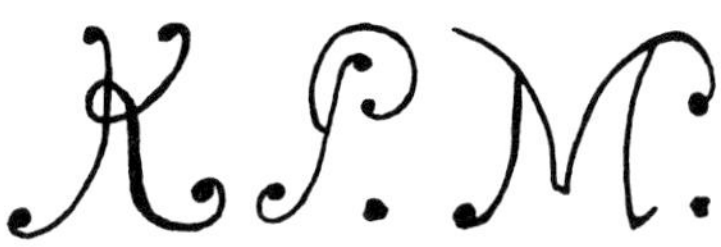

1626
Königliche Porcelain Fabrique ஃ Marke
1723 – ca. 1730 ஃ Blau unterglasur

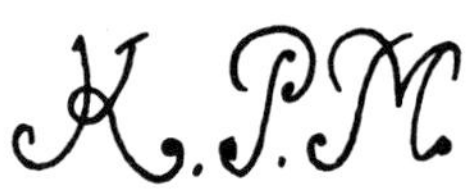

1627
Königliche Porcelain Fabrique ஃ Marke
1723 – ca. 1730 ஃ Blau unterglasur

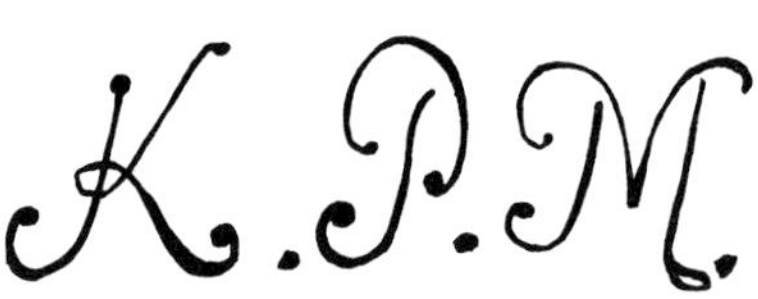

1628
Königliche Porcelain Fabrique ஃ Marke
1723 – ca. 1730 ஃ Blau unterglasur

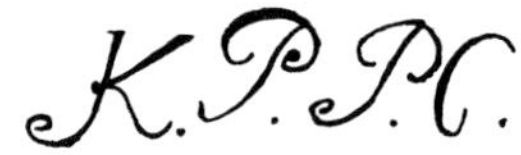

1629
Königliche Porcelain Fabrique ஃ Marke
1723 – ca. 1730 ஃ Blau unterglasur

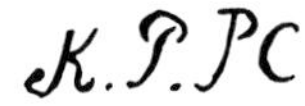

1630
Königliche Porcelain Fabrique ஃ Marke
1723 – ca. 1730 ஃ Blau unterglasur

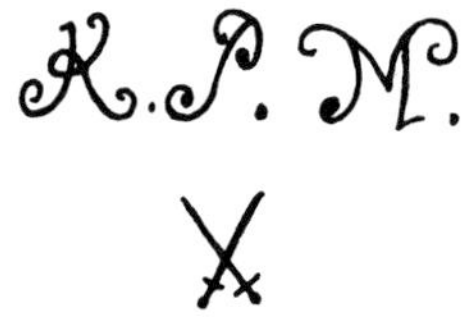

1631
Königliche Porcelain Fabrique ஃ Marke
1724 – ca. 1730 ஃ Blau unterglasur

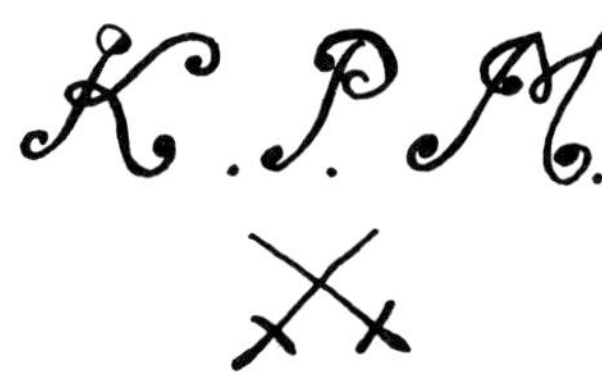

1632
Königliche Porcelain Fabrique ஃ Marke
1724 – ca. 1730 ஃ Blau unterglasur

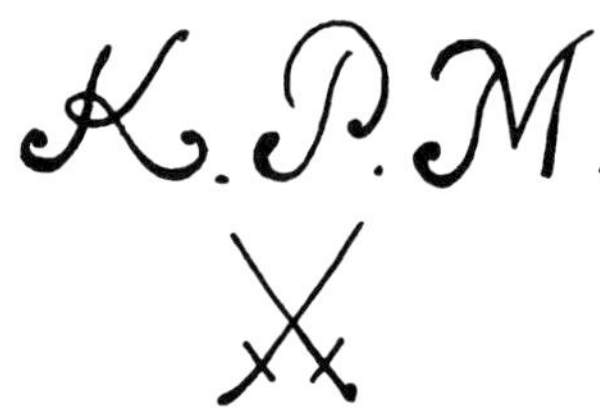

1633
Königliche Porcelain Fabrique ஃ Marke
1724 – ca. 1730 ஃ Blau unterglasur

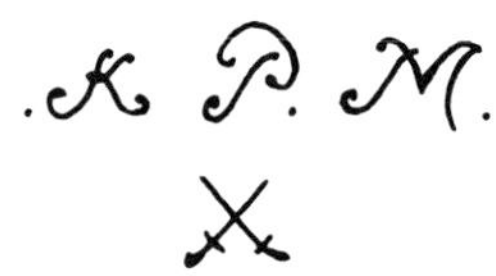

1634
Königliche Porcelain Fabrique ஃ Marke
1724 – ca. 1730 ஃ Blau unterglasur

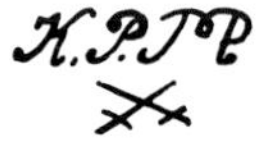

1635
Königliche Porcelain Fabrique • Marke
1724 – ca. 1730 • Blau unterglasur

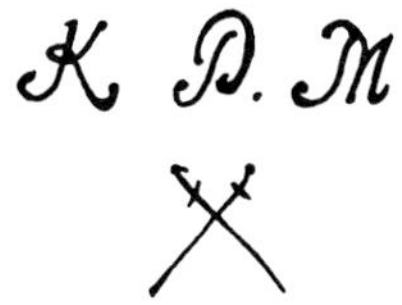

1636
Königliche Porcelain Fabrique • Marke
1724 – ca. 1730 • Blau unterglasur

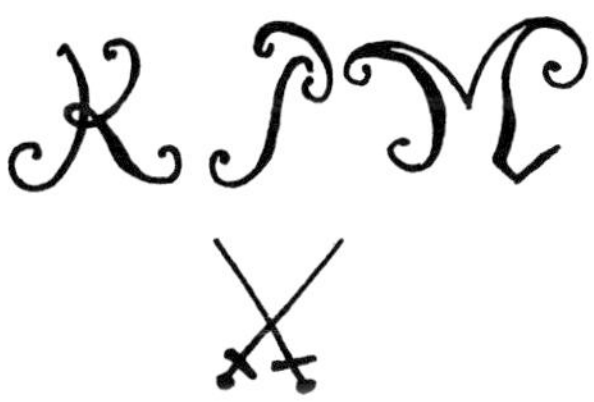

1637
Königliche Porcelain Fabrique • Marke
1724 – ca. 1730 • Blau unterglasur

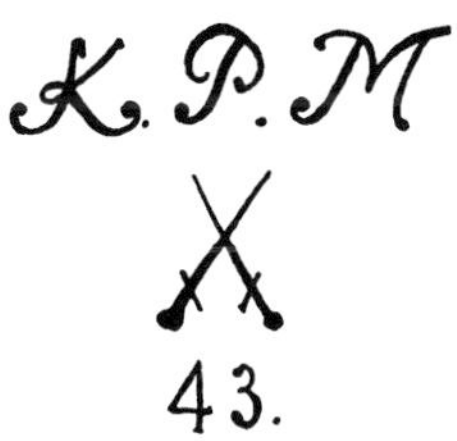

1638
Königliche Porcelain Fabrique • Marke
1724 – ca. 1730 • Blau unterglasur • Zahl aufglasur

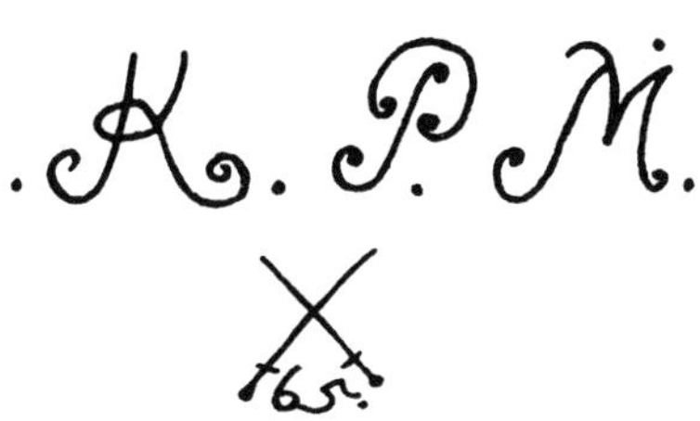

1639
Königliche Porcelain Fabrique • Marke
1724 – ca. 1730 • Blau unterglasur • Zahl aufglasur

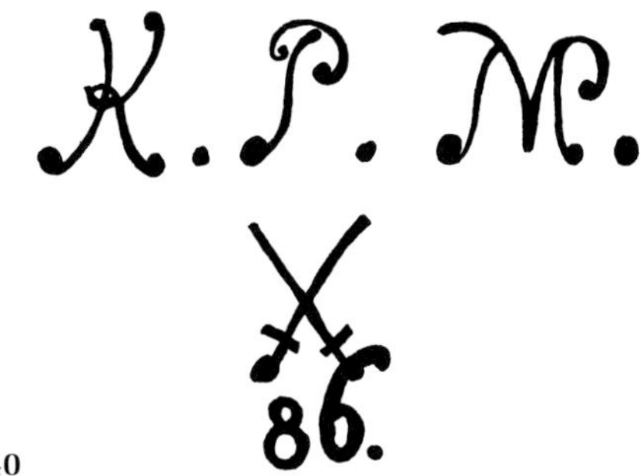

1640
Königliche Porcelain Fabrique • Marke
1724 – ca. 1730 • Blau unterglasur • Zahl gold aufglasur

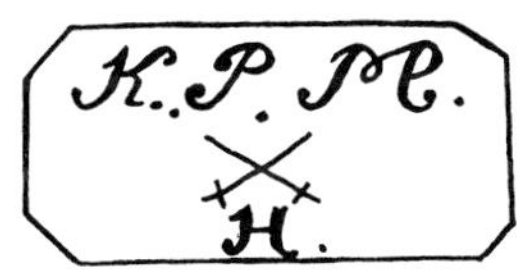

1641
Königliche Porcelain Fabrique • Marke
1724 – ca. 1730 • Blau unterglasur • Buchstabe H gold aufglasur

1642
Königliche Porzellan Manufaktur • Marke
1875 – heute • Als Warenzeichen 1875 geschützt und seitdem gelegentlich auf besonderen Editionen angebracht, üblicherweise mit der Jahreszahl der Herstellung

1643
Königliche Porcelain Fabrique • Marke ca. 1723 – ca 1760 • Blau unterglasur

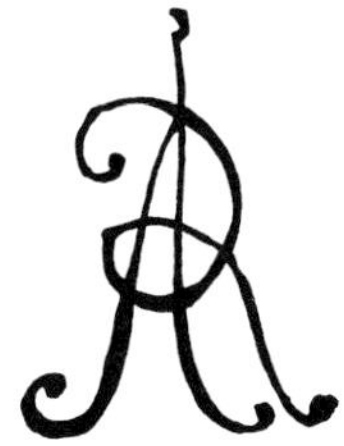

1644
Königliche Porcelain Fabrique • Marke ca. 1723 – ca. 1760 • Blau unterglasur

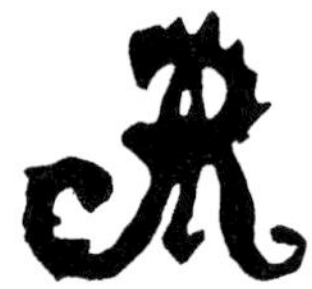

1645
Königliche Porcelain Fabrique · Marke ca. 1725 – ca. 1730 · Blau unterglasur

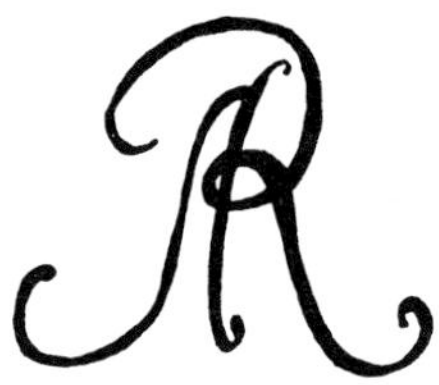

1646
Königliche Porcelain Fabrique · Marke ca. 1723 – ca. 1760 · Blau unterglasur

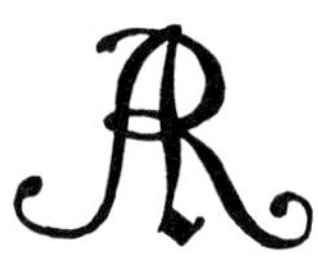

1647
Königliche Porcelain Fabrique · Marke ca. 1723 – ca. 1760 · Blau unterglasur

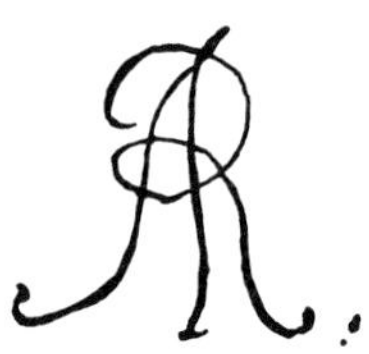

1648
Königliche Porcelain Fabrique · Marke ca. 1723 – ca. 1760 · Blau unterglasur

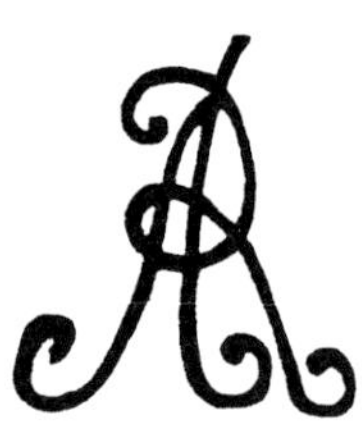

1649
Königliche Porcelain Fabrique · Marke ca. 1723 – ca. 1760 · Blau unterglasur

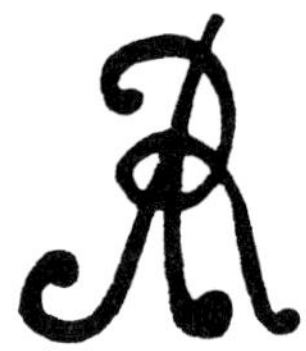

1650
Königliche Porcelain Fabrique · Marke ca. 1723 – ca. 1760 · Blau unterglasur

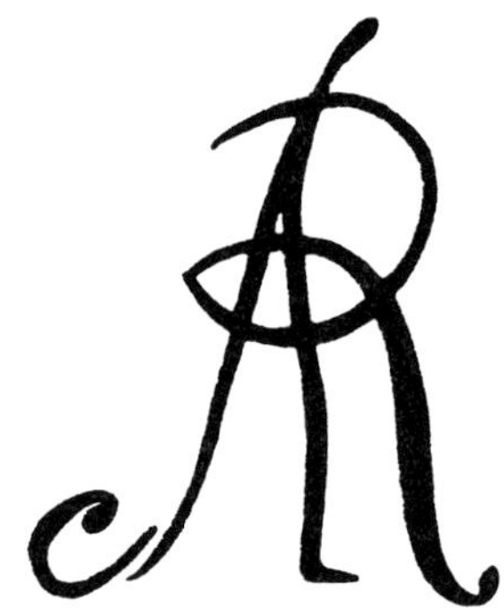

1651
Königliche Porcelain Fabrique · Marke ca. 1723 – ca. 1760 · Blau unterglasur

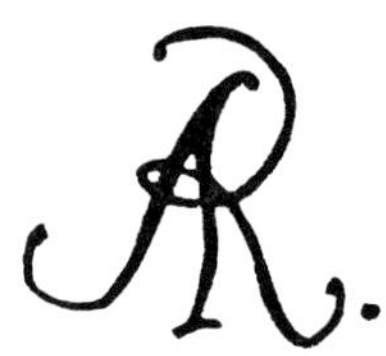

1652
Königliche Porcelain Fabrique · Marke ca. 1723 – ca. 1760 · Blau unterglasur

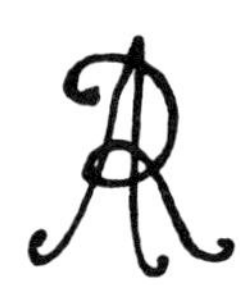

1653
Königliche Porcelain Fabrique · Marke ca. 1723 – ca. 1760 · Blau unterglasur

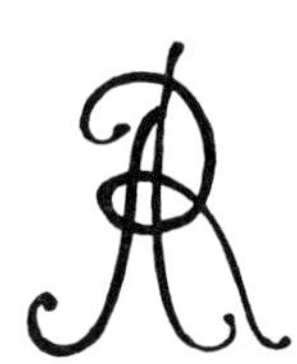

1654
Königliche Porcelain Fabrique · Marke ca. 1723 – ca. 1760 · Blau unterglasur

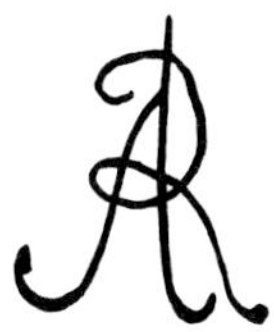

1655
Königliche Porcelain Fabrique • Marke ca. 1723 – ca. 1760 • Blau unterglasur

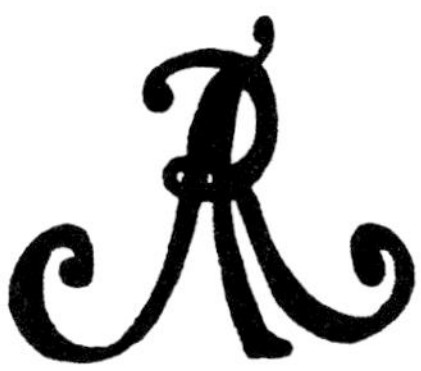

1656
Königliche Porcelain Fabrique • Marke ca. 1723 – ca. 1760 • Blau unterglasur

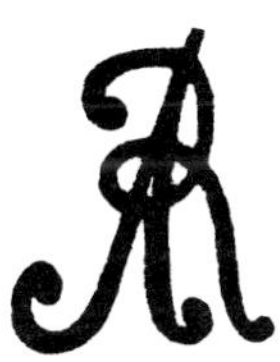

1657
Königliche Porcelain Fabrique • Marke ca. 1723 – ca. 1760 • Blau unterglasur

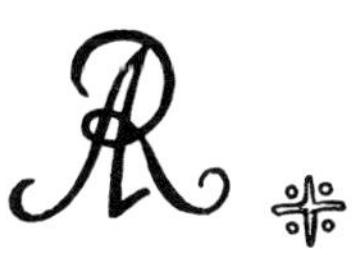

1658
Königliche Porcelain Fabrique • Marke ca. 1726 – ca. 1760 • AR blau unterglasur • Kreuz und Punkte eingepresst, Zeichen des Formers Andreas Schieffer, in der Manufaktur tätig von 1726 – 1761

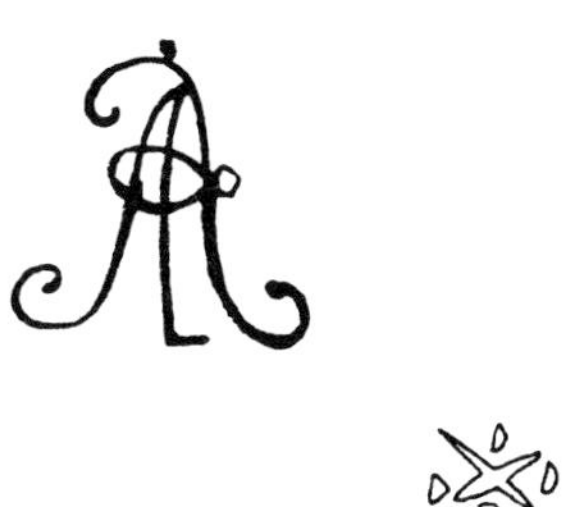

1659
Königliche Porcelain Fabrique • Marke ca. 1726 – ca. 1760 • AR blau unterglasur • Kreuz und Punkte eingepresst, Zeichen des Formers Andreas Schieffer, in der Manufaktur tätig von 1726 – 1761

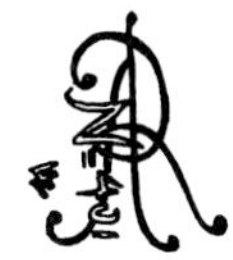

1660
Königliche Porcelain Fabrique • Marke ca. 1727 – ca. 1760 • Blau unterglasur • Eingeschliffene Buchstaben und Zahl sind die Inventarbezeichnung des Johanneums in Dresden

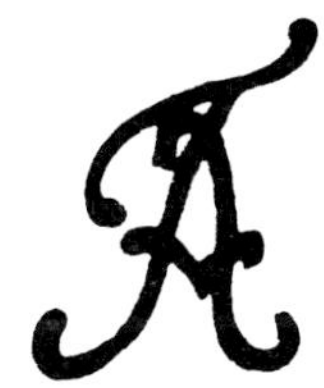

1661
Königliche Porcelain Fabrique • Marke 1733 • Blau unterglasur • Marke für Lieferungen an Kurfürst Friedrich August II. vor seiner Wahl zum polnischen König als August III.

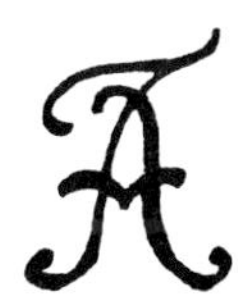

1662
Königliche Porcelain Fabrique • Marke 1733 • Blau unterglasur • Marke für Lieferungen an Kurfürst Friedrich August II. vor seiner Wahl zum polnischen König als August III.

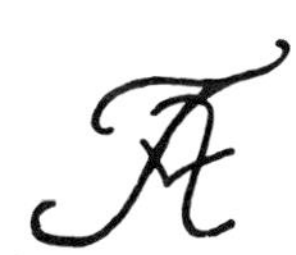

1663
Königliche Porcelain Fabrique • Marke 1733 • Blau unterglasur • Marke für Lieferungen an Kurfürst Friedrich August II. vor seiner Wahl zum polnischen König als August III.

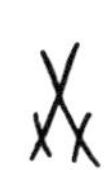

1664
Königliche Porcelain Fabrique • Marke ca. 1724 – ca. 1763 • Blau unterglasur

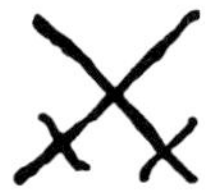

1665
Königliche Porcelain Fabrique ∞ Marke ca. 1724 – ca. 1740 ∞ Blau unterglasur

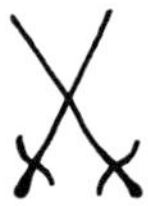

1666
Königliche Porcelain Fabrique ∞ Marke ca. 1724 – ca. 1732 ∞ Blau unterglasur

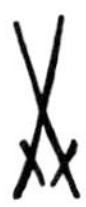

1667
Königliche Porcelain Fabrique ∞ Marke ca. 1724 – ca. 1763 ∞ Blau unterglasur

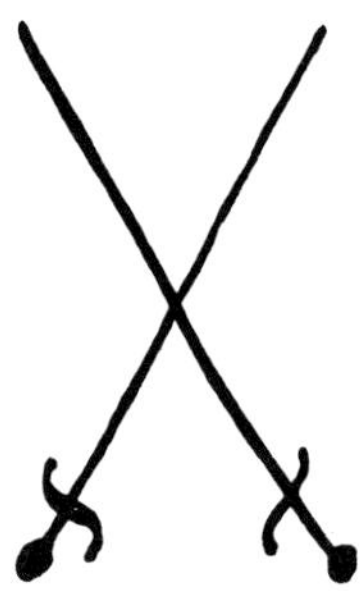

1668
Königliche Porcelain Fabrique ∞ Marke ca. 1724 – ca. 1740 ∞ Blau unterglasur

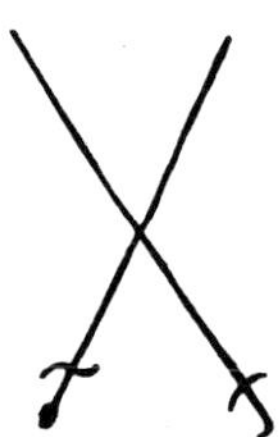

1669
Königliche Porcelain Fabrique ∞ Marke ca. 1724 – ca. 1740 ∞ Blau unterglasur

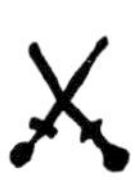

1670
Königliche Porcelain Fabrique ∞ Marke ca. 1725 ∞ Blau unterglasur

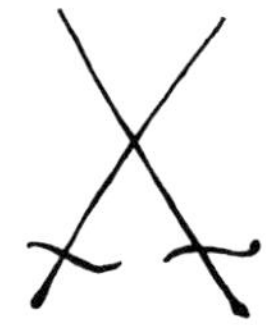

1671
Königliche Porcelain Fabrique ∞ Marke ca. 1724 – ca. 1763 ∞ Blau unterglasur

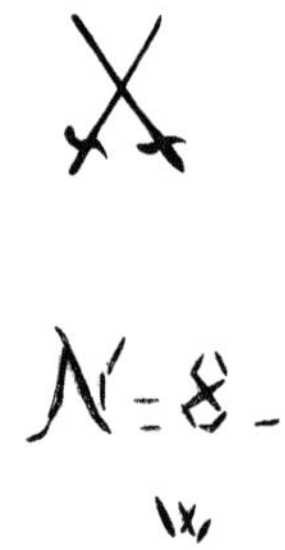

1672
Königliche Porcelain Fabrique ∞ Marke 1720 – 1721 ∞ Eingeschliffene Buchstaben und Zahl sind die Inventarbezeichnung des Johanneums in Dresden

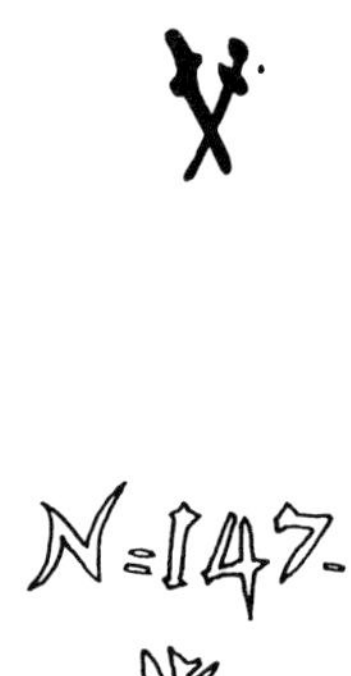

1673
Königliche Porcelain Fabrique ∞ Marke 1727 – 1770 ∞ Blau unterglasur ∞ Buchstaben und Zahlen eingeschliffen, Inventarbezeichnung des Johanneums in Dresden

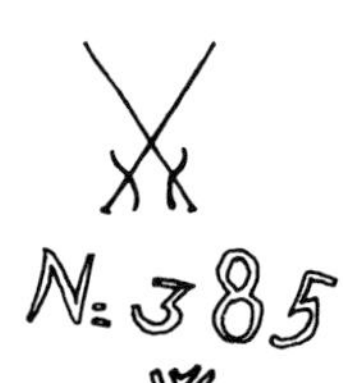

1674
Königliche Porcelain Fabrique ∞ Marke 1727 – 1770 ∞ Blau unterglasur ∞ Buchstaben und Zahlen eingeschliffen, Inventarbezeichnung des Johanneums in Dresden

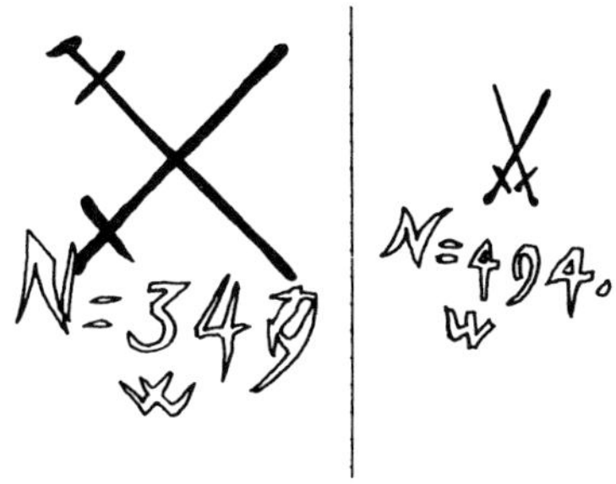

1675, 1676
Königliche Porcelain Fabrique • Marke ca. 1727 – 1770 • Blau unterglasur • Buchstaben und Zahlen eingeschliffen, Inventarbezeichnung des Johanneums in Dresden

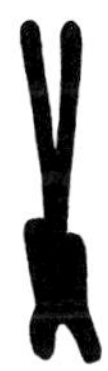

1677
Königliche Porcelain Fabrique • Marke ca. 1740 – ca. 1745 • Blau unterglasur

1678
Königliche Porcelain Fabrique • Marke ca. 1730 • Blau unterglasur

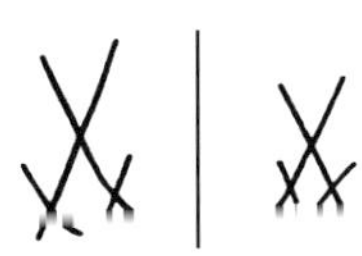

1679, 1680
Königliche Porcelain Fabrique • Marken ca. 1740 – ca. 1774 • Blau unterglasur

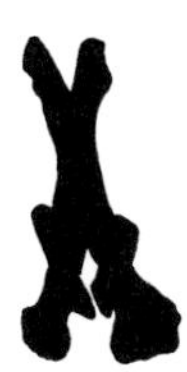

1681
Königliche Porcelain Fabrique • Marke ca. 1740 – ca. 1745 • Blau unterglasur

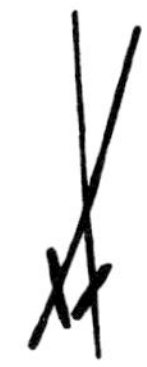

1682
Königliche Porcelain Fabrique • Marke ca. 1750 • Blau unterglasur

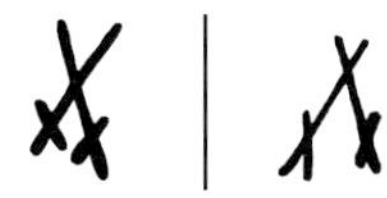

1683, 1684
Königliche Porcelain Fabrique • Marken ca. 1750 • Blau unterglasur

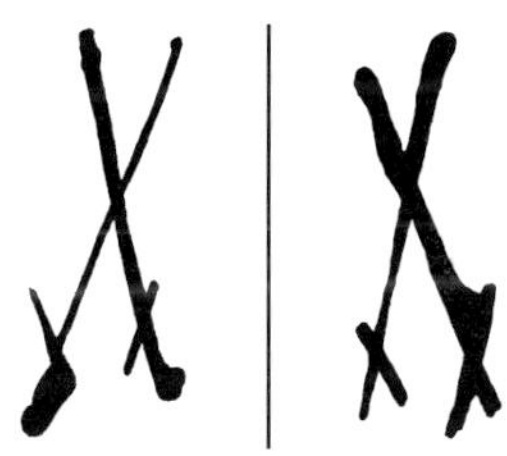

1685, 1686
Königliche Porcelain Fabrique und **Churfürstliche Porcellain Fabrique** • Marken ca. 1750 – 1774 • Blau unterglasur

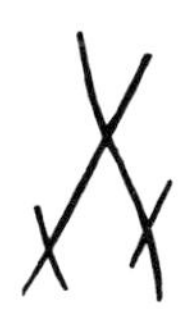

1687
Königliche Porcelain Fabrique und **Churfürstliche Porcellain Fabrique** • Marke ca. 1750 – 1774 • Blau unterglasur

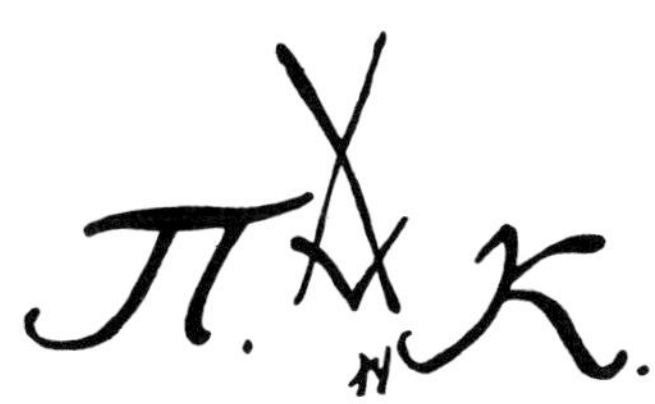

1688
Churfürstliche Porcellain Fabrique • Marke 1772 – 1774 • Schwerter blau unterglasur • Kyrillische Lettern sind die Inventarbezeichnung des Russischen Hofs in St. Petersburg, aufglasur

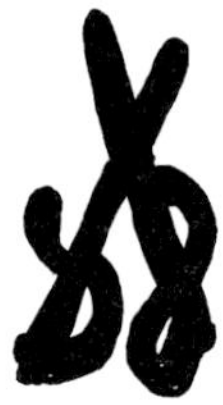

1689
Königliche Porcelain Fabrique · Marke ca. 1730 – 1735 · Blau unterglasur

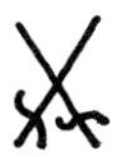

1690
Königliche Porcelain Fabrique · Marke ca. 1740 – ca. 1760 · Blau unterglasur

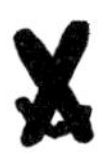

1691
Königliche Porcelain Fabrique · Marke ca. 1731 · Blassblau aufglasur · Nachträglich aufgebrachte Marke auf Stücken, die 1729 – 1731 unerlaubt ohne Marke an den französischen Kaufmann Lemaire geliefert worden sind

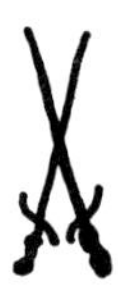

1692
Königliche Porcelain Fabrique · Marke ca. 1731 · Blassblau aufglasur · Nachträglich aufgebrachte Marke auf Stücken, die 1729 – 1731 unerlaubt ohne Marke an den französischen Kaufmann Lemaire geliefert worden sind

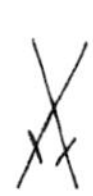

1693
Königliche Porcelain Fabrique · Marke ca. 1731 · Gold aufglasur · Nachträglich aufgebrachte Marke auf Stücken, die 1729 – 1731 unerlaubt ohne Marke an den französischen Kaufmann Lemaire geliefert worden sind

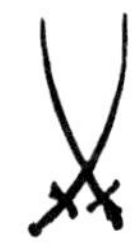

1694
Königliche Porcelain Fabrique · Marke ca. 1731 · Rot aufglasur · Nachträglich aufgebrachte Marke auf Stücken, die 1729 – 1731 unerlaubt ohne Marke an den französischen Kaufmann Lemaire geliefert worden sind

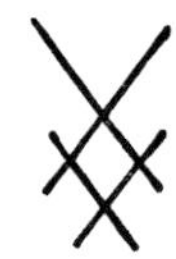

1695
Königliche Porzellan Manufaktur und **Staatliche Porzellan Manufaktur** · Marke bis heute · Als Warenzeichen 1875 geschützt · In der US-Registrierung mit der Erklärung „ständig benutzt seit 1730"

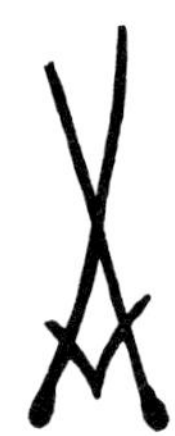

1696
Königliche Porcelain Fabrique und **Churfürstliche Porcellain Fabrique** · Marke ca. 1740 – 1774 · Blau unterglasur

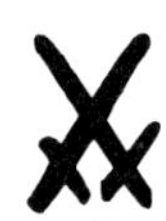

1697
Königliche Porcelain Fabrique und **Churfürstliche Porcellain Fabrique** · Marke ca. 1740 – ca. 1750 · Blau unterglasur

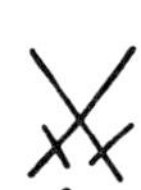

1698
Königliche Porcelain Fabrique und **Churfürstliche Porcellain Fabrique** · Marke ca. 1740 – ca. 1780 · Blau unterglasur

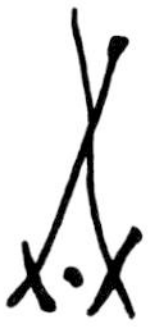

1699
Königliche Porcelain Fabrique und **Churfürstliche Porcellain Fabrique** ❧ Marke ca. 1740 – ca. 1780 ❧ Blau unterglasur

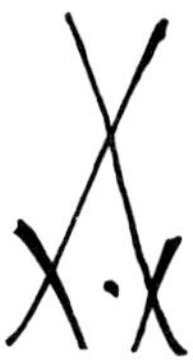

1700
Königliche Porcelain Fabrique und **Churfürstliche Porcellain Fabrique** ❧ Marke ca. 1740 – ca. 1780 ❧ Blau unterglasur

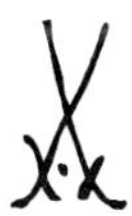

1701
Königliche Porcelain Fabrique und **Churfürstliche Porcellain Fabrique** ❧ Marke ca. 1740 – ca. 1780 ❧ Blau unterglasur

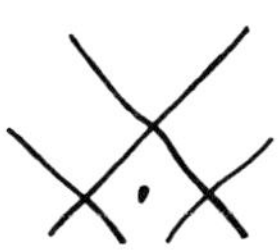

1702
Königliche Porcelain Fabrique und **Churfürstliche Porcellain Fabrique** ❧ Marke ca. 1740 – ca. 1780 ❧ Blau unterglasur

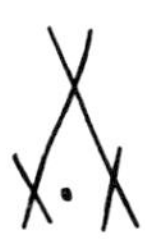

1703
Königliche Porcelain Fabrique und **Churfürstliche Porcellain Fabrique** ❧ Marke ca. 1740 – ca. 1780 ❧ Blau unterglasur

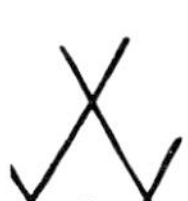

1704
Königliche Porcelain Fabrique und **Churfürstliche Porcellain Fabrique** ❧ Marke ca. 1740 – ca. 1780 ❧ Blau unterglasur

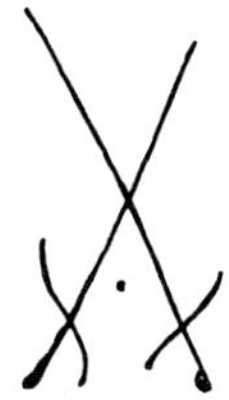

1705
Königliche Porcelain Fabrique und **Churfürstliche Porcellain Fabrique** ❧ Marke ca. 1740 – ca. 1780 ❧ Blau unterglasur

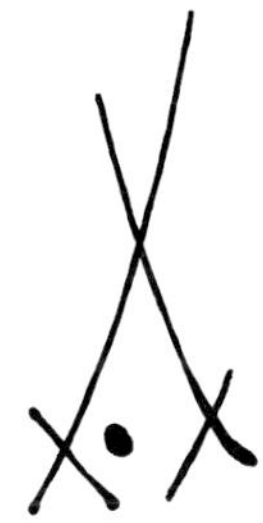

1706
Königliche Porcelain Fabrique und **Churfürstliche Porcellain Fabrique** ❧ Marke ca. 1740 – ca. 1780 ❧ Blau unterglasur

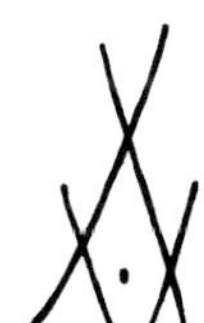

1707
Königliche Porcelain Fabrique und **Churfürstliche Porcellain Fabrique** ❧ Marke ca. 1740 – ca. 1780 ❧ Blau unterglasur

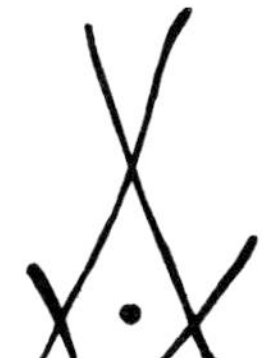

1708
Königliche Porcelain Fabrique und **Churfürstliche Porcellain Fabrique** ❧ Marke ca. 1740 – ca. 1780 ❧ Blau unterglasur

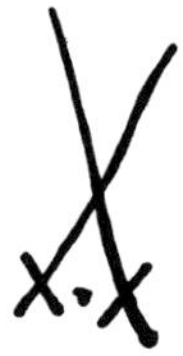

1709
Königliche Porcelain Fabrique und **Churfürstliche Porcellain Fabrique** • Marke ca. 1740 – ca. 1780 • Blau unterglasur

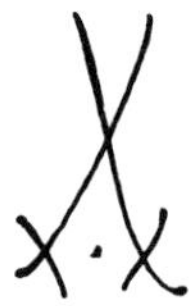

1710
Königliche Porcelain Fabrique und **Churfürstliche Porcellain Fabrique** • Marke ca. 1740 – ca. 1780 • Blau unterglasur

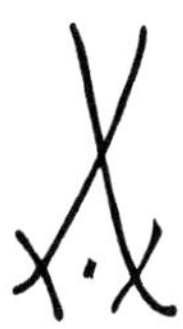

1711
Königliche Porcelain Fabrique und **Churfürstliche Porcellain Fabrique** • Marke bis heute • Als Warenzeichen 1875 geschützt • In der US-Registrierung mit der Erklärung „ständig benutzt seit 1733“

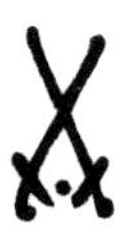

1712
Königliche Porcelain Fabrique und **Churfürstliche Porcellain Fabrique** • Marke ca. 1760 – ca. 1774 • Blau unterglasur

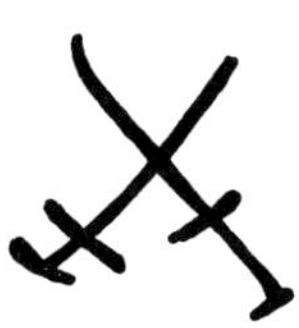

1713
Königliche Porcelain Fabrique und **Churfürstliche Porcellain Fabrique** • Marke ca. 1760 – ca. 1780 • Blau unterglasur

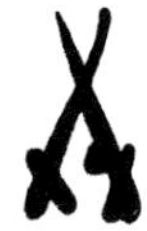

1714
Königliche Porcelain Fabrique und **Churfürstliche Porcellain Fabrique** • Marke ca. 1760 – ca. 1780 • Blau unterglasur

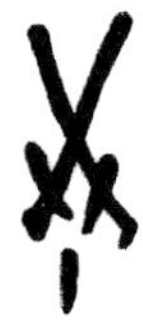

1715
Churfürstliche Porcellain Fabrique • Marke 1774/1775 • Blau unterglasur

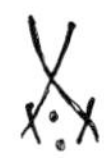

1716
Churfürstliche Porcellain Fabrique • Marke 1774/1775 • Blau unterglasur

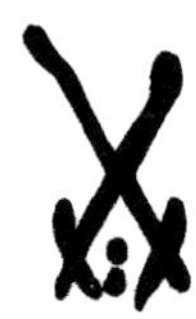

1717
Churfürstliche Porcellain Fabrique • Marke 1774/1775 • Blau unterglasur

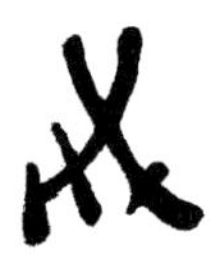

1718
Königliche Porcelain Fabrique und **Churfürstliche Porcellain Fabrique** • Marke ca. 1760 – ca. 1780 • Blau unterglasur

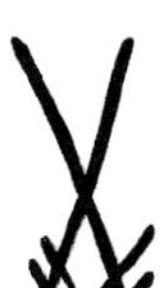

1719
Königliche Porcelain Fabrique und **Churfürstliche Porcellain Fabrique** • Marke ca. 1760 – ca. 1780 • Blau unterglasur

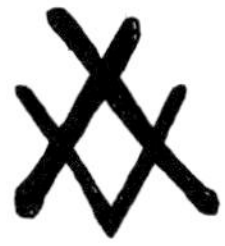

1720
Königliche Porcelain Fabrique und **Churfürstliche Porcellain Fabrique** • Marke ca. 1760 – ca. 1780 • Blau unterglasur

1721
Königliche Porcelain Fabrique und **Churfürstliche Porcellain Fabrique** • Marke ca. 1760 – ca. 1780 • Blau unterglasur

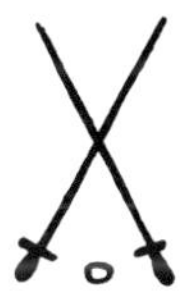

1722
Königliche Porcelain Fabrique und **Churfürstliche Porcellain Fabrique** • Marke ca. 1760 – ca. 1780

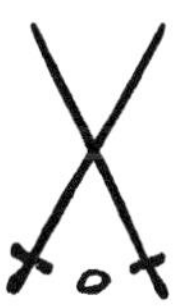

1723
Königliche Porzellan Manufaktur • Marke bis heute • Als Warenzeichen 1875 geschützt • In der US-Registrierung mit • der Erklärung „ständig benutzt seit 1763“

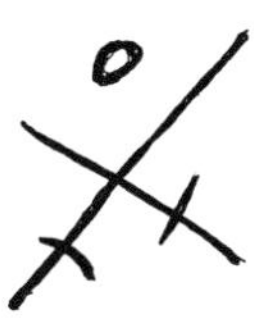

1724
Churfürstliche Porcellain Fabrique •
Marke 1763 – 1774 • Blau unterglasur

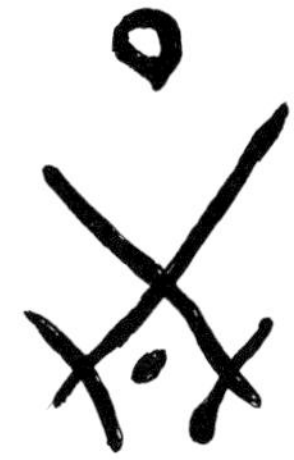

1725
Churfürstliche Porcellain Fabrique •
Marke ca. 1740 – 1774 • Blau unterglasur

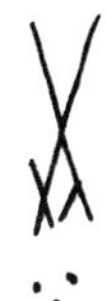

1726
Königliche Porcelain Fabrique und **Churfürstliche Porcellain Fabrique** • Marke ca. 1760 – 1774 • Blau unterglasur

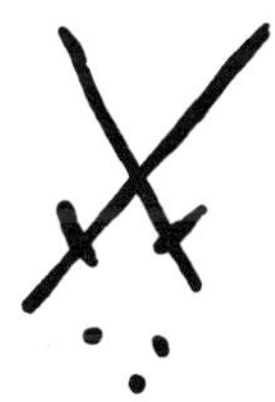

1727
Königliche Porcelain Fabrique und **Churfürstliche Porcellain Fabrique** • Marke ca. 1760 – 1774 • Blau unterglasur

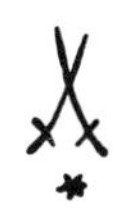

1728
Churfürstliche Porcellain Fabrique und **Königliche Porzellan Manufaktur** • Marke 1774 – 1817 • Blau unterglasur

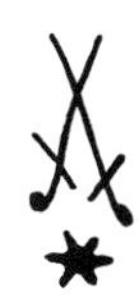

1729
Churfürstliche Porcellain Fabrique und **Königliche Porzellan Manufaktur** • Marke 1774 – 1817 • Blau unterglasur

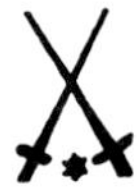

1730
Churfürstliche Porcellain Fabrique und **Königliche Porzellan Manufaktur** • Marke
1774 – 1817 • Blau unterglasur

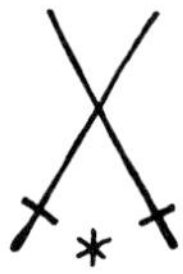

1731
Churfürstliche Porcellain Fabrique und **Königliche Porzellan Manufaktur** • Marke
1774 – 1817 • Blau unterglasur

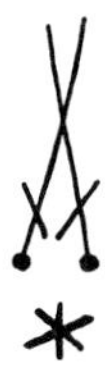

1732
Churfürstliche Porcellain Fabrique und **Königliche Porzellan Manufaktur** • Marke
1774 – 1817 • Blau unterglasur

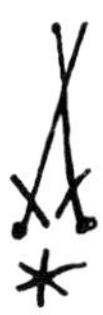

1733
Churfürstliche Porcellain Fabrique und **Königliche Porzellan Manufaktur** • Marke
1774 – 1817 • Blau unterglasur

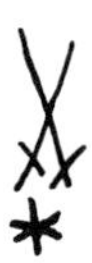

1734
Churfürstliche Porcellain Fabrique und **Königliche Porzellan Manufaktur** • Marke
1774 – 1817 • Blau unterglasur

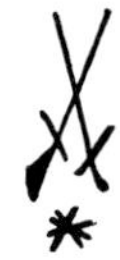

1735
Churfürstliche Porcellain Fabrique und **Königliche Porzellan Manufaktur** • Marke
1774 – 1817 • Blau unterglasur

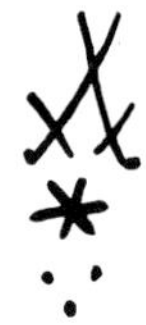

1736
Churfürstliche Porcellain Fabrique und **Königliche Porzellan Manufaktur** • Marke
1774 – ca. 1780 • Blau unterglasur

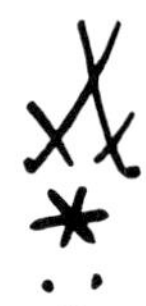

1737
Churfürstliche Porcellain Fabrique und **Königliche Porzellan Manufaktur** • Marke
1774 – ca. 1780 • Blau unterglasur

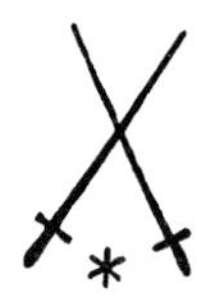

1738
Churfürstliche Porcellain Fabrique und **Königliche Porzellan Manufaktur** • Marke
bis heute • Blau unterglasur • Als Warenzeichen 1875 geschützt • In der US-Registrierung mit der Erklärung „ständig benutzt seit 1763“

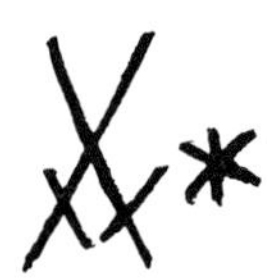

1739
Churfürstliche Porcellain Fabrique und **Königliche Porzellan Manufaktur** • Marke
1774 – 1817

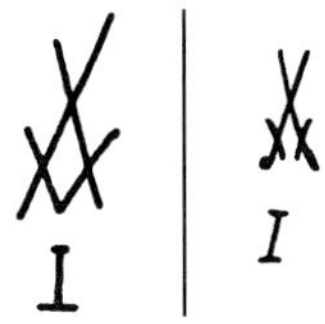

1740, 1741
Königliche Porzellan Manufaktur ◆ Marke
1817 - 1824 ◆ Blau unterglasur

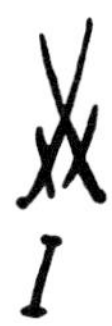

1742
Königliche Porzellan Manufaktur ◆ Marke
1817 - 1824 ◆ Blau unterglasur

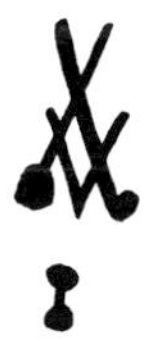

1743
Königliche Porzellan Manufaktur ◆ Marke
1817 - 1824 ◆ Blau unterglasur

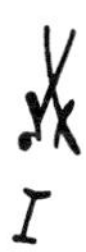

1744
Königliche Porzellan Manufaktur ◆ Marke
1817 - 1824 ◆ Blau unterglasur

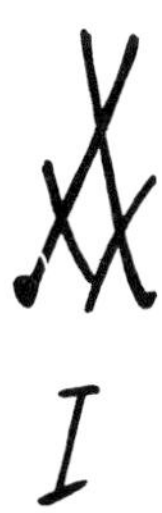

1745
Königliche Porzellan Manufaktur ◆ Marke
1817 - 1824 ◆ Blau unterglasur

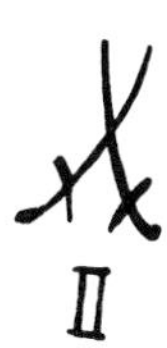

1746
Königliche Porzellan Manufaktur ◆ Marke
1817 - 1824 ◆ Blau unterglasur

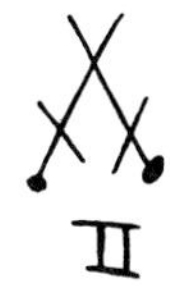

1747
Königliche Porzellan Manufaktur ◆ Marke
1817 - 1824 ◆ Blau unterglasur

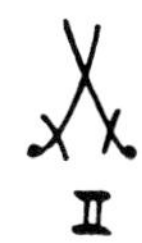

1748
Königliche Porzellan Manufaktur ◆ Marke
1817 - 1824 ◆ Blau unterglasur

3

1749
Königliche Porzellan Manufaktur ◆ Marke
1822 - ◆ Blau unterglasur ◆ Unter Labor-, Apotheker- und technischem Porzellan, hergestellt aus der Masse III

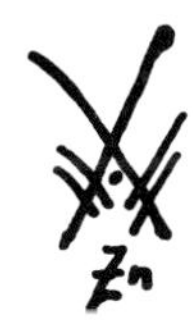

1750
Churfürstliche Porcellain Fabrique und **Königliche Porzellan Manufaktur** ◆ Marke
1765 - ca. 1780 ◆ Blau unterglasur ◆ Zn – wahrscheinlich Zeichen des Malers Johann Christian Zschentsch, in der Manufaktur tätig seit 1765

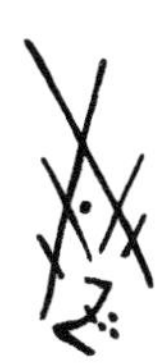

1751
Churfürstliche Porcellain Fabrique und **Königliche Porzellan Manufaktur** ◆ Marke
1765 - ca. 1780 ◆ Blau unterglasur ◆ Z – wahrscheinlich Zeichen des Malers Johann Christian Zschentsch, in der Manufaktur tätig seit 1765

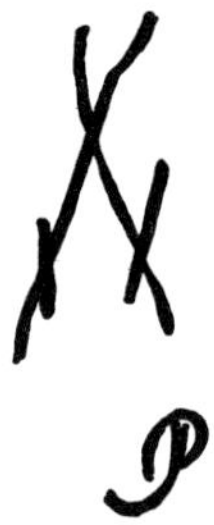

1752
Churfürstliche Porcellain Fabrique und **Königliche Porzellan Manufaktur** ⚜ Marke 1744 – 1777 ⚜ Blau unterglasur ⚜ P – wahrscheinlich Zeichen des Blaumalers Gottfried Prasser, in der Manufaktur tätig als Blaumaler von 1744 – 1777

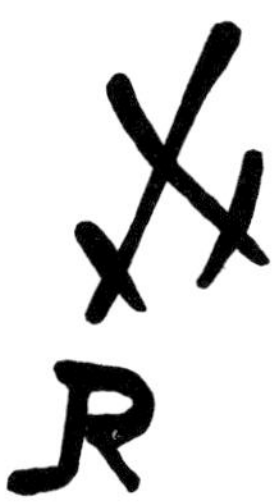

1753
Churfürstliche Porcellain Fabrique und **Königliche Porzellan Manufaktur** ⚜ Marke ca. 1754 – ca. 1777 ⚜ Blau unterglasur ⚜ R – möglicherweise Zeichen des Malers Johann Heinrich Rudolph, in der Manufaktur tätig als Blaumaler von 1754 – 1777

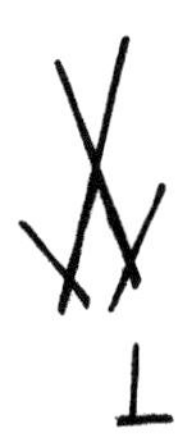

1754
Churfürstliche Porcellain Fabrique und **Königliche Porzellan Manufaktur** ⚜ Marke 1764 – ca. 1795 ⚜ L – möglicherweise Zeichen des Malers David Benjamin Lindner, in der Manufaktur tätig als Blaumaler von 1764 – 1795

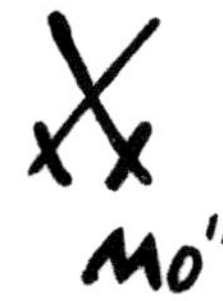

1755
Churfürstliche Porcellain Fabrique und **Königliche Porzellan Manufaktur** ⚜ Marke 1763 – ca. 1788 ⚜ Mö – einem Blaumaler Möbius zugeschrieben ⚜ Es gab den Blaumaler Johann Carl M., in der Manufaktur tätig 1763 – 1788, und Carl August M., in der Manufaktur tätig von 1763 – 1780

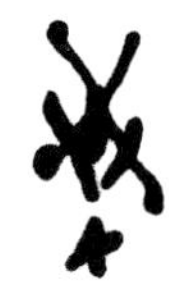

1756
Churfürstliche Porcellain Fabrique und **Königliche Porzellan Manufaktur** ⚜ Marke 1729 – ca. 1779 ⚜ K – dem Blaumaler Peter Kolmberger, in der Manufaktur tätig von 1731 – 1779, oder dem Blaumaler Johann David Kretzschmar, in der Manufaktur tätig von 1729 – 1755, zugeschrieben

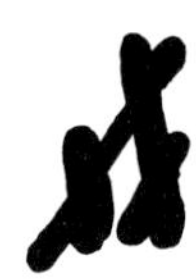

1757
Königliche Porzellan Manufaktur ⚜ Marke 1824 – 1850 ⚜ Blau unterglasur

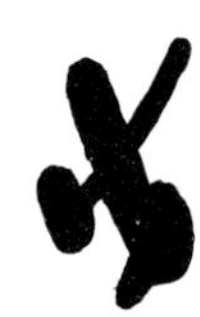

1758
Königliche Porzellan Manufaktur ⚜ Marke 1824 – 1850 ⚜ Blau unterglasur

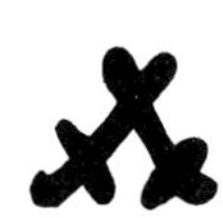

1759
Königliche Porzellan Manufaktur ⚜ Marke 1824 – 1850 ⚜ Blau unterglasur

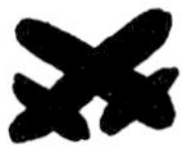

1760
Königliche Porzellan Manufaktur ❧ Marke
1824 – 1850 ❧ Blau unterglasur

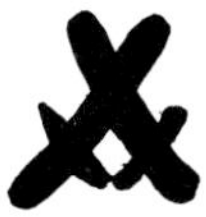

1761
Königliche Porzellan Manufaktur ❧ Marke
1824 – 1850 ❧ Blau unterglasur

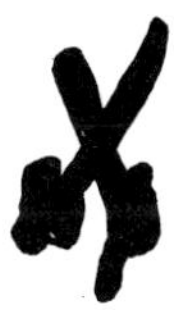

1762
Königliche Porzellan Manufaktur ❧ Marke
1824 – 1850 ❧ Blau unterglasur

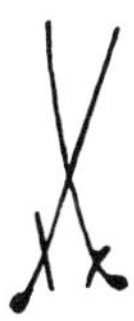

1763
Königliche Porzellan Manufaktur ❧ Marke
1850 – 1924 ❧ Blau unterglasur ❧ Sogenannte Knaufschwerter wie die 12 folgenden

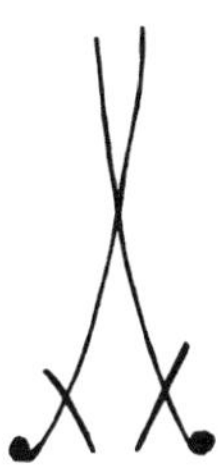

1764
Königliche Porzellan Manufaktur ❧ Marke
1850 – 1924 ❧ Blau unterglasur

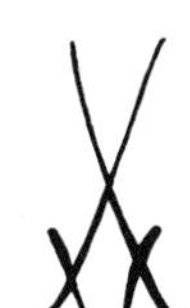

1765
Königliche Porzellan Manufaktur ❧ Marke
1850 – 1924 ❧ Blau unterglasur

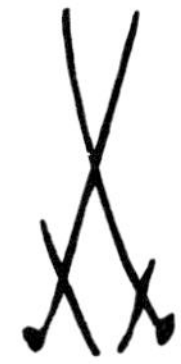

1766
Königliche Porzellan Manufaktur ❧ Marke
1850 – 1924 ❧ Blau unterglasur

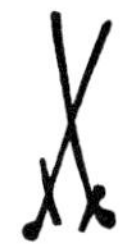

1767
Königliche Porzellan Manufaktur ❧ Marke
1850 – 1924 ❧ Blau unterglasur

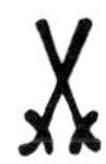

1768
Königliche Porzellan Manufaktur ❧ Marke
1850 – 1924 ❧ Blau unterglasur

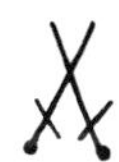

1769
Königliche Porzellan Manufaktur ❧ Marke
1850 – 1924 ❧ Blau unterglasur

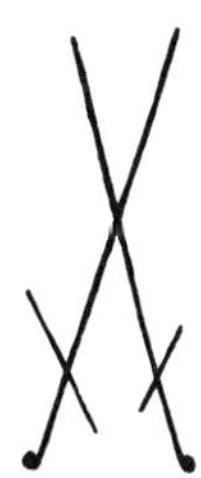

1770
Königliche Porzellan Manufaktur ❧ Marke
1850 – 1924 ❧ Blau unterglasur

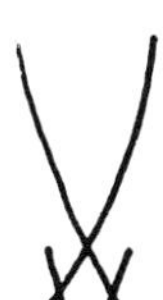

1771
Königliche Porzellan Manufaktur ❧ Marke
1850 – 1924 ❧ Blau unterglasur

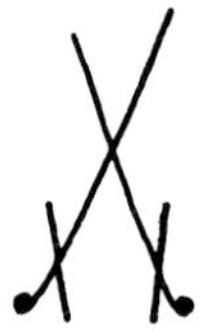

1772
Königliche Porzellan Manufaktur · Marke
1850 – 1924 · Blau unterglasur

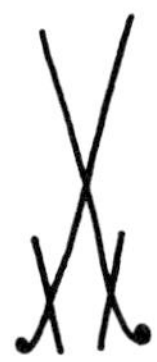

1773
Königliche Porzellan Manufaktur · Marke
1850 – 1924 · Blau unterglasur

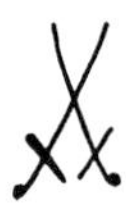

1774
Königliche Porzellan Manufaktur · Marke
1850 – 1924 · Blau unterglasur

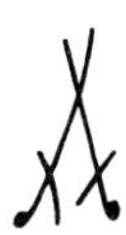

1775
Königliche Porzellan Manufaktur · Marke
1850 – 1924 · Blau unterglasur

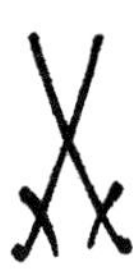

1776
Königliche Porzellan Manufaktur · Marke
bis heute · Blau unterglasur · Als Warenzeichen 1875 geschützt · In der US-Registrierung mit der Erklärung „ständig benutzt seit 1814“

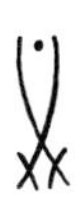

1777
Staatliche Porzellan Manufaktur · Marke
1924 – 1934 · Blau unterglasur · So genannte Pfeiffer-Marke mit Punkt zwischen den Schwerterspitzen wie die vier folgenden Marken

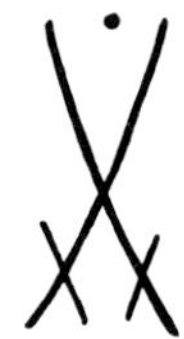

1778
Staatliche Porzellan Manufaktur · Marke
1924 – 1934 · Blau unterglasur

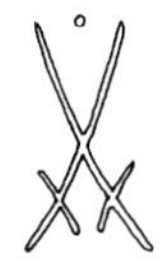

1779
Staatliche Porzellan Manufaktur · Marke
1924 – 1934 · Eingepresst

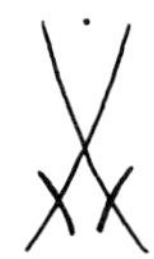

1780
Staatliche Porzellan Manufaktur · Marke
1924 – 1934 · Blau unterglasur

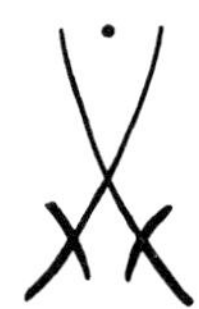

1781
Staatliche Porzellan Manufaktur · Marke
1924 – 1934 · Blau unterglasur

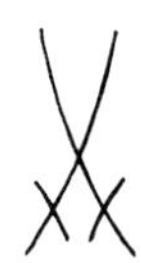

1782
Staatliche Porzellan Manufaktur · Marke
1934 – heute · Blau unterglasur

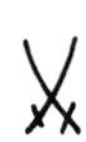

1783
Staatliche Porzellan Manufaktur · Marke
1934 – heute · Blau unterglasur

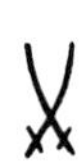

1784
Staatliche Porzellan Manufaktur · Marke
1934 – heute · Blau unterglasur

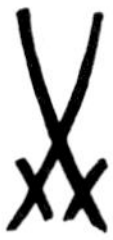

1785
Staatliche Porzellan Manufaktur · Marke
1934 – heute · Blau unterglasur

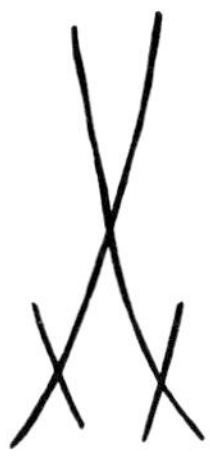

1786
Staatliche Porzellan Manufaktur · Marke
1934 – heute · Blau unterglasur

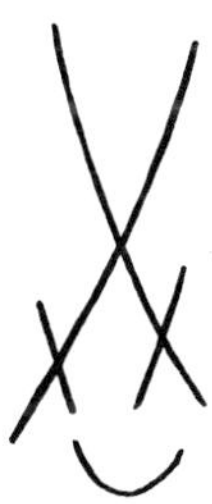

1787
Staatliche Porzellan Manufaktur · Marke
1945 – 1947 · Blau unterglasur

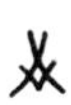

1788
Staatliche Porzellan Manufaktur · Marke
ca. 1920 – heute · Relief auf Münzen und Medaillen

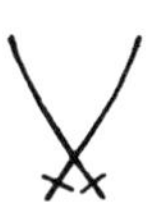

1789
Staatliche Porzellan Manufaktur · Marke
1919 · Relief auf Münzen und Medaillen

1790
Staatliche Porzellan Manufaktur · Marke
1920 · Relief auf Münzen und Medaillen

1791
Staatliche Porzellan Manufaktur · Marke
1920 · Relief auf Münzen und Medaillen

1792
Staatliche Porzellan Manufaktur · Marke
1920 – 1921 · Relief auf Münzen und Medaillen

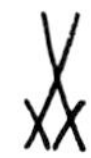

1793
Staatliche Porzellan Manufaktur · Marke
1921 · Relief auf Münzen und Medaillen

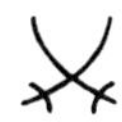

1794
Staatliche Porzellan Manufaktur · Marke
1921 -1924 und 1934 – heute · Relief auf Münzen und Medaillen

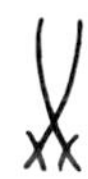

1795
Staatliche Porzellan Manufaktur · Marke
1921 – 1924 und 1934 – heute · Relief auf Münzen und Medaillen

1796
Staatliche Porzellan Manufaktur · Marke
1924 – 1934 · Relief auf Medaillen

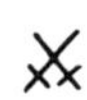

1797
Staatliche Porzellan Manufaktur · Marke
ca. 1950 – heute · Relief auf Medaillen

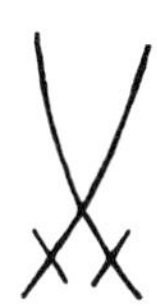

1798
Staatliche Porzellan Manufaktur · Marke
ca. 1950 – heute · Relief auf Medaillen

1799
Königliche Porzellan Manufaktur · Marke
um 1750 · Eingepresst

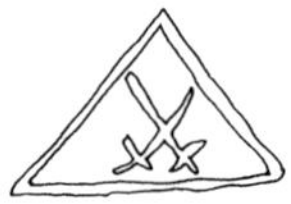

1800
Churfürstliche Porcellain Fabrique · Marke 1766 – 1774 · Eingepresst auf Biskuitstücken

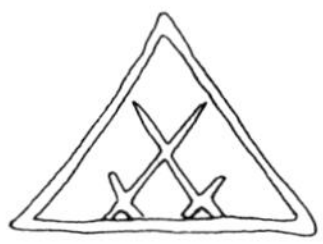

1801
Churfürstliche Porcellain Fabrique Marke 1766 – 1774 · Eingepresst auf Biskuitstücken

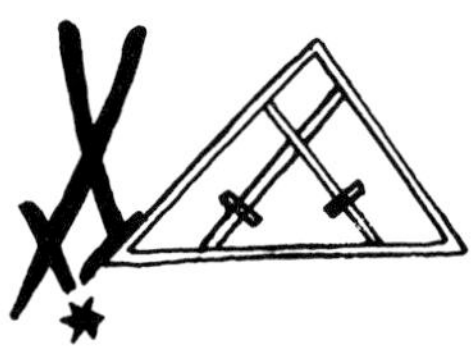

1802
Churfürstliche Porcellain Fabrique und **Königliche Porzellan Manufaktur** · Marke 1774 – 1817 · Auf Biskuitstücken · Schwerter und Stern blau unterglasur · Dreieck mit Schwertern eingepresst

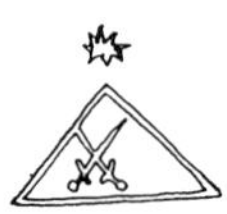

1803
Churfürstliche Porcellain Fabrique und **Königliche Porzellan Manufaktur** · Marke 1774 – 1817 · Eingepresst auf Biskuitstücken

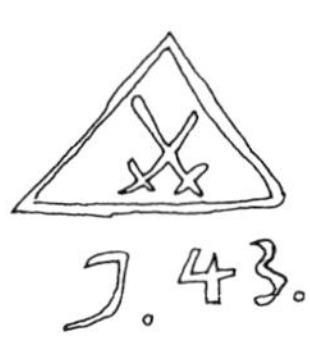

1804
Churfürstliche Porcellain Fabrique und **Königliche Porzellan Manufaktur** · Marke 1774 – 1817 · Eingepresst auf Biskuitstücken

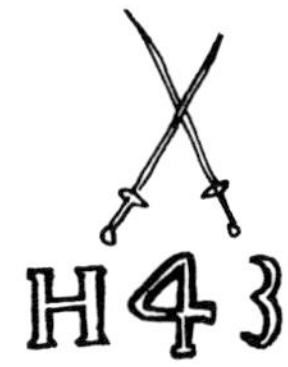

1805
Churfürstliche Porcellain Fabrique · Marke ca. 1780 – 1785 · Eingepresst

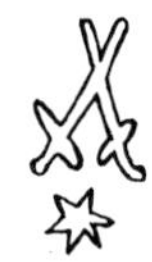

1806
Churfürstliche Porcellain Fabrique und **Königliche Porzellan Manufaktur** · Marke 1774 – 1817 · Eingepresst auf Biskuitstücken

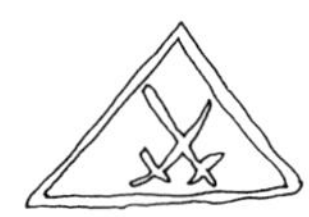

1807
Churfürstliche Porcellain Fabrique und **Königliche Porzellan Manufaktur** · Marke 1774 – 1817 · Eingepresst auf Biskuitstücken

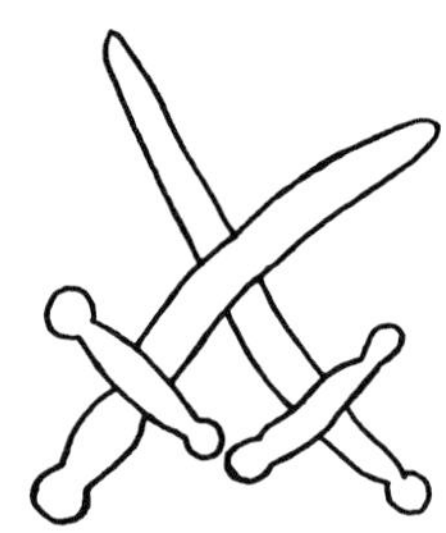

1808
Königliche Porzellan Manufaktur · Marke um 1850 · Eingepresst

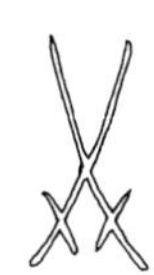

1809
Staatliche Porzellan Manufaktur · Marke 1934 – heute · Eingepresst auf Böttgersteinzeug

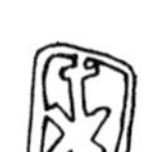

1810
Königliche Porcelain Fabrique · Marke ca. 1707 – 1730 · Eingepresst auf rotem Steinzeug

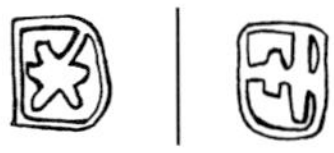

1811, 1812
Königliche Porcelain Fabrique ❧ Marken ca. 1707 – 1730 ❧ Eingepresst auf rotem Steinzeug

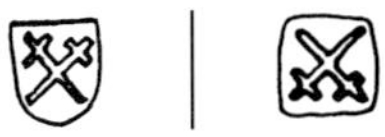

1813, 1814
Königliche Porcelain Fabrique ❧ Marken ca. 1725 – 1730 ❧ Eingepresst auf rotem Steinzeug

1815
Königliche Porcelain Fabrique ❧ Marke ca. 1725 – 1730 ❧ Eingepresst auf rotem Steinzeug

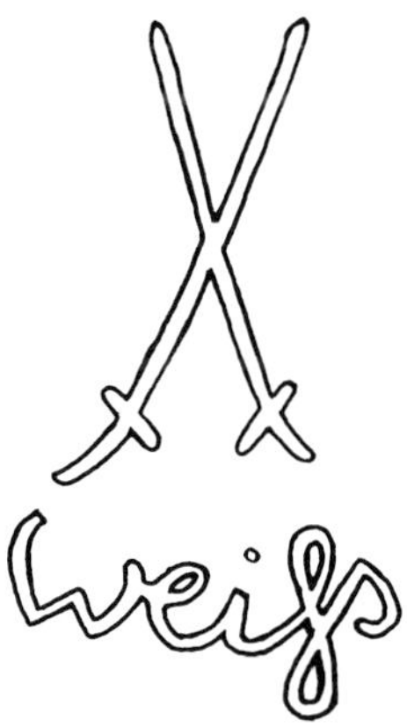

1816
Königliche Porzellan Manufaktur und **Staatliche Porzellan Manufaktur** ❧ Marke 1919 –. Eingepresst auf Porzellan, das ohne Dekor weiß verkauft wird. Jede Bemalung dieser Stücke ist außerhalb der Manufaktur geschehen.

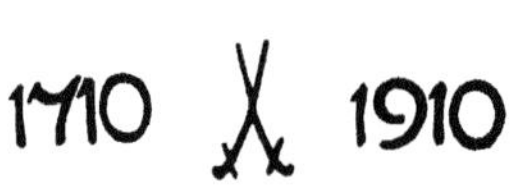

1817
Königliche Porzellan Manufaktur ❧ Marke 1910/1911 ❧ Gedenkmarke zum 200. Gründungstag der Manufaktur ❧ Blau unterglasur

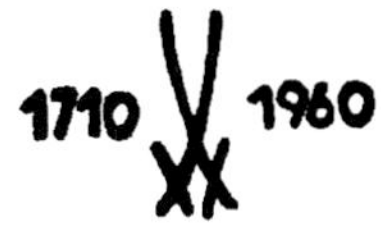

1818
Staatliche Porzellan Manufaktur ❧ Marke zum 250. Jubiläum der Manufaktur 1960

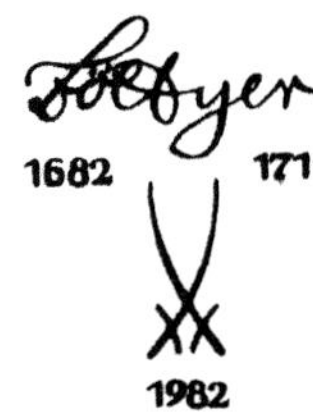

1819
Staatliche Porzellan Manufaktur ❧ Marke 1982 ❧ Gedenkmarke zum 300. Geburtstag von Johann Friedrich Böttger ❧ Eingepresst auf Kopchen-Untertasse aus Böttgersteinzeug

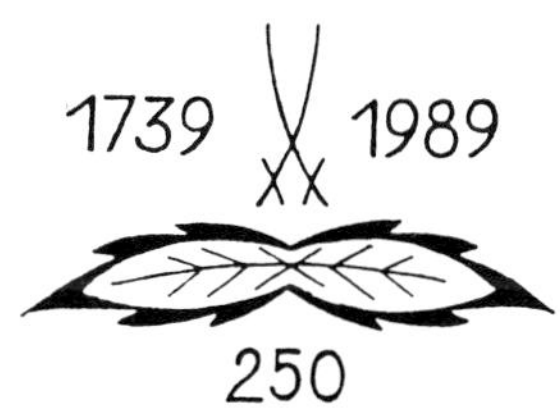

1820
Staatliche Porzellan Manufaktur ❧ Marke 1989 ❧ Gedenkmarke zum 250. Jahrestag des Zwiebelmusters ❧ Blau unterglasur

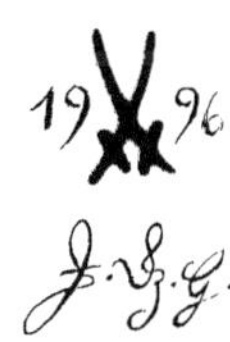

1821
Staatliche Porzellan Manufaktur ❧ Marke 1996 ❧ Gedenkmarke zum 300. Geburtstag von Johann Gregorius Höroldt ❧ Schwerter blau unterglasur ❧ Buchstaben J.G.H. gold aufglasur

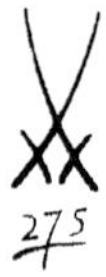

1822
Staatliche Porzellan Manufaktur • Marke 1997 • Sondermarke für limitierte Sammlerstücke zum 275. Jahrestag der Schwertermarke • Blau unterglasur • Zahl gold aufglasur

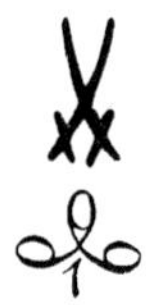

1823
Staatliche Porzellan Manufaktur • Marke 1999 • Sondermarke für die limitierte Jahrhundertkollektion 1999 • Schwerter blau unterglasur • Drei verschlungene Ziffern 9 und Ziffer 1 gold aufglasur

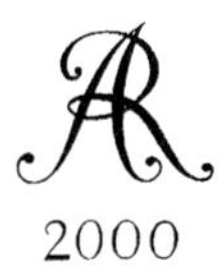

1824
Staatliche Porzellan Manufaktur • Marke 2000 • Sondermarke für die limitierte Edition „ZeitZeichen" • Blau unterglasur

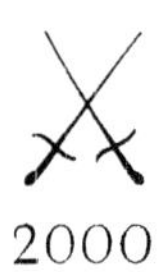

1825
Staatliche Porzellan Manufaktur • Marke 2000 • Sondermarke für die limitierte Edition „ZeitZeichen" • Blau unterglasur

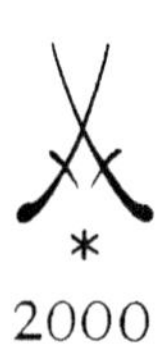

1826
Staatliche Porzellan Manufaktur • Marke 2000 • Sondermarke für die limitierte Edition „ZeitZeichen" • Blau unterglasur

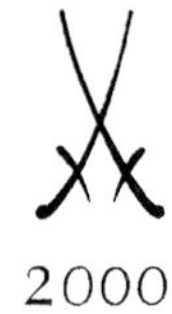

1827
Staatliche Porzellan Manufaktur • Marke 2000 • Sondermarke für die limitierte Edition „ZeitZeichen" • Blau unterglasur

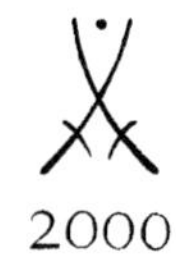

1828
Staatliche Porzellan Manufaktur • Marke 2000 • Sondermarke für die limitierte Edition „ZeitZeichen" • Blau unterglasur

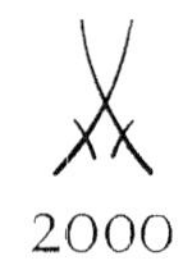

1829
Staatliche Porzellan Manufaktur • Marke 2000 • Sondermarke für die limitierte Edition „ZeitZeichen" • Blau unterglasur

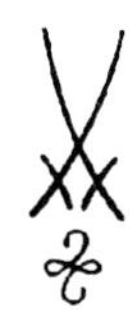

1830
Staatliche Porzellan Manufaktur • Sondermarke für die limitierte Edition „Paar-Weise" 2002 • Blau unterglasur, verschlungene Ziffern 2 gold aufglasur

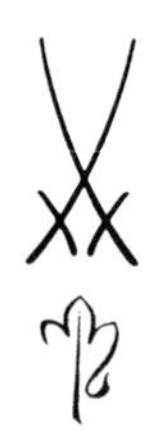

1831
Staatliche Porzellan Manufaktur • Sondermarke für die limitierte Edition „Sinn Bilder" 2004 • Schwerter blau unterglasur, stilisierte Akanthusblüten gold aufglasur

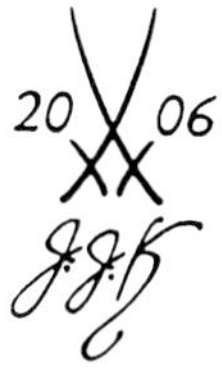

1832
Staatliche Porzellan Manufaktur ❧ Sondermarke zum 300. Geburtstag von Johann Joachim Kaendler ❧ 2006 ❧ Schwerter blau unterglasur, Jahreszahl und Initialen J. J. K. gold aufglasur

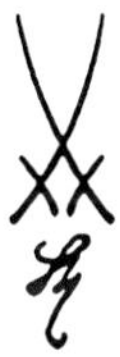

1833
Staatliche Porzellan Manufaktur ❧ Sondersignet für eine seit 2005 jährlich hergestellte limitierte Auflage ❧ Schwerter blau unterglasur, ligierte Buchstaben LM (für Limitierte Meisterwerke) gold aufglasur

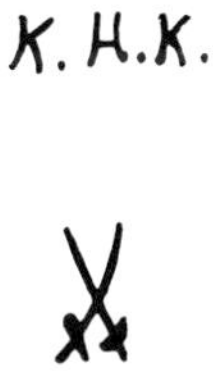

1834
Königliche Porcelain Fabrique ❧ Marke 1725 – 1763 ❧ Schwerter blau unterglasur ❧ Buchstaben aufglasur ❧ Besitzzeichen der Königlichen Hofküche in Dresden

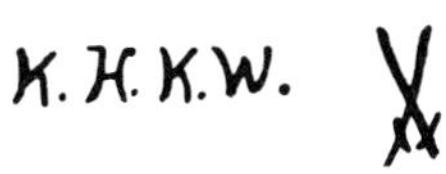

1835
Königliche Porcelain Fabrique ❧ Marke 1725 – 1763 ❧ Schwerter blau unterglasur ❧ Buchstaben aufglasur ❧ Besitzzeichen der Königlichen Hofküche in Warschau

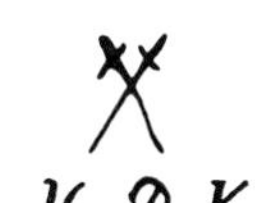

1836
Königliche Porcelain Fabrique ❧ Marke 1725 – 1763 ❧ Schwerter blau unterglasur ❧ Buchstaben aufglasur ❧ Besitzzeichen der Königlichen Hofküche in Pillnitz

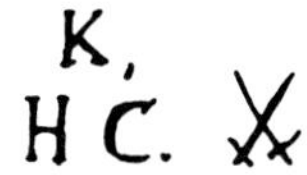

1837
Königliche Porcelain Fabrique ❧ Marke 1725 – 1763 ❧ Schwerter blau unterglasur ❧ Buchstaben aufglasur ❧ Besitzzeichen der Königlichen Hofkonditorei in Dresden

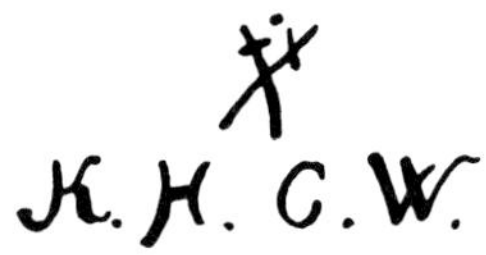

1838
Königliche Porcelain Fabrique ❧ Marke 1740 – 1763 ❧ Schwerter blau unterglasur ❧ Buchstaben aufglasur ❧ Besitzzeichen der Königlichen Hofkonditorei in Warschau

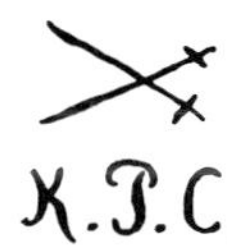

1839
Königliche Porcelain Fabrique ❧ Marke 1725 – 1763 ❧ Schwerter blau unterglasur ❧ Buchstaben aufglasur ❧ Besitzzeichen der Königlichen Hofküche in Dresden

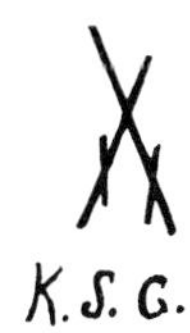

1840
Königliche Porcelain Fabrique ❧ Marke 1725 – 1763 ❧ Schwerter blau unterglasur ❧ Buchstaben aufglasur ❧ Besitzzeichen der Königlichen Silberkammer in Dresden

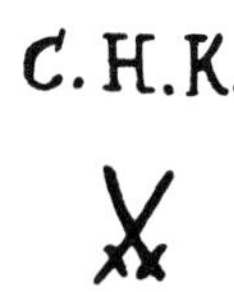

1841
Churfürstliche Porcellain Manufaktur ❧ Marke 1763 – 1806 ❧ Schwerter blau unterglasur ❧ Buchstaben aufglasur ❧ Besitzzeichen der Kurfürstlichen Hofküche in Dresden

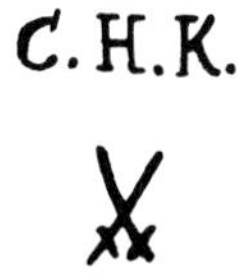

1842
Churfürstliche Porcellain Fabrique ⸙ Marke 1763 - 1774 ⸙ Schwerter blau unterglasur ⸙ Buchstaben aufglasur ⸙ Besitzzeichen der Kurfürstlichen Hofküche in Dresden

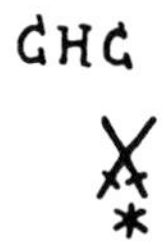

1843
Churfürstliche Porcellain Fabrique ⸙ Marke 1774 - 1806 ⸙ Schwerter blau unterglasur ⸙ Buchstaben aufglasur ⸙ Besitzzeichen der Kurfürstlichen Hofkonditorei in Dresden

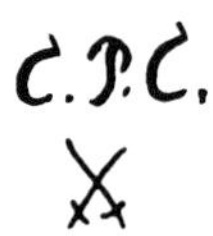

1844
Churfürstliche Porcellain Fabrique ⸙ Marke 1763 - 1774 ⸙ Schwerter blau unterglasur ⸙ Buchstaben aufglasur ⸙ Besitzzeichen der Kurfürstlichen Hofkonditorei in Pillnitz

1845

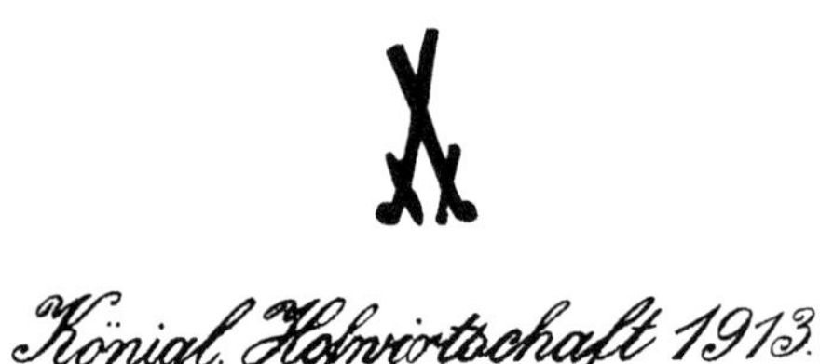

Königliche Porzellan Manufaktur ⸙ Marke 1913 ⸙ Schwerter blau unterglasur ⸙ Schrift schwarz aufglasur ⸙ Besitzzeichen des königlichen Hofes mit verschiedenen Jahreszahlen bis 1918

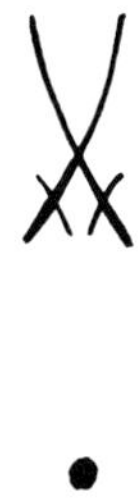

1846
Staatliche Porzellan Manufaktur ⸙ Marke mit Punkt unten nahe dem Fußring 1951 - 1953 ⸙ Blau unterglasur

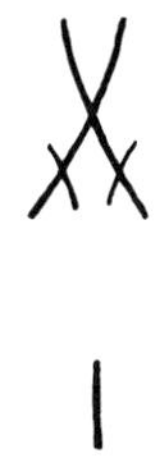

1847
Staatliche Porzellan Manufaktur ⸙ Marke mit senkrechtem Strich unten nahe dem Fußring 1953 - 1957 ⸙ Blau unterglasur

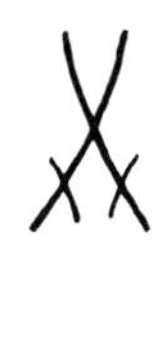

1848
Staatliche Porzellan Manufaktur ⸙ Marke mit waagerechtem Strich unten nahe dem Fußring 1957 - 1972 ⸙ Blau unterglasur

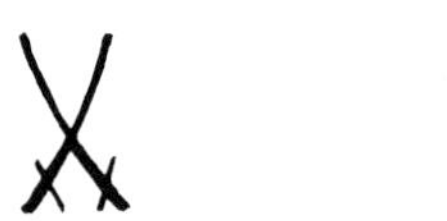

1849
Staatliche Porzellan Manufaktur ⸙ Marke mit senkrechtem Strich rechts nahe dem Fußring 1972 - 1980 ⸙ Blau unterglasur

1850
Staatliche Porzellan Manufaktur ❧ Marke mit waagerechtem Strich rechts nahe dem Fußring 1980 ❧ Blau unterglasur

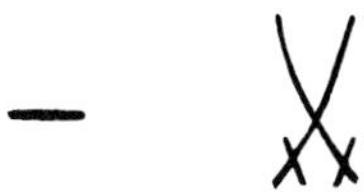

1851
Staatliche Porzellan Manufaktur ❧ Marke mit waagerechtem Strich links nahe dem Fußring 1980 – ❧ Blau unterglasur

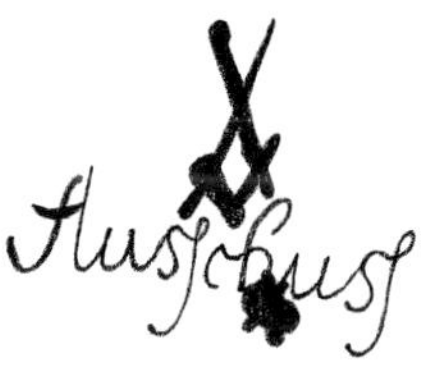

1852
Churfürstliche Porcellain Fabrique ❧ Marke 1779 – ca. 1790 ❧ Auf Porzellanstücken II. und III. Wahl mit so genannter Ausschussmalerei

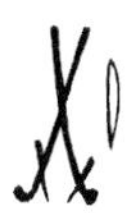

1853
Königliche Porzellan Manufaktur und **Staatliche Porzellan Manufaktur** ❧ Marke 1850 – 1924 ❧ Ein Schleifstrich neben den Schwertern von 1850 – heute als Zeichen, dass das Porzellanstück undekoriert weiß verkauft worden ist

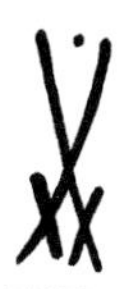

1854
Staatliche Porzellan Manufaktur ❧ Marke 1924 – 1934 ❧ Ein Schleifstrich unter den Schwertern als Zeichen, dass das Porzellanstück weiß oder nur mit schmalen farbigen oder goldenen Ringen dekoriert verkauft worden ist

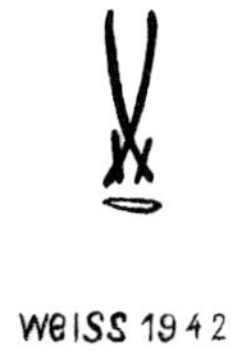

1855
Staatliche Porzellan Manufaktur ❧ Marke 1942 ❧ Ein Schleifstrich unter den Schwertern, unten eingepresst – weiss – und Jahreszahl zwischen 1940 und 1945 für während des 2. Weltkriegs weiß verkaufte Porzellanstücke

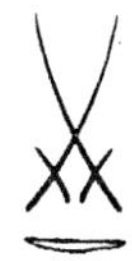

1856
Staatliche Porzellan Manufaktur ❧ Marke 1934 – 1986 ❧ Ein Schleifstrich unter den Schwertern als Zeichen, dass das Porzellanstück undekoriert weiß verkauft worden ist, aber von 1987 – heute bedeutet ein Schleifstrich unten „Zweitsortierung", früher II. Wahl

1857
Staatliche Porzellan Manufaktur ❧ Marke 1996 – ❧ Eingepresst auf Porzellan, das an Hobbymaler weiß verkauft wird

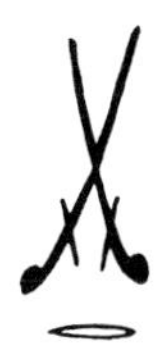

1858
Königliche Porzellan Manufaktur ❧ Marke 1850 – ca. 1900 ❧ Ein Schleifstrich unter den Schwertern für dekorierte Gruppen, Figuren und Vasen der II. Wahl

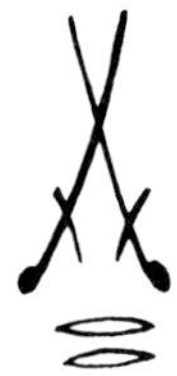

1859
Königliche Porzellan Manufaktur ❦ Marke 1850 – ca. 1900 ❦ Zwei Schleifstriche unter den Schwertern für dekorierte Gruppen, Figuren und Vasen der Sortierung Brack

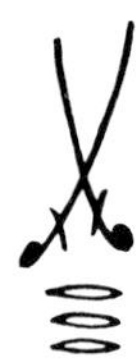

1860
Königliche Porzellan Manufaktur ❦ Marke 1852 – ca. 1900 ❦ Zwei Schleifstriche unter den Schwertern für dekorierte Gruppen, Figuren und Vasen der Sortierung Unscheinbar

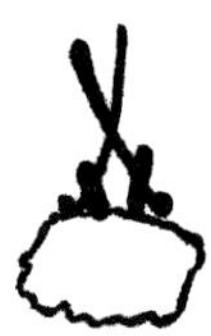

1861
Königliche Porzellan Manufaktur ❦ Marke 1852 – ca. 1900 ❦ Ausgeschliffene Stelle unter den Schwertern, um die Qualitätsmarkierungen (siehe die drei vorhergehenden Marken) zu entfernen, wenn durch die Dekoration die zur Mindersortierung führenden kleinen Fehler überdeckt werden

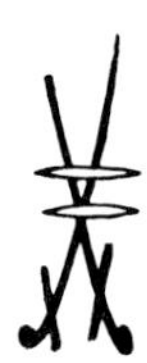

1862
Königliche Porzellan Manufaktur und **Staatliche Porzellan Manufaktur** ❦ Diese Marke 1852 – 1924 ❦ Zwei Schleifstriche durch die Schwerter von 1852 – 1980 für Porzellanstücke II. Wahl

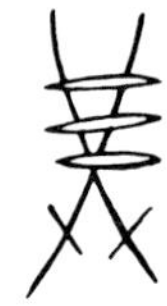

1863
Königliche Porzellan Manufaktur und **Staatliche Porzellan Manufaktur** ❦ Marke 1934 – 1986 ❦ Drei Schleifstriche durch die Schwerter von 1852 – 1986 für Porzellanstücke III. Wahl

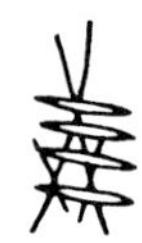

1864
Königliche Porzellan Manufaktur und **Staatliche Porzellan Manufaktur** ❦ Marke 1934 – heute ❦ Vier Schleifstriche von 1852 – 1986 für Porzellanstücke IV. Wahl, aber von 1987 – heute für „Fehlware", früher III. und IV. Wahl, wird nur an Betriebsangehörige verkauft

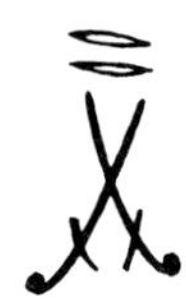

1865
Königliche Porzellan Manufaktur ❦ Marke 1853 – 1869 ❦ Zwei Schleifstriche über den Schwertern unter Porzellanstücken II. Wahl mit blauem oder grünem Unterglasurdekor

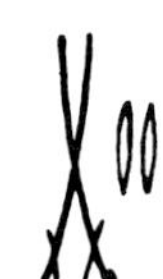

1866
Königliche Porzellan Manufaktur ❦ Marke 1853 – 1869 ❦ Zwei Schleifstriche neben den Schwertern unter Porzellanstücken II. Wahl mit blauem oder grünem Unterglasurdekor

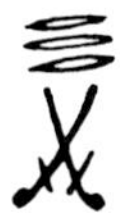

1867
Königliche Porzellan Manufaktur ❧ Marke 1853 – 1869 ❧ Drei Schleifstriche über den Schwertern unter Porzellanstücken der Sortierung III. Wahl, genannt Brack, mit blauem oder grünem Unterglasurdekor

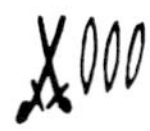

1868
Königliche Porzellan Manufaktur ❧ Marke 1853 – 1869 ❧ Drei Schleifstriche neben den Schwertern unter Porzellanstücken der Sortierung III. Wahl, genannt Brack, mit blauem oder grünem Unterglasurdekor

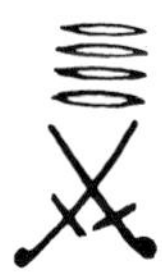

1869
Königliche Porzellan Manufaktur ❧ Marke 1853 – 1869 ❧ Vier Schleifstriche über den Schwertern unter Porzellanstücken der Sortierung Unscheinbar mit blauem oder grünem Unterglasurdekor

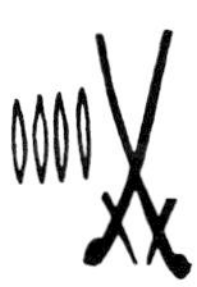

1870
Königliche Porzellan Manufaktur ❧ Marke 1853 – 1869 ❧ Vier Schleifstriche neben den Schwertern unter Porzellanstücken der Sortierung Unscheinbar mit blauem oder grünem Unterglasurdekor

1871
Staatliche Porzellan Manufaktur ❧ Marke 1980 – 1986 ❧ Zwei Schleifstriche durch blaue Linie am Fußring für Porzellanstücke II. Wahl

1872
Staatliche Porzellan Manufaktur ❧ Marke 1980 – 1986 ❧ Drei Schleifstriche durch blaue Linie am Fußring für Porzellanstücke III. Wahl

1873
Staatliche Porzellan Manufaktur ❧ Marke 1980 – 1986 ❧ Vier Schleifstriche durch blaue Linie am Fußring für Porzellanstücke IV. Wahl

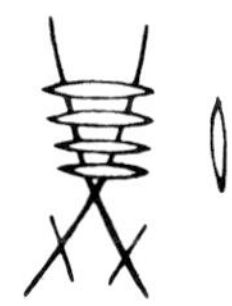

1874
Staatliche Porzellan Manufaktur ❧ Marke 1980 – 1986 ❧ Vier Schleifstriche durch die Schwerter und ein Schleifstrich neben den Schwertern für Porzellanstücke, die zum Gebrauch in der Manufaktur bleiben

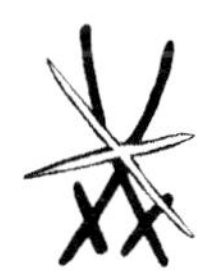

1875
Staatliche Porzellan Manufaktur ❧ Marke 1980 – heute ❧ Zwei gekreuzte Schleifstriche durch die Schwerter für Porzellanstücke, die zum Gebrauch in der Manufaktur bleiben

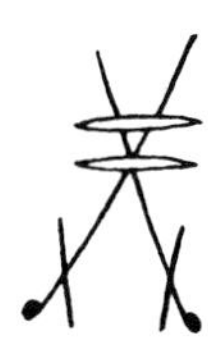

1876
Königliche Porzellan Manufaktur ❧ Marke 1852 – ca. 1869 ❧ Zwei Schleifstriche durch die Schwerter für Porzellanstücke II. Wahl

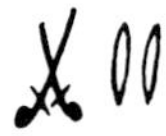

1877
Königliche Porzellan Manufaktur ∞ Marke 1852 – ca. 1869 ∞ Zwei Schleifstriche neben den Schwertern für Porzellanstücke II. Wahl

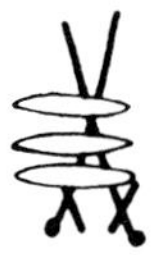

1878
Königliche Porzellan Manufaktur ∞ Marke 1852 – ca. 1869 ∞ Drei Schleifstriche durch die Schwerter für Porzellanstücke III. Wahl, genannt Brack

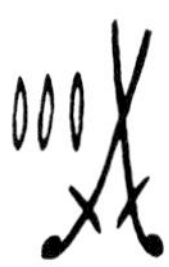

1879
Königliche Porzellan Manufaktur ∞ Marke 1852 – ca. 1869 ∞ Drei Schleifstriche neben den Schwertern für Porzellanstücke III. Wahl, genannt Brack

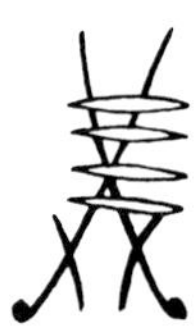

1880
Königliche Porzellan Manufaktur ∞ Marke 1852 – ca. 1869 ∞ Vier Schleifstriche durch die Schwerter für Porzellanstücke der Sortierung Unscheinbar

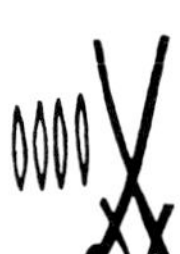

1881
Königliche Porzellan Manufaktur ∞ Marke 1852 – ca. 1869 ∞ Vier Schleifstriche neben den Schwertern für Porzellanstücke der Sortierung Unscheinbar

Royal Dresden China

1882
Staatliche Porzellan Manufaktur ∞ Marke 1838 – heute ∞ Gelegentlich benutzt

Vieux Saxe

1883
Staatliche Porzellan Manufaktur ∞ Marke 1940 – heute ∞ Gelegentlich benutzt ∞ Blau unterglasur

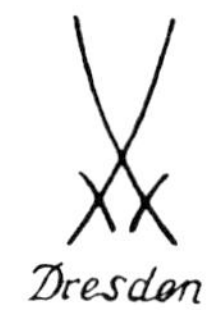

1884
Staatliche Porzellan Manufaktur ∞ Marke 1963 – (1973) ∞ Blau unterglasur

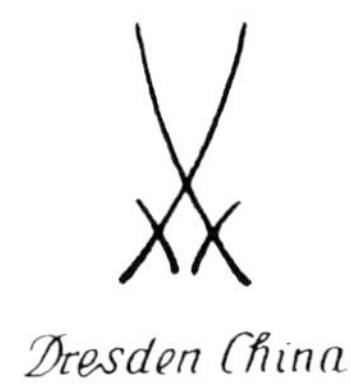

1885
Staatliche Porzellan Manufaktur ∞ Marke 1963 – (1973) ∞ Blau unterglasur

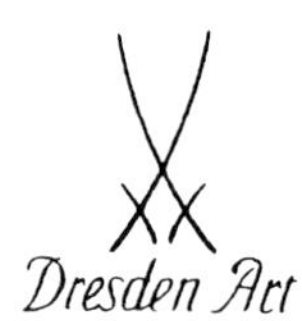

1886
Staatliche Porzellan Manufaktur ∞ Marke 1971 – (1981) ∞ Blau unterglasur

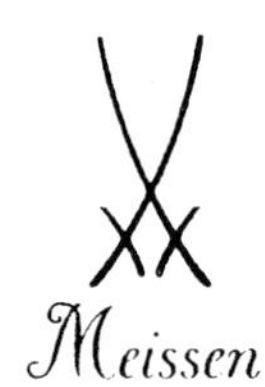

1887
Staatliche Porzellan Manufaktur ∞ Marke 1972 – heute ∞ Blau unterglasur ∞ Gelegentlich benutzt

Meissen

1888
Staatliche Porzellan Manufaktur ✤ Marke 1972 – heute ✤ Gelegentlich benutzt

---

Meissener Porzellan®

1889
Staatliche Porzellan Manufaktur ✤ Marke 1985 – heute ✤ Blau unterglasur

---

Böttgersteinzeug®

1890
Königliche Porzellan Manufaktur und **Staatliche Porzellan Manufaktur** ✤ Marke 1919 – heute ✤ Eingepresst auf Böttgersteinzeug

---

Fürsten

1891
Königliche Porzellan Manufaktur ✤ Marke 1904 – ✤ Für Scharffeuerfarben-Fliesen aus Hartporzellan

---

1892

1948	△	1963	=	1978	Z	1993	O
1949	○	1964	⊐	1979	×	1994	P
1950	□	1965	⋉	1980	A	1995	R
1951	–	1966	°	1981	B	1996	S
1952	V	1967	>	1982	C	1997	T
1953	⊥	1968	Y	1983	D	1998	W
1954	Γ	1969	\	1984	E	1999	AB
1955	<	1970	⊣	1985	F	2000	AA
1956	:	1971	▽	1986	G	2001	AB
1957	◇	1972	⅄	1987	H	2002	AD
1958	⊢	1973	Ω	1988	J	2003	AE
1959	ɑ	1974	X	1989	K	2004	AF
1960	∩	1975	⊖	1990	L	2005	AH
1961	♀	1976	⊏	1991	M	2006	AK
1962	⋎	1977	⋈	1992	N	2007	AN

VEB Staatliche Porzellan Manufaktur und **Staatliche Porzellan Manufaktur Meissen** ✤ Jahreszeichen 1948 – 2007 ✤ eingepresst

---

handgemalt
ARO
Meissen

1893
Keramische Werkstätte Arthur Rohleder, später **Porzellanmalerei A. Rohleder** ✤ 1924 – 1991 ✤ Porzellanmalerei ✤ Marke 1924 – 1960 ✤ Malermarke rot oder schwarz aufglasur ✤ In den ersten Jahren auch als Aufklebeetikett blau/silber

---

ARO.
Handgemalt

1894
Arthur Rohleder & Sohn ✤ Marke 1960 – 1991 ✤ Rot aufglasur ✤ Malermarke

---

ARO
handgemalt

1895
Porzellanmalerei Gottfried Rohleder ✤ Marke 1960 – 1991 ✤ Malermarke rot aufglasur

---

Carl Teichert, Ofenfabrik in Cölln bei Meißen (1909 in Meißen eingemeindet), 1863 – 1872, Kachelöfen, Fliesen, Wandplatten. Nach Umwandlung in eine Aktiengesellschaft **Meißner Ofen- und Chamottewaarenfabrik AG**, später **Meißner Ofen- und Porzellanfabrik AG, vorm. C. Teichert**, 1872 – 1945, die 1879 auch die Herstellung von Zierporzellan und Figuren sowie von Haushaltsporzellan überwiegend mit Zwiebelmuster aufnimmt (so genanntes Stadt-Meißen-Zwiebelmuster). Von 1886 – 1899 betreibt die Firma auch eine Fabrik in Eichwald bei Karlsbad, Böhmen, die **B. Bloch** übernimmt, 1899 – 1921, gefolgt von **Eichwalder Porzellan- und Ofenfabrik B. Bloch & Co.** 1921 – ca. 1940. Beide Firmen in Böhmen dürfen die an zweiter Stelle gezeigte Marke bis 1940 weiter führen. 1923 Übernahme der Mehrheit der Anteile an der **Porzellanfabrik Ernst Teichert** in Meißen, die die Porzellanherstellung 1925 einstellt. 1925 Kauf der **Porzellanfabrik Stockhardt & Schmidt-Eckert**, (siehe auch Kronach), früher Kollrepp-Werk, 1923 – 1925. 1928 Übernahme der Mehrheit der Gesellschaftsanteile an der **Cölln-Meißner Ofenfabrik Saxonia GmbH**.

Die Porzellanherstellung wird 1929 eingestellt, die Rechte an den Formen und Modellen erwirbt die **Porzellanfabrik L. Hutschenreuther** in Selb. 1946 enteignet, die Anlagen werden demontiert und als Reparationslieferung in die Sowjetunion gebracht. Nach Wiederaufbau in **VEB Meißner Ofen- und Wandplattenfabrik** umgewandelt, 1948 – 1951, der später Teil des **VEB Plattenwerke Meißen** wird, dann umbenannt in **VEB Plattenwerke Max Dietel**, in **Meißen**, 1951 – 1990. Nach dem Ende der DDR privatisiert, heute **Meissen Keramik GmbH**.

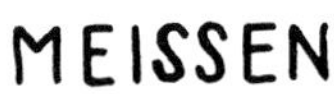

1896
Meißner Ofen- und Porzellanfabrik AG, vorm. C. Teichert ❧ Marke ca. 1872 – 1882 ❧ Blau unterglasur

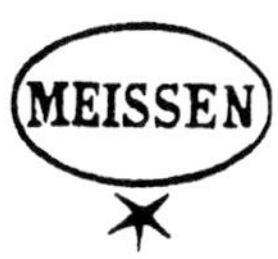

1897
Meißner Ofen- und Porzellanfabrik AG, vorm. C. Teichert ❧ Marke 1882 – 1929 ❧ Blau unterglasur ❧ Mit – CÖLLN MEISSEN – eingepresst ca. 1882 – ca. 1909 ❧ Mit – MEISSEN – eingepresst ca. 1909 – 1929 ❧ Mit Germany oder Made in Germany blau unterglasur ca. 1909 – 1929 ❧ Dieselbe Marke wird von der Teichertschen Fabrik in Eichwald, Böhmen von 1889 – 1899 und auch von deren Nachfolgerin **Bernard Bloch & Co.** von 1899 – 1939 benutzt. Danach wird das Wort –Meissen– im Oval durch –Eichwald– ersetzt

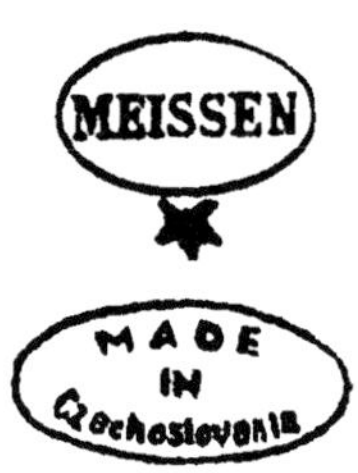

1898
B. Bloch und Porzellan- und Ofenfabrik B. Bloch in **Eichwald** ❧ Marke 1918 – 1939 ❧ Blau unterglasur. Dieselbe Marke wird nach 1950 von der in der Tschechoslowakei verstaatlichten Fabrik Duchkovsky Porzellan wieder benutzt.

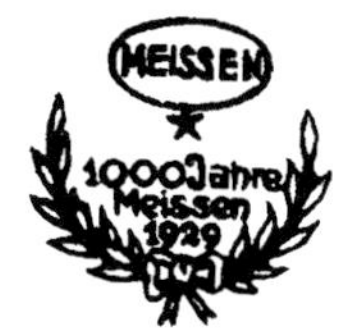

1899
Meißner Ofen- und Porzellanfabrik AG, vorm. C. Teichert ❧ Marke 1929 zur 1000-Jahr-Feier der Stadt Meißen

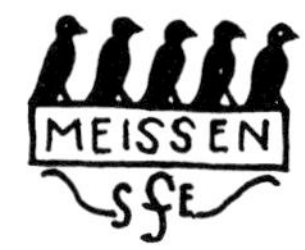

1900
Porzellanfabrik Stockhardt & Schmidt-Eckert ❧ 1923 – 1925 ❧ Haushaltsporzellan ❧ Marke 1923 – 1925

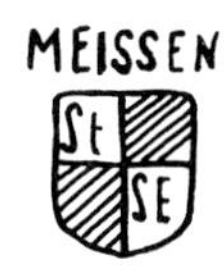

1901
Porzellanfabrik Stockhardt & Schmidt-Eckert ❧ Marke 1923 – 1925 ❧ Grün

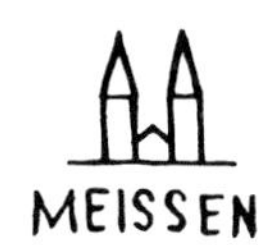

1902
Porzellanfabrik Stockhardt & Schmidt-Eckert und **Meißner Ofen- und Porzellanfabrik AG, vorm. C. Teichert** ❧ Marke 1923 – 1929, grün

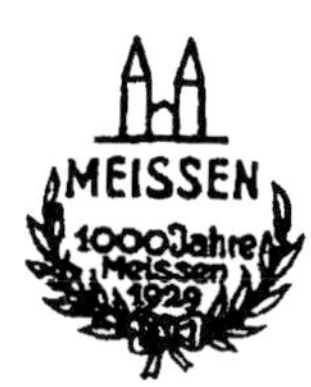

1903
Meißner Ofen- und Porzellanfabrik AG, vorm. C Teichert ❧ Marke 1929 zur 1000-Jahr-Feier der Stadt Meißen für die Betriebsstätten der ehemaligen **Porzellanfabrik Stockhardt & Schmidt-Eckert**

Porzellanfabrik Ernst Teichert, auch firmierend als **Porzellan-Manufaktur Ernst Teichert** oder **Ernst Teichert Ofen- und Porzellanfabrik**, 1884 – 1945, Haushaltsporzellan, überwiegend mit Zwiebelmuster, Zierporzellan, Kaffee- und Teegeschirr, Waschgeschirr. 1923 wird die Mehrheit der Geschäftsanteile von der **Meißner Ofen- und Porzellanfabrik, vorm. C. Teichert** übernommen. Die Firma führt ihren Namen weiter. 1925 wird die Porzellanproduktion eingestellt.

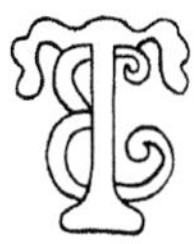

1904
Porzellanfabrik Ernst Teichert · Marke ca. 1884 – ca. 1885 · Mit – CÖLLN MEISSEN – eingepresst

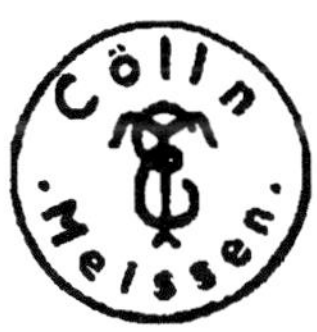

1905
Porzellanfabrik Ernst Teichert · Marke ca. 1885 · Nach der Eingemeindung des Ortes Cölln in die Stadt Meißen im Jahr 1901 wurde in der Ortsbezeichnung das Wort Cölln weggelassen.

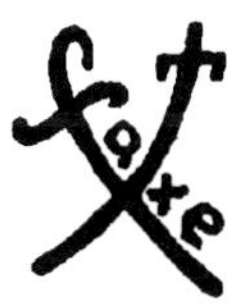

1906
Porzellanfabrik Ernst Teichert · Marke 1884 – 1888 · Blau unterglasur

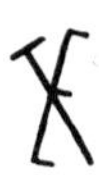

1907
Porzellanfabrik Ernst Teichert · Marke 1885 – [1888] · Blau unterglasur · Nach Einspruch der Königlichen Porzellan Manufaktur Meissen aufgegeben

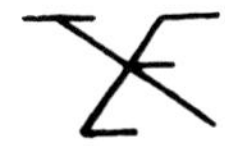

1908
Porzellanfabrik Ernst Teichert · Marke 1885 – [1888] · Blau unterglasur · Variation der vorhergehenden Marke

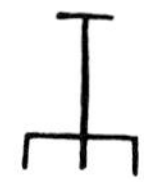

1909
Porzellanfabrik Ernst Teichert · Marke 1888 –

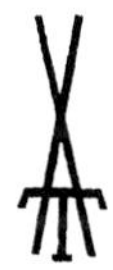

1910
Porzellanfabrik Ernst Teichert · Marke ca. 1885 · Blau unterglasur

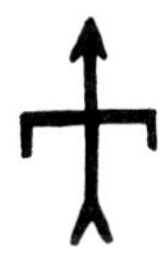

1911
Porzellanfabrik Ernst Teichert · Marke 1889 – ca. 1923 · Blau unterglasur

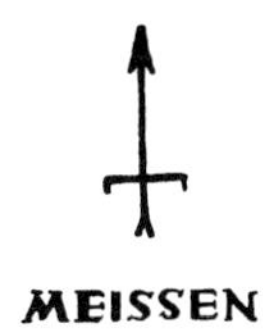

1912
Porzellanfabrik Ernst Teichert · Marke 1889, in dieser Form als Warenzeichen angemeldet aber bisher nicht auf Porzellan beobachtet worden

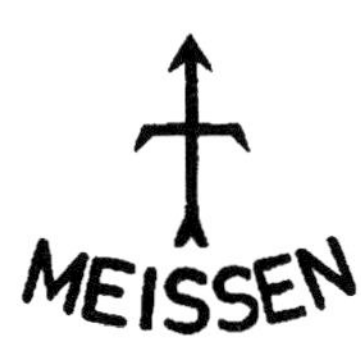

1913
Porzellanfabrik Ernst Teichert · Marke unter Nummer 1912 ist bisher nur in dieser Form beobachtet worden

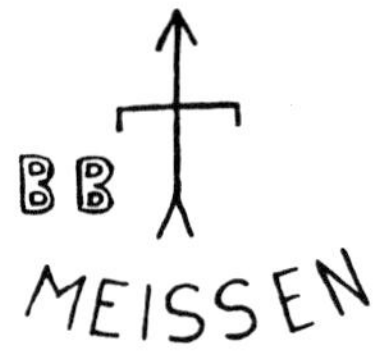

1914
Porzellanfabrik Ernst Teichert • Marke – ca. 1925 • Blau unterglasur • Buchstaben – B B – eingepresst

Meißner Porzellanmalerei, 1928 – 1939. Dann trennen sich die beiden Eigentümer und gründen die Porzellanmalereien **Fritz Schulze** und **Arthur Pöhlmann**, 1939 – 1958. Auf staatlichen Druck Zusammenschluss mit einer dritten Porzellanmalerei zur **Meißner Porzellanmalerei PGH**, 1958 – 1990. Nach dem Ende der DDR entsteht aus der PGH erst die **Meißner Porzellanmalerei GmbH**, 1990 – 1991, dann die **MPM Saxonia Kunsthandwerkliche Porzellanmalerei**, die 1998 in die Gesamtvollstreckung geht. Fritz Schulze gründet die **Manufaktur für Porzellanmalerei und künstlerische Dekorgestaltung**, 1998 – heute.

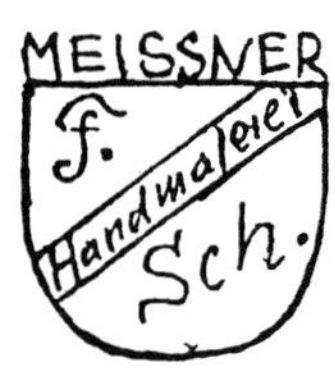

1915
Fritz Schulze • Marke 1945 – 1958 • Malermarke aufglasur

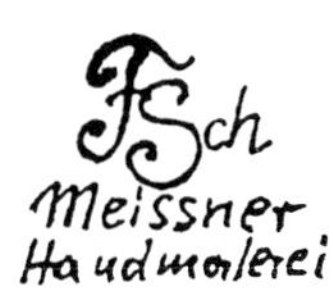

1916
Fritz Schulze • Marke 1945 – 1959 • Malermarke aufglasur

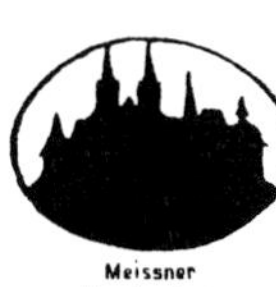

1917
Meißner Porzellanmalerei • Marke 1928 • – 1939 • Arthur Pöhlmann • Marke 1939 – 1945 • Malermarke aufglasur

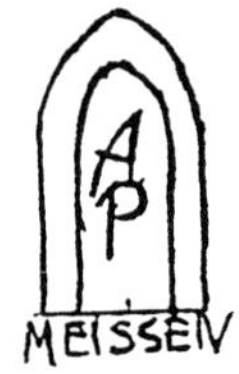

1918
Arthur Pöhlmann • Marke ca. 1945 – 1950 • Malermarke aufglasur

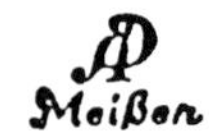

1919
Arthur Pöhlmann • Marke 1945 – 1958 • Malermarke aufglasur

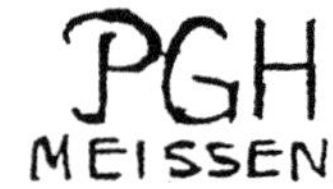

1920
Meißner Porzellanmalerei PGH • Marke 1958 – 1962 • Malermarke aufglasur

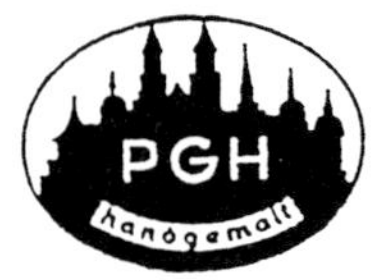

1921
Meißner Porzellanmalerei PGH • Marke 1962 – 1990 • Malermarke aufglasur

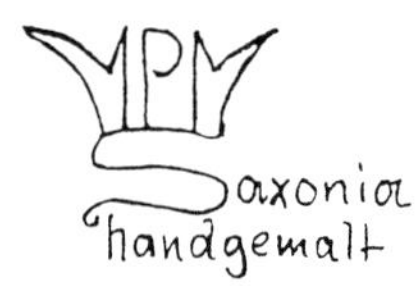

1922
Meißner Porzellanmalerei PGH • Marke 1970 – 1990 • Malermarke aufglasur • Exportmarke

1923
MPM Saxonia Kunsthandwerkliche • **Porzellanmalerei** • Marke 1993 – 1998 • Malermarke aufglasur

1924
MPM Saxonia Kunsthandwerkliche ❧ **Porzellanmalerei** und **Manufaktur für Porzellanmalerei und künstlerische Dekorgestaltung** ❧ Marke 1990 – heute ❧ Malermarke aufglasur

1925
MPM Saxonia Kunsthandwerkliche ❧ **Porzellanmalerei** und **Manufaktur für Porzellanmalerei und künstlerische Dekorgestaltung** ❧ Marke 1994 – heute ❧ Malermarke aufglasur

Mengersreuth, Thüringen

1926
Porzellanfabrik Mengersreuth-Sonneberg Craemer & Heron ❧ 1908 – 1913 geschlossen ❧ Kaffee- und Teegeschirr, Puppen, technisches Porzellan ❧ Marke 1908 – 1913

1927
Porzellanfabrik Mengersreuth GmbH ❧ 1915 – ca. 1930 ❧ Überwiegend elektrotechnisches Porzellan ❧ Marke 1915 – ca. 1930

Merkstein, Rheinprovinz

1928
Risler & Cie. GmbH ❧ 1845 – 1978 ❧ Porzellanknöpfe, -perlen und Mosaike ❧ Marke 1954 – 1978

Meuselwitz, Thüringen

1929
Porzellanfabrik Hentschel & Müller ❧ 1904 – 1930 ❧ Haushaltsporzellan, Puppenköpfe ❧ Nach 1910 nur elektrotechnisches Porzellan ❧ 1930 wird die Fabrik an die **Porzellanfabrik Kloster Veilsdorf** verkauft ❧ Marke nach 1904 – 1930

1930
Porzellanfabrik Hentschel & Müller ❧ Marke 1904 – 1930

1931
Porzellanfabrik Hentschel & Müller ❧ Marke nach 1904 – 1930

Mitterteich, Bayern

Julius Rother & Co. gründen eine Porzellanfabrik für Haushaltsporzellan, Kaffee- und Teegeschirr, 1899 – 1918, die von dem Porzellanmaler Josef Rieber aus Selb übernommen und als **Porzellanfabrik Josef Rieber & Co.** fortgeführt wird, 1918 – 1923. Nachdem die Firma eine Filiale in Thiersheim eröffnet, ändert sie ihren Namen in **Porzellanfabriken Josef Rieber & Co. AG**, 1923 – ca. 1978.

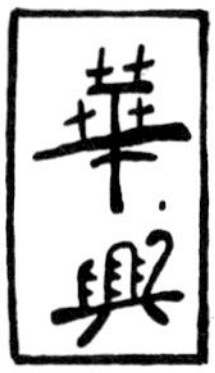

1932
Julius Rother & Co. ❧ Marke ca. 1899 – ca. 1918 ❧ Blau unterglasur

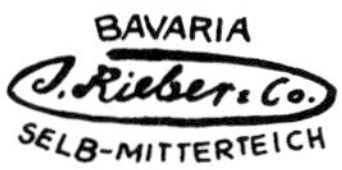

1933
Porzellanfabrik Josef Rieber & Co. ❧ Marke ca. 1918 – 1923 ❧ Siehe auch Josef Rieber in Selb

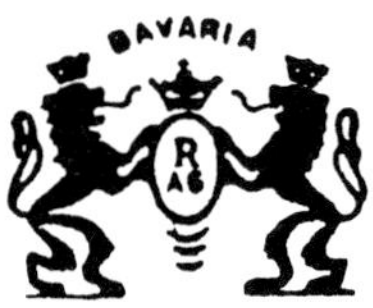

1934
Porzellanfabrik Josef Rieber & Co. und **Porzellanfabriken Josef Rieber & Co. AG** ❧ Auch mit – ECHT PORZELLAN – unten ❧ Marke 1953 – ca. 1978

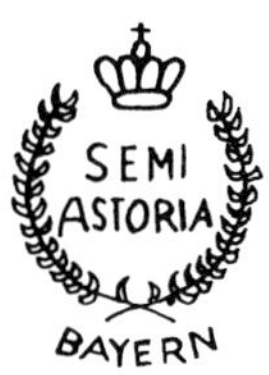

1935
Porzellanfabriken Josef Rieber & Co. AG ❧ Marke nach 1923

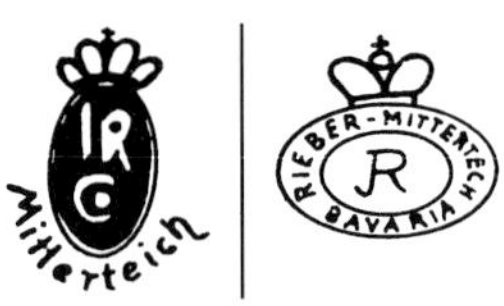

1936, 1937
Porzellanfabriken Josef Rieber & Co. AG ❧ Marken 1923 –

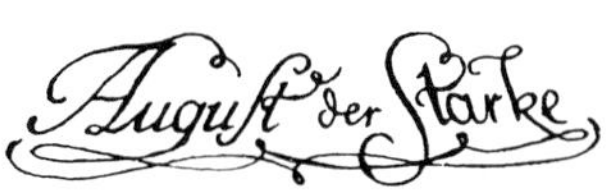

1938
Porzellanfabriken Josef Rieber & Co. AG ❧ Marke 1936 –

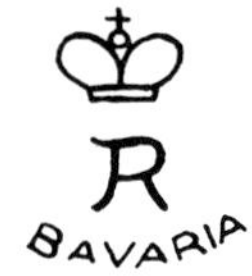

1940
Porzellanfabriken Josef Rieber & Co. AG ❧ Marke vor 1945 – ca. 1978

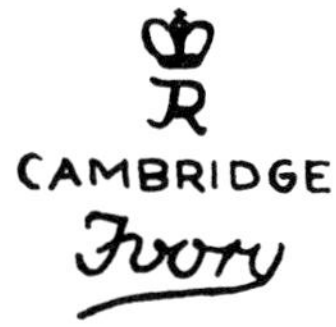

1941
Porzellanfabriken Josef Rieber & Co. AG ❧ Marke vor 1945 – ca. 1978

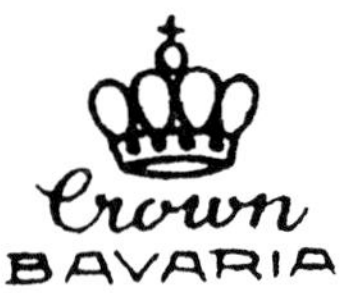

1942
Porzellanfabriken Josef Rieber & Co. AG ❧ Marke 1953 – ca. 1978

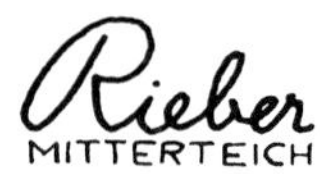

1943
Porzellanfabriken Josef Rieber & Co. AG ❧ Marke 1966 – ca. 1978

The Mosanic Pottery Max Emanuel & Co., später nur **Max Emanuel & Co. Porzellanfabrik**, Sitz der Firma ist in London, Fabrikation in Mitterteich, ca. 1882 – 1917, dann als Feindeigentum vom bayerischen Staat konfisziert und umgewandelt in **Porzellanfabrik Mitterteich AG**, 1917 – heute. Haushalts- und Zierporzellan, Geschenkartikel, Kaffee- und Teegeschirr, Hotelgeschirr, Gastronomiebedarf.

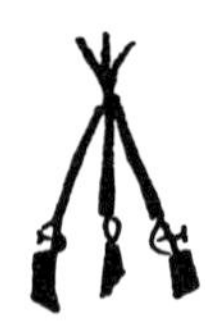

1944
Max Emanuel & Co. ❧ Marke 1892 – 1917

1945 *Mosanic*
Max Emanuel & Co. ⁂ Marke 1895 – ⁂ Von Porzellanfabrik Mitterteich AG neu als Marke angemeldet 1928

1946 **MOSANIC**
Max Emanuel & Co. ⁂ Marke 1895 – 1917 ⁂ Siehe vorhergehende Marke

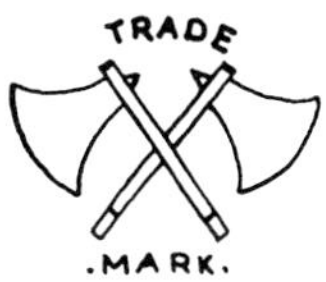

1947
Max Emanuel & Co. ⁂ Marke 1897 – 1917

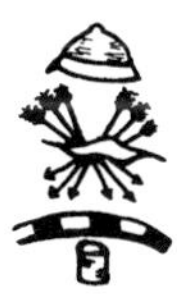

1948
Max Emanuel & Co. ⁂ Marke 1898 – ⁂ Von der Porzellanfabrik Mitterteich AG neu als Marke angemeldet 1928

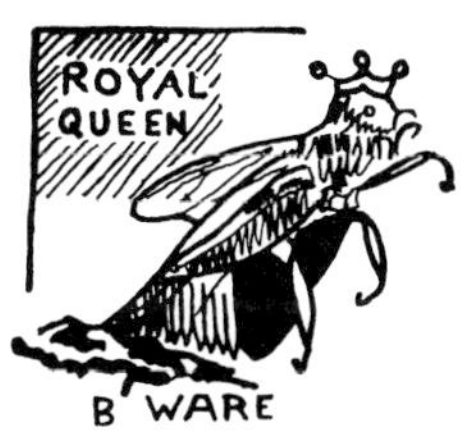

1949
Max Emanuel & Co. ⁂ Marke 1905 – 1917

1950
Porzellanfabrik Mitterteich AG ⁂ Marke 1921 – ca. 1931

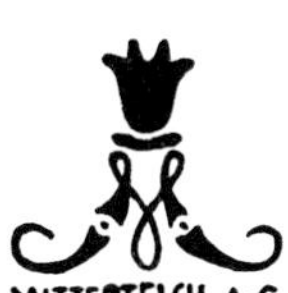

1951
Porzellanfabrik Mitterteich AG ⁂ Marke 1921 – ca. 1931

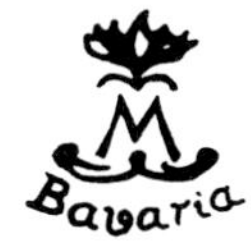

1952
Porzellanfabrik Mitterteich AG ⁂ Marke 1931 – ca. 1945

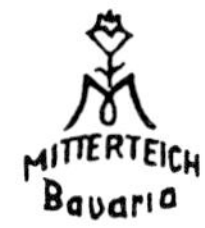

1953
Porzellanfabrik Mitterteich AG ⁂ Marke 1931 – ca. 1945

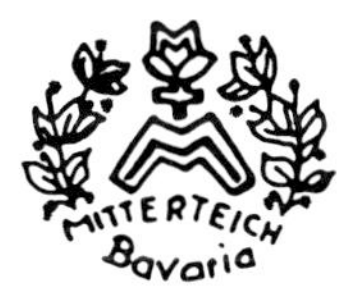

1954
Porzellanfabrik Mitterteich ⁂ Marke nach 1945 ⁂ Auch mit –Meissen Floral– und –Germany– unten

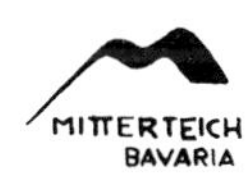

1955
Porzellanfabrik Mitterteich AG ⁂ Marke nach 1945

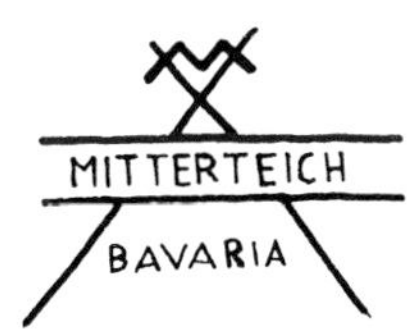

1956
Porzellanfabrik Mitterteich AG ⁂ Marke heute ⁂ Auch mit –„Meissen Blue"– unten

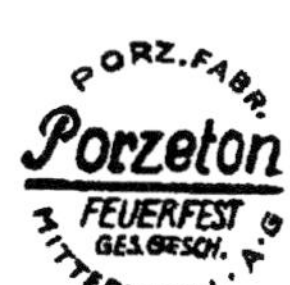

1957
Porzellanfabrik Mitterteich ⁂ Marke nach 1945 für feuerfestes Porzellangeschirr

Moschendorf siehe **Hof**

Mühlhausen, Sachsen

1958
Elster Porzellanwerke Georg Heinlein, 1920 – 1924, dann **Zeh, Scherzer und Co. AG**, 1924-1933, dann **Porzellanfabrik Elster Georg Heinlein**, 1933 – 1935 ❖ Marke 1922 – 1924

1959
Zeh, Scherzer & Co. und **Porzellanfabrik Elster** Marke 1924 – ca. 1935

Mülheim, Rheinland

1960
August Fromm ❖ Porzellan- und Steingutfabrik ❖ bis ca. 1910

1961
Josef Heck ❖ Porzellanmaler ❖ 1906 – ca. 1928

München, Bayern

1962
Jean Beck, ca. 1900 – 1915, dann **Hans Ludwig Beck** ❖ Porzellanmalerei ❖ 1915 – erloschen ❖ Marke 1900 – ca. 1915 ❖ Malermarke aufglasur

1963
Brunner & Plötz ❖ 1890 – erloschen ca. 1997 ❖ Porzellanmalerei ❖ Marke 1890 – ca. 1997 ❖ Malermarke aufglasur

1964
Kurt Hammer ❖ Porzellanmalerei ❖ 1908 – erloschen

1965
Elisabeth Liegl ❖ Porzellanmalerei ❖ 1948 – heute ❖ Marke 1948 – heute ❖ Malermarke blau aufglasur

1966
Elisabeth Liegl ❖ Marke 1948 – heute ❖ Malermarke blau und schwarz aufglasur

1967
Porzellanmanufaktur Rau ❖ Porzellanmalerei ❖ 1946 – erloschen ❖ Marke 1946 – vor 1978 ❖ Malermarke aufglasur

1968
Porzellanmanufaktur Rau ❖ Marke 1946 – ❖ Malermarke aufglasur

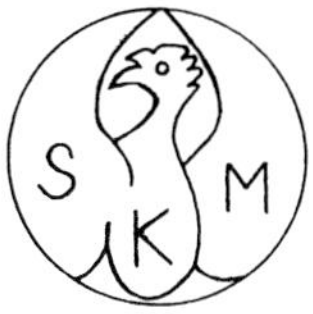

1969
J.J. Scharvogel • Keramische Werkstätten für Steinzeug, Porzellan und Terrakotta • 1898 – 1923 • Marke 1902 – 1923

Scharvogel

1970
J.J. Scharvogel • Marke 1903 – 1923

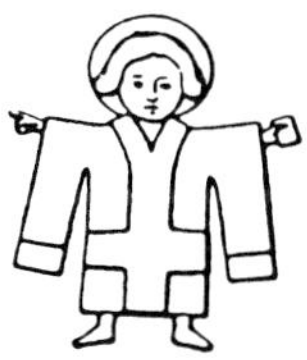

1971
Gebr. Thannhauser Porzellanmalerei • 1882 – 1910

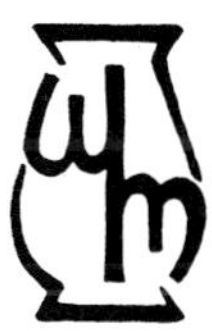

1972
Werkstätten für Keramik-Malerei G. Wieninger • Porzellanmalerei 1879 – 1999 • Marke 1942 – 1999

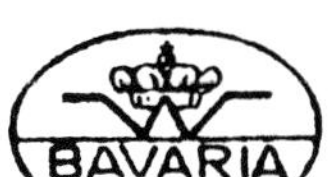

1973
Fritz Worm • Porzellanmalerei • Bestand 1951 • Marke 1951 –

O.W.

1974
Otto Wustlich • Porzellanmaler • 1854 – 1886 • Malermarke aufglasur, oft mit den letzten beiden Ziffern des Jahres • Meist Kopien von Gemälden auf Porzellanplatten

Münster, Westfalen

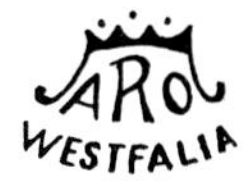

1975
Porzellanmanufaktur August Roloff • Porzellanmalerei • 1919 – erloschen • Marke 1919 – 1927 • Malermarke aufglasur

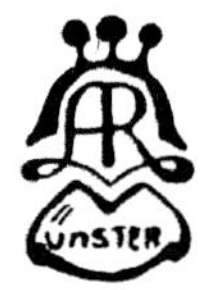

1976
Porzellanmanufaktur August Roloff • Marke 1919 – 1927 • Malermarke aufglasur

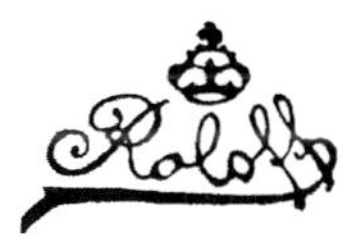

1977
Porzellanmanufaktur August Roloff • Marke 1919 – 1927 • Malermarke aufglasur

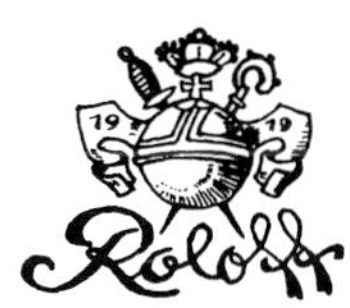

1978
Porzellanmanufaktur August Roloff • Marke 1923 – • Malermarke aufglasur • Auch mit –Münster i/Westf.– unten

N

Naila, Bayern

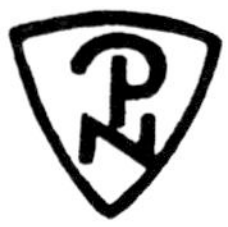

1979
Hagen & Co., 1900 – 1921, später **Porzellanfabrik Naila Albin Klöber**, 1921 – geschlossen 1993 ❧ Elektrotechnisches Porzellan, Haushalts- und Hotelporzellan ❧ Marke <u>1950</u> – 1993

Nauen, Preußen

1980 C F K
C.F. Kerkow ❧ 1830 – 1928 ❧ Porzellanmalerei ❧ Marke Ende 19. Jhdt. – 1928

Nauendorf, Sachsen

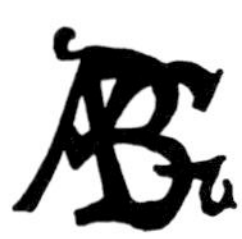

1981
Alt, Beck & Gottschalk ❧ 1854 – 1946 ❧ Figuren, Zierporzellan, Puppen und Puppenköpfe, religiöse Artikel ❧ Marke 1881 – 1946

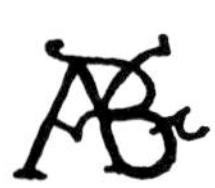

1982
Alt, Beck & Gottschalk ❧ Marke 1881 – 1946

1983 Albego
Alt, Beck & Gottschalk ❧ Marke <u>1929</u> – 1940

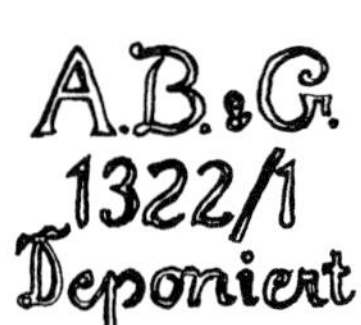

1984
Alt, Beck & Gottschalk ❧ Marke um 1910 ❧ Eingepresst auf Puppenköpfen

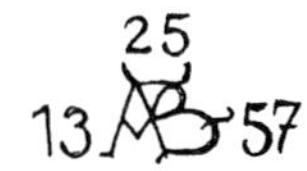

1985
Alt, Beck & Gottschalk ❧ Marke um 1912 ❧ Eingepresst auf Puppenköpfen

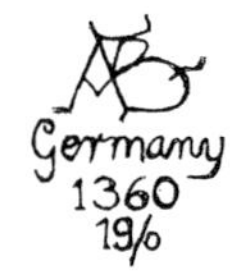

1986
Alt, Beck & Gottschalk ❧ Marke um 1912 ❧ Eingepresst auf Puppenköpfen

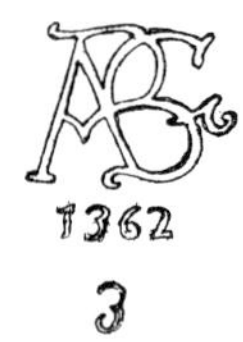

1987
Alt, Beck & Gottschalk ❧ Marke um 1912 ❧ Eingepresst auf Puppenköpfen

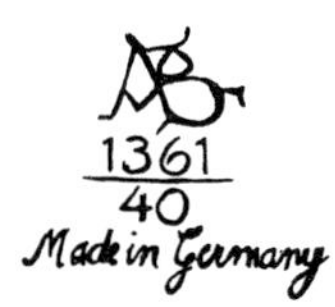

1988
Alt, Beck & Gottschalk ❧ Marke um 1912 ❧ Eingepresst auf Puppenköpfen

Neudeck, Bayern

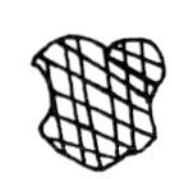

1989
Churfürstliche Porcelain Fabrique ❧ 1747 – 1761 ❧ Tafel- und Zierporzellan, Figuren ❧ Die Manufaktur wird 1761 nach Nymphenburg verlegt, die Marke wird dort weiterbenutzt 1754 – 1761 ❧ Eingepresst

Neuhaldensleben, Provinz Sachsen

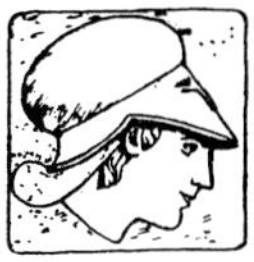

1990
Gebr. Hubbe, 1875 – ca. 1898, dann **Carl Hubbe**, 1898 – ca. 1920 ❦ Haushalts- und Zierartikel aus Porzellan und Steingut ❦ Marke <u>1913</u> – ca. 1920

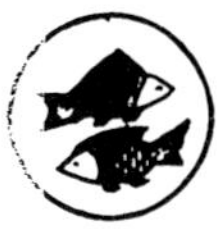

1991
Hugo Lonitz, 1868 – 1886, dann **Hugo Lonitz & Co.**, 1886 – ca. 1904 ❦ Haushalts-, Zier-, Sammler- und Geschenkartikel aus Porzellan und Steingut ❦ Marke 1875 – ca. 1904

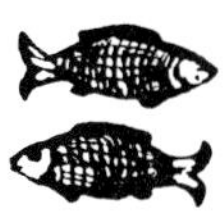

1992
Hugo Lonitz & Co. ❦ Marke ca. 1886 – ca. 1904

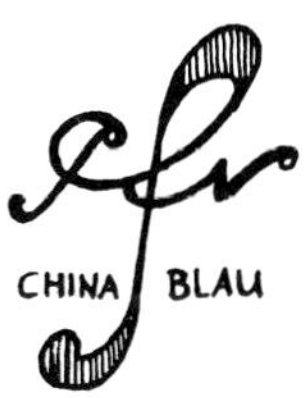

1993
Porzellanfabrik Saxonia Georg Bennewitz ❦ Ca. 1927 – 1932 ❦ Haushaltsporzellan ❦ Marke <u>1928</u> – 1932 ❦ Auch ohne – CHINA BLAU –

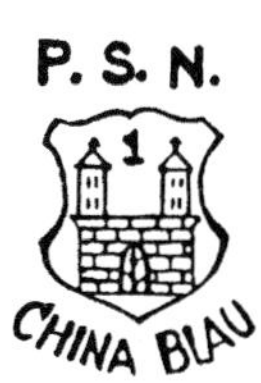

1994
Porzellanfabrik Saxonia Georg Bennewitz ❦ Marke 1927 – 1932

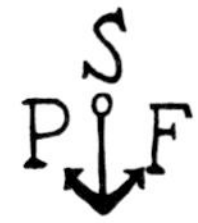

1995
Porzellanfabrik Saxonia Georg Bennewitz ❦ Marke 1927 – 1932

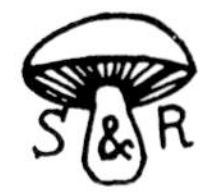

1996
Steingutfabrik Sauer & Roloff ❦ Ca. 1905 – 1929 ❦ Haushaltsporzellan und -steingut ❦ Marke <u>1908</u> – 1929

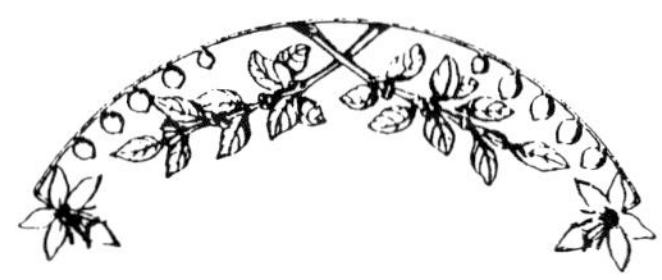

1997
Steingutfabrik Sauer & Roloff ❦ Marke <u>1908</u> – 1929

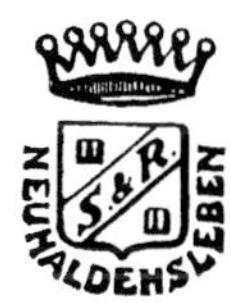

1998
Steingutfabrik Sauer & Roloff ❦ Marke <u>1908</u> – 1929

Neuhaus am Rennweg, Thüringen

Rudolph Heinz & Co., 1858 – 1921 und 1936 – geschlossen 1972. Von 1921 bis 1936 gehört die Firma der **Aeltesten Volkstedter Porzellanfabrik**, danach wieder selbstständig. Bis 1885 Porzellanmalerei, dann Herstellung von Zierporzellan, Figuren, Stockgriffen, Uhrgehäusen, Puppengeschirr, Puppenköpfen, Nippes, elektrotechnischem Porzellan und Kunst- und Zierfayence. Um 1910 übernimmt die Firma die Fabrik von **Noack & Burk** in **Neuhaus**.

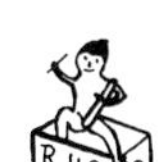

1999
Rudolph Heinz & Co. ❦ Marke 1885 – 1921

2000
Rudolph Heinz & Co. · Marke ca. 1936 – 1972

2001
Rudolph Heinz & Co. · Marke ca. 1936 – 1972 · Auch auf Fayence

2002
Rudolph Heinz & Co. · Marke ca. 1936 – 1972

Gabriel Heubach, Johann Georg Kämpfe, Paul Valentin Keßler und Peter Greiner gründen 1831 eine Fabrik, die 1833 ein Privileg zur Porzellanherstellung erhält. An einem noch unbekannten Zeitpunkt übernimmt **C. List** die Fabrik. Ca. 1885 heißt die Firma **Kämpfe & List Porzellanfabrik, ehem. C. List**, 1885 – ca. 1896. Dann wird sie übernommen von **Noack & Burk**, ca. 1897 – ca. 1910, diese Firma geht in den Besitz von **Rudolph Heinz & Co.** über. Zierporzellan.

2003
Kämpfe & List Porzellanfabrik, ehem. C. List · Marke ca. 1885 – ca. 1896

2004
Kämpfe & List Porzellanfabrik, ehem. C. List · Marke 1887 – ca. 1896

2005
R. Kämpfe & Co. Porzellan-, Steingut- und Majolikafabrik · Ca. 1899 – ca. 1909 · Marke 1899 – (1909)

Neumünster, Holstein

2006
Porzellanfabrik Neumünster · 1897 – erloschen · Haushaltsporzellan · Marke 1897 –

Neu-Schmiedefeld, Thüringen

2007
Gustav Korn · Porzellanfabrik · 1903 – ca. 1927

Neuses, Bayern

2008
Adolf Schedel Porzellanmanufaktur · 1958 – 1964 · Porzellanmalerei · Marke 1958 – ca. 1964

2009
Adolf Schedel Porzellanmanufaktur · Marke ca. 1958 – 1964

Neustadt, Bayern

2010
Heber & Co. Porzellanfabrik · 1900 – 1922 · Zierporzellan, Figuren, Kaffee- und Teeservice, Puppen und Puppenköpfe · Marke 1900 – 1920

2011
Heber & Co. Porzellanfabrik • Marke 1900 – 1922 • Eingepresst auf Puppenköpfen

---

Gebr. Knoch Porzellanfabrik, 1887 – ca. 1919, dann übernommen von **Max Oskar Arnold**, 1919 – 1929, Zierporzellan, Kandelaber, Tafelaufsätze, Figuren, Puppenköpfe, Geschirr mit Zwiebelmuster und Strohblumenmuster. Verkauft 1929 an **Ph. Rosenthal AG** in Selb, dann nur noch elektrotechnisches Porzellan.

2012
Gebr. Knoch Porzellanfabrik • Marke 1887 – 1919 • Eingepresst

2013
Max Oskar Arnold Porzellanfabrik • Marke 1919 – 1929 • Eingepresst auf Puppenköpfen

2014
Max Oskar Arnold Porzellanfabrik • Marke 1919 – 1929 • Eingepresst auf Puppenköpfen für Welsch & Co. in Sonneberg

---

2015
Hermann Steiner & Co. • 1920 – 1925 • dann **Hermann Steiner** 1925 – ca. 1935 • Puppenköpfe • Filiale in Sonneberg

2016
Hermann Steiner • Marke ca. 1925 – 1935

Neustrelitz, Mecklenburg

2017
Albert Schulze • Besteht um 1930 • Porzellanmalerei • Marke um 1930 • Malermarke aufglasur

Niedersalzbrunn, Schlesien

Hermann Ohme Porzellanfabrik siehe **Waldenburg**

2018
Franz Prause Porzellanfabrik und -malerei, 1891 – 1921, dann **Porzellanfabrik Franz Prause GmbH,** 1921 – geschlossen 1933 • Schon seit ca. 1850 betrieb Franz Prause eine Porzellanmalerei, die 1891 die Porzellanproduktion aufnahm • Marke ca. 1891 – ca. 1921

2019
Franz Prause Porzellanfabrik und -malerei • Marke 1910 – 1921

2020
Porzellanfabrik Franz Prause GmbH • Marke ca. 1921 – ca. 1933

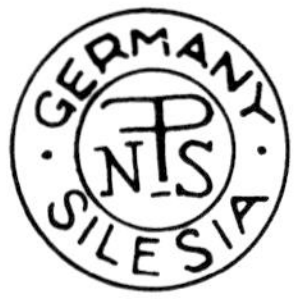

2021
Porzellanfabrik Franz Prause GmbH •
Marke ca. 1921 – ca. 1933

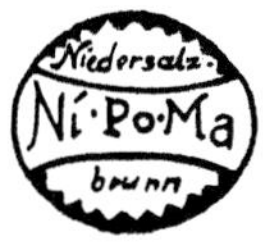

2022
Niederschlesische Porzellanmanufaktur, Porzellanmalerei • Marke 1927 – 1932

Niemberg, Sachsen-Anhalt

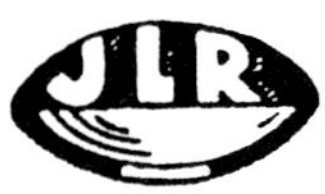

2023
Ida-Lotte Roth • Vor 1939 – nach 1958 • Porzellanmalerei • Marke ca. 1939 – nach 1958

Nürnberg, Bayern

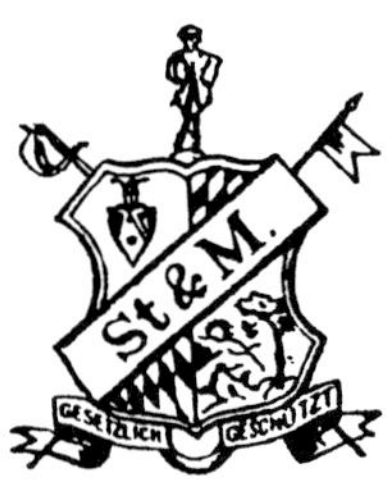

2024
Stiglbauer & Gölkel, 1893 – 1894, dann **Stiglbauer & Merz**, 1885 – 1897 • Porzellanmalerei • Marke 1895 – 1897

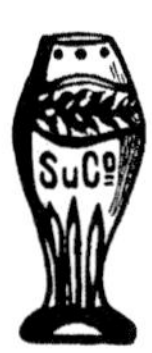

2025
Oskar Schneider & Co. • 1890 – ca. 1910 • Porzellanmalerei • Marke 1890 – ca. 1910

Nymphenburg, Bayern

Kurfürst Max III. Joseph von Bayern gründet in **Neudeck** in der Au die **Churfürstliche Porcelain Fabrique**, 1754 – 1761, die er nach sieben Jahren in Neubauten am Schloss Nymphenburg in München verlegt. Unter seinem Nachfolger Kurfürst Carl Theodor gelangen Modelle der **Frankenthaler Porzellanmanufaktur** nach Nymphenburg 1777 – 1799. Nachdem Napoleon den bayerischen Kurfürsten zum König erhoben hat, heißt sie **Königliche Porzellan-Manufaktur Nymphenburg**, 1806 – 1918, gelegentlich auch Königlich Bayerische Porzellan Manufaktur. 1888 pachtet Albert Bäuml die Manufaktur, die nach der Abdankung des letzten bayerischen Königs in **Staatliche Porzellan-Manufaktur Nymphenburg A. Bäuml** umbenannt wird, 1918 – 1975. Eine Familienstiftung des Hauses Wittelsbach übernimmt den nunmehr **Porzellan-Manufaktur Nymphenburg** firmierenden Betrieb, 1975 – heute. Tafel- und Zierporzellan, Figuren, Kaffee- und Teeservices, Nachausformung Frankenthaler Modelle.
Die Nymphenburger Marke besteht aus dem Rautenschild der Wittelsbacher. Die große Mehrheit der Marken ist in die noch ungebrannte Porzellanmasse gepresst. Sie sind relativ klein und oft durch die überdeckende Glasur unscharf gemacht. Bei den Marken bis ca. 1780 verlaufen die Rautenreihen, wie im Wappen, von links oben nach rechts unten. Dann gehen die Rautenreihen bis ca. 1900 von rechts oben nach links unten. Danach kommen beide Versionen vor.

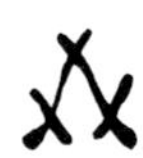

2026
Churfürstliche Porcelain Fabrique Nymphenburg • Marke 1760 – 1780 • Nachahmung der Schwertermarke der Meissener Porzellan Manufaktur • Nur auf Kopchen, blau unterglasur

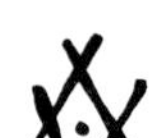

2027
Churfürstliche Porcelain Fabrique Nymphenburg • Marke 1760 – 1780 • Nachahmung der Schwertermarke der Meissener Porzellan Manufaktur • Nur auf Kopchen, blau unterglasur

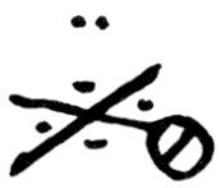

2028
Churfürstliche Porcelain Fabrique Nymphenburg · Marke 1760 – 1780 · Nachahmung der Schwertermarke der Meissener Porzellan Manufaktur · Nur auf Kopchen, blau unterglasur

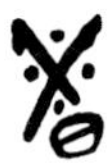

2029
Churfürstliche Porcelain Fabrique Nymphenburg · Marke 1760 – 1780 · Nachahmung der Schwertermarke der Meissener Porzellan Manufaktur · Nur auf Kopchen, blau unterglasur

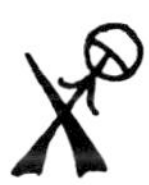

2030
Churfürstliche Porcelain Fabrique Nymphenburg · Marke 1760 – 1780 · Nachahmung der Schwertermarke der Meissener Porzellan Manufaktur · Nur auf Kopchen, blau unterglasur

2031
Churfürstliche Porcelain Fabrique Nymphenburg · Marke 1760 – 1780 · Nachahmung der Schwertermarke der Meissener Porzellan Manufaktur · Nur auf Kopchen, blau unterglasur

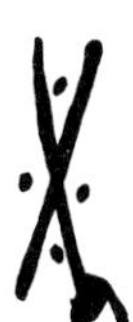

2032
Churfürstliche Porcelain Fabrique Nymphenburg · Marke 1760 – 1780 · Nachahmung der Schwertermarke der Meissener Porzellan Manufaktur · Nur auf Kopchen, blau unterglasur

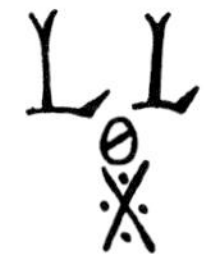

2033
Churfürstliche Porcelain Fabrique Nymphenburg · Marke 1760 – 1780 · Blau unterglasur · Buchstaben LL eingepresst

2034
Churfürstliche Porcelain Fabrique Nymphenburg · Marke 1760 – 1780 · Blau unterglasur

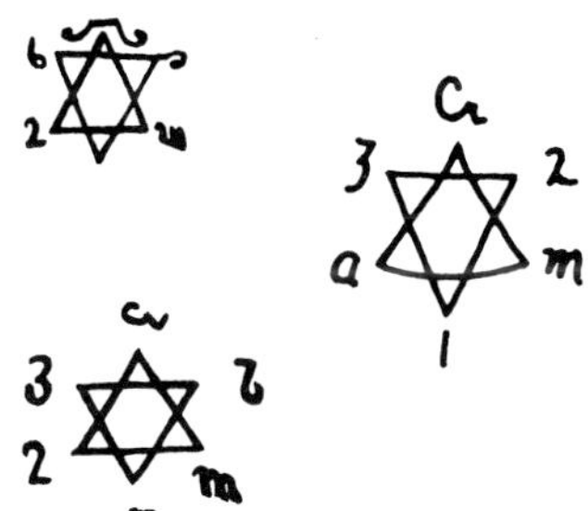

2035-2037
Churfürstliche Porcelain Fabrique Nymphenburg · Marke ca. 1761 – ca. 1768 · Blau unterglasur · Gelegentlich wieder benutzt ca. 1890 – ca. 1900

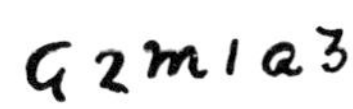

2038
Churfürstliche Porcelain Fabrique Nymphenburg · Marke ca. 1761 – ca. 1768 · Blau unterglasur

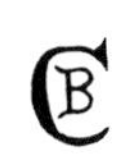

2039
Churfürstliche Porcelain Fabrique Nymphenburg · Marke ca. 1761 – ca. 1770 · Blau unterglasur · – CB – steht für Churbayern

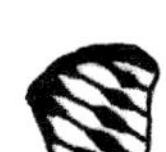

2040
Churfürstliche Porcelain Fabrique Nymphenburg · Marke 1760 – 1790 · Eingepresst

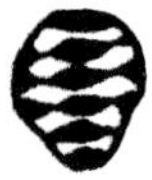

2041
Churfürstliche Porcelain Fabrique Nymphenburg · Marke 1780 – 1800 · Eingepresst

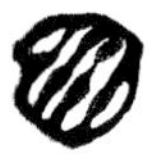

2042
Churfürstliche Porcelain Fabrique Nymphenburg · Marke 1780 – 1800 · Eingepresst

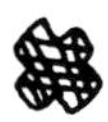

2043
Churfürstliche Porcelain Fabrique Nymphenburg und **Königliche Porzellan-Manufaktur Nymphenburg** · Marke 1780 – 1810 · Eingepresst

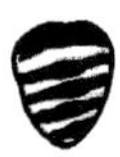

2044
Churfürstliche Porcelain Fabrique Nymphenburg und **Königliche Porzellan-Manufaktur Nymphenburg** · Marke 1800 – 1830 · Eingepresst

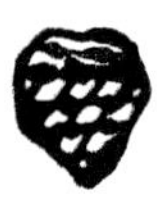

2045
Churfürstliche Porcelain Fabrique Nymphenburg und **Königliche Porzellan-Manufaktur Nymphenburg** · Marke 1800 – 1850 · Eingepresst

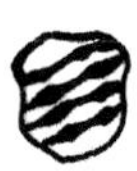

2046
Königliche Porzellan-Manufaktur Nymphenburg · Marke 1810 – 1850 · Eingepresst

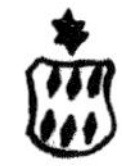

2047
Königliche Porzellan-Manufaktur Nymphenburg · Marke 1850 – 1890 · Eingepresst

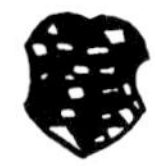

2048
Königliche Porzellan-Manufaktur Nymphenburg · Marke 1862 – 1887 · Eingepresst

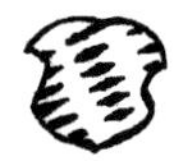

2049
Königliche Porzellan-Manufaktur Nymphenburg und **Staatliche Porzellan-Manufaktur Nymphenburg** · Marke 1900 – 1920 · Eingepresst

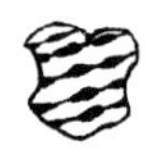

2050
Königliche Porzellan-Manufaktur Nymphenburg und **Staatliche Porzellan-Manufaktur Nymphenburg** · Marke 1900 – 1920 · Eingepresst

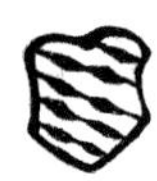

2051
Königliche Porzellan-Manufaktur Nymphenburg und **Staatliche Porzellan-Manufaktur Nymphenburg** · Marke 1900 – 1920 · Eingepresst

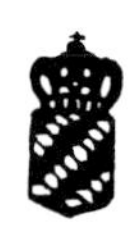

2052
Königliche Porzellan-Manufaktur Nymphenburg · Marke 1890 – 1895 · Blau oder grün unterglasur oder eingepresst

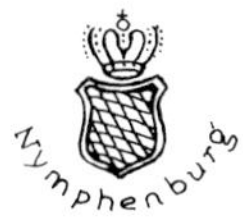

2053
Königliche Porzellan-Manufaktur Nymphenburg · Marke 1895 – · Eingepresst oder grün unterglasur

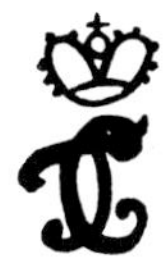

2054
Königliche Porzellan-Manufaktur und **Staatliche Porzellan-Manufaktur Nymphenburg** · Marke 1895 – · Blau unterglasur, auf Reproduktionen von Frankenthaler Modellen, immer mit eingepresstem Rautenschild und Jahreszahl

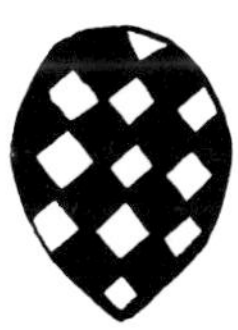

2055
Königliche Porzellan-Manufaktur und **Staatliche Porzellan-Manufaktur Nymphenburg** · Marke 1895 – · Blau unterglasur, auf Reproduktionen von Frankenthaler Modellen, immer mit eingepresstem Rautenschild und Jahreszahl

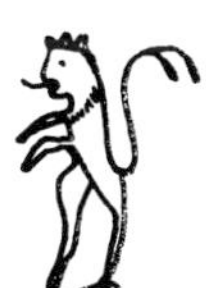

2056
Staatliche Porzellan-Manufaktur Nymphenburg · Marke 1921 – · Blau unterglasur, auf Reproduktionen von Frankenthaler Modellen, immer mit eingepresstem Rautenschild und Jahreszahl

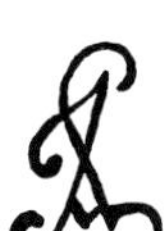

2057
Staatliche Porzellan-Manufaktur Nymphenburg · Marke 1921 – · Blau unterglasur, auf Reproduktionen von Frankenthaler Modellen, immer mit eingepresstem Rautenschild und Jahreszahl

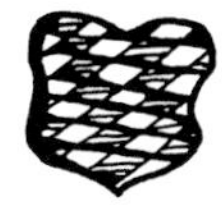

2058
Staatliche Porzellan-Manufaktur Nymphenburg · Marke 1921 – · Eingepresst

„Nymphenburg"

2059
Staatliche Porzellan-Manufaktur Nymphenburg · Marke 1925 – heute · Eingepresst

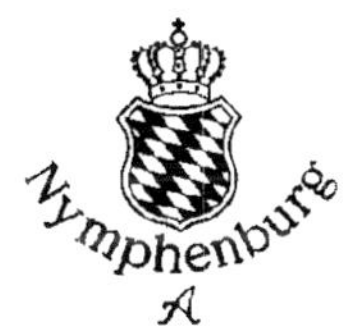

2060
Porzellan-Manufaktur Nymphenburg · Marke 1976 – 1997 · Buchstabe – A – für Herzog Albrecht

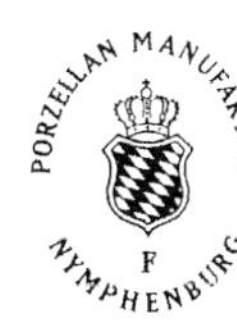

2061
Porzellan-Manufaktur Nymphenburg · Marke 1997 – heute · Buchstabe – F – für Herzog Franz

O

Oberhohndorf, Sachsen

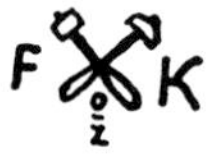

2062
Friedrich Kaestner Porzellanfabrik • 1883 – 1972 • Haushaltsporzellan, Kinderservice, Kaffee- und Teeservice, Zierporzellan, Porzellanmalerei • Marke 1884 – (1932)

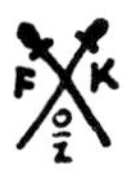

2063
Friedrich Kaestner Porzellanfabrik •
Marke 1884 – (1932)

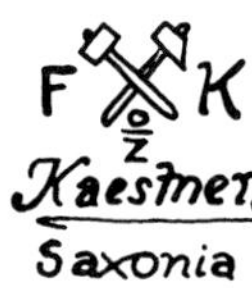

2064
Friedrich Kaestner Porzellanfabrik •
Marke ca. 1884 – ca. 1932

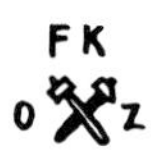

2065
Friedrich Kaestner Porzellanfabrik •
Marke 1906 – 1932

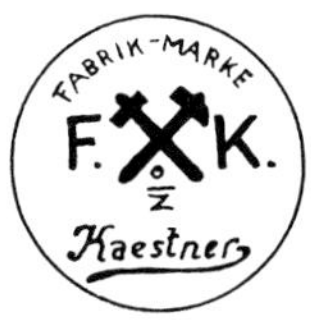

2066
Friedrich Kaestner Porzellanfabrik •
Marke ca. 1906 – ca. 1932

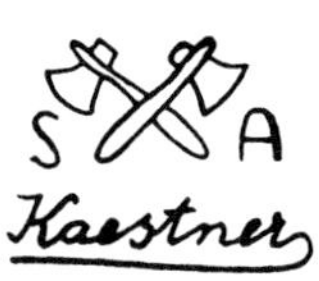

2067
Friedrich Kaestner Porzellanfabrik •
Marke ca. 1906 – ca. 1932

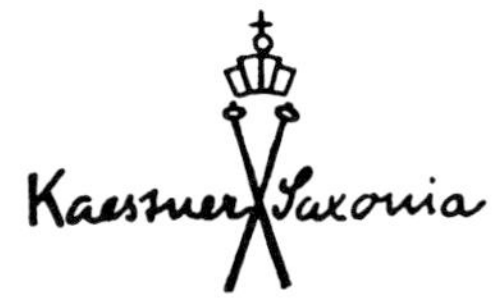

2068
Friedrich Kaestner Porzellanfabrik •
Marke 1929 – 1972

Oberkassel, Rheinprovinz

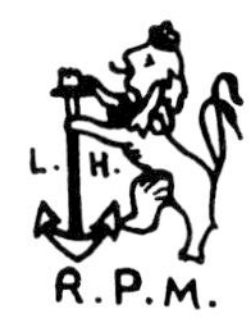

2069
Rheinische Porzellanfabrik Oscar Erck, 1861 – 1882, dann **Rheinische Porzellanmanufaktur L. Herrmann**, 1882 – ca. 1905 • Haushalts- und Zierporzellan, Lampen • Marke L. Herrmann 1882 –

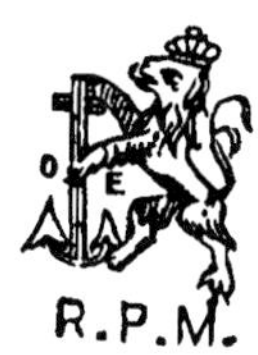

2070
Rheinische Porzellanfabrik Oscar Erck •
Marke 1882

Oberklingensporn, Bayern

2071
Porzellanfabrik Oberklingensporn, 1924 – 1930, dann **Porzellanfabrik Bernhardshütte**, 1930 – erloschen • Haushaltsgeschirr, elektrotechnisches Porzellan • Marke 1930 –

Oberköditz, Thüringen

2072
Gebr. Paris Porzellanfabrik ∞ 1881 – 1972 ∞ Sammeltassen, Porzellanspielzeug, Kindergeschirr, Porzellanmalerei ∞ Marke 1910 – (1930) ∞ Verstaatlicht und Teil des **VEB Porzellanwerke Königsee**, 1972 – 1990

Oberkotzau, Bayern

Greiner & Herda Porzellanfabrik, 1886 – 1943. Bis 1905 Porzellanmalerei, dann auch Porzellanherstellung, Haushalts- und Zierporzellan, Kaffee- und Teeservice. Dann **Porzellanfabrik Neuerer**, später **Porzellanindustrie Neuerer**, dann **Elektroporzellanfabrik Hans Neuerer**, 1943 – erloschen. Haushalts- und Tafelporzellan, Zierporzellan, elektrische Kaffeemaschinen und technisches Porzellan.

2073
Greiner & Herda Porzellanfabrik ∞ Marke 1905 – 1943

2074
Greiner & Herda Porzellanfabrik ∞ Marke 1924 – 1943

2075
Greiner & Herda Porzellanfabrik ∞ Marke 1907 – 1943

2076
Porzellanmanufaktur Marcus & Co. ∞ 1913 – ca. 1960 ∞ Haushaltsgeschirr, Kaffee- und Teeservice

2077
Porzellanfabrik Neuerer ∞ Marke 1943 –

2078
Porzellanfabrik Neuerer ∞ Marke 1953 –

2079
Porzellanfabrik Neuerer ∞ Marke 1953 –

Oelze, Thüringen

2080
Porzellanfabrik Marienfeld A. Voigt, ∞ später **Porzellanfabrik Voigt & Müller** ∞ 1892 – ca. 1910 ∞ Puppen, Zierporzellan, später nur noch elektrotechnisches Porzellan ∞ Marke 1892 – ca. 1896

2081
Porzellanfabrik Marienfeld A. Voigt, ∞ später **Porzellanfabrik Voigt & Müller** ∞ Marke ca. 1896 – 1901, dann Porzellanfabrik Marienfeld, Gebr. Voigt

Oeslau, Bayern

F. & W. Goebel, 1871 – 1879, dann Aufnahme der Porzellanherstellung und Umbenennung in **F.D. & W. Goebel Porzellanfabrik Oeslau und Wilhelmsfeld**, 1879 – 1909, dann **W. Goebel Porzellanfabrik Oeslau und Wilhelmsfeld**, 1909 – 1971. Nach der Eingemeindung von Oeslau und Wilhelmsfeld in die Gemeinde **Rödental** heißt die Firma **W. Goebel Porzellanfabrik, Rödental**, 1971 – heute. Haushalts- und Zierporzellan, Geschenk- und Sammlerartikel, Puppen, Novitäten, Kunstkeramik, seit 1900 Figuren, seit 1935 Hummel-Figuren, seit ca. 1925 auch Feinsteingut und Fayence. 1953 überträgt Heinz Schaubach die Marken seiner in Thüringen enteigneten **Porzellanfabrik Schaubach-Kunst** an Goebel. 1973 wird die **Porzellanfabrik Cortendorf** übernommen, ca. 1975 die 1950 gegründete **Fischer & Co. Porzellanfabrik und -malerei** in Rödental.

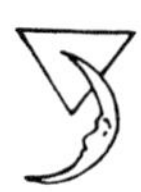

2082
Goebel Porzellanfabrik ◦ Marke 1879 – 1890

2083
Goebel Porzellanfabrik ◦ Marke ca. 1890 – 1900

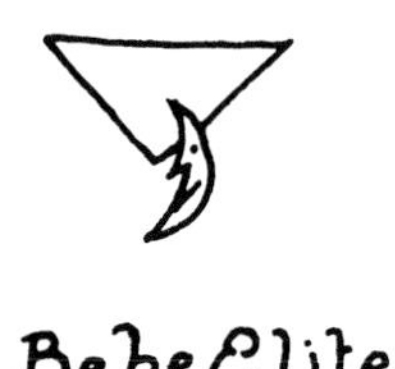

2084
Goebel Porzellanfabrik ◦ Marke ca. 1900 ◦ Eingepresst auf Puppenköpfen

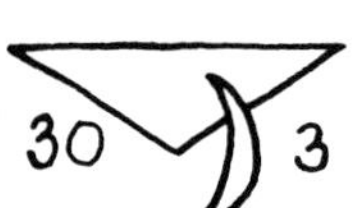

2085
Goebel Porzellanfabrik ◦ Marke ca. 1900 ◦ Eingepresst auf Puppenköpfen

2086
Goebel Porzellanfabrik ◦ Marke 1910 – 1919

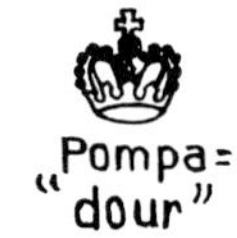

2087
Goebel Porzellanfabrik ◦ Marke 1907 – 1919

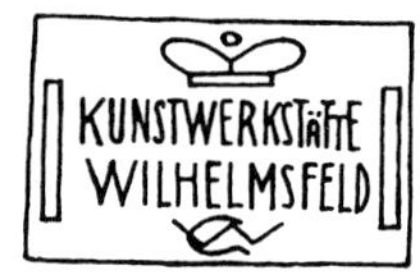

2088
Goebel Porzellanfabrik ◦ Marke 1919 – ◦ Aufglasur

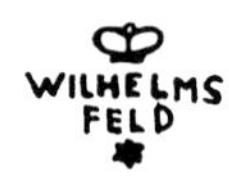

2089
Goebel Porzellanfabrik ◦ Marke 1919 –

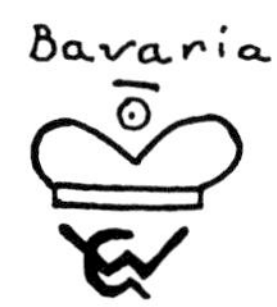

2090
Goebel Porzellanfabrik ◦ Marke 1923 – 1927 ◦ Blau oder schwarz oder eingepresst

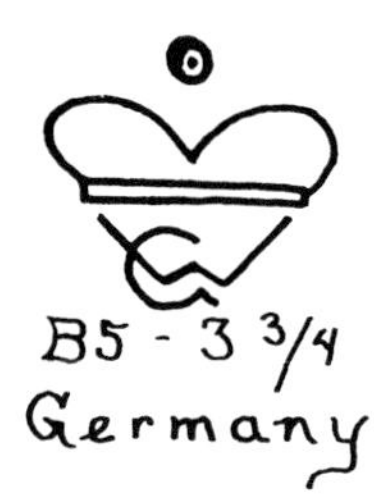

2091
Goebel Porzellanfabrik ◦ Marke 1923 – 1927 ◦ Eingepresst auf Puppenköpfen

2092
Goebel Porzellanfabrik ◦ Marke 1935 – 1937 ◦ Blau oder schwarz

2093
Goebel Porzellanfabrik • Marke 1935 – 1937 • Blau oder schwarz oder eingepresst

2094
Goebel Porzellanfabrik • Marke 1938 – 1945 • Blau oder schwarz oder eingepresst

2095
Goebel Porzellanfabrik • Marke 1949 –

2096
Goebel Porzellanfabrik • Marke 1950 – 1955 • Blau oder grün oder schwarz oder braun

2097 Schaubachkunst
Goebel Porzellanfabrik • Marke ca. 1953 – 1954 • Auf Modellen von Heinz Schaubach

2098
Goebel Porzellanfabrik • Marke 1954 – ca. 1956 • Blau

2099
Goebel Porzellanfabrik • Marke 1957 • Blau oder schwarz

2100
Goebel Porzellanfabrik • Marke 1957 • Blau oder schwarz

2101
Goebel Porzellanfabrik • Marke 1958 • Blau oder schwarz

2102
Goebel Porzellanfabrik • Marke 1960 – 1972 • Blau oder schwarz

2103
Goebel Porzellanfabrik • Marke 1972 – heute • Blau

2104
Goebel Porzellanfabrik • Marke ca. 1977 – heute • Auf Porzellanplatten der Serie Artis Orbis mit Reproduktionen von Gemälden in limitierter Auflage

2105
Fischer & Co. • 1950 – 1975 • Porzellanfabrik und -malerei • Marke 1950 – 1975 • Malermarke aufglasur • 1975 von **W. Goebel** in Oeslau/Rödental übernommen

Ohrdruf, Thüringen

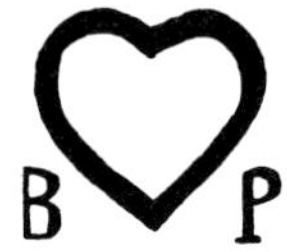

2106
Baehr & Proeschild ⁂ 1871 – 1937 ⁂ Puppen und Puppenköpfe, Luxusartikel, Zierporzellan, Figuren, religiöse Artikel ⁂ Marke 1919 – 1937

2107
Baehr & Proeschild ⁂ Marke nach 1900 – ca. 1919 ⁂ Eingepresst auf Puppenköpfen

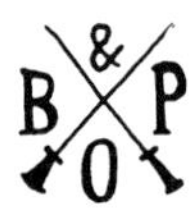

2108
Baehr & Proeschild ⁂ Marke nach 1891 ⁂ Eingepresst auf Puppenköpfen

2109
Baehr & Proeschild ⁂ Marke nach 1891 ⁂ Eingepresst auf Puppenköpfen

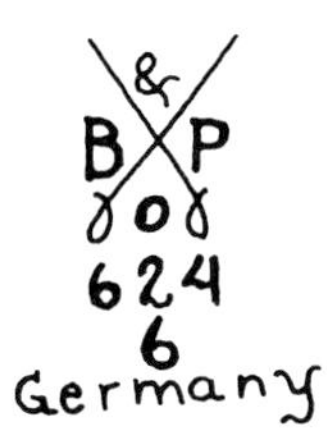

2110
Baehr & Proeschild ⁂ Marke 1915 – ⁂ Eingepresst auf Puppenköpfen

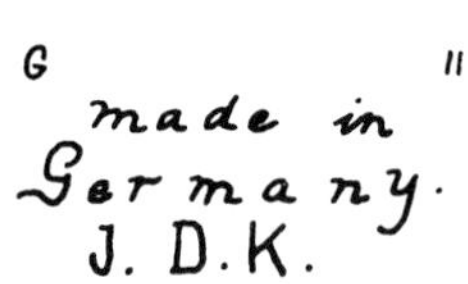

2111
J.D. Kestner Porzellanfabrik, später **Kestner & Comp.** ⁂ 1860 – 1938 ⁂ Haushalts- und Zierporzellan, Figuren, Puppen, Puppenköpfe und -teile ⁂ Marke ca. 1890 ⁂ Eingepresst auf Puppenköpfen

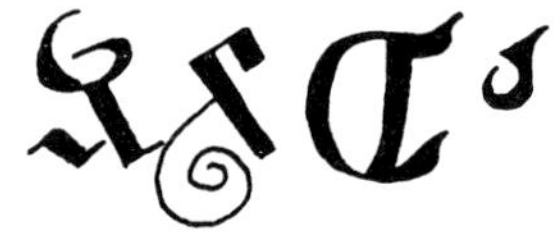

2112
J.D. Kestner Porzellanfabrik, später **Kestner & Comp.** ⁂ Marke nach 1892 – ca. 1917

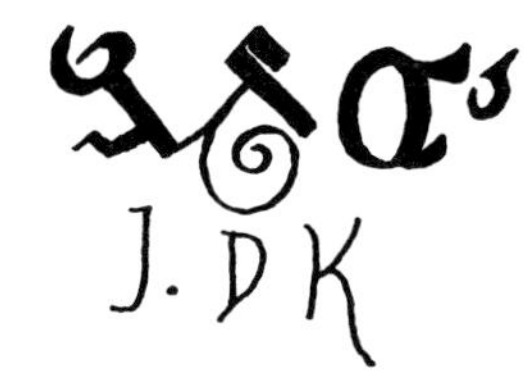

2113
J.D. Kestner Porzellanfabrik, später **Kestner & Comp.** ⁂ Marke nach 1892 – ca. 1917

2114
J.D. Kestner Porzellanfabrik, später **Kestner & Comp.** ⁂ Marke nach 1892 – ca. 1938

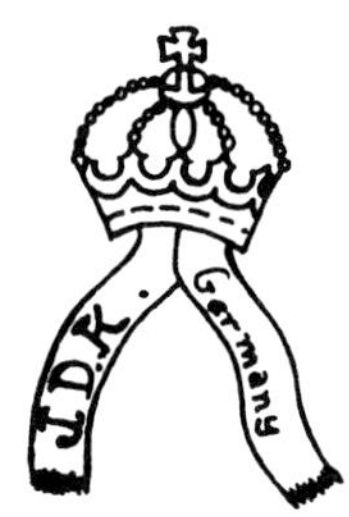

2115
J.D. Kestner Porzellanfabrik, später **Kestner & Comp.** ⁂ Marke 1895 – ca. 1919

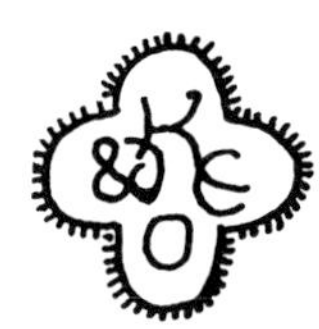

2116
J.D. Kestner Porzellanfabrik, später **Kestner & Comp.** ⁂ Marke nach 1918 – ca. 1928 ⁂ Marke ohne Umrandung ca. 1928 – 1938

Hilda
©
J.D.K. Jr. 190

2117
J.D. Kestner Porzellanfabrik, später **Kestner & Comp.** ◆ Marke 1914 – ◆ Eingepresst auf Puppenköpfen

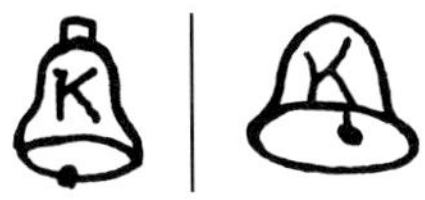

2118, 2119
C.F. Kling & Co. ◆ 1834 – 1939 ◆ Haushalts- und Zierporzellan, Figuren, Puppen und Puppenköpfe ◆ Marken 1896 – 1939

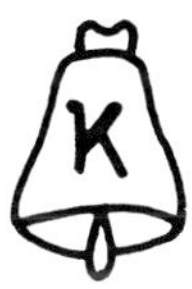

2120
C.F. Kling & Co. ◆ Marke 1896 – 1939

C. F. K. & Co.

2121
C.F. Kling & Co. ◆ Marke 1896 – 1939

Osnabrück, Niedersachsen

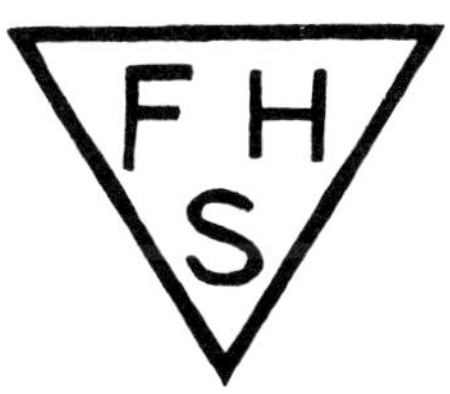

2122
Franz Hoffmann, 1918 – 1934 ◆ Nachfolger Sohn **Adolf Hoffmann**, 1935 – 1966 und Enkel **Edwin Hoffmann**, 1966 – 1977 ◆ Porzellanmalerei ◆ Marke Franz Hoffmann, 1918 – 1926

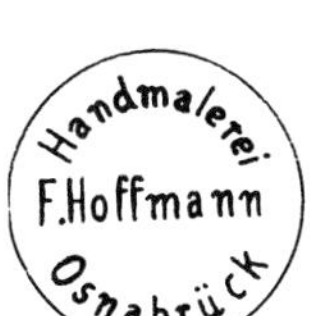

2123
Franz Hoffmann ◆ Marke 1926 – 1934 ◆ Aufglasur

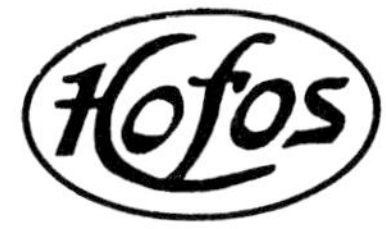

2124
Adolf Hoffmann ◆ Marke 1935 – 1966 ◆ Aufglasur

Handgemalt
Adolf Hoffmann
Osnabrück

2125
Adolf Hoffmann ◆ Marke 1935 – 1966 ◆ Aufglasur

Handmalerei
Edwin Hoffmann
Osnabrück

2126
Edwin Hoffmann ◆ Marke 1966 – 1977 ◆ Aufglasur

Ottweiler, Nassau-Saarbrücken

Fürstliche Porzellan Manufaktur Ottweiler, 1763 – ca. 1800, gegründet von Fürst Wilhelm Heinrich von Nassau-Saarbrücken, (gest. 1768). Seit 1769 verpachtet. Bis 1776 Tafel- und Zierporzellan und Figuren, danach läuft die Porzellanherstellung allmählich aus und es werden überwiegend Feinsteingut in der Wedgwood-Art und Fayence produziert. Während der 1793 beginnenden französischen Besetzung geht die Produktion ständig zurück bis zur Auflösung des Betriebs.

2127
Fürstliche Porzellan Manufaktur Ottweiler ◆ Marke 1763 – 1768 ◆ Hofmarke des Fürsten Wilhelm Heinrich ◆ Purpur und gold aufglasur

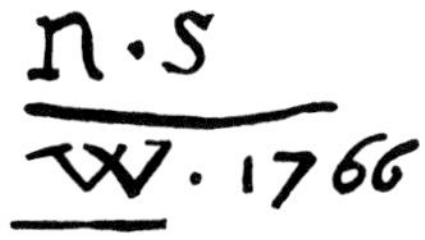

2128
Fürstliche Porzellan Manufaktur Ottweiler
❧ Marke 1766 ❧ Eingeritzt unter einer Figur

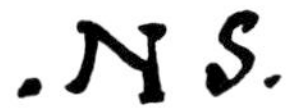

2129
Fürstliche Porzellan Manufaktur Ottweiler
❧ Marke 1763 – 1771 ❧ Blau unterglasur oder schwarz oder purpur oder gold aufglasur

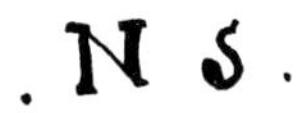

2130
Fürstliche Porzellan Manufaktur Ottweiler
❧ Marke 1763 – 1771 ❧ Blau unterglasur oder schwarz oder purpur oder gold aufglasur

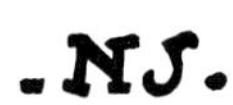

2131
Fürstliche Porzellan Manufaktur Ottweiler
❧ Marke 1763 – 1771 ❧ Blau unterglasur oder schwarz oder purpur oder gold aufglasur

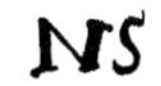

2132
Fürstliche Porzellan Manufaktur Ottweiler
❧ Marke 1763 – 1771 ❧ Purpur aufglasur

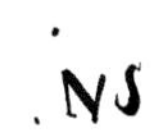

2133
Fürstliche Porzellan Manufaktur Ottweiler
❧ Marke 1769 – 1776 ❧ Purpur aufglasur

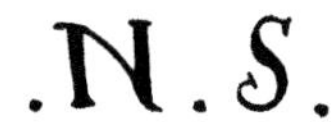

2134
Fürstliche Porzellan Manufaktur Ottweiler
❧ Marke um 1770 ❧ Gold aufglasur

P

Passau, Bayern

Dressel, Kister & Cie. aus einer Porzellanmalerei, 1766 – 1840, entsteht eine Porzellanfabrik, 1840 – 1920, die von der **Aeltesten Volkstedter Porzellanfabrik** in **Volkstedt** als **Zweigniederlassung Passau** übernommen wird, 1920 – 1936. Nach Auflösung des Konzerns übernimmt **Philipp Dietrich** den Betrieb als **Porzellanfabrik Passau**, 1937 – geschlossen 1942. Haushalts- und Zierporzellan, Figuren, religiöse Artikel, Puppenteile, Novitäten, Geschenkartikel. 1903 erwirbt die Fabrik rund 350 Modelle der erloschenen **Churfürstlich Mainzischen Manufaktur** in **Höchst**, die 1840 zunächst an die **Steingutfabrik Damm** in **Damm** und um 1886 an die Steingutfabrik **F.A.Mehlem** in **Bonn** gegangen waren. Die Passauer Fabrik stellt Reproduktionen von Höchster Figuren her, auf denen sie die alte Höchster Radmarke anbringt. Weil einige der Figuren Modellen der Königlichen Porzellan Manufaktur Ludwigsburg ähneln, benutzt die Passauer Fabrik auch alte Ludwigsburger Marken, bis ihr das 1904 untersagt wird.

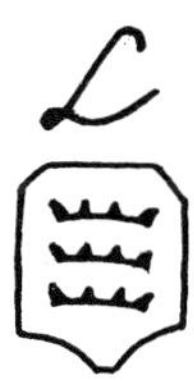

2135
Dressel, Kister & Cie. ❧ Marke 1902 – (1904) ❧ Auf Reproduktionen Höchster Modelle

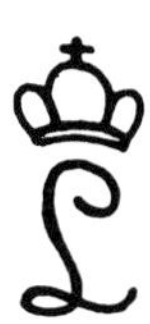

2136
Dressel, Kister & Cie. ❧ Marke 1902 – 1905 ❧ Auf Reproduktionen Höchster Modelle

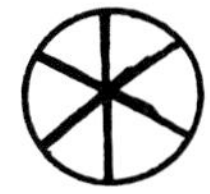

2137
Dressel, Kister & Cie. ❧ Marke 1902 – (1904) ❧ Auf Reproduktionen Höchster Modelle

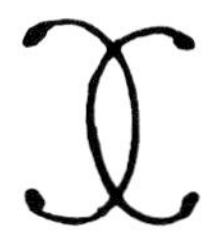

2138
Dressel, Kister & Cie. ❧ Marke 1903 – (1904) ❧ Auf Reproduktionen Höchster Modelle

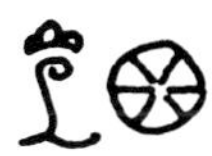

2139
Dressel, Kister & Cie. ❧ Marke 1905 – 1920 ❧ Auf Reproduktionen Höchster Modelle ❧ Blau unterglasur

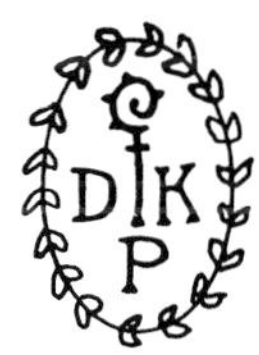

2140
Dressel, Kister & Cie. ❧ Marke ca. 1907 – 1920 ❧ Auf Reproduktionen Höchster Modelle ❧ Blau unterglasur

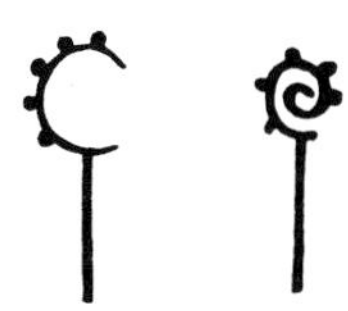

2141, 2142
Dressel, Kister & Cie. ❧ Marken 1907 – 1920 ❧ Blau unterglasur

2143
Dressel, Kister & Cie. ❧ Marke 1907 – 1920 ❧ Auf Reproduktionen Höchster Modelle ❧ Blau unterglasur

2144
Dressel, Kister & Cie. · Marke 1907 – 1920 · Auf Reproduktionen Höchster Modelle · Blau unterglasur

2145
Porzellanfabrik Passau · Marke 1937 – 1942

Peterwitz, Schlesien

2146
Porzellanfabrik Richard Fabig · 1921 – ca. 1945 · Elektrotechnisches Porzellan · Marke 1936 – ca. 1945

Pfullingen, Württemberg

2147
Porzellan- und Glasmalerei Wilhelm Künstner · Ca. 1895 – 1945, 1926 verlegt nach Reutlingen · Nachfolger **Otto Künstner**, 1945 – heute · Nachfolger **Fritz Künstner** · Marke 1923 – 1945

Piesau, Thüringen

Bernhardt & Bauer, 1886 – 1945, Haushalts- und Zierporzellan, Figuren, Puppen und Spielzeug. 1946 enteignet und umgewandelt in **VEB Porzellanfabrik Piesau**, 1946 – 1972, dann mit dem **VEB Porzellanwerk Lichte** zu **VEB Porzellanwerke Lichte und Piesau** zusammengeschlossen, 1972 – 1980, danach nur Betriebsteil des VEB Porzellanwerke Lichte ohne eigene Firmierung, 1980 – geschlossen 1990.

2148
VEB Porzellanfabrik Piesau · Marke 1946 – 1960

2149
VEB Porzellanwerk Lichte · Marke 1960 – 1962

2150
VEB Porzellanwerk Lichte und **VEB Porzellanwerke Lichte und Piesau** · Marke 1962 – [1980]

Plankenhammer/Floß, Bayern

2151
Porzellanfabrik Plankenhammer · 1908 – 1974 · Haushalts- und Hotelporzellan, Kaffee- und Teeservice, Geschenkartikel · **Porzellanfabrik Plankenhammer Wittmann GmbH**, 1977 – heute · Marke 1910 – 1920

2152
Porzellanfabrik Plankenhammer · Marke 1920 – ca. 1945

2153
Porzellanfabrik Plankenhammer · Marke 1928 –

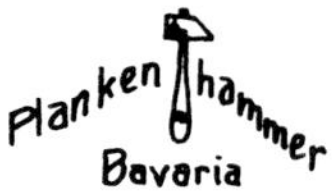

2154
Porzellanfabrik Plankenhammer ✤ Marke 1920 – ca. 1978

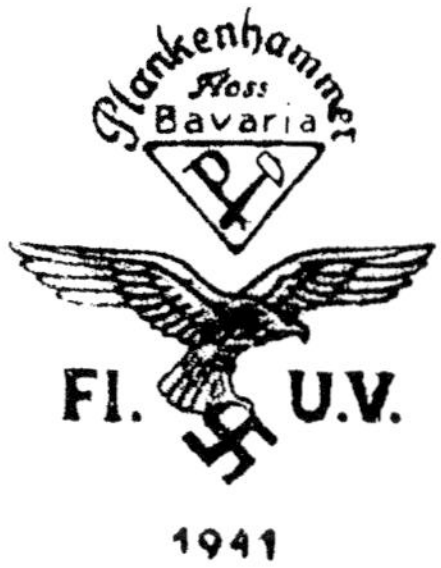

2155
Porzellanfabrik Plankenhammer ✤ Fabrikmarke mit Luftwaffenadler für Lieferungen an die Luftwaffe ✤ ca. 1938 – 1945 ✤ Diese Marke 1941

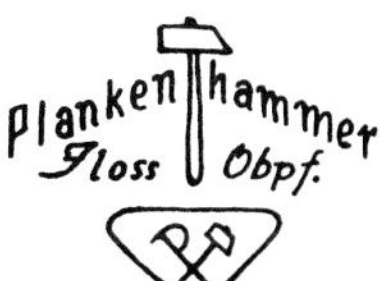

2156
Porzellanfabrik Plankenhammer Wittmann GmbH ✤ Marke 1977 – ca. 1978

Plaue, Thüringen

Christian Gottfried Schierholz tritt in die 1816 von den Gebr. Heuäcker gegründete Porzellanfabrik ein, die 1817 eine Konzession zur Porzellanherstellung erhält und überwiegend Gesundheits-, Labor- und Apothekerporzellan herstellt, 1817 – 1829. Nach dem Tode des Gründers erhält die Fabrik den Namen **C.G. Schierholz & Sohn**, 1829 – 1905, und beginnt mit der Produktion von Zierporzellan, Figuren und Lithophanien, die bis heute hergestellt werden. Später wird sie umbenannt in **C.G. Schierholz & Sohn Porzellanmanufaktur Plaue GmbH**, 1905 – 1912. Nachdem die Familie geadelt wird, heißt die Firma **Von Schierholz'sche Porzellanmanufaktur Plaue GmbH**, 1912 – 1950. Nach dem 2. Weltkrieg kommt die Firma als ausländisches Eigentum zunächst unter staatliche Treuhänderschaft als **Von Schierholz'sche Porzellanmanufaktur GmbH in Verwaltung**, 1950 – 1972, wird dann enteignet und in **VEB Porzellanmanufaktur Plaue** umbenannt, 1972 – 1990. Danach wird sie den früheren Eigentümern zurückgegeben, 1991 – 1996, dann an die **Porzellanfabrik Tettau** in **Tettau** verkauft, die sie unter dem Namen **Porzellanmanufaktur Plaue GmbH** weiterführt, 1995 – heute. 1995 wird die Porzellanproduktion von Plaue nach Rudolstadt verlegt, aber weiter unter dem Namen Porzellanmanufaktur Plaue verkauft. Gesundheitsgeschirr, Zierporzellan, Figuren, Lithophanien, technisches Porzellan, von 1945 – 1952 auch Haushaltsporzellan. Die aus gekreuzten Linien bestehenden Marken müssen nach einem Einspruch der Königlichen Porzellan Manufaktur Meissen 1907 aufgegeben werden.

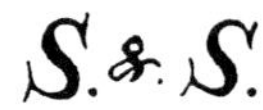

2157
C.G. Schierholz & Sohn ✤ Marke ca. 1862

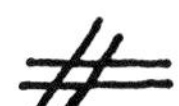

2158
C.G. Schierholz & Sohn und **C.G. Schierholz & Sohn Porzellanmanufaktur Plaue** ✤ Marke 1865 – 1907 ✤ Blau oder grün unterglasur

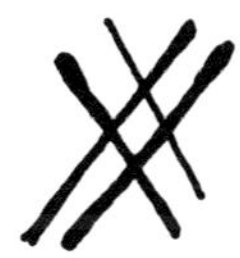

2159
C.G. Schierholz & Sohn und **C.G. Schierholz & Sohn Porzellanmanufaktur Plaue** ✤ Marke 1865 – 1907 ✤ Blau oder grün unterglasur

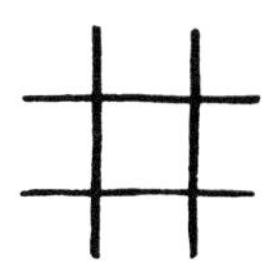

2160
C.G. Schierholz & Sohn und **C.G. Schierholz & Sohn Porzellanmanufaktur Plaue** ✤ Marke 1887 – 1911 ✤ Blau oder grün unterglasur

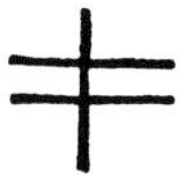

2161
C.G. Schierholz & Sohn · Marke 1870 – 1894 · Blau oder grün unterglasur

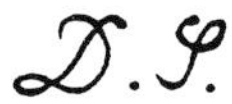

2162
C.G. Schierholz & Sohn Porzellanmanufaktur Plaue und **Von Schierholz'sche Porzellanmanufaktur Plaue** · Marke 1907 – (1927) · Grün unterglasur · Auch mit – PLAUE – unten

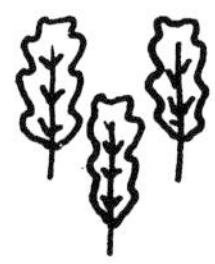

2163
C.G. Schierholz & Sohn Porzellanmanufaktur Plaue und **Von Schierholz'sche Porzellanmanufaktur Plaue** · Marke 1907 – 1972 · Grün unterglasur · Auch mit – PLAUE – unten

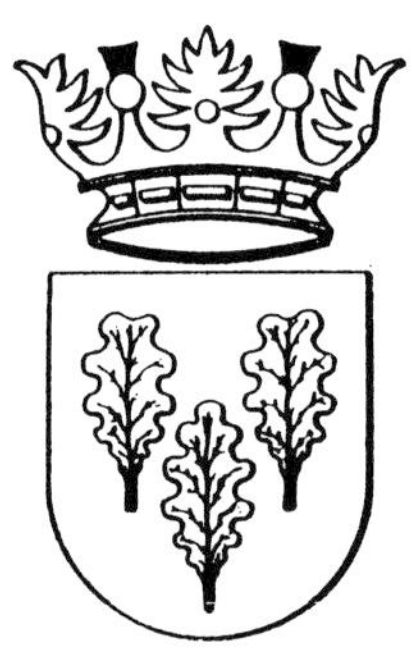

2164
C.G. Schierholz & Sohn Porzellanmanufaktur Plaue und **Von Schierholz'sche Porzellanmanufaktur Plaue** · Marke 1907 – (1927)

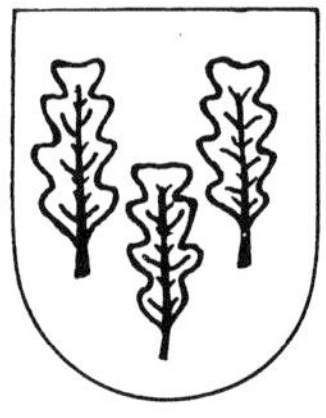

2165
Von Schierholz'sche Porzellanmanufaktur Plaue · Marke 1907 – 1922 · Grün unterglasur

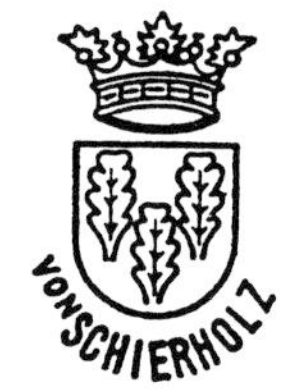

2166
Von Schierholz'sche Porzellanmanufaktur Plaue · Marke 1951 – 1972 · Grün unterglasur

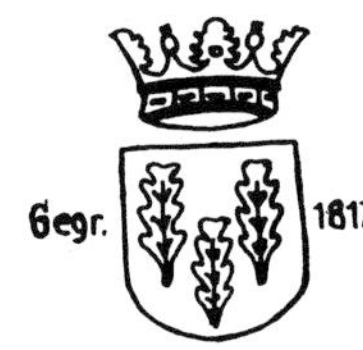

2167
Von Schierholz'sche Porzellanmanufaktur Plaue · Marke 1951 – 1972 · Grün unterglasur

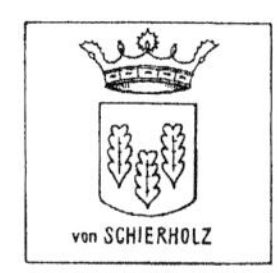

2168
Von Schierholzsche Porzellanmanufaktur Plaue GmbH in Verwaltung · Marke 1951 – 1972

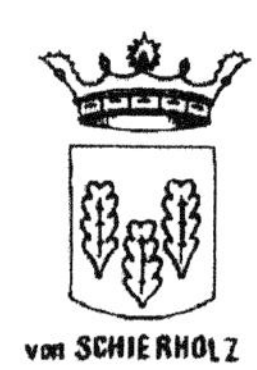

2169
Von Schierholz'sche Porzellanmanufaktur Plaue GmbH in Verwaltung · Marke 1957 – 1972

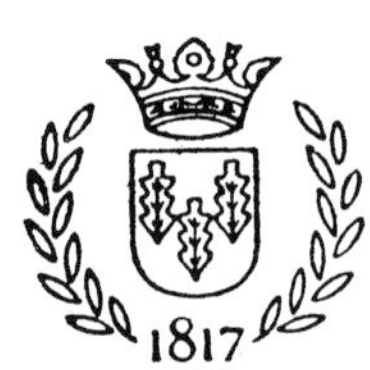

2170
Von Schierholz'sche Porzellanmanufaktur Plaue GmbH in Verwaltung · Marke 1967 · Grün unterglasur · Marke zum 150. Gründungstag der Manufaktur

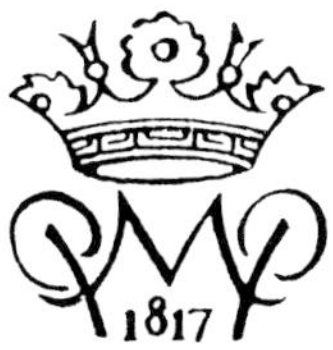

2171
VEB Porzellanmanufaktur Plaue und **Porzellanmanufaktur Plaue** • Marke 1973 – heute

Pöllwitz, Thüringen

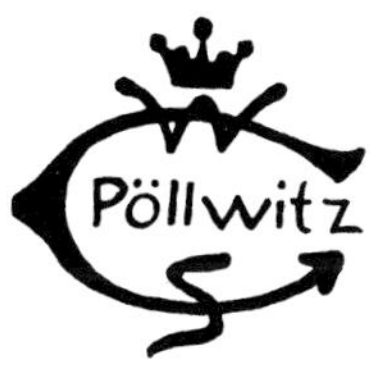

2172
W. Gleissner Söhne, 1920 – 1925, dann **Porzellanfabrik Pöllwitz**, 1925 – 1930 • Marke für Gleissner 1923 – 1925

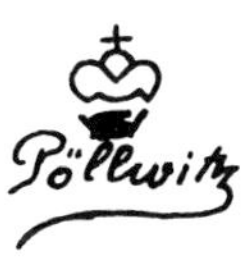

2173
Porzellanfabrik Pöllwitz • Marke 1925 – 1930

Pößneck, Thüringen

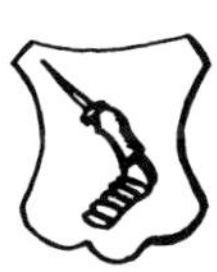

2174
Tobias Albert, ca. 1800 – 1804, Nachfolger **Conta & Böhme Porzellanfabrik**, 1804 – ca. 1940 • Luxus- und Zierporzellan, Figuren, Puppen, Puppenköpfe, Geschenkartikel • Marke 1887 – ca. 1940

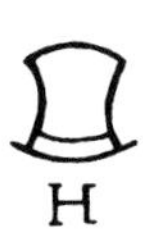

2175
Louis Huth • Porzellanmalerei • 1876 – 1940 • Marke 1894 – 1940 • Malermarke aufglasur

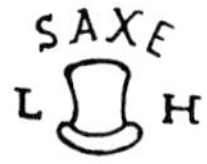

2176
Louis Huth • Marke 1894 – 1940 • Malermarke aufglasur

Potschappel/Freital, Sachsen

Carl Johann Gottlieb Thieme gründet 1864 eine Porzellanmalerei, 1864 – 1872, die er in die **Sächsische Porzellanfabrik zu Potschappel von Carl Thieme**, 1872 – 1951, umwandelt. Der Staat enteignet die Mehrheitsanteile des Firmenbesitzers Emil Kuntzsch und stellt den Betrieb unter staatliche Treuhänderschaft, 1951 – 1958. Schließlich erzwingt der Staat eine weitere Beteiligung an der Firma, die unter dem Namen **Sächsische Porzellanfabrik zu Potschappel von Carl Thieme unter staatlicher Beteiligung** weitergeführt wird, 1958 – 1972. Die restlichen Privatanteile an der Firma werden enteignet und der Betrieb in den **VEB Sächsische Porzellan-Manufaktur Dresden**, 1972 – 1990, umgewandelt. Nach dem Ende der DDR privatisiert als **Sächsische Porzellan-Manufaktur Dresden**, 1990 – heute. Luxus- und Zierporzellan, Figuren, Geschenkartikel, Gebrauchsporzellan.

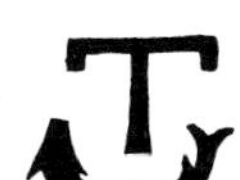

2177
Carl Thieme und **Sächsische Porzellanfabrik zu Potschappel von Carl Thieme** • Marke 1876 – 1888 • Blau unterglasur, wahrscheinlich schon seit ca. 1864 als Malermarke • Aufglasur auf Porzellan von **Schierholz, Plaue**

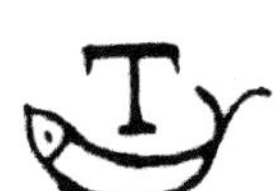

2178
Carl Thieme und **Sächsische Porzellanfabrik zu Potschappel von Carl Thieme** • Marke 1876 – 1888 • Blau unterglasur, wahrscheinlich schon seit ca. 1864 als Malermarke • Aufglasur auf Porzellan von **Schierholz, Plaue**

2179
Sächsische Porzellanfabrik zu Potschappel von Carl Thieme ✤ Marke ca. 1864 – ca. 1901 ✤ Gold aufglasur zum Verdecken der Marke des Porzellanherstellers, auch zusammen mit einer Thieme-Marke

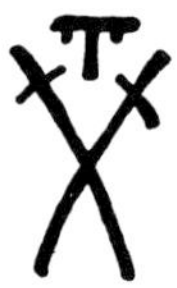

2180
Sächsische Porzellanfabrik zu Potschappel von Carl Thieme ✤ Marke 1888 – (1901) ✤ Durch Vergleich mit der Königlichen Porzellan Manufaktur Meissen aufgegeben

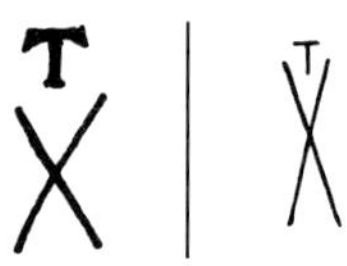

2181, 2182
Sächsische Porzellanfabrik zu Potschappel von Carl Thieme ✤ Marken 1888 – (1901) ✤ Durch Vergleich mit der Königlichen Porzellan Manufaktur Meissen aufgegeben

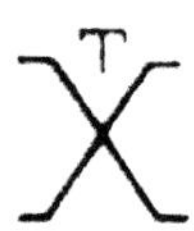

2183
Sächsische Porzellanfabrik zu Potschappel von Carl Thieme ✤ Marke 1867 – (1901) ✤ Durch Vergleich mit der Königlichen Porzellan Manufaktur Meissen aufgegeben

S. P. F.

2184
Sächsische Porzellanfabrik zu Potschappel von Carl Thieme ✤ Marke nach 1872

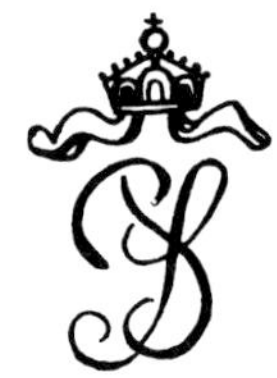

2185
Sächsische Porzellanfabrik zu Potschappel von Carl Thieme ✤ Marke 1902 – 1918

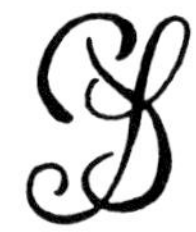

2186
Sächsische Porzellanfabrik zu Potschappel von Carl Thieme ✤ Marke 1901 –

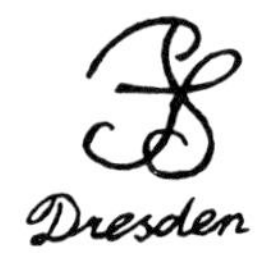

2187
Sächsische Porzellanfabrik zu Potschappel von Carl Thieme ✤ Marke 1901 – heute

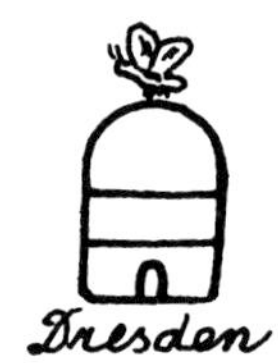

2188
Sächsische Porzellanfabrik zu Potschappel von Carl Thieme ✤ Marke 1903 – ✤ Blau unterglasur

2189
Sächsische Porzellanfabrik zu Potschappel von Carl Thieme ✤ Marke 1905 –

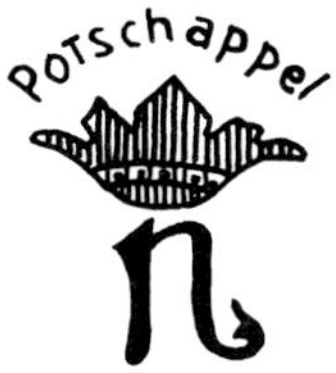

2190
Sächsische Porzellanfabrik zu Potschappel von Carl Thieme · Marke 1913 – · Als Warenzeichen angemeldet 1926

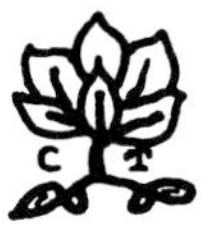

2191
Sächsische Porzellanfabrik zu Potschappel von Carl Thieme · Marke 1913 –

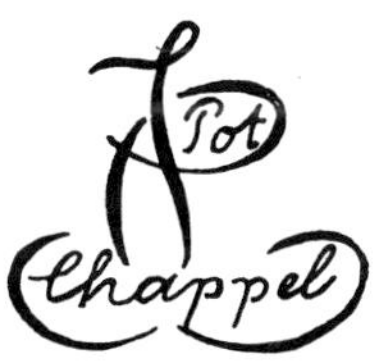

2192
Sächsische Porzellanfabrik zu Potschappel von Carl Thieme · Marke 1913 –

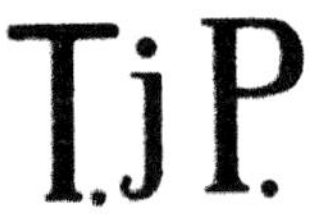

2193
Sächsische Porzellanfabrik zu Potschappel von Carl Thieme · Marke 1914 –

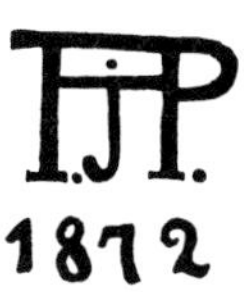

2194
Sächsische Porzellanfabrik zu Potschappel von Carl Thieme · Vom Reichspatentamt 1914 veröffentlichte falsche Version der vorhergehenden Marke

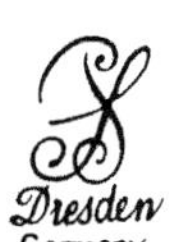

2195
Sächsische Porzellanfabrik zu Potschappel von Carl Thieme · Marke 1918 –

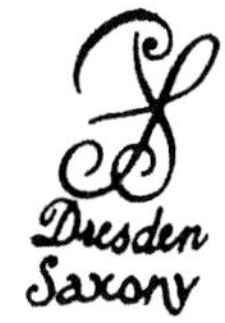

2196
Sächsische Porzellanfabrik zu Potschappel von Carl Thieme · Marke 1918 –

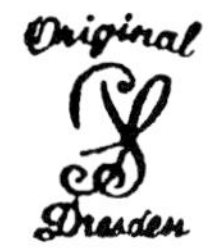

2197
Sächsische Porzellanfabrik zu Potschappel von Carl Thieme · Marke nach 1918

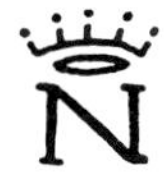

2198
Sächsische Porzellanfabrik zu Potschappel von Carl Thieme und Nachfolger · Marke 1957 – 1990

Pressig, Bayern

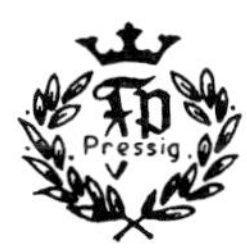

2199
Porzellanmanufaktur Pressig Nik. Förtsch jr. · Besteht 1953 – erloschen · Porzellanmalerei · Marke 1953 · Malermarke aufglasur

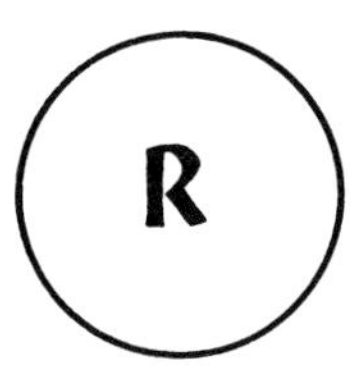

2200
Paul Rauschert KG, später **Paul Rauschert GmbH & Co. KG** · Marke 1945 – 1967

2201
Paul Rauschert KG, später **Paul Rauschert GmbH & Co. KG** · Marke 1967 – heute

2202
Paul Rauschert GmbH & Co. KG Marke 1980 –

2203
Paul Rauschert GmbH & Co. KG Marke 1982 –

Probstzella, Thüringen

Hermann Hutschenreuther Porzellanfabrik, 1886 – 1952, Zierporzellan, Figuren, religiöse und Geschenkartikel, Puppenköpfe, Nippes. Enteignet und umbenannt in **VEB Porzellanfabrik Probstzella**, 1952 – 1964, der später dem **VEB Vereinigte Porzellanwerke Könitz** angeschlossen wird, 1964 – 1978, Haushalts-, Hotel- und Zierporzellan, Kaffee- und Teeservice, Becher. Der Betrieb wird 1978 stillgelegt.

2204
Hermann Hutschenreuther Porzellanfabrik Marke 1886 – ca. 1945

2205
Hermann Hutschenreuther Porzellanfabrik Marke 1886 – 1952

2206
VEB Porzellanfabrik Probstzella Marke 1954 – 1968

R

Ranis, Thüringen

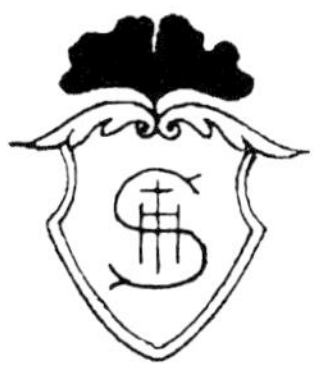

2207
Glas- und Porzellanmalerei Schneider ✤ 1990 – heute

Rauenstein, Thüringen

Johann Georg Greiner, sein Sohn **Christian Daniel Siegmund Greiner** und sein Vetter **Johann Friedrich Greiner** gründen mit einer Konzession des Herzogs Georg von Sachsen-Meiningen eine Porzellanmanufaktur, 1783 – ca. 1860, später firmiert sie als **Friedrich Christian Greiner & Söhne**, Eigentümer seit 1849 G.H. Wirth, ca. 1860 – 1900, umgewandelt in **Porzellanfabrik Rauenstein vorm. Fr. Christian Greiner & Söhne AG**, 1901 – 1929. Erworben vom bisherigen Direktor und umbenannt in **Max Leuthäuser Porzellanfabrik**, 1930 – 1934. Dann von der **Porzellanfabrik Kahla** in **Kahla** aufgekauft und 1938 stillgelegt. Haushaltsgeschirr, auch mit Zwiebelmuster und Strohblumenmuster, Tafel- und Zierporzellan, Figuren, Puppen und Puppenköpfe, Kinder- und Puppenservice.

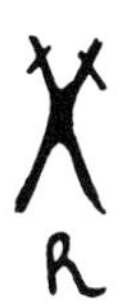

2208
Familie Greiner und **Friedrich Christian Greiner & Söhne** ✤ Marke 1783 – ca. 1800 ✤ Blau unterglasur

2209
Familie Greiner und **Friedrich Christian Greiner & Söhne** ✤ Marke 1783 – ca. 1800 ✤ Blau unterglasur

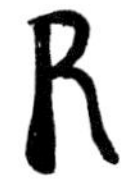

2210
Familie Greiner und **Friedrich Christian Greiner & Söhne** ✤ Marke 1783 – ca. 1800

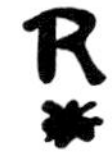

2211
Familie Greiner und **Friedrich Christian Greiner & Söhne** ✤ Marke 1783 – ca. 1800 ✤ Blau unterglasur

2212
Familie Greiner und **Friedrich Christian Greiner & Söhne** ✤ Marke 1783 – ca. 1860 ✤ Blau unterglasur

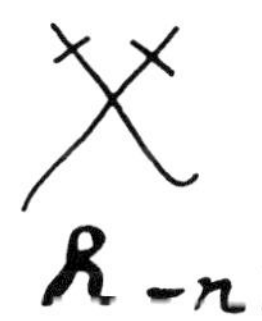

2213
Friedrich Christian Greiner & Söhne ✤ Marke ca. 1860 – 1898 ✤ Blau unterglasur

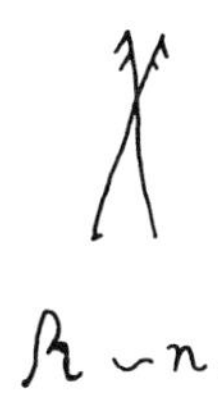

2214
Friedrich Christian Greiner & Söhne ✤ Marke ca. 1860 – 1898 ✤ Blau unterglasur

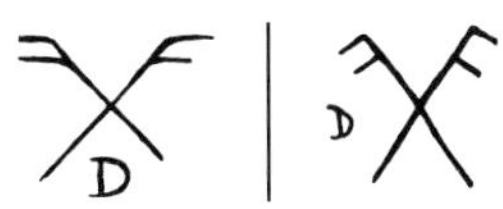

2215, 2216
Friedrich Christian Greiner & Söhne ✤ Marken ca. 1890 – ca. 1914 ✤ Eingepresst auf Puppenköpfen

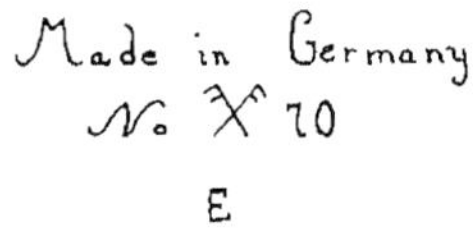

2217
Friedrich Christian Greiner & Söhne • Marke ca. 1890 – ca. 1914 • Eingepresst auf Puppenköpfen

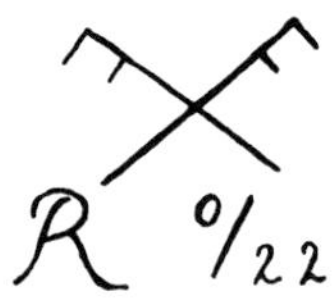

2218
Friedrich Christian Greiner & Söhne • Marke ca. 1890 – ca. 1914 • Eingepresst auf Puppenköpfen

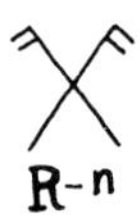

2219
Friedrich Christian Greiner & Söhne und **Porzellanfabrik Rauenstein** • Marke 1894 – ca. 1929

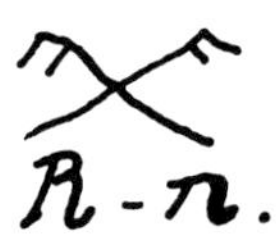

2220
Friedrich Christian Greiner & Söhne und **Porzellanfabrik Rauenstein** • Marke 1894 – ca. 1929

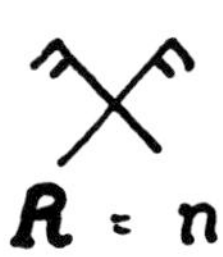

2221
Friedrich Christian Greiner & Söhne und **Porzellanfabrik Rauenstein** • Marke 1894 – ca. 1929

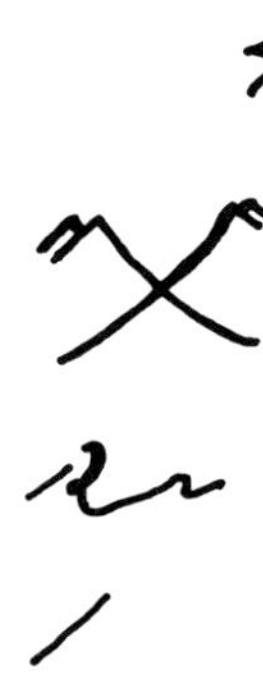

2222
Friedrich Christian Greiner & Söhne und **Porzellanfabrik Rauenstein** • Marke 1894 – ca. 1929

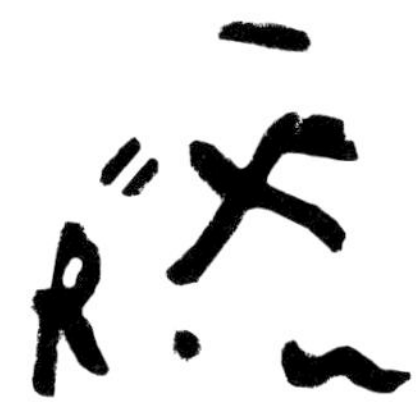

2223
Friedrich Christian Greiner & Söhne und **Porzellanfabrik Rauenstein** • Marke 1894 – ca. 1929

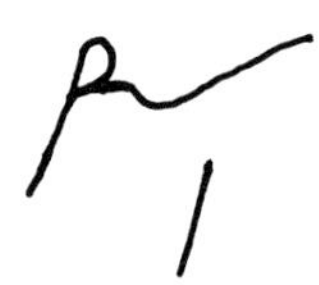

2224
Friedrich Christian Greiner & Söhne und **Porzellanfabrik Rauenstein** • Marke 1894 – ca. 1929

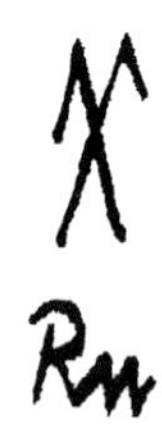

2225
Porzellanmalerei Rauenstein Petra Mende-Schulze • 1996 – heute

Rees, Rheinprovinz

2226
Porzellanfabrik Niederrhein ❦ Besteht 1935 – vor 1964 ❦ Marke ca. 1935 – ca. 1964

Regensburg, Bayern

Johann Heinrich Koch gründet eine Porzellanfabrik, 1805 – 1816, und stellt Kopchen, Haushalts- und Tafelporzellan her. Nachfolger sind **Daniel Treiber**, 1816 – 1821, **Joseph Pallestier**, 1821 – 1825, und der wegen Diebstahlsverdacht als Manufakturinspektor in Nymphenburg entlassene **Dominikus Auliczek der Jüngere**, 1825 – 1829. Unter dem Eigentümer **Heinrich Anton Schwerdtner** heißt die Firma **Königlich Privilegierte Porcellain Fabricke**, 1829 – geschlossen 1867.

2227
Johann Heinrich Koch ❦ Marke 1805 – 1816

2228
Königlich Privilegierte Porcellain Fabricke ❦ Marke 1829 – 1867 ❦ Eingepresst

2229
Hans Werner, später **Hans Werner's Nachfolger** ❦ Porzellanmalerei ❦ 1876 – ❦ ca. 1935 ❦ Malermarke aufglasur

Rehau, Bayern

2230
Düssel & Co. Porzellanmanufaktur ❦ Porzellanmalerei ❦ 1892 – 1922 ❦ **Düssel, Roth & Co.** ❦ 1922 – 1971 ❦ Marke bis 1922 ❦ Malermarke gold aufglasur

2231
Düssel, Roth & Co. ❦ Marke 1922 – 1971 ❦ Malermarke aufglasur

2232
Schödl, Jacob & Co. Porzellanfabrik, 1906 – ca. 1910, dann **Hertel, Jacob & Co.**, ca. 1910 – ca. 1969, dann von den Melitta-Werken gekauft, Produktion 1970 stillgelegt ❦ Haushalts- und Zierporzellan, Geschenkartikel ❦ Marke 1906 – (1926)

2233
Hertel, Jacob & Co. ❦ Marke ca. 1910 – ca. 1922

2234
Hertel, Jacob & Co. ❦ Marke 1922 – 1930

2235
Hertel, Jacob & Co. ❦ Marke ca. 1922 – ca. 1967

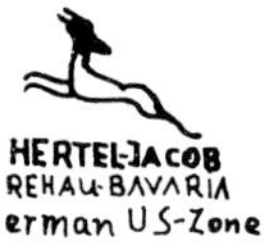

2236
Hertel, Jacob & Co. ⁂ Marke ca. 1945 – ca. 1949

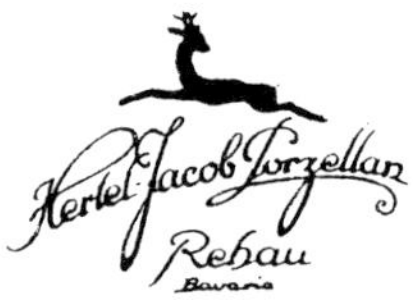

2237
Hertel, Jacob & Co. ⁂ Marke 1967 – 1969

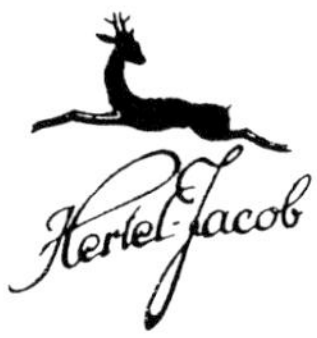

2238
Melitta-Werke ⁂ Marke 1969 –

Z S & Co.
BAVARIA

2239
Porzellanfabrik Zeh, Scherzer & Co., 1880 – 1910, dann **Porzellanfabrik Zeh, Scherzer & Co. AG**, 1910 – ca. 1991 ⁂ Haushalts- und Zierporzellan, Kaffee- und Teeservice, Geschenkartikel ⁂ Marke nach 1880 – ca. 1882

ORLEANS
Z S & Co.
BAVARIA

2240
Zeh, Scherzer & Co. ⁂ Marke nach 1880 – ca. 1882

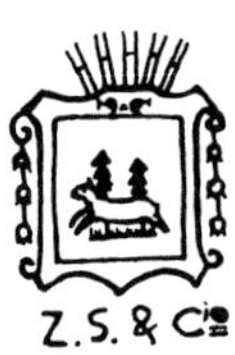

2241
Zeh, Scherzer & Co. ⁂ Marke 1882 – ca. 1918

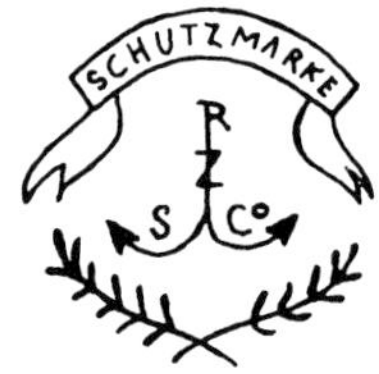

2242
Zeh, Scherzer & Co. ⁂ Marke 1882 – (1921)

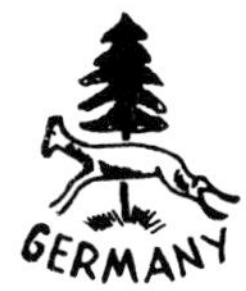

2243
Zeh, Scherzer & Co. ⁂ Marke 1894 – ca. 1918

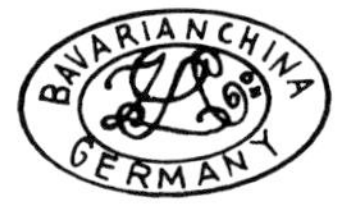

2244
Zeh, Scherzer & Co. ⁂ Marke 1896 – (1906)

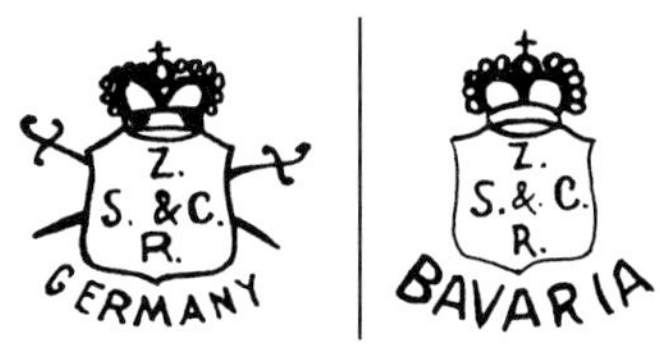

2245, 2246
Zeh, Scherzer & Co. ⁂ Marken 1899 – (1909)

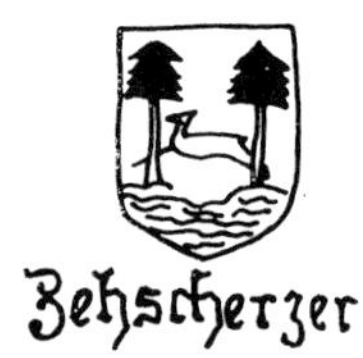

2247
Zeh, Scherzer & Co. AG ⁂ Marke 1918 –

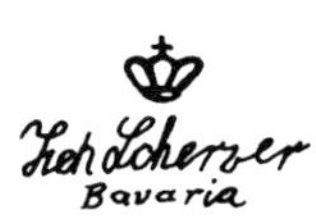

2248
Zeh, Scherzer & Co. AG ⁂ Marke ca. 1930 – ca. 1945

2249
Zeh, Scherzer & Co. AG · Marke 1930 · Jubiläumsmarke zum 50. Gründungstag

2250
Zeh, Scherzer & Co. AG · Marke ca. 1949 – ca. 1991

2251
Zeh, Scherzer & Co. AG · Marke ca. 1949 – ca. 1991

2252
Zeh, Scherzer & Co. AG · Marke ca. 1949 – ca. 1991 · 1992 von Graf von Henneberg Porzellan, Ilmenau, übernommen

Reichenbach, Thüringen

2253
Gustav Hädrich · Porzellanmalerei · Ca. 1900 – 1992 · Nachfolger **Monika Koch** · 1992 – heute · Marke ca. 1900 – 1992 · Malermarke aufglasur

2254
Monika Koch · Marke 1992 – heute · Malermarke aufglasur

2255
Hädrich & Sohn · Porzellanmalerei · 1903 – heute · Malermarke aufglasur

2256
Otto Hädrichs Witwe, später **Otto Hädrich Porzellanmanufaktur** · Porzellanmalerei · 1886 – heute · Marke nach 1886 – ca. 1950 · Malermarke aufglasur

2257
Otto Hädrichs Witwe, später **Otto Hädrich Porzellanmanufaktur** · Marke nach 1886 – ca. 1950 · Malermarke aufglasur

2258
Otto Hädrich Porzellanmanufaktur · Marke ca. 1945 – heute · Malermarke aufglasur

Eine von einer Gruppe von Porzellanmalern als Genossenschaft gegründete Porzellanfabrik für hochwertiges Gebrauchsgeschirr, 1899 – 1903, wird von **Gustav Schwabe & Co.** gekauft, 1903 – 1918. Nachfolger sind **Reichenbacher Porzellanfabrik C. & E. Carstens**, 1918 – 1938, und **Reichenbacher Porzellanfabrik C. & E. Carstens Erben**, 1938 – 1948, dann enteignet und als **VEB Porzellanwerk Reichenbach**, Betriebsteil des **VEB Vereinigte Porzellanwerke Kahla** weitergeführt, 1948 – 1990. Nachdem die Privatisierung durch einen iranischen Investor als Porzellanfabrik Reichenbach fehlschlägt, 1990 – 1993, erwerben drei thüringische Porzellanspezialisten die Fabrik und nennen sie **Porzellanambiente Reichenbach**, 1993 – heute. Luxus- und Zierporzellan, Tafel- und Kaffeeservice, Geschenkartikel, nach den beiden Weltkriegen auch einfaches Haushaltsporzellan.

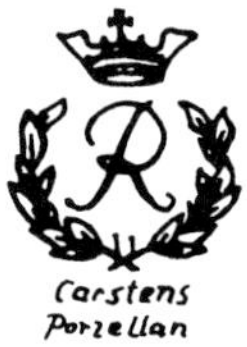

2259
Reichenbacher Porzellanfabrik C. & E. Carstens · Marke ca. 1918 – 1948

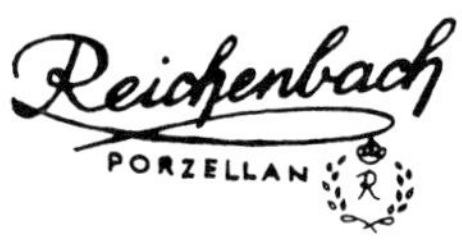

2260
Reichenbacher Porzellanfabrik C. & E. Carstens und **VEB Porzellanwerk Reichenbach** · Marke 1949 – 1969

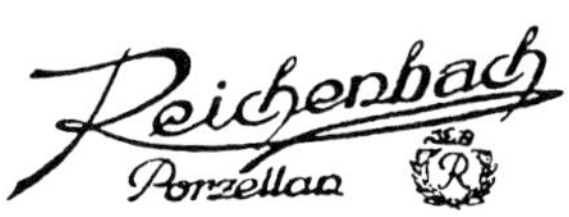

2261
VEB Porzellanwerk Reichenbach · Marke 1949 – 1969 · Ähnlich wie vorhergehende Marke, aber anstelle der Krone über dem Kranz die Buchstaben – VEB –

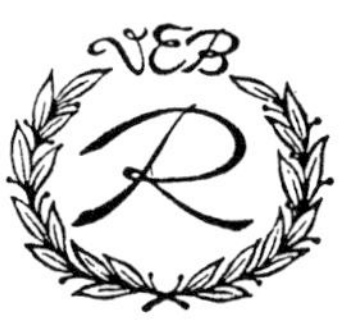

2262
VEB Porzellanwerk Reichenbach · Marke 1969 – 1981

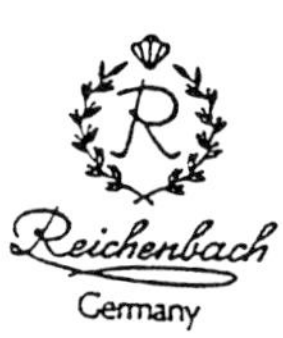

2263
VEB Porzellanwerk Reichenbach und **Porzellanambiente Reichenbach** · Marke 1981 – heute

Reichenstein, Schlesien

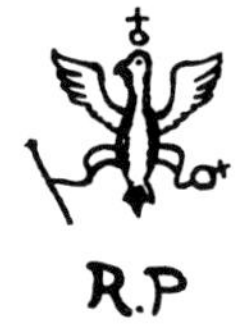

2264
Reichensteiner Porzellan-Manufaktur J. Hasak und **J. Hasak Nachf.** · 1835 – 1885 · **Max Blanke** Inhaber · 1885 – stillgelegt 1893 · Diese Marke nach 1835

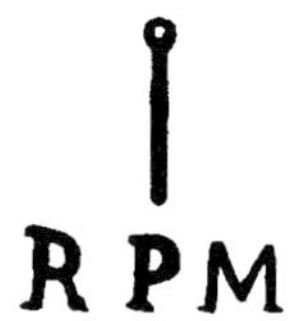

2265
Reichensteiner Porzellan-Manufaktur J. Hasak und **J.Hasack Nachf.** · Marke ca. 1845 – ca. 1860

2266
Reichensteiner Porzellan-Manufaktur J. Hasak und **J.Hasack Nachf.** · Marke ca. 1880 – ca. 1893

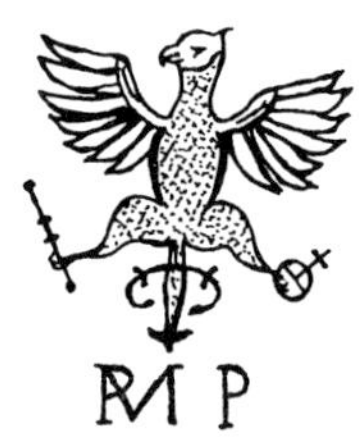

2267
Reichensteiner Porzellanmanufaktur J. Hasak Nachf. · Marke 1887 – · Blau unterglasur

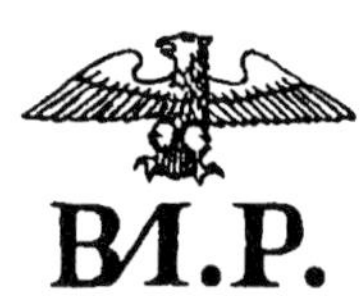

2268
Reichensteiner Porzellan-Manufaktur Max Blanke · Marke 1885 – 1893

Reichmannsdorf, Thüringen

2269
Porzellanfabrik Leube & Co. • 1881 – 1965 • Marke nach 1945 – ca. 1965 Zierporzellan, Figuren, besonders Spitzenfiguren, Puppen, Spielzeug und Haushaltsporzellan

2270
Porzellanfabrik Leube & Co. • Marke vor 1945

Steinbrenner & Co., 1898 – 1925, verkauft und umgewandelt in **Porzellanfabrik Reichmannsdorf Carl Scheidig**, 1925 – 1972. Enteignet und umbenannt in **VEB Porzellanfabrik Reichmannsdorf**, 1972 – 1990, seit 1976 Betriebsteil des **VEB Porzellanfigurenwerk Gräfenthal**. 1991 geschlossen, heute Museum des Betriebs **Porzellanfiguren Gräfenthal** in **Gräfenthal**. Zierporzellan, Figuren, Geschenkartikel, religiöse Artikel, nach dem 2. Weltkrieg auch Haushaltsporzellan.

2271
Porzellanfabrik Reichmannsdorf Carl Scheidig • Marke nach 1925 – ca. 1945

2272
Porzellanfabrik Reichmannsdorf Carl Scheidig • Marke nach 1925

Rodach, Bayern

2273
Max Roesler Porzellan- und Steingutfabrik • 1894 – 1925 • Dann Teil der **Aeltesten Volkstedter Porzellanfabrik** in **Volkstedt** • Zier- und Haushaltsporzellan • Marke <u>1894</u> – 1925

Rödental siehe Oeslau

Röslau, Bayern

2274
Gebrüder Winterling Porzellanfabrik • 1907 – heute • Haushalts- und Tafelporzellan, Kaffee- und Teeservice, Geschenkartikel • Marke 1907 – ca. 1950 • Zweigwerk der Winterling AG, das 2000 geschlossen wurde

2275
Gebrüder Winterling Porzellanfabrik • Marke ca. 1953 – 2000

2276
Gebrüder Winterling Porzellanfabrik • 1900 – 2000, dann wurden die Markenrechte an Rolf H. Frowein, Frowein Group, verkauft und die Fabrik geschlossen • auch mit Röslau, W. Germany, Bavaria unten

Roschütz, Thüringen

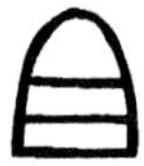

2277
Georg Löffler • Porzellanmalerei • 1899 – 1935, dann **Paul Syrbe**, 1935 – • Marke 1899 – • Malermarke aufglasur

Roschützer Porzellanfabrik Unger & Schilde, 1881 – 1953. Nachdem die Eigentümer die DDR verlassen haben, wird der Betrieb verstaatlicht als **VEB Porzellanwerk Gera-Roschütz**, 1954 – 1968. Dann von dem **VEB Porzellankombinat Kahla** in Kahla als Werk IV übernommen, 1968 – Auflösung des Kombinats 1990. Haushalts-, Hotel-, Tafel- und Zierporzellan, Figuren, Kaffee- und Teeservice.

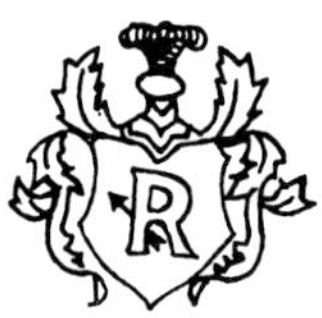

2278
Roschützer Porzellanfabrik Unger & Schilde • Marke 1896 – 1968

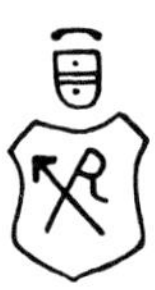

2279
Roschützer Porzellanfabrik Unger & Schilde • Marke nach 1900 – ca. 1953

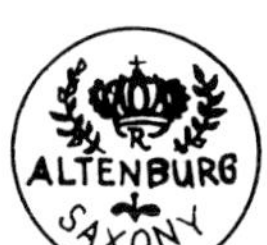

2280
Roschützer Porzellanfabrik Unger & Schilde • Marke 1906 – 1935

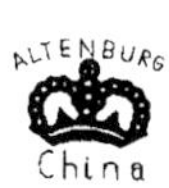

2281
Roschützer Porzellanfabrik Unger & Schilde • Exportmarke nach 1906 – ca. 1935 • Rot aufglasur • Auch mit –Germany– unten

Roßlau, Sachsen

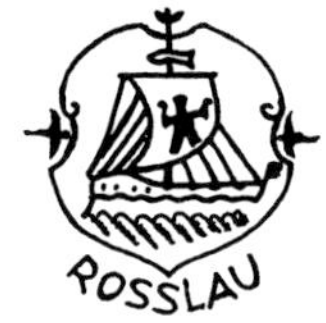

2282
H. Schomburg & Söhne • 1898 – 1932 • Elektrotechnisches Porzellan • Nach 1927 auch Haushalts- und Tafelporzellan, Kaffeeservice • Marke 1927 – 1932, auch mit – China Blau – oder – Askania – oder – Alt England –

Rudolstadt, Thüringen

Ernst Bohne, 1848 – 1856, Porzellanherstellung seit 1850, dann **Ernst Bohne Söhne**, 1856 – 1919. Die Firma wird ein Betriebsteil von **Gebr. Heubach** in **Lichte**, 1919 – 1937, behält aber ihren Namen. Aus der Konkursmasse von Gebr. Heubach erwirbt **Albert Stahl & Co., vorm. Ernst Bohne Söhne** den Betrieb, 1937 – 1972, der um 1960 gezwungen wird, den Staat als Kommanditisten aufzunehmen. Dann wird die Firma ganz verstaatlicht und dem **VEB Sitzendorfer Porzellanmanufaktur** als Betriebsteil 3 angeschlossen, 1972 – 1990. Nach dem Ende der DDR wird der Betrieb privatisiert und erhält den alten Namen **Albert Stahl & Co., vorm. Ernst Bohne Söhne** zurück, 1990 – heute. Zierporzellan, Figuren, Geschenkartikel, Sammeltassen, Wackelfiguren, Porzellanlampen, elektrotechnisches Porzellan.

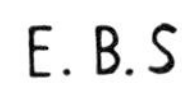

2283
Ernst Bohne Söhne • Marke 1878 – 1896

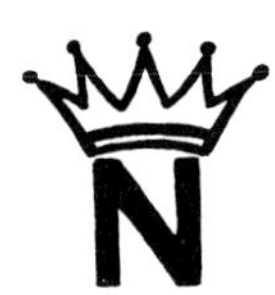

2284
Ernst Bohne Söhne • Marke 1901 – ca. 1937

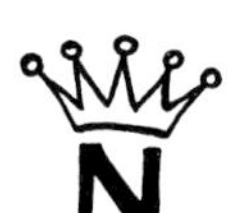

2285
Ernst Bohne Söhne • Marke 1901 – ca. 1937

2286
Ernst Bohne Söhne ❧ Marke 1901 – ca. 1937

2287
Ernst Bohne Söhne und **Albert Stahl & Co.** ❧ Marke 1901 – ca. 1972

2288
Ernst Bohne Söhne ❧ Marke 1878 – ca. 1920

2289
Ernst Bohne Söhne ❧ Marke 1878 – ca. 1920

2290
Ernst Bohne Söhne ❧ Marke 1878 – ca. 1920

2291
Ernst Bohne Söhne ❧ Marke 1878 – ca. 1920

2292
Albert Stahl & Co. ❧ Marke 1900 – heute

2293
Albert Stahl & Co. ❧ Marke 1937 – 1972

2294
Münch & Zapf Porzellanfabrik ❧ ca. 1898 – ca. 1905 ❧ anschließend **Schwarzburger Porzellanfabrik** 1905 – ca. 1927 ❧ Marke bis 1905

2295
New York & Rudolstadt Pottery, 1882 – 1918, dann **Lewis Strauss & Sons**, New York, 1906 – 1910, später **AG Porzellanfabrik Rudolstadt**, 1918 – 1932 ❧ Haushalts-, Tafel- und Zierporzellan ❧ Marke 1904 – 1928

2296
New York & Rudolstadt Pottery und **AG Porzellanfabrik Rudolstadt** ❧ Marke 1906 – 1928

2297
New York & Rudolstadt Pottery ❧ Marke nach 1900 – 1918

2298
New York & Rudolstadt Pottery ❧ Marke 1895 – (1906)

2299
New York & Rudolstadt Pottery · Marke <u>1895</u> - (1906)

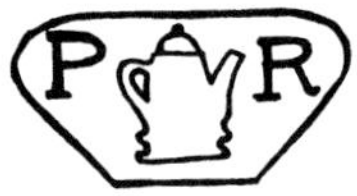

2300
AG Porzellanfabrik Rudolstadt · Marke 1918 - 1928

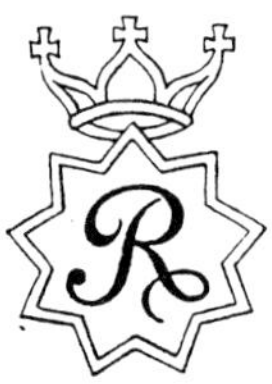

2301
Schäfer & Vater Porzellanfabrik · 1890 - ca. 1962 · Porzellanfabrik und -malerei · Haushalts- und Zierporzellan, Puppenköpfe, nach 1927 nur Keramik · Marke 1890 - 1927

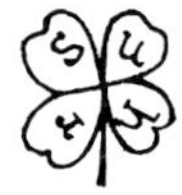

2302
Eberhard Suhr Porzellanfabrik · Besteht 1906 · Haushalts- und Zierporzellan · Marke nach 1906 · Dieselbe Marke war 1892 von **Sebastian Schmidt** in **Schmiedefeld** angemeldet worden

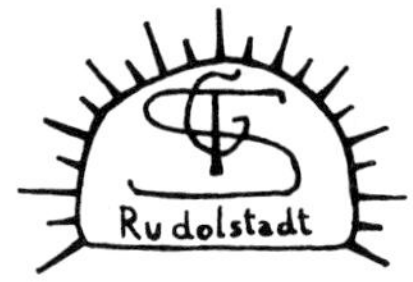

2303
Gebr. Stauch Porzellanfabrik · Ca. 1932 - ca. 1934 · Marke 1932 - 1934

S

Saalfeld, Thüringen

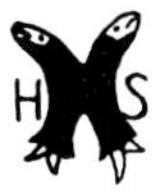

2304
Hugo Scharf, später **E. Scharf** ❧ Porzellanmalerei ❧ 1907 – vor 1945 ❧ Marke 1907 – vor 1945 ❧ Malermarke aufglasur

Saarbrücken, Saarland

Kerambleu

2305
Leonhard van Hees Photokeramische Kunstanstalt ❧ Ca. 1911 – ca. 1927 ❧ Marke 1911 – 1927 ❧ Aufglasur

Saargemünd, Lothringen

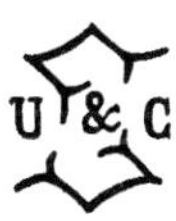

2306
Utzschneider & Co. ❧ Steingut- und Fayencefabrik ❧ 1785 – heute ❧ Auch Haushaltsporzellan ❧ Marke auf Porzellan 1886 – ca. 1918 ❧ Porzellan wird nur von ca. 1880 – ca. 1918 hergestellt

2307
Utzschneider & Co. ❧ Marke 1894 – ca. 1918 ❧ Auf Porzellan

Sandizell, Bayern

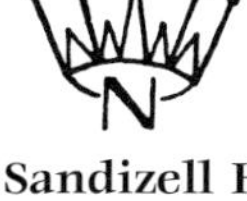

2308
Porzellanfabrik Sandizell Höffner & Co., dann **Porzellanfabrik Sandizell** ❧ 1951 – heute ❧ Zierporzellan, Geschenkartikel, Spitzenfiguren ❧ Marke nach 1951

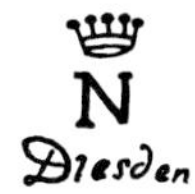

2309
Porzellanfabrik Sandizell Höffner & Co. ❧ Marke 1951 – ca. 1960 ❧ Blau unterglasur

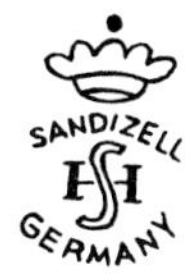

2310
Porzellanfabrik Sandizell Höffner & Co. ❧ Marke 1951 – ca. 1960

Schaala, Thüringen

2311
Hermann Voigt Porzellanfabrik ❧ 1872 – 1927 ❧ Haushalts- und Zierporzellan, Figuren, Puppen, elektrotechnisches Porzellan ❧ Marke 1880 – 1927

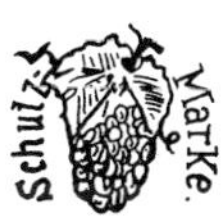

2312
Hermann Voigt Porzellanfabrik ❧ Marke 1880 – 1927

Schalksmühle, Westfalen

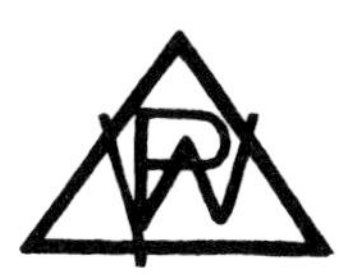

2313
Westfälische Porzellanfabrik Heinrich Wahl ❧ 1921 – erloschen ❧ Elektrotechnisches Porzellan ❧ Marke nach 1921

Schauberg/Tettau, Bayern

Der Farbenfabrikant Pensel gründet mit einem Privileg die **Königlich Privilegierte Porzellanfabrik Schauberg**, 1815 – 1816. Er verkauft sie an die Brüder Balthasar und Friedmann Greiner, die den Namen ändern in **Königlich Privilegierte Porzellanfabrik G. Greiner & Co.**, 1816 – 1930, dann wird die Firma von der Hamburger Porzellanfabrik Rosenthal & Co. übernommen und umbenannt in **Rosenthal Werke und Porzellanfabrik S. Rosenthal & Co.**, später **Porzellanwerk Schauberg Fritz & S. Rosenthal**, 1930 – 1938. Haushalts- und Zierporzellan, Porzellanmalerei, Labor- und technisches Porzellan, Geschenk- und Werbeartikel. Nach dem 2. Weltkrieg erwirbt Richard S. Rösler die Betriebsgebäude und gründet die **Richard S. Rösler Porzellanfabrik Schauberg**, 1948 – 1988, die von seinen Erben als **Rösler Porzellan & Keramik GmbH** fortgeführt wird, 1988 – heute.

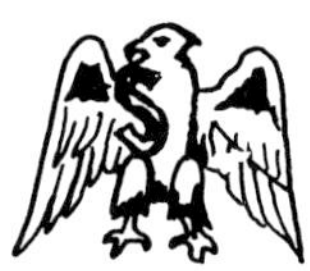

2314
Königl. Priv. Porzellanfabrik G. Greiner & Co. · Marke ca. 1871 – 1927

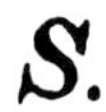

2315
Königl. Priv. Porzellanfabrik G. Greiner & Co. · Marke 1894 – 1927 · Blau unterglasur

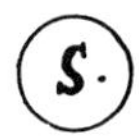

2316
Königl. Priv. Porzellanfabrik G. Greiner & Co. · Marke 1896 – 1927 · Blau unterglasur

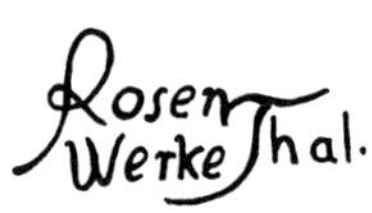

2317
Rosenthal Werke und Porzellanfabrik S. Rosenthal & Co. und **Porzellanwerk Schauberg** · Marke 1930 – 1938

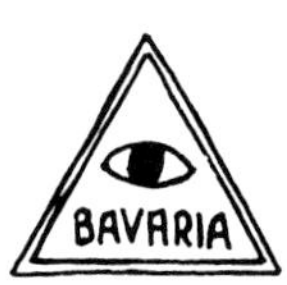

2318
Porzellanwerk Schauberg Fritz & S. Rosenthal · Marke ca. 1930 – 1938

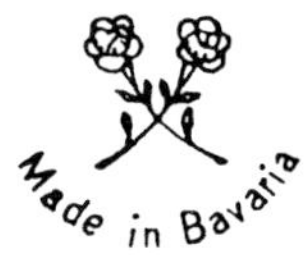

2319
Richard S. Rösler Porzellanfabrik Schauberg und **Rösler Porzellan & Keramik** · Marke 1948 – heute

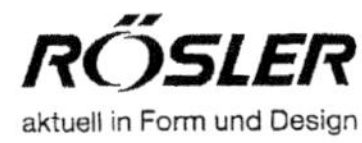

2320
Rösler Porzellan & Keramik · Marke 1985 –

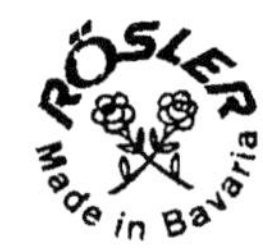

2321
Rösler Porzellan & Keramik · Marke 1985 –

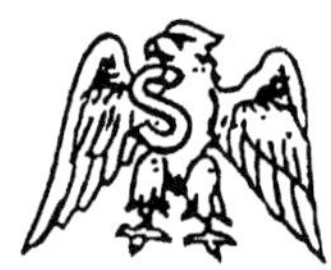

2322
Rösler Porzellan & Keramik · Marke 1989 –

Schedewitz/Zwickau, Sachsen

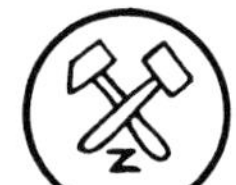

2323
Zwickauer Porzellanfabrik Hermann Unger, ca. 1880 – 1890, dann **Zwickauer Porzellanfabrik, Betrieb der Porzellanfabrik Kahla**, 1890 – 1928 · Marke 1887 – 1928 · Zierporzellan, Tassen, Becher

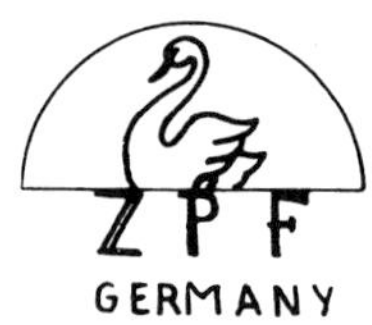

2324
Zwickauer Porzellanfabrik · Marke ca. 1920 – 1928

Scheibe-Alsbach, Thüringen

Louis Oels, **Daniel Kämpf** und **Friedmann Greiner** gründen eine Porzellanmanufaktur,

1834 – 1844, die erst seit 1837 Porzellan herstellt. Von **Dressel, Kister & Cie.** übernommen, 1844 – 1863. Als August Wilhelm Fridolin Kister alleiniger Eigentümer wird, nennt er die Fabrik um in **A.W. Fr. Kister Porzellanmanufaktur**, 1863 – 1972. Dann wird die Fabrik verstaatlicht und heißt **VEB Porzellanmanufaktur Scheibe-Alsbach**, 1972 – 1990, seit 1975 ein Zweigwerk des **VEB Vereinigte Zierporzellanwerke Lichte** in **Lichte**. Nach dem Ende der DDR privatisiert und später erworben von der **Porzellanfabrik Tettau** in **Tettau**. Der Name Porzellanmanufaktur Scheibe-Alsbach wird beibehalten. Zierporzellan, Figuren, Biskuitporzellan, Leuchter, Puppen, Puppenköpfe.

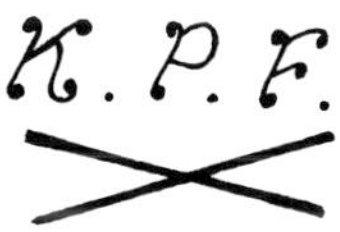

2325
A.W.Fr. Kister Porzellanmanufaktur ·
Marke 1863 – 1887 · Blau unterglasur

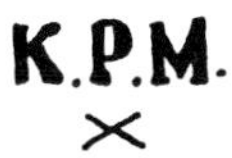

2326
A.W.Fr. Kister Porzellanmanufaktur ·
Marke 1887 – 1905 · Blau unterglasur

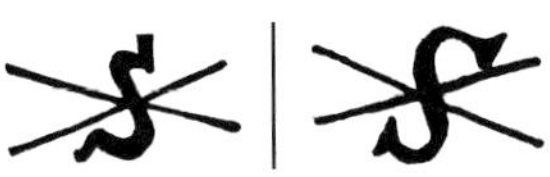

2327, 2328
A.W.Fr. Kister Porzellanmanufaktur ·
Marken 1905 – 1972 · Blau unterglasur

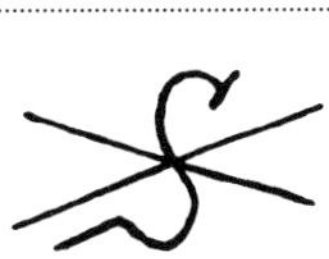

2329
A.W.Fr. Kister Porzellanmanufaktur ·
Marke 1905 – 1972 · Blau unterglasur

2330
A.W.Fr. Kister Porzellanmanufaktur ·
Marke 1905 – 1972 · Eingepresst

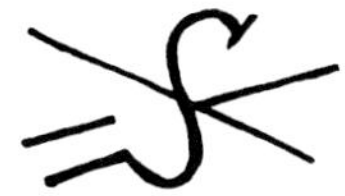

2331
A.W.Fr. Kister Porzellanmanufaktur ·
Marke 1905 – 1972 · Blau unterglasur

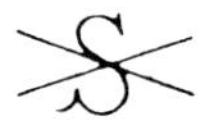

2332
VEB Porzellanmanufaktur Scheibe-Alsbach · Marke 1972 – 1990 · Blau unterglasur

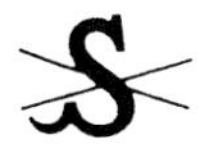

2333
Porzellanmanufaktur Scheibe-Alsbach ·
Marke 1991 – heute · Blau unterglasur

Schirnding, Bayern

Lorenz Reichel, 1902 – 1909, Nachfolger **Porzellanfabrik Schirnding AG**, 1909 – 1995, verschmolzen mit **Porzellanfabrik J. Kronester** in **Schwarzenbach** und **Porzellanfabrik Johann Seltmann** in **Vohenstrauss** zu **SKV Porzellan Union GmbH**, 1995 – heute. Haushalts-, Hotel- und Zierporzellan, Kaffee- und Teeservice, Geschenkartikel.

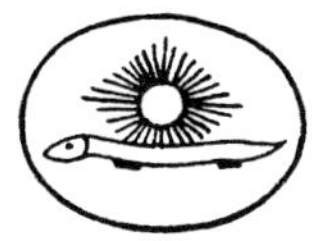

2334
Lorenz Reichel · Marke 1902- 1909

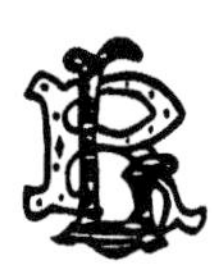

2335
Lorenz Reichel · Marke 1902 – 1909

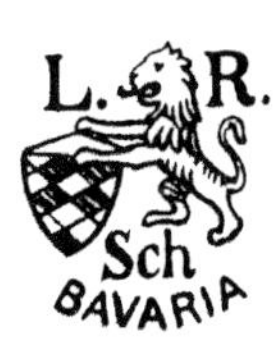

2336
Lorenz Reichel · Marke 1902 – 1909

2337
Porzellanfabrik Schirnding • Marke 1909 – ca. 1925

2338
Porzellanfabrik Schirnding • Marke • 1909 –

2339
Porzellanfabrik Schirnding • Marke 1925 – 1936

2340
Porzellanfabrik Schirnding • Marke <u>1934</u> – 1948

2341
Porzellanfabrik Schirnding • Marke vor 1945

2342
Porzellanfabrik Schirnding • Marke 1948 – 1974

2343
Porzellanfabrik Schirnding • Marke 1974 – 1995

2344
SKV Porzellan Union • Marke 1995 – heute

Schlottenhof, Bayern

2345
Porzellanfabrik Karl Seltmann, 1897 – 1932, nach Konkurs **Porzellanfabrik Schlottenhof**, 1932 – 1964 • Marke ca. 1932 – ca. 1964 • Siehe ähnliche Marke bei **Porzellanfabrik Ullersricht** in **Ullersricht**

2346
Porzellanfabrik Schlottenhof • Marke 1935 – 1964

Schmiedeberg, Schlesien

P

2347
Gebr. Pohl Porzellanfabrik, 1869 – 1927, dann **Porzellan- und Steatitfabrik Paul Rauschert**, 1932 – 1945 · Marke Pohl 1871 – 1927 · Siehe auch **Hüttengrund**, **Pressig** und **Steinbach**

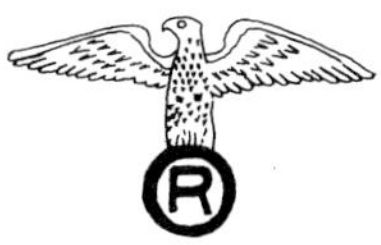

2348
Porzellan- und Steatitfabrik Paul Rauschert und **Porzellanfabrik Paul Rauschert** in **Hüttengrund** · Marke 1922 – 1945

Schmiedefeld, Thüringen

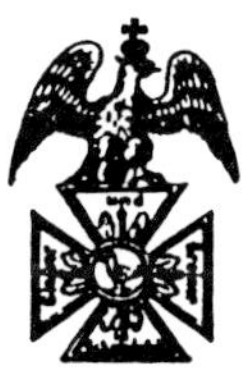

2349
Glaser & Greiner Porzellanfabrik · 1809 – 1894 · **Mathias Liebermann** übernimmt und richtet eine Porzellanmalerei ein · 1894 – 1913 · Zierporzellan, Figuren, Pfeifengestecke · Marke 1886 – ca. 1913

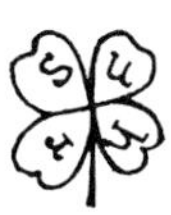

2350
Sebastian Schmidt · 1857 – ca. 1906 · Zierporzellan, Figuren, Geschenkartikel, Pfeifengestecke · Marke 1892 – ca. 1906 · Dieselbe Marke wird 1906 von **Eberhard Suhr** in **Rudolstadt** angemeldet

Schney, Bayern

SCHNEY

2351
H.K. Eichhorn, ca. 1837 – , dann **Bremer & Liebmann** und **Porzellanfabrik Eduard Liebmann**, – 1923, dann **Porzellanfabrik zu Kloster Veilsdorf Geschirrabteilung**, 1923 – 1828 · Marke Eichhorn ca. 1837 –

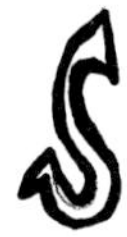

2352
H.K. Eichhorn · Marke Mitte 19. Jhdt. · Eingepresst

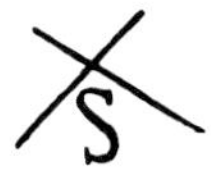

2353
Bremer & Liebmann und **Porzellanfabrik Eduard Liebmann** · Marke 1887 – 1923

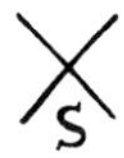

2354
Bremer & Liebmann und **Porzellanfabrik Eduard Liebmann** · Marke 1887 – 1923

Schönwald, Bayern

Johann Nikol Müller gründet eine Porzellanfabrik für Haushalts- und Tafelporzellan, 1879 – 1898, die Erben verwandeln die Firma in eine Aktiengesellschaft **Porzellanfabrik Schönwald AG**, 1898 – 1927. 1904 Kauf der **Porzellanfabrik Theodor Lehmann** in **Arzberg** und 1927 Kauf der **Porzellanfabrik E. & A. Müller** in **Schönwald**. Im selben Jahr wird die Fabrik von der Porzellanfabrik Kahla in Kahla übernommen und firmiert als **Porzellanfabrik Schönwald Zweigniederlassung der Porzellanfabrik Kahla**, 1927 – 1972. Als die Porzellanfabrik Kahla mit der Hutschenreuther AG in Selb vereinigt wird, ändert sich der Name in **Porzellanfabrik Schönwald Zweigniederlassung der Hutschenreuther AG**. Haushalts- und Hotelporzellan. **Porzellanfabrik E. & A. Müller** von Erben des J.N. Müller gegründet, 1904 – 1927. Das Stammwerk ist in **Schwarza**. Die Fabrik in Schönwald wird verpachtet als **Fränkische Porzellanwerke Müller & Co.**, 1911 – 1927, und dann von der **Porzellanfabrik Schönwald** übernommen.

J.N.M.

2355
Johann Nikol Müller · Marke 1879 – 1898

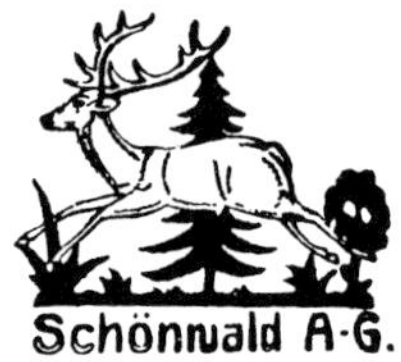

2356
Porzellanfabrik Schönwald • Marke ca. 1898 - 1927

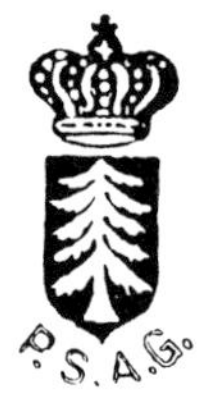

2357
Porzellanfabrik Schönwald • Marke 1911 - ca. 1927

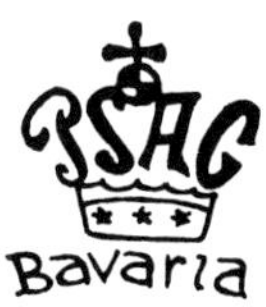

2358
Porzellanfabrik Schönwald • Marke 1911 - 1927

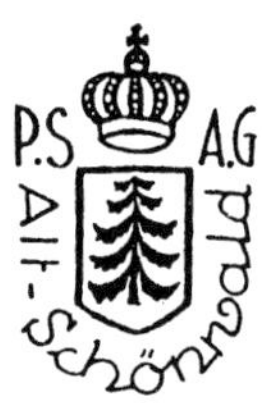

2359
Porzellanfabrik Schönwald • Marke ca. 1925 - ca. 1927

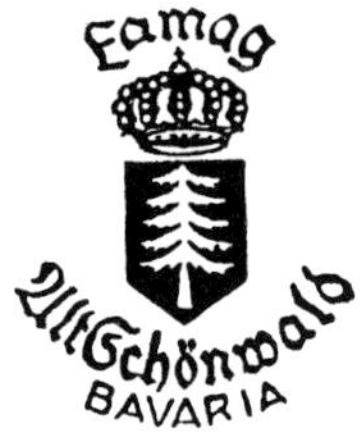

2360
Porzellanfabrik Schönwald • Marke • 1927 -

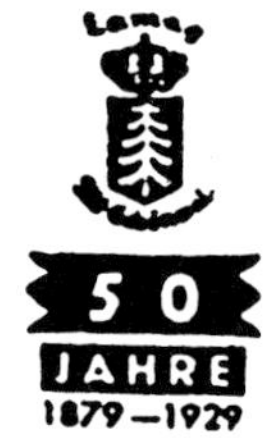

2361
Porzellanfabrik Schönwald • Jubiläumsmarke 1929

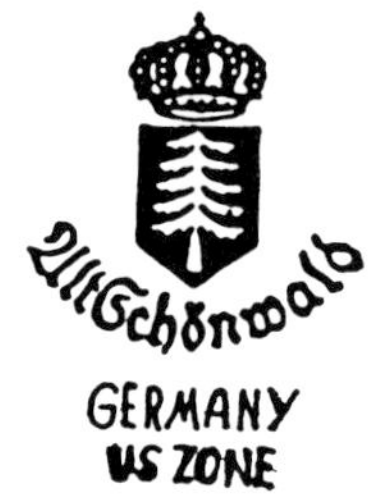

2362
Porzellanfabrik Schönwald • Marke 1945 - 1949

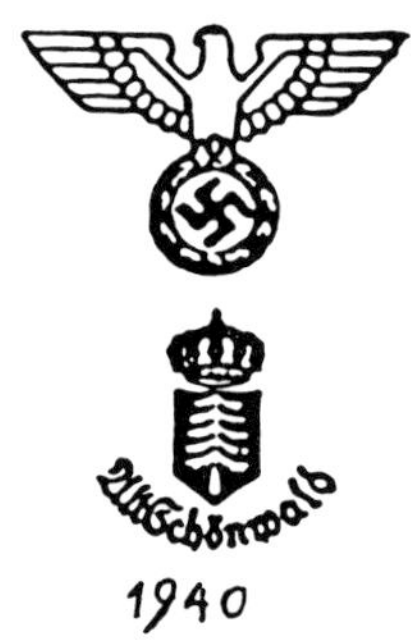

2363
Porzellanfabrik Schönwald • Fabrikmarke mit NS-Reichsadler für Lieferungen an Reichsbehörden, Militär und staatliche Betriebe • ca. 1938 - 1945 • Diese Marke 1940

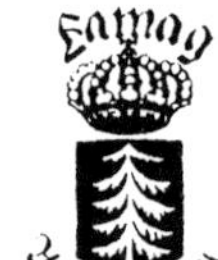

2364
Porzellanfabrik Schönwald • Marke • 1927 -

2365
Porzellanfabrik Schönwald · Marke 1953 – 1972

2366
Porzellanfabrik Schönwald Zweigniederlassung der Porzellanfabrik Kahla · Marke 1968 –

2367
Porzellanfabrik Schönwald Zweigniederlassung der Hutschenreuther AG · Marke 1972 –

2368
Porzellanfabrik Schönwald Zweigniederlassung der Hutschenreuther AG · Marke 1972 –

2369
Porzellanfabrik Schönwald Zweigniederlassung der Hutschenreuther AG · Marke 1972 –

2370
Willy Lippert · Porzellanmalerei · Marke 1930 – 1937

2371
Willy Lippert · Porzellanmalerei · Marke 1930 – 1937

2372
Willy Lippert · Porzellanmalerei · Marke 1930 – 1937

2373
Porzellanfabrik E. & A. Müller · Marke 1909 – 1927

2374
E. und A. Müller · Marke 1904 – 1927

2375
Porzellanfabrik E. & A. Müller · Marke ca. 1910 – ca. 1922

2376
Porzellanfabrik E. & A. Müller · Marke 1911 – ca. 1927

2377
Porzellanfabrik E. & A. Müller ⚬ Marke ca. 1922 – ca. 1927

Schorndorf, Württemberg

Württembergische Porzellanmanufaktur C.M. Bauer & Pfeiffer, 1904 – 1918, dann **Württembergische Porzellanmanufaktur AG**, 1918 – 1931. Die Privatvermögensverwaltung des Königs von Württemberg erlaubte beiden Firmen 1918, die Marken der früheren Ludwigsburger Porzellanmanufaktur zu benutzen, allerdings nur unter Hinzufügung der Buchstaben BP für Bauer und Pfeiffer oder WPM für den Nachfolger. Tafel-, Haushalts-, Hotel- und Zierporzellan, Figuren.

2378
Württembergische Porzellanmanufaktur C.M. Bauer & Pfeiffer ⚬ Marke 1904 – 1918

2379
Württembergische Porzellanmanufaktur C.M. Bauer & Pfeiffer ⚬ Marke 1904 – 1918

2380
Württembergische Porzellanmanufaktur C. H. Bauer & Pfeiffer ⚬ Marke ca. 1904 – 1918

2381
Württembergische Porzellanmanufaktur C.M. Bauer & Pfeiffer ⚬ Marke 1904 – 1918

Virtembergia-Porzellan

2382
Württembergische Porzellanmanufaktur C.M. Bauer & Pfeiffer und **Württembergische Porzellanmanufaktur AG** ⚬ Marke 1918 – 1931

2383
Württembergische Porzellanmanufaktur AG ⚬ Marke 1918 – 1931

2384
Württembergische Porzellanmanufaktur AG ⚬ Marke 1918 – 1931

2385
Württembergische Porzellanmanufaktur AG ⚬ Marke 1918 – 1931

2386
Württembergische Porzellanmanufaktur AG ⚬ Marke 1918 – 1931

2387
Württembergische Porzellanmanufaktur AG • Marke 1918 – 1931

Schriesheim, Württemberg

2388
Porzellanmanufaktur Schriesheim Dietrich von Eisenhart • 1945 – vor 1959 • Geschenkartikel, Zierporzellan, Figuren, technisches Porzellan

Schrobenhausen, Bayern

2389
Porzellanmanufaktur H. Hilbert • 1965 – 1970 • Figuren • Die Manufaktur wird 1970 an die **Porzellanfabrik Sandizell** in **Sandizell** verkauft

Schwabach, Bayern

2390
Carl du Bellier • Porzellanmalerei • 1918 – ca. 1932 • Malermarke aufglasur

Schwäbisch-Gmünd, Württemberg

2391
Gebr. Deyhle • Besteht 1941 – 1998 • Porzellan mit Silberüberzug

2392
Porzellanfabrik Gmünd • 1923 – 1924 • Marke 1924 • Auch mit – Schwäbisch-Gmünd – über dem Schild

Schwandorf, Bayern

Tonwarenfabrik Schwandorf, 1865 – 1959, erwirbt 1910 die **Porzellanfabrik Heinrich Waffler** in **Schwarzenfeld** und beginnt Porzellanherstellung. Nach Übernahme durch die Hermsdorf-Schomburg Isolatorengesellschaft in Hermsdorf heißt die Firma **Tonwarenfabrik Schwandorf, Abt. Porzellanfabrik Schwarzenfeld**, 1927 – 1972, dann vereinigt mit der **Hutschenreuther AG** in **Selb** und der **Keramag** in **Ratingen** zu **Hutschenreuther-Keramag AG**, 1972 – 1974.

2393
Tonwarenfabrik Schwandorf • Marke 1891 –

2394
Tonwarenfabrik Schwandorf und **Porzellanfabrik Schwarzenfeld** • Marke 1930 – 1972

2395
Tonwarenfabrik Schwandorf • Marke – ca. 1945

Schwandorf, Bayern

2396
Tonwarenfabrik Schwandorf und **Porzellanfabrik Schwarzenfeld** • Marke 1955 –

2397
Porzellanfabrik Schwarzenfeld • Marke 1970 – 1972

Schwarza-Saale, Thüringen

2398
Porzellanfabrik E. & A. Müller • 1890 – 1938 • Zierporzellan, Figuren, Kunstporzellan • Marke ca. 1890 – ca. 1938 • Siehe auch Zweigfabrik **E. & A. Müller** in **Schönwald**

2399
Porzellanfabrik E. & A. Müller • Marke 1890 – ca. 1938

2400
Porzellanfabrik E. & A. Müller • Marke 1890 – ca. 1938

2401
Porzellanfabrik E. & A. Müller • Marke 1895 – ca. 1938

Schwarzenbach, Bayern

2402
Porzellanfabrik J. Kronester • 1905 – 1995 • Haushaltsporzellan, Tassen, Zierporzellan • Marke 1923 – 1995 • Siehe auch **SKV Porzellan Union** in **Schirnding**

2403
Porzellanfabrik J. Kronester • Marke • – ca. 1969

2404
Porzellanfabrik J. Kronester • Marke 1969 – 1995

2405
Oscar Schaller & Co., 1882 – 1917, dann **Oscar Schaller & Co. Nachf.** 1918 – liquidiert 1922 • Haushalts- und Zierporzellan • Marke 1892 – ca. 1922 • 1921 Gründung einer **Porzellanmalerei Oscar Schaller Nachf.** in Kirchenlamitz, die später Sitz der Firma wird. Der Betrieb gehört seit 1917 zur **Winterling Porzellan AG**

2406
Oscar Schaller & Co. • Marke 1909 – ca. 1917

2407
Oscar Schaller & Co. • Marke 1909 – ca. 1917 • Blau oder eingepresst

2408
Oscar Schaller & Co. • Marke 1915 – ca. 1917 • Blau unterglasur oder aufglasur

2409
Oscar Schaller & Co. • Marke ca. 1909 – ca. 1917

2410
Oscar Schaller & Co. Nachf. • Marke ca. 1915 –

2411
Oscar Schaller & Co. Nachf. • Marke nach 1950 – 1990

2412
Oscar Schaller & Co. Nachf. • Marke nach 1950 –

2413
Winterling AG • Nachfolger von Oscar Schaller & Co. • Marke 1990 – 2000 • auch mit Schwarzenbach, W. Germany, Bavaria, Qualitäts Porzellan unten

Schwarzenberg, Sachsen

2414
Schwarzenberger Porzellanfabrik Fr. Wilhelm Kutzscher & Co. • 1908 – 1910 • dann Alfred Freitag 1910 – 1931, der den Firmennamen beibehält • Haushalts-, Zierporzellan, Geschenkartikel • Marke 1908 – 1910

Schwarzenfeld, Thüringen

2415
H. Waffler Porzellanmalerei • 1910 – 1920 • Marke 1910 – 1920

Schwarzenhammer, Bayern

2416
Schumann & Schreider Porzellanfabrik Schwarzenhammer • 1905 – in Konkurs 1984 • Haushalts- und Zierporzellan, Geschenkartikel • Marke 1905

2417
Schumann & Schreider Porzellanfabrik Schwarzenhammer • Marke nach 1910

2418
Schumann & Schreider Porzellanfabrik Schwarzenhammer • Marke nach 1905

2419
Schumann & Schreider Porzellanfabrik Schwarzenhammer • Marke nach 1905

2420
Schumann & Schreider Porzellanfabrik Schwarzenhammer • Marke bis 1984

Schweidnitz, Schlesien

2421
R.M. Krause • Majolikafabrik und Porzellanmalerei • 1882 – ca. 1932 • Marke 1929 – ca. 1932

2422
R.M. Krause • Marke 1882 – ca. 1929

Seedorf, Württemberg

2423
Volkstedter Porzellanmanufaktur Seedorf O. & J. Saar • 1950 – ca. 1960 • Zierporzellan, Figuren • Marke 1950 – ca. 1960

Selb, Bayern

2424
Gräf & Krippner • 1906 – 1929 • Porzellanmalerei, nach 1910 auch Porzellanherstellung • Marke nach 1906 – ca. 1931 • 1929 gekauft von **Heinrich & Co.** in **Selb**

2425
Gräf & Krippner • Marke nach 1906 – ca. 1929

2426
Heinrich & Co. Werk Gräf & Krippner • Marke 1931 – 1935

Heinrich & Co. KG, 1896 – 1970, **Heinrich Porzellan GmbH**, 1970 – heute, die Firma wird 1976 von **Villeroy & Boch** übernommen. Zuerst Porzellanmalerei, seit ca. 1901 auch Porzellanfabrik. Tafel-, Haushalts- und Hotelporzellan, Kaffee- und Mokkaservice, Zierporzellan, früher auch Figuren. 1929 Übernahme der Porzellanfabrik von **Gräf & Krippner** in **Selb**. 1947 wird eine Kunstabteilung als Porzellanmalerei in Seetal gegründet.

2427
Heinrich & Co. · Marke 1903 – ca. 1911

2428
Heinrich & Co. · Marke 1905 – ca. 1911

2429
Heinrich & Co. · Marke 1911 –

2430
Heinrich & Co. · Marke 1911 –

2431
Heinrich & Co. · Marke 1911 – ca. 1918

2432
Heinrich & Co. · Marke 1911 –

2433
Heinrich & Co. · Marke 1930 –

2434
Heinrich & Co. · Marke 1923 –

2435
Heinrich & Co. · Marke 1925 –

2436
Heinrich & Co. · Marke 1930 –

2437
Heinrich & Co. · Marke 1939 –

2438
Heinrich & Co. · Marke 1947 – heute · Marke der Kunstabteilung

2439
Heinrich & Co. · Marke 1947 – heute · Marke der Kunstabteilung

FI. U.V.
1940

H&C
SELB
Heinrich

2440
Heinrich & Co. · Fabrikmarke mit Luftwaffenadler für Lieferungen an die Luftwaffe ca. 1938 – 1945 · Diese Marke 1940 · Grün unterglasur

Gemmo

2441
Heinrich & Co. · Marke 1949 –

H&C
SELB
BAVARIA
GERMANY
Heinrich

2442
Heinrich & Co. · Marke 1950 –

Heinrich

2443
Heinrich & Co. · Marke 1950 –

Heinrich
Gemmo
PORZELLAN

2444
Heinrich & Co. · Marke 1950 –

Heinrich

2445
Heinrich Porzellan · Marke 1950 – 1970 · Zusätzlich zur Fabrikmarke

H
Heinrich
Porzellankultur

2446
Heinrich Porzellan · Marke 1974 – 1976

HEINRICH
PORZELLAN

2447
Heinrich Porzellan · Marke 1970 – 1974 und 1976 – heute

Porzellanfabrik Lorenz Hutschenreuther, 1856 – 1902, dann **Porzellanfabriken Lorenz Hutschenreuther AG**, 1902 – 1969. 1906 Erwerb der **Porzellanfabrik Jäger, Werner & Co.** in **Selb**, 1917 der **Porzellanfabrik Paul Müller** in **Selb**, geschlossen 1957, 1927 der **Porzellanfabrik Tirschenreuth** in **Tirschenreuth**, geschlossen 1995, und der **Porzellanfabrik Gebr. Bauscher** in **Weiden**, 1928 der **Porzellanfabrik Königszelt** in **Königszelt**, Schlesien, enteignet 1945. Nach Übernahme der Mehrheitsanteile an der **Porzellanfabrik C.M. Hutschenreuther AG** in **Hohenberg**. Verschmelzung der Firmen zur **Hutschenreuther AG**, 1969 – 1998. 1972 Kauf der in Westdeutschland gelegenen Teile der **Porzellanfabrik Kahla** mit Werken in Arzberg, Schönwald, Schwandorf und Wiesau. Die Werke Selb, jetzt **Hutschenreuther Hotel**, Weiden und Schönwald, werden seit 1998 als **BHS tabletop AG** weitergeführt. Die Fabriken Werk B und Arzberg werden 1998 an die **Winterling Porzellan AG** in **Kirchenlamitz** verkauft. Werk B geht 2000 an die Rosenthal Porzellan AG in Selb über, Werk Arzberg an die SKV Porzellan Union GmbH in Schirnding.

LHR
GERMANY

2448
L. Hutschenreuther · Marke 1887 – ca. 1920

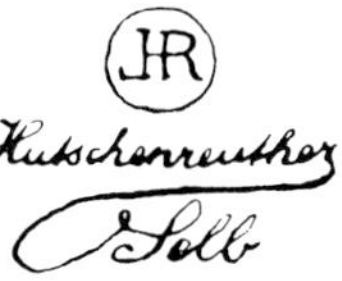

2449
L. Hutschenreuther · Marke nach 1887 – ca. 1920

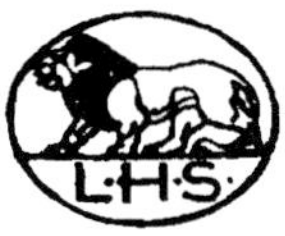

2450
L. Hutschenreuther · Marke 1918 –

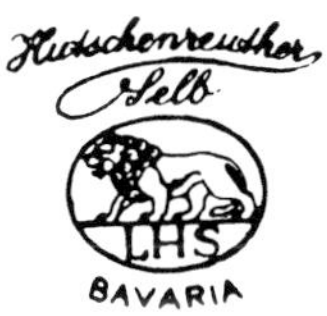

2451
L. Hutschenreuther · Marke 1920 – 1967 · Grün unterglasur

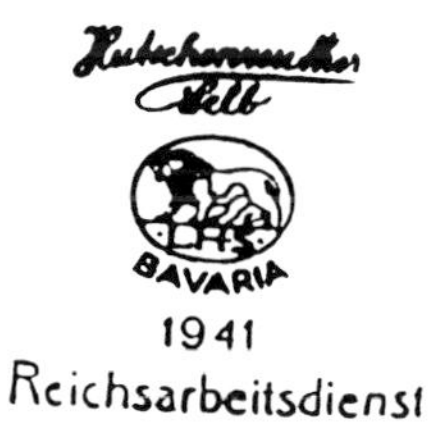

2452
L. Hutschenreuther · Fabrikmarke mit Schrift für Lieferungen an die NS-Organisation Reichsarbeitsdienst ca. 1938 – 1945 · Diese Marke 1941

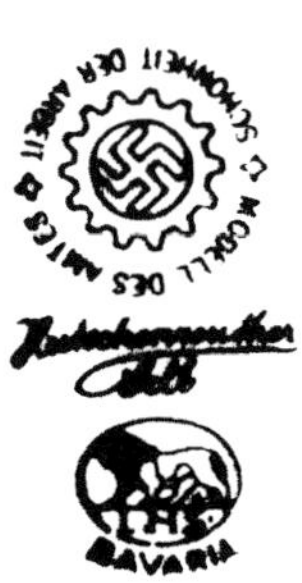

2453
L. Hutschenreuther · Marke 1938 – 1945 · Oben mit Zeichen des „Amtes für Schönheit der Arbeit", siehe Berlin

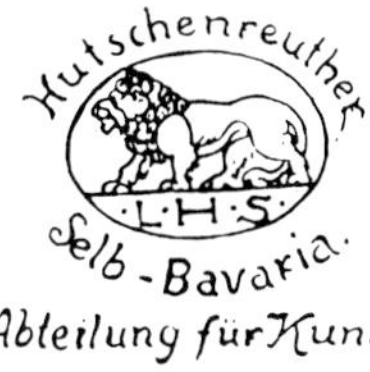

2454
L. Hutschenreuther · Marke 1920 – 1938 · Marke der Kunstabteilung

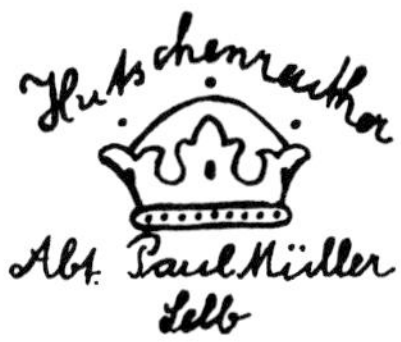

2455
L. Hutschenreuther · Marke 1928 – 1943

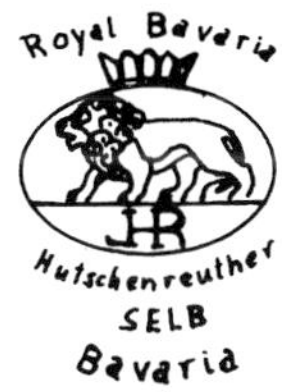

2456
L. Hutschenreuther · Marke – 1945

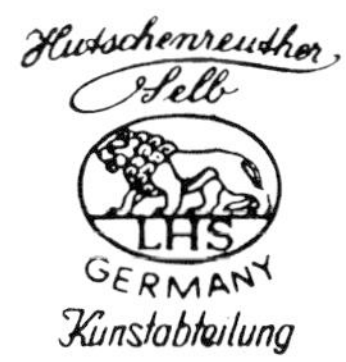

2457
L. Hutschenreuther · Marke 1955 – 1969 · Marke der Kunstabteilung

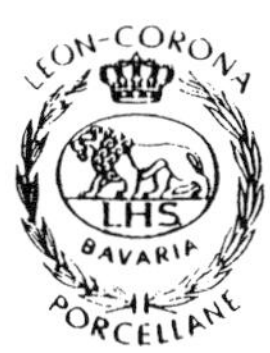

2458
L. Hutschenreuther · Marke 1956 –

2459
L. Hutschenreuther · Marke 1959 –

2460
L. Hutschenreuther ❧ Marke 1969 –

2461
Hutschenreuther AG ❧ Marke 1969 – ❧ Grün unterglasur

2462
Hutschenreuther AG ❧ Marke 1974 –

2463
Hutschenreuther AG ❧ Marke 1975 –

2464
Hutschenreuther AG ❧ Marke 1976 –

2465
Jäger, Werner & Co. Porzellanfabrik ❧ 1896 – 1906 ❧ Haushalts-, Tafel- und Zierporzellan ❧ Marke 1896 – 1906 ❧ 1906 von der **Porzellanfabrik L. Hutschenreuther** in **Selb** gekauft, als Werk B weitergeführt

2466
Krautheim & Adelberg Porzellanfabrik ❧ 1884 – Konkurs 1977 ❧ Bis 1912 Porzellanmalerei, dann Porzellanherstellung, Tafel- und Zierporzellan, Geschenkartikel ❧ Marke 1884 – 1912, Malermarke

2467
Krautheim & Adelberg Porzellanfabrik ❧ Marke 1914 – 1922

2468
Krautheim & Adelberg Porzellanfabrik ❧ Marke 1922 – 1945

2469
Krautheim & Adelberg Porzellanfabrik ❧ Marke ca. 1949 – 1977 ❧ Exportmarke

2470
Krautheim & Adelberg Porzellanfabrik ❧ Marke 1945 – 1977

2471
Krautheim & Adelberg Porzellanfabrik ❧ Marke 1950 – 1977

2472
Krautheim & Adelberg Porzellanfabrik · Marke 1953 – 1977 · Grün unterglasur

2473
Krautheim & Adelberg Porzellanfabrik · Marke ca. 1960 – 1977 · Grün unterglasur

2474
Lorenz & Frabe Porzellanfabrik Kunstgewerbliche Anstalt · Ca. 1910 – ca. 1925 · Tafel- und Kaffeegeschirr, Porzellanmalerei · Marke ca. 1910 – ca. 1925

2475
Lorenz & Frabe Porzellanfabrik Kunstgewerbliche Anstalt · Marke ca. 1910 – ca. 1925

2476
Paul Müller Porzellanfabrik · 1890 – geschlossen 1957 · Haushalts- und Hotelporzellan · Marke 1890 – 1917 · 1917 von der **Porzellanfabrik L. Hutschenreuther** in **Selb** erworben · 1943 – 1953 von der KPM Berlin benutzt

2477
Paul Müller Porzellanfabrik · Marke 1890 – 1917

2478
Paul Müller Porzellanfabrik · Marke nach 1890 – ca. 1912 · Blau unterglasur

2479
Paul Müller Porzellanfabrik · Marke nach 1890 – 1917

2480
L. Hutschenreuther Porzellanfabrik für das Werk Paul Müller · Marke 1920 – 1928

2481
Josef Rieber & Co. · 1868 – ca. 1923 · Porzellanmalerei, später **Porzellanfabrik Josef Rieber & Co.**, die ihren Sitz in **Mitterteich** nimmt · Marke ca. 1918 – 1923 · Malermarke aufglasur

2482
Josef Rieber & Co. · Marke um 1910 · Malermarke aufglasur

Philipp Rosenthal gründet 1880 in Erkersreuth eine Porzellanmalerei, die er 1889 nach Selb verlegt. 1891 beginnt er mit der Porzellanherstellung und nennt die Firma **Philipp Rosenthal & Co.**, 1891 – 1897. Im selben Jahr

Baubeginn der Porzellanfabrik **Bauer, Rosenthal & Co.** in **Kronach**. Umwandlung in die **Philipp Rosenthal & Co. AG**, 1897 – 1939. Eingliederung der Porzellanfabrik Bauer, Rosenthal & Co. in die AG. 1908 Erwerb der **Porzellanmanufaktur Thomas** in **Marktredwitz**, 1910 Gründung einer Kunstabteilung in Selb, 1917 Erwerb der **Porzellanfabrik Zeidler & Co.** in **Plößberg Bahnhof-Selb**, 1926 der **Krister Porzellanmanufaktur** in **Waldenburg**, Schlesien, 1928 zuerst Pacht, 1936 Kauf der **Porzellanfabrik Thomas** in **Sophienthal** und 1936 der **Porzellanfabrik Waldershof** in **Waldershof**. Zusammen mit der AEG Gründung der **Rosenthal Isolatoren GmbH, RIG**, mit Werken in Erkersreuth, Hennigsdorf bei Berlin und Selb. Umbenennung in **Rosenthal Porzellan AG**, 1939 – 1965, **Rosenthal AG**, 1965 – 1969, kurzfristig **Rosenthal Glas & Porzellan AG**, schließlich **Rosenthal AG**, 1969 – heute. Mehrheit der Anteile der Firma 1998 übernommen von Waterford GmbH in Selb, Tochter der irischen Waterford-Wedgwood plc. Rosenthal AG ist weiter ein selbstständiges Unternehmen. Produziert wird nur noch in dem 1960 neugebauten Werk Thomas am Kulm in Speicherberg und dem 1967 neugebauten Werk Rosenthal am Rothbühl in Selb. Die anderen Werke sind geschlossen oder verkauft worden. Alle Arten von Porzellanprodukten.

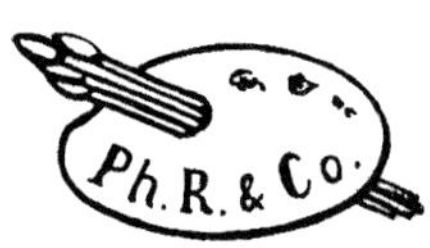

2483
Philipp Rosenthal Porzellanmalerei in Erkersreuth ❧ Marke 1887 – 1891 ❧ Malermarke aufglasur

2484
Philipp Rosenthal & Co. ❧ Marke 1891 – ca. 1906 ❧ Für Werk in Selb

2485
Philipp Rosenthal & Co. ❧ Marke 1891 – ca. 1904 ❧ Für Werk in Selb

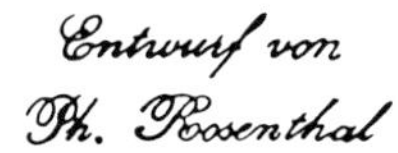

2486
Philipp Rosenthal & Co. ❧ Marke ca. 1925

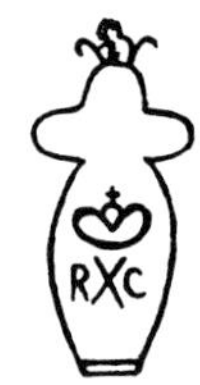

2487
Philipp Rosenthal & Co. ❧ Marke ca. 1900 ❧ Auch mit – Delft –

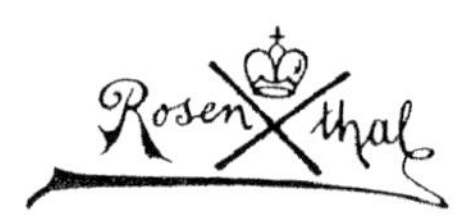

2488
Philipp Rosenthal & Co. ❧ Marke 1907 – ca. 1910 ❧ Für Werk in Selb

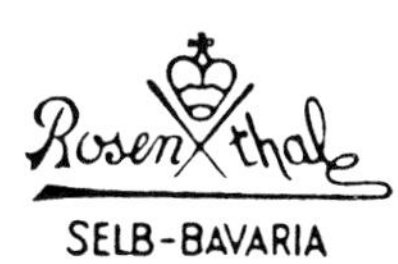

2489
Philipp Rosenthal & Co. ❧ Marke 1910 – ca. 1945 ❧ Auch mit –KUNST ABTEILUNG– oder –KUNST-ABTEILUNG SELB BAVARIA– unten ❧ Ein Wappenschild mit dem Eisernen Kreuz und Jahreszahlen für die Zeit des I. Weltkrieges. Die untere Zahl gibt jeweils das Herstellungsjahr an. ❧ Marken mit einem, zwei oder drei Punkten unter –SELB-BAVARIA– für 1922 ❧ mit einem Punkt unten zwischen den gekreuzten Strichen oder je einem Punkt rechts und links von –SELB-BAVARIA– für 1923 ❧ mit einem Punkt über dem B von –BAVARIA– für 1924 ❧ mit zwei Punkten jeweils rechts und links neben den Strichen an der Krone für 1925 ❧ mit einem Punkt über der Krone für 1926 ❧ mit je einem Punkt rechts und links des langen Strichs unten für 1927 ❧ mit einem Strich unter den Buchstaben BA von –BAVARIA– für 1928 ❧ mit je einem Strich

unter –SELB– und unter –BAVARIA– für 1929 ◈ mit je einem Strich rechts und links von –SELB-BAVARIA– für 1930 ◈ mit je einem Strich rechts und links der Krone für 1931 ◈ mit einem Strich über den Buchstaben BA von BAVARIA für 1932 ◈ mit je einem Strich rechts und links des langen Strichs für 1933

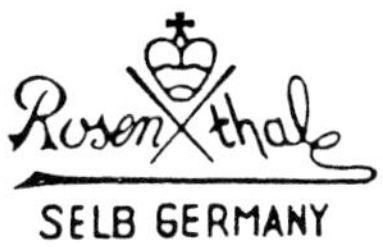

2490
Philipp Rosenthal & Co. und **Rosenthal Porzellan AG** ◈ Marke 1939 – 1956 ◈ Für Werk in Selb

2491
Philipp Rosenthal & Co. ◈ Fabrikmarke mit republikanischem Reichsadler für Lieferungen an Reichsbehörden bis 1937 ◈ Diese Marke 1937 ◈ Fabrikmarke grün, Adler schwarz

„Rosenthal-
Chippendale"

2492
Rosenthal Porzellan AG ◈ Marke bis 1938

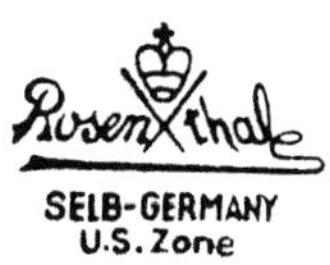

2493
Rosenthal Porzellan AG ◈ Marke 1945 – 1949 ◈ Für Werk in Selb

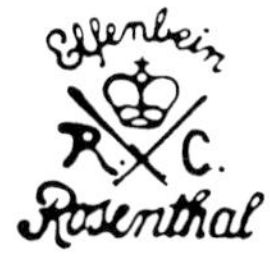

2494
Rosenthal Porzellan AG ◈ Marke 1945 – 1949 ◈ Für Werk in Selb

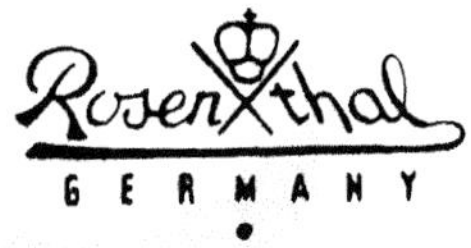

2495
Rosenthal Porzellan AG und **Rosenthal AG** ◈ Marke 1957 – heute ◈ Mit einem Punkt unter – Germany – für Geschirrabteilung in Selb

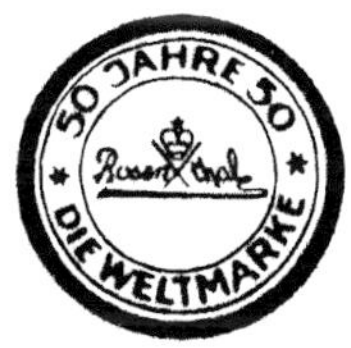

2496
Philipp Rosenthal & Co. ◈ Marke 1929 ◈ Jubiläumsmarke zum 50. Firmenjubiläum

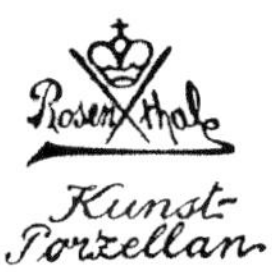

2497
Philipp Rosenthal & Co. ◈ Marke 1910 ◈ Marke der Kunstabteilung in Selb

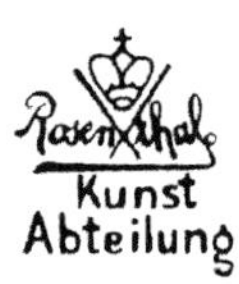

2498
Philipp Rosenthal & Co. ◈ Marke 1910 – 1912 ◈ Marke der Kunstabteilung in Selb

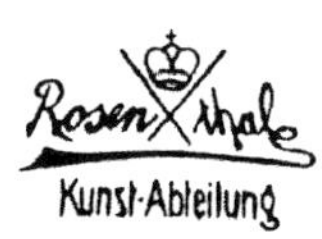

2499
Philipp Rosenthal & Co. ◈ Marke ca. 1912 – 1914 ◈ Marke der Kunstabteilung in Selb

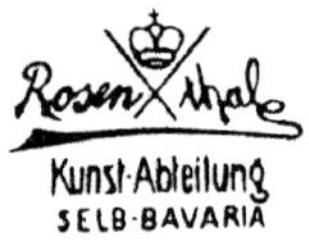

2500
Philipp Rosenthal & Co. ❧ Marke 1914 – 1933 ❧ Marke der Kunstabteilung in Selb

2501
Philipp Rosenthal & Co. ❧ Marke ca. 1924

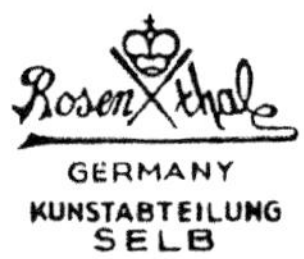

2502
Philipp Rosenthal & Co. ❧ Marke 1934 – 1956 ❧ Marke der Kunstabteilung in Selb

2503
Philipp Rosenthal & Co. ❧ Marke ca. 1925 ❧ geprägter Aufkleber aus Papier

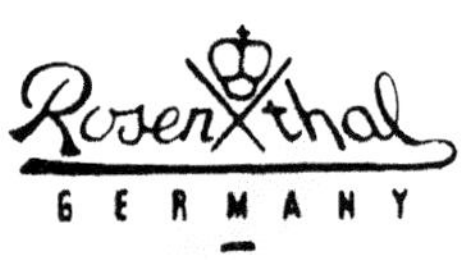

2504
Rosenthal AG ❧ Marke 1957 – ❧ Marke der Kunstabteilung in Selb, mit einem Strich unter – Germany –

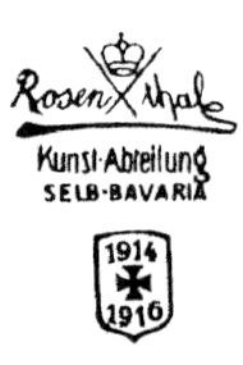

2505
Philipp Rosenthal & Co. ❧ Marke 1916 ❧ Marke der Kunstabteilung in Selb ❧ Kriegsmarke, auch mit Jahreszahlen – 1915 –, – 1917 – und – 1918 – unten im Schild

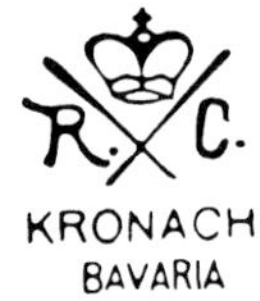

2506
Philipp Rosenthal & Co. ❧ Marke 1901 und danach ❧ Für Werk in Kronach

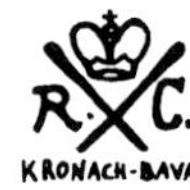

2507
Philipp Rosenthal & Co. ❧ Marke 1901 – ca. 1933 ❧ Für Werk in Kronach

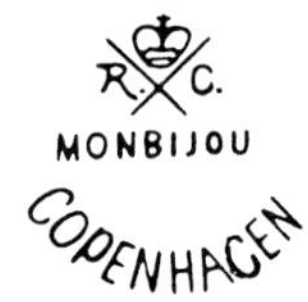

2508
Philipp Rosenthal & Co. ❧ Marke ca. 1900

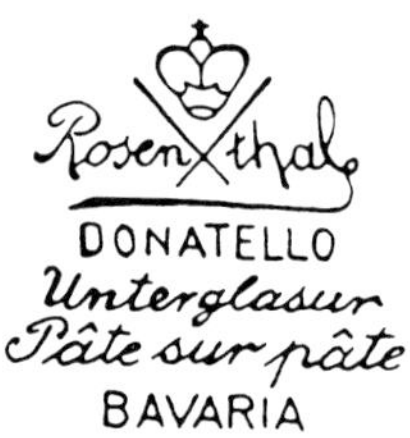

2509
Philipp Rosenthal & Co. ❧ Marke 1907 – 1910

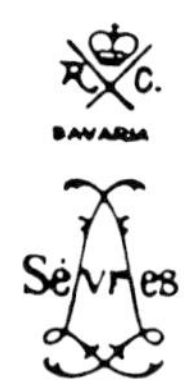

2510
Philipp Rosenthal & Co. ❧ Marke bis 1900 ❧ unten die Marke von Sévres

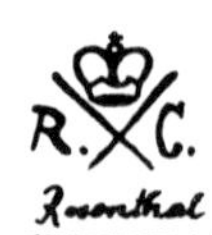

2511
Philipp Rosenthal & Co. ❧ Marke 1901 – ca. 1933 ❧ Für Werk in Kronach

2512
Philipp Rosenthal & Co. • Marke ca. 1900 – ca. 1918 • Untere Marke für den Besteller, Porzellanhandlung P. Raddatz & Co. in Berlin

2513
Philipp Rosenthal & Co. • Marke 1938 – 1956 • Für Werk in Kronach

2514
Rosenthal AG • Marke 1957 – • Mit drei Punkten unter – Germany – für Werk in Kronach

2515
Philipp Rosenthal & Co. • Marke 1919 – 1935

2516
Philipp Rosenthal & Co. • Marke 1934 – 1945

2517
Philipp Rosenthal & Co. und **Rosenthal AG** • Marke 1943 – 1952 • Für Werk in Bahnhof Selb

2518
Rosenthal AG • Marke 1938 – 1945 • Unten Zeichen des „Amtes für Schönheit der Arbeit", siehe Berlin

2519
Rosenthal AG • Fabrikmarke mit NS-Reichsadler für Lieferungen an Reichsbehörden, Militär und staatliche Betriebe 1938 – 1945 • Diese Marke 1938

2520
Philipp Rosenthal & Co. und **Rosenthal AG** • Marke 1953 – 1956 • Das Werk Bahnhof Selb wird 1953 in Selb-Plößberg umgetauft

2521
Philipp Rosenthal & Co. und **Rosenthal AG** ∞ Marke 1957 – ∞ Mit zwei Punkten unter – Germany – für Werk Plößberg

2522
Rosenthal AG ∞ Marke 1975 –

2523
Rosenthal AG ∞ Marke nach 1975

2524
Philipp Rosenthal & Co. und **Rosenthal AG** ∞ Marke 1957 – ∞ Ohne Zusatz für Werk Waldershof

2525
Philipp Rosenthal & Co. und **Rosenthal AG** ∞ Marke 1957 – ∞ Mit vier Punkten unter – Germany – für Werk Landstuhl

2526
Rosenthal AG ∞ Marke 1993

2527
Rosenthal Porzellan AG ∞ Unten Zeichen des „Amtes für Schönheit der Arbeit", siehe Berlin, und den Buchstaben R.A.D für die NS-Organisation „Reichsarbeitsdienst" ∞ Marke 1938 – 1945, diese Marke 1941

2528
Philipp Rosenthal & Co. und **Rosenthal AG** ∞ Marke 1957 – ∞ Mit drei Strichen unter – Germany – für Werk Thomas am Kulm, Speicherberg

2529
Philipp Rosenthal & Co. und **Rosenthal AG** ∞ Marke 1957 – ∞ Für Werk Thomas am Kulm, Speicherberg

2530
Philipp Rosenthal & Co. und **Rosenthal AG**
Marke 1961 –

2531
Philipp Rosenthal & Co. und **Rosenthal AG**
Marke 1961 –

2532
Philipp Rosenthal & Co. und **Rosenthal AG**
Marke 1976 –

2533
Philipp Rosenthal & Co. Marke 1922 –

2534
Philipp Rosenthal & Co. Marke 1938 –

2535
Philipp Rosenthal & Co. Marke 1969

2536
Philipp Rosenthal & Co. Marke 1956 –

2537
Philipp Rosenthal & Co. Marke 1959 –

2538
Philipp Rosenthal & Co. und **Rosenthal AG**
Marke 1961 –

2539
Philipp Rosenthal & Co. und **Rosenthal AG**
Marke 1961 –

2540
Philipp Rosenthal & Co. und **Rosenthal AG**
Marke 1962 – Für das Werk Thomas am Kulm, Speicherberg

2541
Philipp Rosenthal & Co. und **Rosenthal AG**
Marke 1978 – Für das Werk Thomas am Kulm, Speicherberg

2542
Rosenthal Isolatoren GmbH RIG ❧ Marke 1957 – ❧ Technisches, Sanitär- und medizinisches Porzellan und Keramik

2543
Rosenthal AG ❧ Marke 1963 – ❧ 1974 in den USA registriert mit der Angabe „seit 1963 im Geschäftsverkehr gebraucht"

2544
Rosenthal AG ❧ Marke 1907 – ❧ 1974 in den USA registriert mit der Angabe „zuerst benutzt 1907, im Geschäftsverkehr seit 1946"

2545
Rosenthal AG ❧ Marke 1961 – ❧ Für technisches Porzellan

2546
Rosenthal & Co. ❧ Marke seit 1930 ❧ Zeichen aufglasur für dekoriertes Porzellan

2547
Rosenthal-Block-China ❧ Marke 1952 – 1963 ❧ Marke der USA-Importeurfirma für Rosenthal-Porzellan

2548
Staatliche Porzellan Manufaktur Berlin KPM, Zweigwerk Selb ❧ 1943 – 1957 ❧ Nach der Zerstörung ihrer Manufaktur in Berlin pachtet die KPM die Hutschenreuther gehörende frühere Porzellanfabrik Paul Müller in Selb ❧ Marke 1943 – 1957

2549
Jacob Zeidler & Co., 1866 – 1917, dann **Rosenthal Porzellanfabrik Bahnhof-Selb**, dann **Rosenthal Porzellanfabrik Selb-Plößberg**, 1917 – geschlossen 1971 ❧ Marke 1910 – 1917

2550
Jacob Zeidler & Co. ❧ Marke nach 1866 – ca. 1879

2551
Jacob Zeidler & Co. ❧ Marke 1887 – ca. 1917

Sitzendorf, Thüringen

Carl und Alfred Voigt übernehmen eine von Wilhelm Liebmann 1850 gegründete und 1958 mit dem Partner Wilhelm Örtel weitergeführte Porzellanfabrik und nennen sie **Gebr. Voigt Porzellanmanufaktur**, 1884 – 1896. In eine Aktiengesellschaft umgewandelt, heißt die Firma **Sitzendorfer Porzellanmanufaktur Alfred Voigt AG**, 1896 – ca. 1902, und dann **Sitzendorfer Porzellanmanufaktur vormals Alfred Voigt AG**, ca. 1902 – 1972. Die Firma wird 1958 gezwungen, eine staatliche Beteiligung aufzunehmen, 1972 wird sie ganz verstaatlicht und umbenannt in **VEB Sitzendorfer Porzellanmanufaktur**, 1972 – 1990. Nach dem Ende der DDR privatisiert unter dem alten Namen **Sitzendorfer Porzellanmanufaktur vormals Alfred Voigt KG**, 1990 – heute. Zuerst Geschirr, dann Luxus- und Zierporzellan, Figuren im Meißener Stil, Spitzenfiguren.

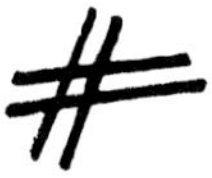

2552
Sitzendorfer Porzellanmanufaktur Alfred Voigt AG und **Sitzendorfer Porzellanmanufaktur vorm. Alfred Voigt** · 1880 – 1906 · Die Marke musste nach Einspruch der Königlichen Porzellan Manufaktur Meißen aufgegeben werden

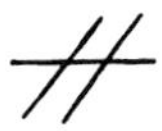

2553
Gebr. Voigt Porzellanmanufaktur und **Alfred Voigt AG** · Marke ca. 1887 – (1995) · Blau unterglasur oder eingepresst · Als Warenzeichen angemeldet 1954, gelöscht 1995

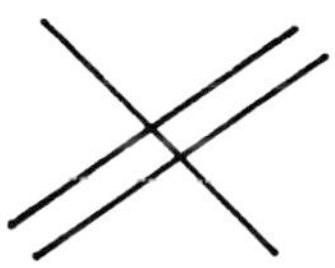

2554
Gebr. Voigt Porzellanmanufaktur und **Alfred Voigt AG** · Marke ca.1887 – (1995) · Blau unterglasur · Variation der vorhergehenden Marke

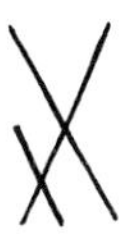

2555
Gebr. Voigt Porzellanmanufaktur und **Alfred Voigt AG** · Marke ca. 1900 · Blau unterglasur · Variation der ersten Marke

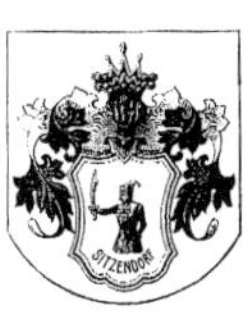

2556
Sitzendorfer Porzellanmanufaktur vorm. Alfred Voigt · Marke 1915 – (1925)

2557
Sitzendorfer Porzellanmanufaktur vorm. Alfred Voigt · Marke ca. 1902 – ca. 1918

2558
Sitzendorfer Porzellanmanufaktur und **VEB Sitzendorfer Porzellanmanufaktur** · Marke ca. 1918 – heute · Als Warenzeichen angemeldet 1954 · Blau unterglasur

Vor dem ersten Weltkrieg produzierte die Manufaktur auch Nachahmungen figürlichen Porzellans anderer Hersteller. Dafür benutzte sie alte Marken dieser Hersteller, die nicht mehr in Gebrauch und auch nicht markenrechtlich geschützt waren. Die Jahreszahlen unter den Orten geben an, bis wann die Originalmarken benutzt wurden.

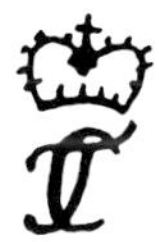

Frankenthal
1797

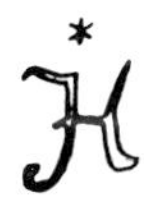

Frankenthal
1759

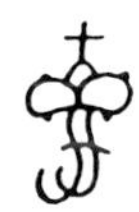

Fulda
1788

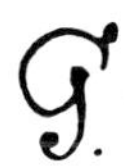

Gera
1840

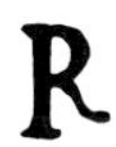

Gotha
1802

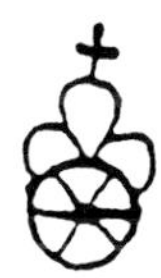

Höchst
1796

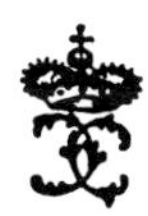

Ludwigsburg
1793

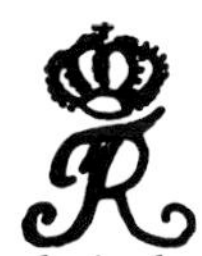

Ludwigsburg
1816

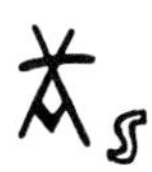

2559
Georg Heinrich Macheleid · 1760 – 1762, aber nicht nachgewiesen. Macheleid erfand unabhängig von Böttger (Meißen) aber später das Hartporzellan. Seine 1760 gegründete Manufaktur wird 1762 nach Volkstedt verlegt.

Solingen, Rheinprovinz

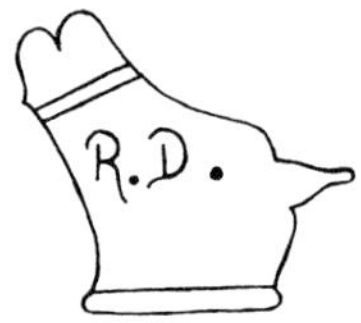

2560
Walter Klaas ◦ Ca. 1897 – ca. 1907 ◦ Haushalts- und Zierporzellan und -steingut ◦ Marke 1897 – ca. 1907

Sonneberg, Thüringen

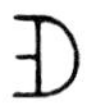

2561
Ernst Friedrich & Carl Dressel, 1863 – ca. 1873, dann **Cuno & Otto Dressel**, ca. 1873 – ca. 1943 ◦ Puppen und Puppenköpfe ◦ Marke 1863 – 1873 ◦ Eingepresst auf Puppenköpfen

2562
Ernst Friedrich & Carl Dressel ◦ Marke 1863 – ca. 1873 ◦ Eingepresst auf Puppenköpfen

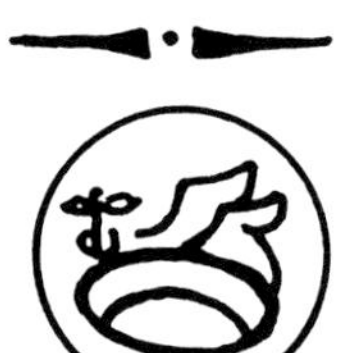

2563
Cuno & Otto Dressel ◦ Marke nach 1873 – ca. 1943 ◦ Eingepresst oder gestempelt auf Puppenköpfen

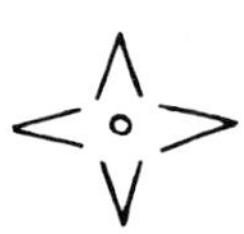

2564
Cuno & Otto Dressel ◦ Marke nach 1873 – ca. 1943 ◦ Eingepresst auf Puppenköpfen

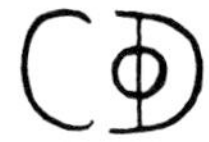

2565
Cuno & Otto Dressel ◦ Marke nach 1873 – ca. 1943 ◦ Eingepresst oder gestempelt auf Puppenköpfen

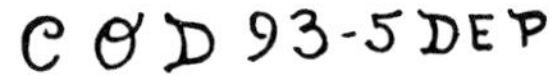

2566
Cuno & Otto Dressel ◦ Marke ca. 1900 ◦ Eingepresst oder gestempelt auf Puppenköpfen

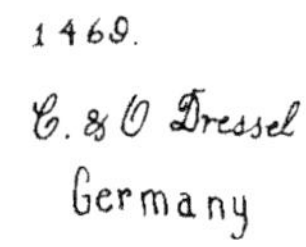

2567
Cuno & Otto Dressel ◦ Marke 1920 ◦ Eingepresst oder gestempelt auf Puppenköpfen

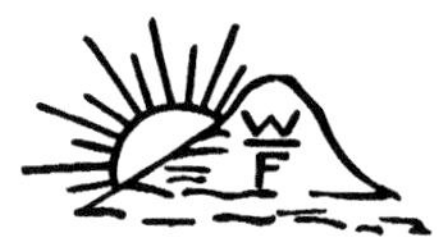

2568
W. Ferge & Co. ◦ – 1929 ◦ Porzellanmalerei ◦ Marke bis 1929

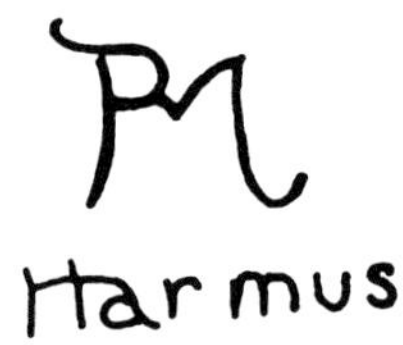

2569
Carl Harmus ◦ 1873 – ca. 1949 ◦ Puppenköpfe ◦ Marke 1883 – 1945 ◦ Oft mit der PM-Marke der Porzellanfabrik Moschendorf ◦ Eingepresst auf Puppenköpfen

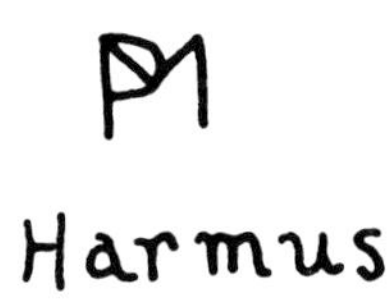

2570
Carl Harmus ◦ Marke 1883 – 1945 ◦ Eingepresst auf Puppenköpfen

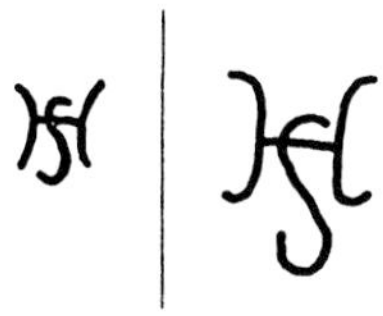

2571, 2572
Hermann Steiner · 1920 – erloschen · Puppen und Puppenköpfe · Marken 1920 – · Eingepresst auf Puppenköpfen

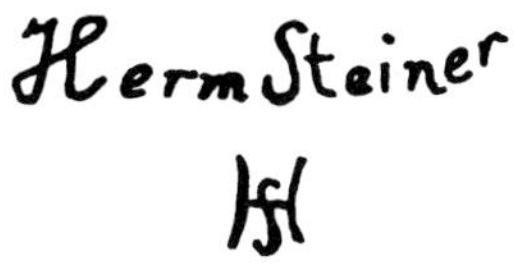

2573
Hermann Steiner · Marke 1920 – · Eingepresst auf Puppenköpfen

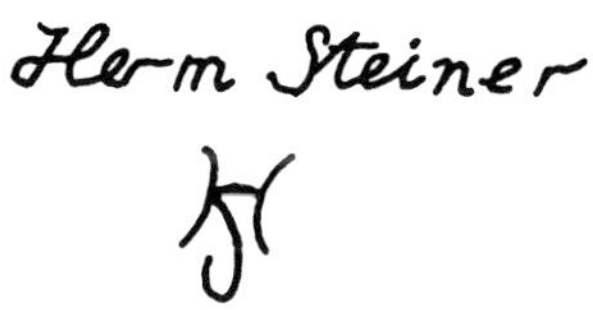

2574
Hermann Steiner · Marke 1920 – · Eingepresst auf Puppenköpfen

Sonthofen, Bayern

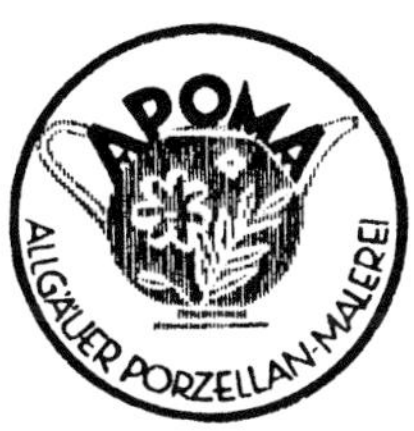

2575
Keramische Werkstätten und Porzellanmalerei Hans Graf KG · 1951 – erloschen · Zierkeramik und Porzellanmalerei, die 1964 aufgegeben wird · Marke 1951 – 1964 · Malermarke schwarz

2576

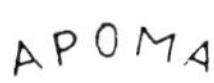

Keramische Werkstätten und Porzellanmalerei Hans Graf KG · Marke 1951 – 1964 · Malermarke blau aufglasur

Sophienau, Schlesien,

siehe Charlottenbrunn

Sophienthal, Bayern

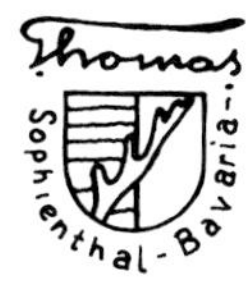

2577
Porzellanfabrik Thomas & Co. · 1920 – 1936 · Haushalts-, Tafel- und Zierporzellan · 1938 von Philipp Rosenthal & Co. übernommen · Marke nach 1928, grün

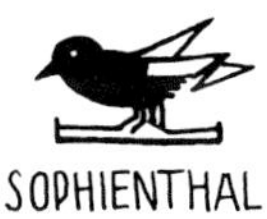

2578
Porzellanfabrik Thomas & Co. · Marke 1928 – 1931

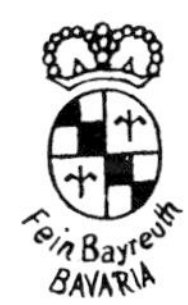

2579
Porzellanfabrik Thomas & Co. · Marke 1929 –

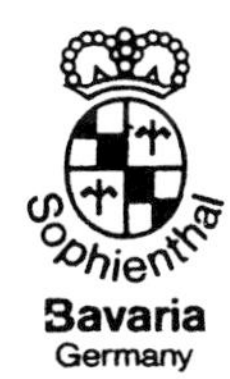

2580
Porzellanfabrik Thomas & Co. · Marke nach 1929 –

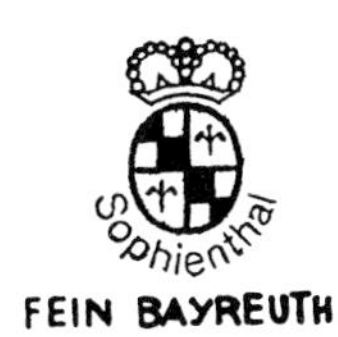

2581
Porzellanfabrik Thomas & Co. · Marke nach 1929 –

Sorau, Brandenburg

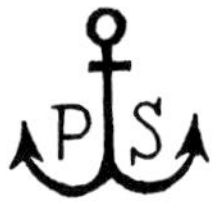

2582
Porzellanfabrik Sorau Fr. Böhme, 1894 – 1918, dann **C. & E. Carstens Porzellanfabrik Sorau**, 1918 – ca. 1945 ✤ Tafel- und Zierporzellan ✤ Marke Böhme 1894 – 1918

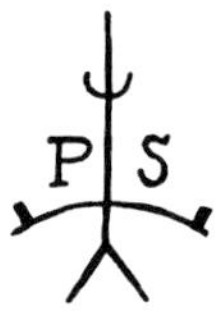

2583
Porzellanfabrik Sorau Fr. Böhme ✤ Marke 1898 – 1918

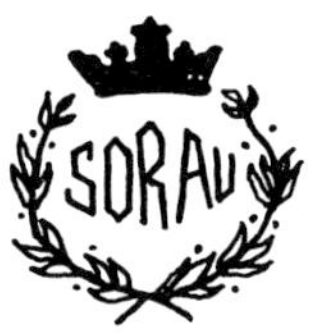

2584
C. & E. Carstens Porzellanfabrik Sorau ✤ Marke 1918 – ca. 1945

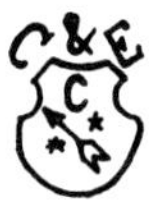

2585
C. & E. Carstens Porzellanfabrik Sorau ✤ Marke 1918 – ca. 1945

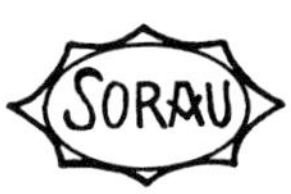

2586
C. & E. Carstens Porzellanfabrik Sorau ✤ Marke 1918 – 1945 ✤ Auch in Verbindung mit – China Blau – und – Margret –

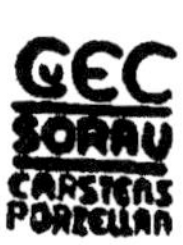

2587
C. & E. Carstens Porzellanfabrik Sorau ✤ Marke ca. 1918 – 1945

Spechtsbrunn, Thüringen

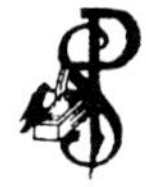

2588
Porzellanfabrik Spechtsbrunn, 1911 – 1954, dann **Porzellanfabrik Spechtsbrunn G. Rossbach**, 1954 – 1972, dann verstaatlicht als **VEB Porzellanfabrik Spechtsbrunn**, 1972 – 1990, Haushalts- und Zierporzellan, Figuren ✤ Marke 1930 – ca. 1972

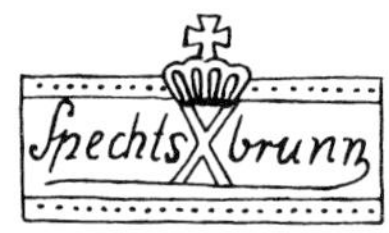

2589
Porzellanfabrik Spechtsbrunn und **Porzellanfabrik Spechtsbrunn G. Rossbach** ✤ Marke ca. 1930 – ca. 1954

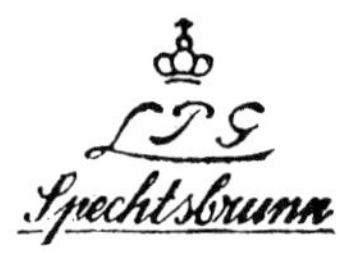

2590
Porzellanfabrik Spechtsbrunn und **Porzellanfabrik Spechtsbrunn G. Rossbach** ✤ Marke nach 1930 – ca. 1954

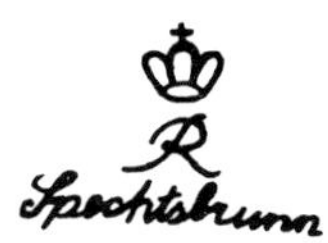

2591
Porzellanfabrik Spechtsbrunn G. Rossbach und **VEB Porzellanfabrik Spechtsbrunn** ✤ Marke 1954 – ca. 1990

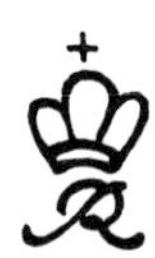

2592
Porzellanfabrik Spechtsbrunn G. Rossbach und **VEB Porzellanfabrik Spechtsbrunn** ✤ Marke 1961 – 1976

Speicher, Rheinprovinz

2593
Jacob Plein-Wagner Söhne Steinzeugfabrik, ca. 1880 – ca. 1938, dann **Kunstkeramische Werkstätten Gebr. Plein**, ca. 1938 – heute ❧ Zierstücke, Haushaltsgeschirr, Figuren aus Porzellan und Steingut ❧ Marke nach 1910 –

2594
Kunstkeramische Werkstätten Gebr. Plein ❧ Marke ca. 1938 –

Stadtilm, Thüringen

Stadtilmer Porzellanfabrik, 1889 – 1910, Zweigwerk der **Ilmenauer Porzellanfabrik** in **Ilmenau**, 1910 – 1915, 1917 verkauft und neugegründet als **Porzellanmalerei Stadtilm**, 1917 – 1972, verstaatlicht als **VEB Porzellanveredelung**, 1972 – 1973, dann dem **VEB Henneberg Porzellan Ilmenau** als **Abteilung Malerei Stadtilm** angeschlossen, 1973 – 1990. Bis 1915 Gebrauchs- und Zierporzellan, Figuren.

2595
Porzellanmalerei Stadtilm ❧ Marke ca. 1950 – 1954

2596
Porzellanmalerei Stadtilm ❧ Marke 1961 – 1972

Stadtlengsfeld, Thüringen

Porzellanfabrik Stadtlengsfeld Koch & Schnorr, 1889 – ca. 1900, erworben von **M. Schweizer**, ca. 1900 – 1908, umgewandelt in eine Aktiengesellschaft **Porzellanfabrik Stadtlengsfeld AG**, 1908 – 1945. Enteignet, zuerst **Zweigbetrieb des VEB Thüringer Porzellanwerke**, 1945 – 1950, dann **VEB Porzellanfabrik Stadtlengsfeld**, 1950 – 1990. Werk des **VEB Porzellankombinats Colditz**, später **VEB Vereinigte Porzellanwerke Colditz**, 1969 – 1981. Dann Betriebsteil des **VEB Henneberg Porzellan Ilmenau**, 1981 – 1990, dessen Marke die Fabrik in dieser Zeit führt. Privatisiert als **Lengsfeld Rhön-Porzellan** 1990 – Konkurs ca. 1997. Übernommen von **Triptis Porzellan GmbH**, 1999 – heute. Haushalts- und Hotelporzellan. 1999 wird die **Gilitzer Porzellan-Manufaktur GmbH** neugegründet.

2597
Porzellanfabrik Stadtlengsfeld ❧ Marke ca. 1894 – ca. 1908

2598
Porzellanfabrik Stadtlengsfeld ❧ Marke 1900 – ca. 1908

2599
Porzellanfabrik Stadtlengsfeld ❧ Marke 1891 – ca. (1914)

2600
Porzellanfabrik Stadtlengsfeld AG ❧ Marke 1909 – ca. 1945

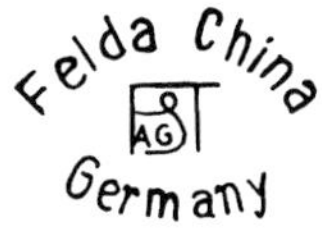

2601
Porzellanfabrik Stadtlengsfeld AG • Marke 1909 – ca. 1945

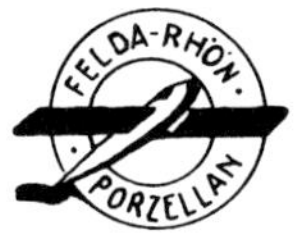

2602
Porzellanfabrik Stadtlengsfeld AG • – ca. 1933

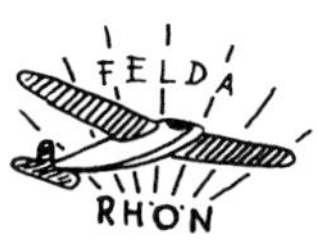

2603
Porzellanfabrik Stadtlengsfeld AG • Marke 1933 – ca. 1945

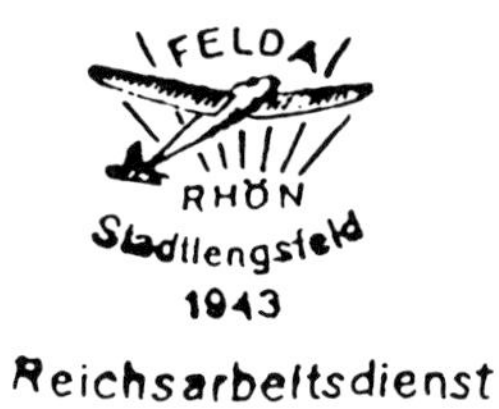

2604
Porzellanfabrik Stadtlengsfeld • Für Lieferungen an die NS-Organisation Reichsarbeitsdienst • ca. 1938 – 1945 • Diese Marke 1943

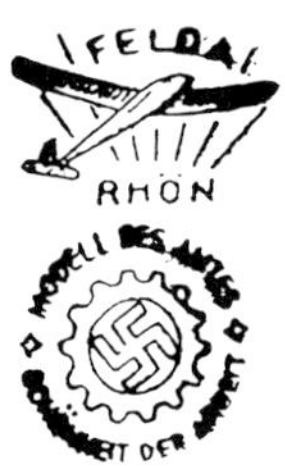

2605
Porzellanfabrik Stadtlengsfeld • Marke ca. 1938 – 1945 • Mit Zeichen des „Amtes für Schönheit der Arbeit", siehe Berlin

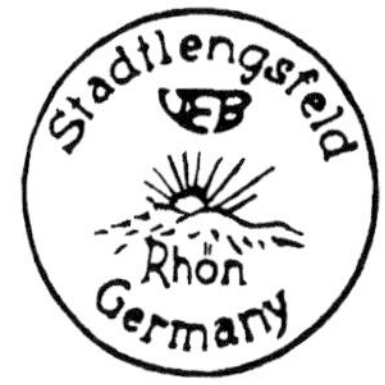

2606
VEB Porzellanfabrik Stadtlengsfeld • Marke ca. 1949 – 1952

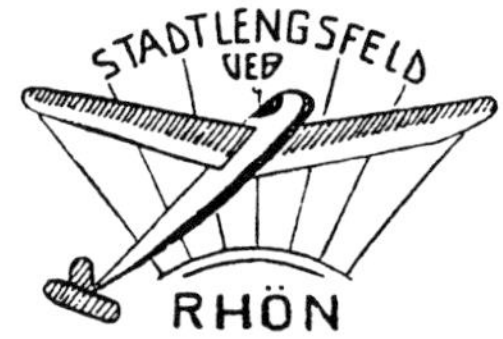

2607
VEB Porzellanfabrik Stadtlengsfeld • Marke 1953 – 1959

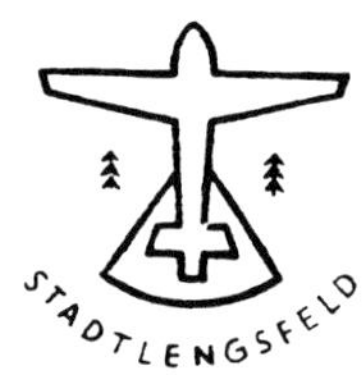

2608
VEB Porzellanfabrik Stadtlengsfeld • Marke 1959 – 1969

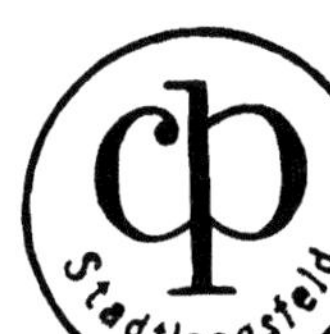

2609
Werk Stadtlengsfeld des VEB Porzellankombinat Colditz • Marke 1969 – 1971

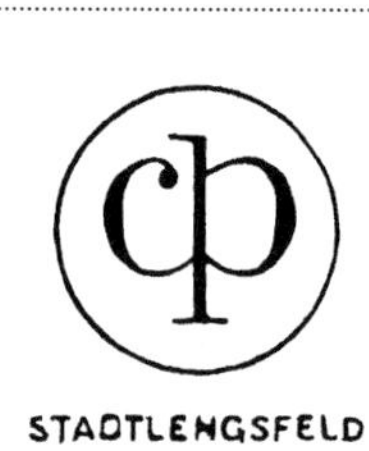

2610
Werk Stadtlengsfeld des VEB Vereinigte Porzellanwerke Colditz • Marke 1971 – 1981

2611
Gilitzer Porzellan-Manufaktur GmbH
gegr. 1999

Staffelstein, Bayern

August Alboth gründet eine Porzellanmalerei in Coburg, 1872 – 1899, die sein Sohn Ernst nach Kronach verlegt, 1899 – 1933, um 1918 Beginn der Porzellanherstellung. Nach Aufnahme seines Schwiegersohns Georg Kaiser als Partner Umbenennung der Firma in **Alka-Kunst Alboth & Kaiser**, 1933 – 1970. Der Betrieb wird 1953 nach Staffelstein verlegt und erhält später den Namen **Kaiser Porzellan**, 1970 – heute. Tafel- und dekoratives Porzellan, Figuren, Geschenk- und Sammlerartikel.

2612
Alka-Kunst Alboth & Kaiser Marke 1926 – 1953

2613
Alka-Kunst Alboth & Kaiser Marke 1926 – 1953

2614
Alka-Kunst Alboth & Kaiser Marke 1926 – 1953

2615
Alka-Kunst Alboth & Kaiser Marke 1926 – 1953

2616
Alka-Kunst Alboth & Kaiser Marke 1926 – 1953

2617
Alka-Kunst Alboth & Kaiser Marke 1926 – 1953

2618
Alka-Kunst Alboth & Kaiser Marke 1926 – 1953

2619
Alka-Kunst Alboth & Kaiser Marke ca. 1953 – ca. 1970

2620
Alka-Kunst Alboth & Kaiser Marke ca. 1953 – 1970

2621
Alka-Kunst Alboth & Kaiser Marke ca. 1953 – 1970

2622
Alka-Kunst Alboth & Kaiser Marke 1955 – 1970

2623
Alka-Kunst Alboth & Kaiser Marke 1955 – 1970

2624
Kaiser Porzellan Marke 1970 – heute

2625
Kaiser Porzellan Marke 1970 – heute

Stanowitz, Schlesien

Striegauer Porzellanfabrik C. Walter & Co., 1873 – 1898, dann **Striegauer Porzellanfabrik AG vorm. C. Walter & Co.,** 1898 – Konkurs 1933. Haushaltsporzellan, Kaffee- und Teeservice, Hotelporzellan, Geschenkartikel.

2626
Striegauer Porzellanfabrik Marke ca. 1873 – ca. 1898

2627
Striegauer Porzellanfabrik Marke ca. 1873 – 1898

2628
Striegauer Porzellanfabrik AG Marke ca. 1898 – ca. 1920

2629
Striegauer Porzellanfabrik AG Marke 1912 – 1933

2630
Striegauer Porzellanfabrik AG Marke 1924 – 1933

2631
Striegauer Porzellanfabrik AG Marke ca. 1920 – ca. 1933

Steinbach am Wald, Bayern

2632
Porzellanfabrik Paul Rauschert, heute **Paul Rauschert GmbH & Co. KG** • 1910 – heute • Zierporzellan, technisches Porzellan • Marke 1983 –

Steinbach/Sonneberg, Thüringen

2633
Porzellanfabrik Wiefel & von der Wehd, 1904 – 1923, dann **Erste Steinbacher Porzellanfabrik Wiefel & Co.**, 1923 – 1938, dann **Erste Steinbacher Porzellanfabrik, Gustav Heubach AG**, 1938 – geschlossen • Zierporzellan, Puppenköpfe, nach 1930 nur noch technisches Porzellan • Marke 1923 – 1930

Steinwiesen, Bayern

2634
Porzellanfabrik Steinwiesen, 1910 – 1937, dann **Porzellanfabrik Eduard Haerter**, 1937 – 1965, dann **Paul Rauschert KG**, 1965 – heute • Technisches Porzellan, Geschenkartikel • Marke 1910 – 1965

2635
Paul Rauschert KG • Marke 1972 • Für Geschenkartikel • Schwarz und rot

2636
Porzellanmalerei und Fayencefabrik C. Müller • 1905 – erloschen • Marke 1905 – • Malermarke aufglasur

Stockheim, Bayern

2637
Porzellanfabrik Eversberg • 1978 – heute • Haushaltsporzellan, Werbeartikel • Marke 1978 – heute • Bis 1978 in Burggrub als **Porzellanfabrik Burggrub Horst Eversberg** ansässig • Marke 1978 – heute

Stützerbach, Thüringen

2638
Friedrich Carl Müller, 1842 – 1922, später **Franz R. Kirchner**, 1922 – erloschen 1931 • Zier- und technisches Porzellan • Marke 1887 – 1922

2639
Friedrich Carl Müller • Marke 1887 – 1922

2640
Friedrich Carl Müller • Marke 1887 – 1922

2641
Friedrich Carl Müller • Marke 1887 – 1922

Suhl, Thüringen

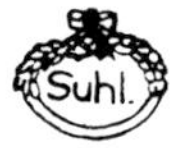

2642
Erdmann Schlegelmilch Porzellanfabrik ❧
1861 – 1938 ❧ Haushalts, Tafel- und Zierporzellan, Geschenk- und Sammlerartikel, Kaffee- und Teeservice ❧ Marke nach 1861 – ca. 1886

2643
Erdmann Schlegelmilch Porzellanfabrik ❧
Marke <u>1886</u> – ca. 1918

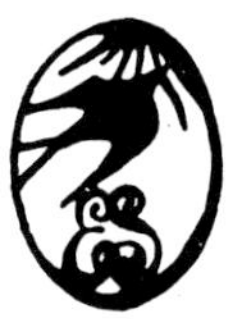

2644
Erdmann Schlegelmilch Porzellanfabrik ❧
Marke nach 1886 – ca. 1918

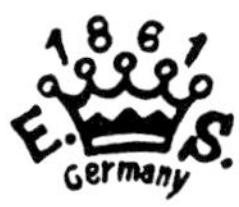

2645
Erdmann Schlegelmilch Porzellanfabrik ❧
Marke nach 1891

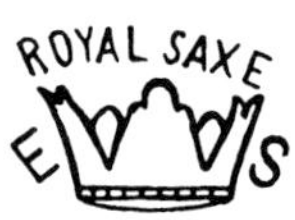

2646
Erdmann Schlegelmilch Porzellanfabrik ❧
Marke nach 1891

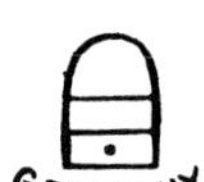

2647
Erdmann Schlegelmilch Porzellanfabrik ❧
Marke nach 1891

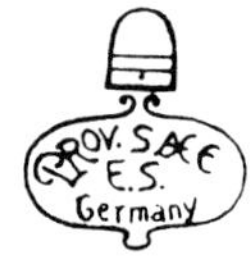

2648
Erdmann Schlegelmilch Porzellanfabrik ❧
Marke nach 1891

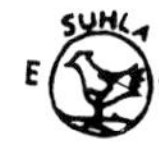

2649
Erdmann Schlegelmilch Porzellanfabrik ❧
Marke 1896 –

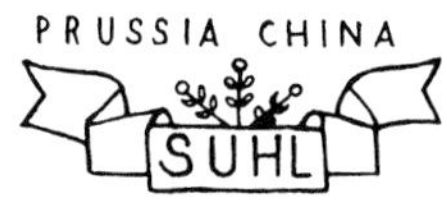

2650
Erdmann Schlegelmilch Porzellanfabrik ❧
Marke ca. 1900 –

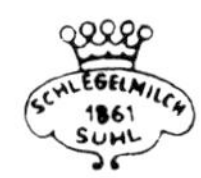

2651
Erdmann Schlegelmilch Porzellanfabrik ❧
Marke ca. 1900 –

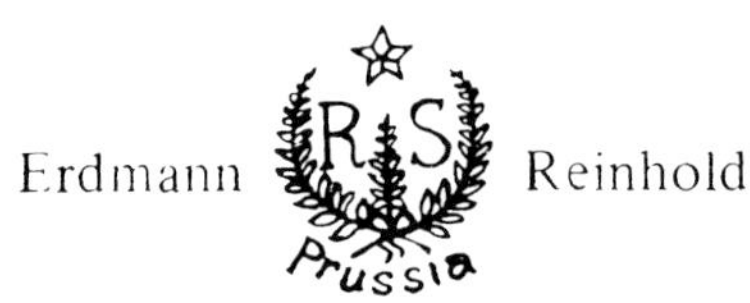

2652
Erdmann Schlegelmilch Porzellanfabrik ❧
Marke 1911 ❧ Marke zum 50. Firmenjubiläum

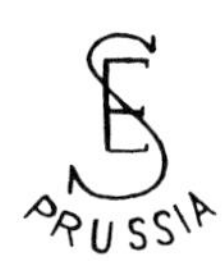

2653
Erdmann Schlegelmilch Porzellanfabrik ❧
Marke ca. 1900 – 1918

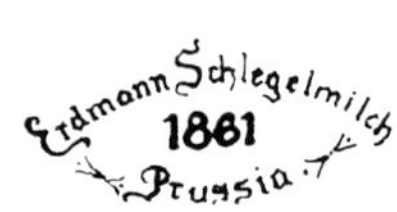

2654
Erdmann Schlegelmilch Porzellanfabrik ❧
Marke ca. 1900 – 1918

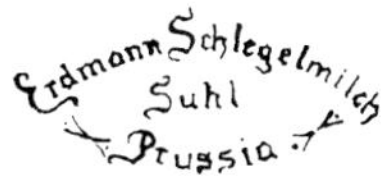

2655
Erdmann Schlegelmilch Porzellanfabrik
Marke ca. 1900 – 1918

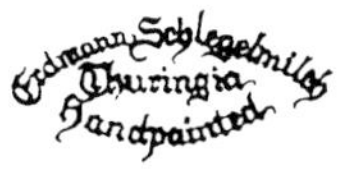

2656
Erdmann Schlegelmilch Porzellanfabrik
Marke ca. 1900 –

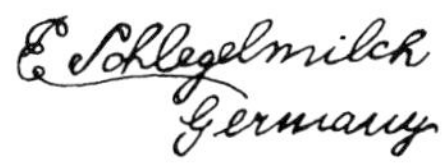

2657
Erdmann Schlegelmilch Porzellanfabrik
Marke ca. 1900 –

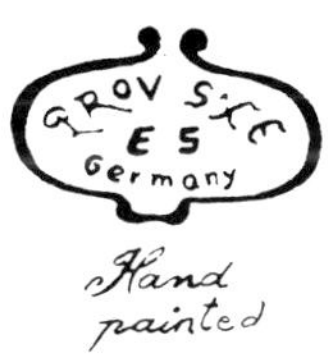

2658
Erdmann Schlegelmilch Porzellanfabrik
Marke 1902 – Grün unterglasur – hand-painted – aufglasur

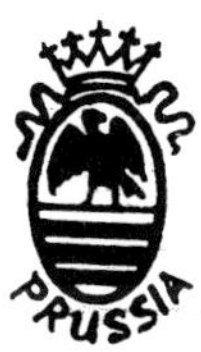

2659
Erdmann Schlegelmilch Porzellanfabrik
Marke – ca. 1938

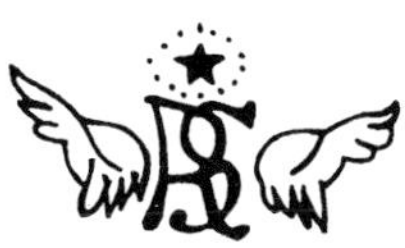

2660
Reinhold Schlegelmilch Porzellanfabriken
in Suhl und Tillowitz, Schlesien 1869 – 1938 Haushalts-, Tafel- und Zierporzellan Marke nach 1869 – ca. 1900 Reinhold und Erdmann Schlegelmilch benutzten ähnliche Marken

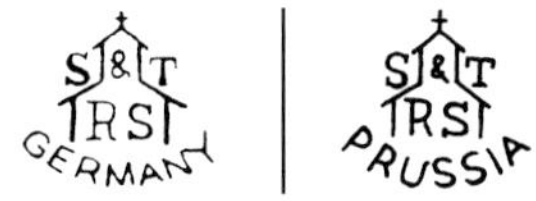

2661, 2662
Reinhold Schlegelmilch Porzellanfabriken
Marken 1898 – 1918

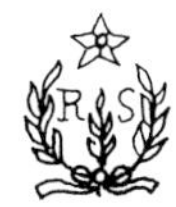

2663
Reinhold Schlegelmilch Porzellanfabriken
Marke 1904 –

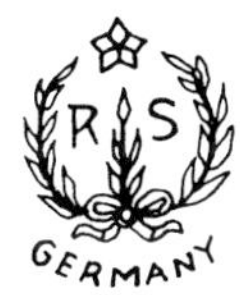

2664
Reinhold Schlegelmilch Porzellanfabriken
Marke nach 1904 – ca. 1918

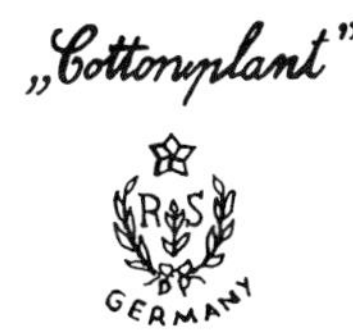

2665
Reinhold Schlegelmilch Porzellanfabriken
Marke nach 1904 – ca. 1917 Exportmarke

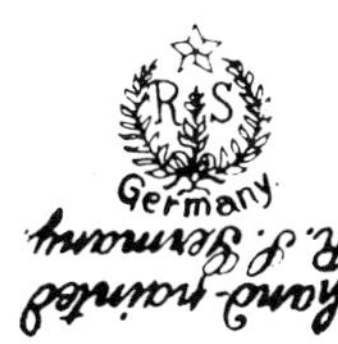

2666
Reinhold Schlegelmilch Porzellanfabriken
Marke nach 1904 – ca. 1917 Exportmarke

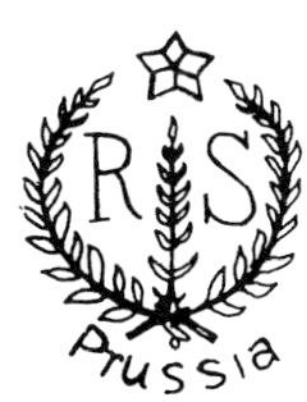

2667
Reinhold Schlegelmilch Porzellanfabriken
Marke 1904 – 1918 Blau unterglasur, Kranz grün, Buchstaben und Worte rot

2668
Reinhold Schlegelmilch Porzellanfabriken
❧ Marke 1904 – 1932

2669
Reinhold Schlegelmilch Porzellanfabriken
❧ Marke 1911 ❧ Jubiläumsmarke zum 50. Gründungstag der ersten Schlegelmilch-Fabrik

2670
Reinhold Schlegelmilch Porzellanfabriken
❧ Marke 1916 – ca. 1938

2671
Reinhold Schlegelmilch Porzellanfabriken
❧ Marke 1918 – 1921

2672
Reinhold Schlegelmilch Porzellanfabriken
❧ Marke 1927 – ca. 1938

2673
Reinhold Schlegelmilch Porzellanfabriken
❧ Marke 1932 – ca. 1938

2674
Reinhold Schlegelmilch Porzellanfabriken
❧ Fabrikmarke mit NS-Reichsadler für Lieferungen an Reichsbehörden, Militär und staatliche Betriebe ca. 1938 – 1945 ❧ Diese Marke 1938

2675
Reinhold Schlegelmilch Porzellanfabriken
❧ Marke ca. 1932 – ca. 1938

2676
Reinhold Schlegelmilch Porzellanfabriken
❧ Marke ca. 1932 – ca. 1938

T

Taubenbach, Thüringen

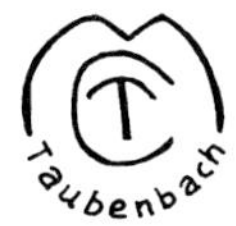

2677
Carl Moritz Porzellanfabrik ❧ 1848 – ca. 1938 ❧ Haushaltsporzellan, Kindergeschirr, Figuren, technisches Porzellan ❧ Marke bis ca. 1938

Teichröda, Thüringen

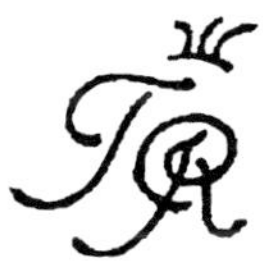

2678
Teichröda Porzellan ❧ 1999 – heute ❧ Porzellanmalerei ❧ Marke 1999 – heute

Teltow, Brandenburg, siehe Berlin

Tettau, Bayern

J. Schmidt und **G. Chr. F. Greiner** gründen eine Porzellanfabrik, 1794 – 1852, Haushalts-, Tafel- und Zierporzellan. Nachfolger ist **Ferdinand Klaus**, 1852 – 1866, gefolgt von **Sontag & Birkner**, 1866 – 1887, Namensänderung in **Sontag & Söhne**, 1887 – 1902. Danach **Porzellanfabrik Tettau, vormals Sontag & Söhne GmbH**, 1902 – 1915, dann **Porzellanfabrik Tettau AG**, 1915 – 1957. Aktienmehrheit erworben von **Porzellanfabrik Christian Seltmann** in **Weiden** und umbenannt in **Königlich privilegierte Porzellanfabrik Tettau GmbH**, später in **Porzellanfabrik Tettau GmbH**, 1957 – heute. Der Firma gehören die **Aelteste Volkstedter Porzellanmanufaktur** in **Volkstedt**, die **Unterweißbacher Werkstätten für Porzellankunst** in **Unterweißbach**, die **Porzellanmanufaktur Plaue** in **Plaue**, die **Porzellanmanufaktur Scheibe-Alsbach** in **Scheibe-Alsbach** und die **Schwarzburger Werkstätten für Porzellankunst**.

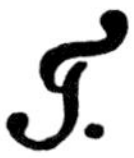

2679
J. Schmidt und **G. Chr. F. Greiner** und **Ferdinand Klaus** und **Sontag & Birkner** ❧
Marke 1794 – 1887

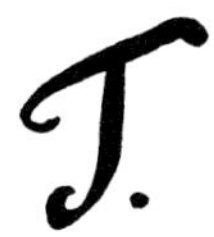

2680
J. Schmidt und **G. Chr. F. Greiner** und **Ferdinand Klaus** und **Sontag & Birkner** ❧
Marke 1794 – 1887

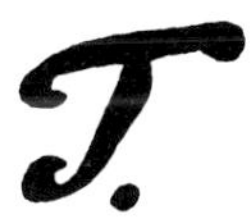

2681
J. Schmidt und **G. Chr. F. Greiner** und **Ferdinand Klaus** und **Sontag & Birkner** ❧
Marke 1794 – 1887

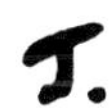

2682
J. Schmidt und **G. Chr. F. Greiner** und **Ferdinand Klaus** und **Sontag & Birkner** ❧
Marke 1794 – 1887

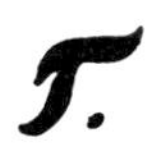

2683
J. Schmidt und **G. Chr. F. Greiner** und **Ferdinand Klaus** und **Sontag & Birkner** ❧
Marke 1794 – 1887

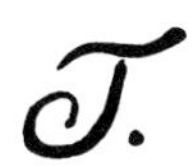

2684
J. Schmidt und **G. Chr. F. Greiner** und **Ferdinand Klaus** und **Sontag & Birkner** ❧
Marke 1794 – 1887

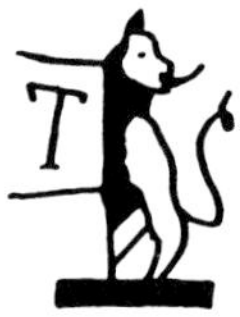

2685
Sontag & Birkner · Marke 1866 – 1887 · Gold aufglasur

2686
Sontag & Söhne · Marke 1887 – 1902

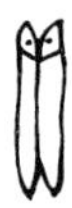

2687
Sontag & Söhne · Marke 1895 – (1905)

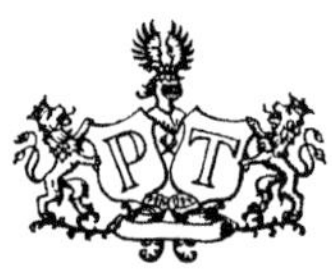

2688
Porzellanfabrik Tettau, vormals Sontag & Söhne und **Porzellanfabrik Tettau AG** · Marke 1902 – 1957

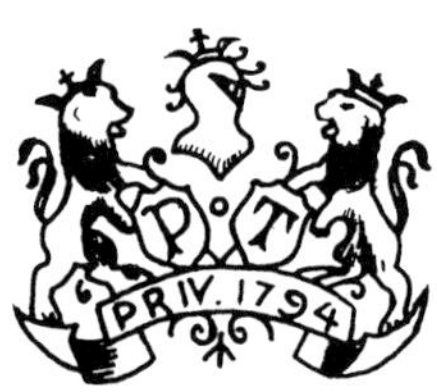

2689
Porzellanfabrik Tettau, vormals Sontag & Söhne und **Porzellanfabrik Tettau AG** · Marke 1902 – 1957

2690
Porzellanfabrik Tettau, vormals Sontag & Söhne und **Porzellanfabrik Tettau AG** · Marke 1902 – 1957

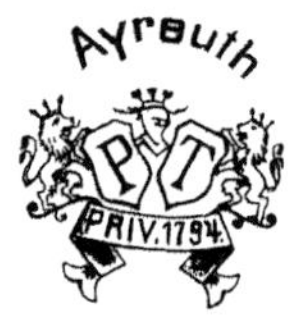

2691
Porzellanfabrik Tettau AG · Marke 1902 – 1957 · Auch in Verbindung mit – Royal Bayreuth – · In den USA werden die Tettauer Erzeugnisse als Royal Bayreuth bezeichnet

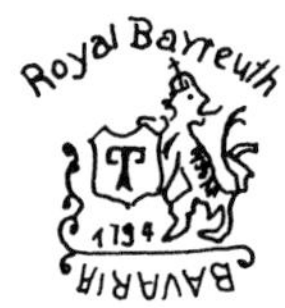

2692
Königlich privilegierte Porzellanfabrik Tettau · Nach 1957

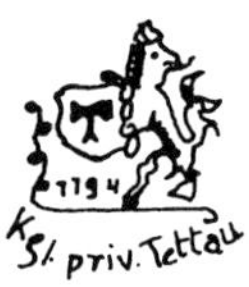

2693
Königl. priv. Porzellanfabrik Tettau · Marke nach 1957

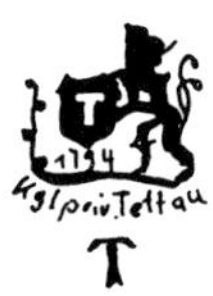

2694
Königl. priv. Porzellanfabrik Tettau · Marke nach 1957 · Blau oder Grün unterglasur oder in verschiedenen Farben aufglasur

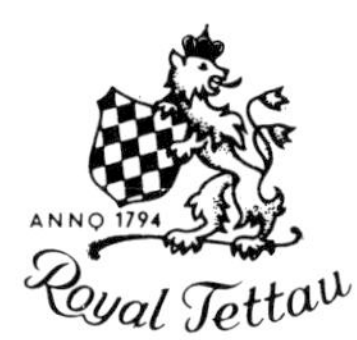

2695
Königl. priv. Porzellanfabrik Tettau · Marke 1968 – heute · Blau oder grün unterglasur oder in verschiedenen Farben aufglasur · Auch mit – BAVARIA – oder – BAVARIA – und – GERMANY – unten

2696
Königl. priv. Porzellanfabrik Tettau · Marke seit 1968 · Grün unterglasur oder gold/blau/rot aufglasur

2697
Königl. priv. Porzellanfabrik Tettau · Marke seit 1968

Neue Porzellanfabrik Tettau GmbH, 1904 – 1923, dann **Neue Porzellanfabrik Tettau AG**, 1923 – 1937. Nach Auflösung der Aktiengesellschaft **Neue Porzellanfabrik Tettau Gerold & Co.**, 1937 – ca. 1960, später **Porzellanfabrik Gerold & Co.**, ca. 1960 – 1993, nach Besitzerwechsel Umwandlung in **Neue Porzellangesellschaft mbH**, 1993 – heute. Haushalts-, Tafel-, Zierporzellan, Geschenkartikel, Figuren.

2698
Neue Porzellanfabrik Tettau AG · Marke 1930 – 1935

2699
Neue Porzellanfabrik Tettau und **Neue Porzellanfabrik Tettau AG** · Marke 1919 – ca. 1937

2700
Neue Porzellanfabrik Tettau und **Neue Porzellanfabrik Tettau AG** · Marke 1927 – 1937 · Grün unterglasur oder Gold aufglasur

2701
Neue Porzellanfabrik Tettau und **Neue Porzellanfabrik Tettau AG** und **Porzellanfabrik Gerold & Co.** · Marke 1935 – 1948 · Grün unterglasur oder gold aufglasur

2702
Porzellanfabrik Gerold & Co. und **Neue Porzellangesellschaft mbH** · Marke 1948 – heute · Auch mit Neu Tettau – über der Krone

2703
Arno Stauch · Porzellanmalerei · 1922 – erloschen nach 1964 · Marke nach 1922 · Malermarke aufglasur

Thiersheim, Bayern

2704
Willi Gossler · Porzellanmalerei · 1921 – erloschen um 1950 · Marke 1929 – ca. 1950 · Malermarke aufglasur

Porzellanfabriken Josef Rieber siehe Mitterteich

Tiefenfurt, Schlesien

Louis Löwinsohn, 1885 – 1891, betreibt eine Porzellanmanufaktur, die angeblich 1806 gegründet wurde. P. Donath übernimmt den Betrieb und firmiert als **Schlesische Porzellanfabrik P. Donath**, 1891 – 1916, dann verlässt Donath den Betrieb, der in **Schlesische Porzellanfabrik Tiefenfurth** umbenannt wird, 1916 – 1919. Danach **Porzellanfabrik Carl Hans Tuppack**, 1919 – geschlossen 1935. Haushalts-, Tafel- und Zierporzellan, häufig Nachahmung von Modellen der KPM Meissen.

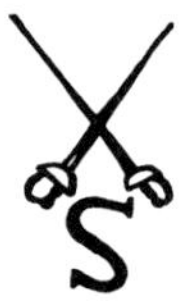

2705
Louis Löwinsohn • Marke 1886 – 1891

CROWN

2706
Schlesische Porzellanfabrik P. Donath • Marke 1891 – [1896] • (Nach Einspruch der Königlichen Porzellan Manufaktur Meissen aufgegeben)

2707
Louis Löwinsohn und **Schlesische Porzellanfabrik P. Donath** • Marke 1886 – [1896] • Variation der Marke 2705 • Nach Einspruch der Königlichen Porzellan Manufaktur Meissen aufgegeben

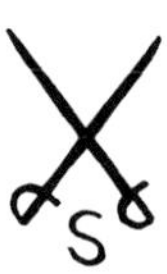

2708
Louis Löwinsohn und **Schlesische Porzellanfabrik P. Donath** • Marke 1886 – [1896] • Variation der vorhergehenden Marke

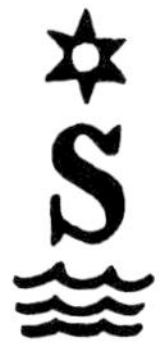

2709
Schlesische Porzellanfabrik P. Donath •
Marke 1896 – 1916

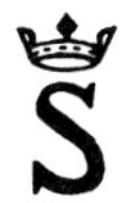

2710
Schlesische Porzellanfabrik P. Donath •
Marke 1896 – 1916

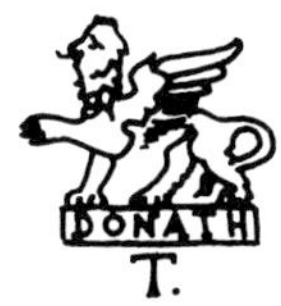

2711
Schlesische Porzellanfabrik P. Donath •
Marke 1910 – ca. 1920 • Auch mit – Germany – oder – Prussia – anstelle von – Donath – im Rechteck

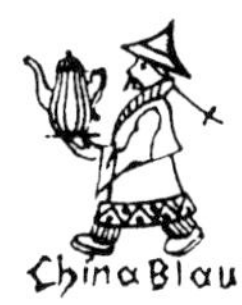

2712
Porzellanfabrik Carl Hans Tuppack •
Marke 1931 – 1935

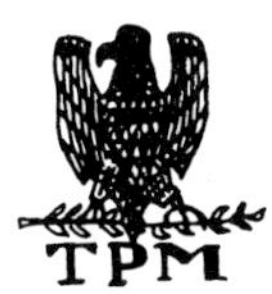

2713
Porzellanfabrik Carl Hans Tuppack zugeschrieben aber nicht gesichert • Marke ca. 1919 – ca. 1935

2714
Porzellanfabrik Carl Hans Tuppack • Marke 1922 – 1935 • Auch mit –DEPOSEE – unten

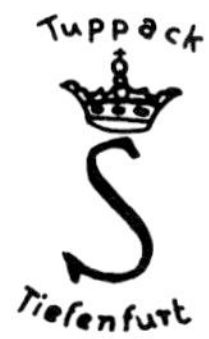

2715
Porzellanfabrik Carl Hans Tuppack •
Marke 1922 - 1935

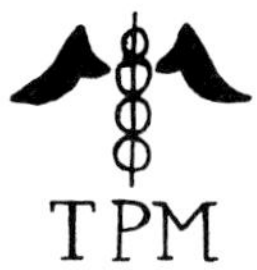

2716
Porzellanfabrik Cark Hans Tuppack
zugeschrieben aber nicht gesichert • Marke
1919 - 1935

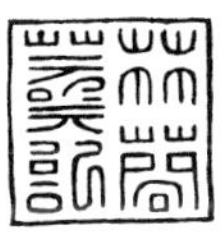

2717
Porzellanfabrik Carl Hans Tuppack •
Marke 1926 - 1935

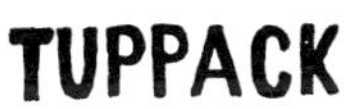

2718
Porzellanfabrik Carl Hans Tuppack •
Marke 1919 - 1935

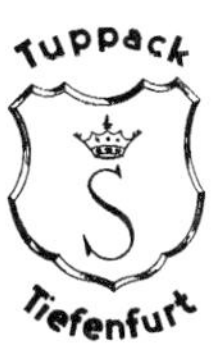

2719
Porzellanfabrik Carl Hans Tuppack •
Marke 1928 - ca. 1935 • Auch ohne - Tuppack - und - Tiefenfurth - • Auch von **K. Steinmann Porzellanfabriken** in **Tiefenfurth** benutzt

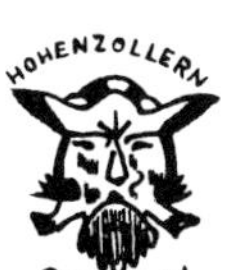

2720
K. Steinmann Porzellanfabriken • 1868 - 1938 • Haushalts-, Tafel- und Zierporzellan, • Porzellanmalerei • Marke 1896 - ca. 1918

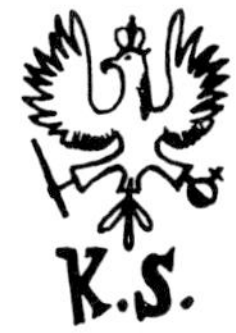

2721
K. Steinmann Porzellanfabriken • Marke
1887 - ca. 1918

2722
K. Steinmann Porzellanfabriken • Marke
1928 - ca. 1938

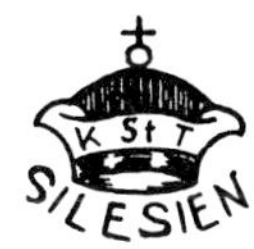

2723
K. Steinmann Porzellanfabriken • Marke
1915 - ca. 1938 • Auch mit - SILESIA -

2724
K. Steinmann Porzellanfabriken • Marke
1928 - ca. 1938

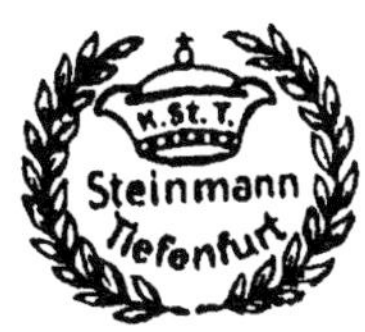

2725
K. Steinmann Porzellanfabriken • Marke
zum 50. Firmenjubiläum ab 1933

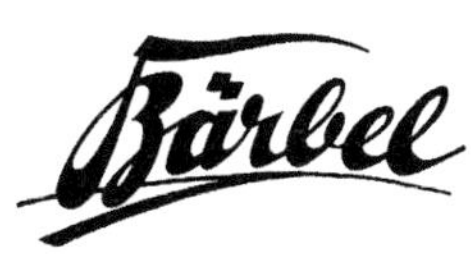

2726
K. Steinmann Porzellanfabriken • Marke
1936 -

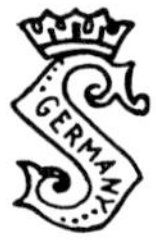

2727
K. Steinmann Porzellanfabriken • Marke ca. 1900 – ca. 1938

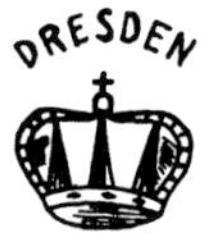

2728
K. Steinmann Porzellanfabriken • Marke 1919 – ca. 1938

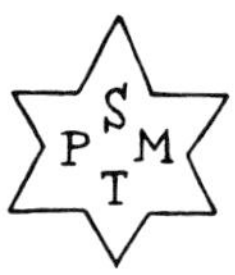

2729
Stern Porzellan-Manufaktur E. Leber & Sohn • Porzellanmalerei • 1914 – 1932 • Marke ca. 1927 – ca. 1932

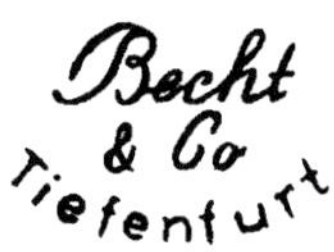

2730
Porzellan- und Steinzeugfabrik Walther Becht GmbH, Nachfolger von **K. Steinmann** • Marke 1943 – 1945

Tillowitz, Schlesien

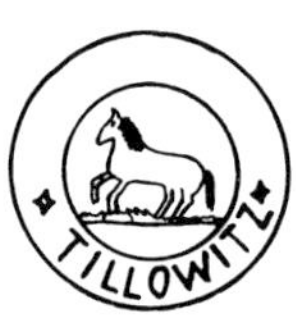

2731
Gräfl. Frankenberg'sche Porzellanmanufaktur • 1852 – 1905 • Pächter u.a. **August Rappsilber** aus **Königszelt**, 1869 – 1873, **Reinhold Schlegelmilch** aus **Suhl**, 1889 – 1899. • Marke ca. 1860 – ca. 1890

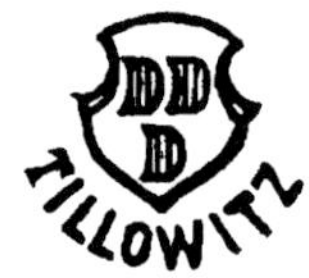

2732
Gräfl. Frankenberg'sche Porzellanmanufaktur • Marke ca. 1890 – 1905

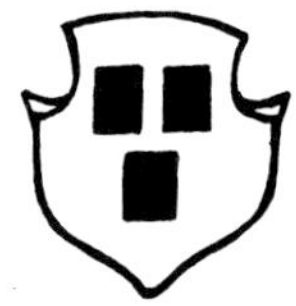

2733
Gräfl. Frankenberg'sche Porzellanmanufaktur Marke ca. 1900 – 1905

Reinhold Schlegelmilch siehe Suhl

Tirschenreuth, Bayern

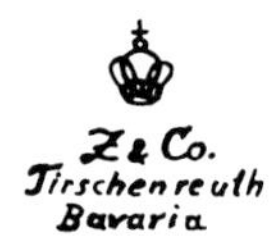

2734
Keramische Werke Zehendner & Co. • 1935 – heute • Haushalts- und Zierporzellan • Marke ca. 1940 –

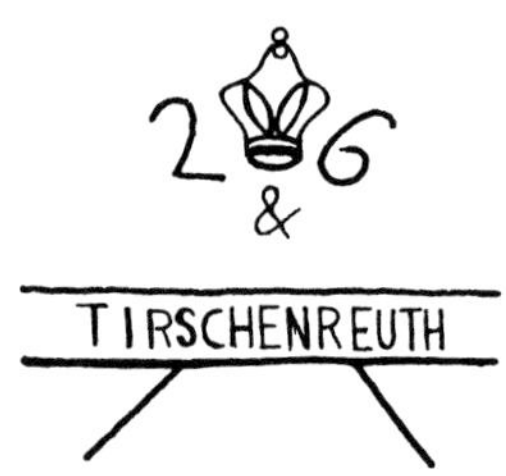

2735
Keramische Werke Zehendner & Co. • Marke bis heute

Heinrich Eichhorn, Teilhaber der Porzellanfabrik **Bremer & Liebmann** in **Schney** gründet mit einigen Partnern eine Zweigfabrik des Unternehmens in Tirschenreuth, 1938 – 1880, danach **Muther & Mezger**, 1880 – 1891, anschließend **Muther & Mezger AG**, 1891 – 1927. Dann gekauft von **Porzellanfabrik L. Hutschenreuther** in **Selb** und weitergeführt als **Porzellanfabrik Tirschenreuth**, 1927 – 1995. Tafel-, Haushalts- und Zierporzellan.

2736
Porzellanfabrik Tirschenreuth ❧ Marke nach 1927 – ❧ Grün unterglasur

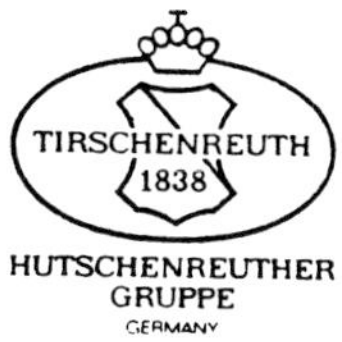

2737
Porzellanfabrik Tirschenreuth ❧ Marke 1969 – 1995

2738
Porzellanfabrik Tirschenreuth ❧ Marke 1903 –

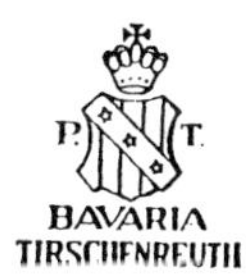

2739
Porzellanfabrik Tirschenreuth ❧ Marke 1969 – 1995 ❧ Grün unterglasur. Auch mit – OLD MEISSEN – darunter, rot aufglasur

2740
Porzellanfabrik Tirschenreuth ❧ Marke bis ca. 1927 ❧ Grün unterglasur

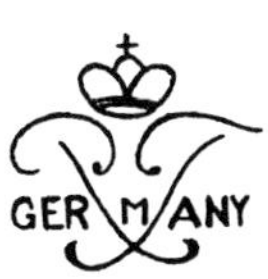

2741
Porzellanfabrik Tirschenreuth ❧ Marke wahrscheinlich nach 1927 ❧ Malermarke aufglasur

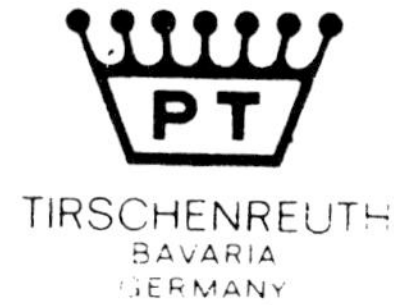

2742
Porzellanfabrik Tirschenreuth ❧ Marke 1947 – 1995 ❧ Grün unterglasur

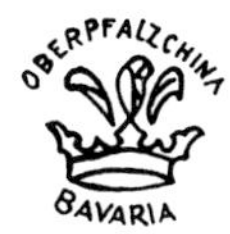

2743
Porzellanfabrik Tirschenreuth ❧ Marke ca. 1900 – ca. 1927

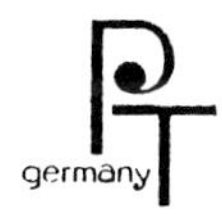

2744
Porzellanfabrik Tirschenreuth ❧ Marke 1969 – 1995

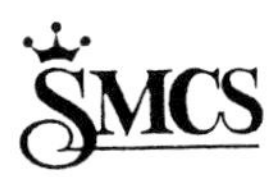

2745
SMCS Porzellanfabrik GmbH & Co. Tirschenreuth ❧ 1954 – heute ❧ Die 1886 als Kachelfabrik gegründete Firma wird 1954 auf Porzellanherstellung umgestellt ❧ Marke 1954 – heute

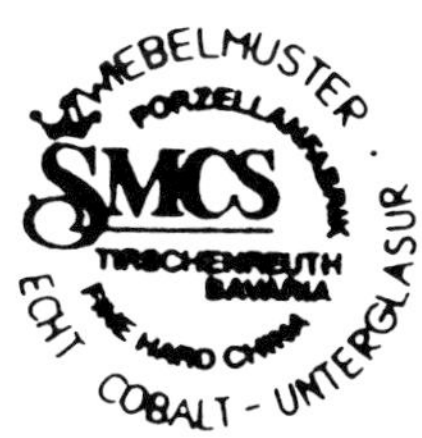

2746
SMCS Porzellanfabrik GmbH Tirschenreuth ❧ Marke auf Stücken mit Zwiebelmuster ❧ Nach 1954

Triptis, Thüringen

Unger & Gretschel, 1891 – 1896, dann **Porzellanfabrik Triptis AG**, 1896 – 1945, enteignet und weitergeführt als **Thüringer Porzellanwerke, vorm. Triptis AG**, 1945 – 1948, dann **VEB Porzellanfabrik Triptis**, 1948 – 1962, danach **VEB Porzellanwerk**

Triptis, 1962 – 1968, angegliedert an VEB Porzellankombinat Kahla, 1968 – 1990. Privatisiert und umbenannt in **Triptis Porzellan GmbH & Co. KG**, 1993 – heute. 2000 Erwerb der **Eschenbach Porzellan GmbH** in Windischeschenbach. 2007 von **Rolf H. Frowein, Frowein Group,** gekauft. Haushalts- und Tafelporzellan, Zierporzellan, Figuren.

2747
Unger & Gretschel und **Triptis AG** Marke nach 1891 –

2748
Triptis AG Marke ca. 1913 – ca. 1945

2749
Triptis AG Marke 1931 – ca. 1945

2750
Triptis Porzellan GmbH Marke 1992 –

2751
VEB Porzellanwerk Triptis Marke 1949 – ca. 1957

2752
VEB Porzellanwerk Triptis Marke 1957 – ca. 1968

2753
Triptis Porzellan GmbH Marke 1993 – heute Auch mit – TRIPTIS THÜRINGEN Germany – unten

2754
Triptis Porzellan GmbH Marke 1989 –

2755
Triptis Porzellan GmbH Marke 1999 –

U

Uhlstädt, Thüringen

H.G. Meurer und **I. Schreibhardt**, 1834 – 1873, Nachfolger **Carl Alberti Porzellanfabrik Uhlstädt**, 1873 – 1954, seit 1940 Eigentümer Karl Weiß, der den alten Namen beibehält. Haushaltsporzellan. Verstaatlicht als **VEB Porzellanfabrik Uhlstädt**, 1954 – 1978, dann **Betriebsabteilung Zentrale Henkelfertigung** des **VEB Vereinigte Porzellanwerke Kahla** in **Kahla**, 1978 – 1990.

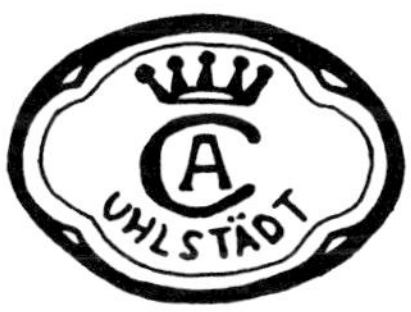

2756
Carl Alberti Porzellanfabrik Uhlstädt • Marke bis 1954

2757
Carl Alberti Porzellanfabrik Uhlstädt • Marke bis 1954

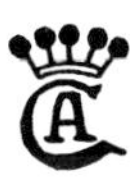

2758
Carl Alberti Porzellanfabrik Uhlstädt • Marke bis 1954

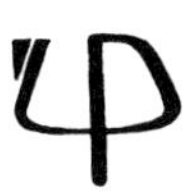

2759
VEB Porzellanfabrik Uhlstädt • Marke 1962 – 1978

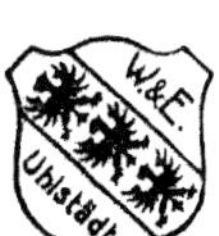

2760
Georg Thomas Nachfolger, 1876 – ca. 1910, dann **Weyrich & Eberhardt,** ca. 1910 – 1932 • Porzellanmalerei • Marke Weyrich & Eberhardt 1910 – 1932

Ullersricht, Bayern

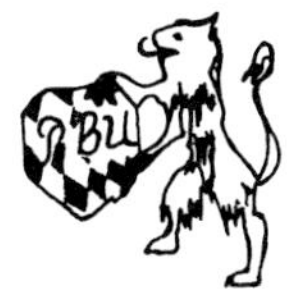

2761
Porzellanfabrik Bavaria AG • 1919 – 1931 • Haushaltsporzellan • Marke ca. 1919 – ca. 1931

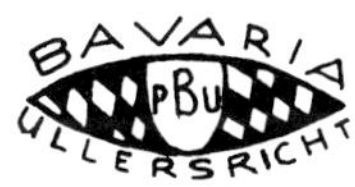

2762
Porzellanfabrik Bavaria AG • Marke ca. 1919 – ca. 1931

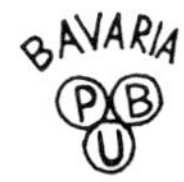

2763
Porzellanfabrik Bavaria AG • Marke 1926 – 1931

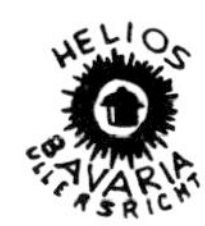

2764
Porzellanfabrik Bavaria AG • Marke 1926 – 1931

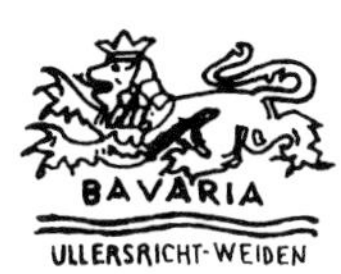

2765
Porzellanfabrik Bavaria AG • Marke 1927 – 1931

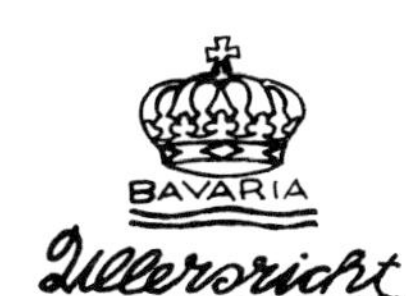

2766
Porzellanfabrik Bavaria AG • Marke 1928 – 1931

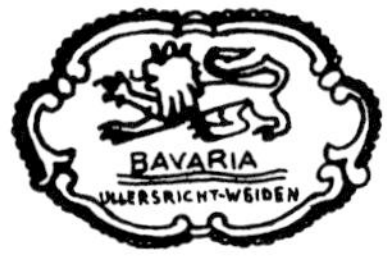

2767
Porzellanfabrik Bavaria AG ❧ Marke 1929 – 1931 ❧ Auch mit – Bavaria Ivory – oder – Bavaria Elfenbein – unten

Ulm, Württemberg

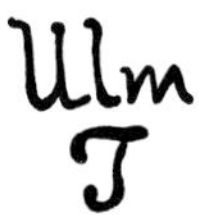

2768
Johann Jakob Schmidt ❧ 1827 – 1833 ❧ Figuren im Stil der Königlichen Porzellan Manufaktur Ludwigsburg

Unterköditz, Thüringen

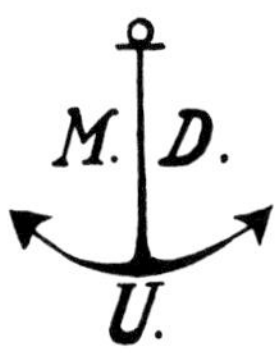

2769
Möller & Dippe, 1846 – 1931, dann **August Müller & Sohn**, 1931 – ca. 1937, danach **Max Hackenberg**, 1937 – 1941 ❧ Figuren, Zierporzellan, Puppen und Puppenköpfe, technisches Porzellan ❧ Marke Möller & Dippe 1883 – 1931

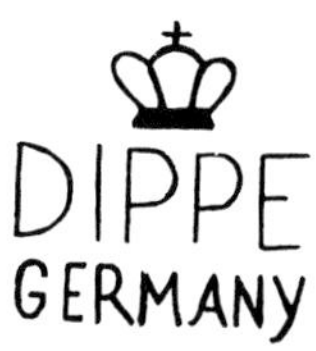

2770
Möller & Dippe ❧ Marke 1910 – 1931

Untermhaus/Gera, Thüringen

Mathias Eichelroth, 1750 – abgebrannt 1882 und Zerstörung des Brennofens durch die Dorfbewohner. Neugründung durch **Leibe & Hofmann**, 1887 – 1896, dann **Geraer Porzellanfabrik B. Ouwens**, 1896 – 1901, anschließend **Porzellanfabrik Untermhaus Alois Rödel**, 1901 – erloschen vor 1923.

2771 **G.**
Leibe & Hofmann ❧ Marke 1887 – 1896

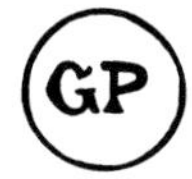

2772
Geraer Porzellanfabrik B. Ouwens ❧ Marke 1896 – 1901

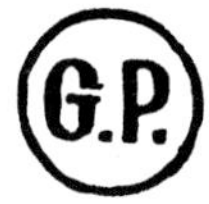

2773
Geraer Porzellanfabrik B. Ouwens ❧ Marke 1896 – 1901

Unterneubrunn, Thüringen

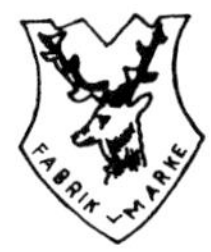

2774
Berthold Eck Porzellanfabrik ❧ 1876 – ca. 1900 ❧ Puppen, Puppenköpfe, Figuren ❧ Marke 1876 – ca. 1900

Unterweißbach, Thüringen

A. Porzelius, 1882 – 1891, nimmt **Rudolf Mann** als Teilhaber auf, **Mann & Porzelius**, 1891 – 1899. Nach Umwandlung in eine AG **Porzellanfabrik Unterweißbach, vormals Mann & Porzelius AG**, 1899 – 1910. Die Firma erwirbt 1901 die **Aelteste Volkstedter Porzellanfabrik**. Namensänderung in **Aelteste Volkstedter Porzellanfabrik und Porzellanfabrik Unterweißbach, vormals Mann & Porzelius AG**, 1910 – Konkurs 1936. Nach 1919 Erwerb der Porzellanfabriken **Dressel, Kister & Cie.** in **Passau, Richard Eckert** in **Volkstedt-Rudolstadt, Rudolph Heinz & Co.** in **Neuhaus**. Carl Saar kauft den Betrieb aus der Konkursmasse und nennt ihn **Porzellanfabrik Unterweißbach C. Saar**, 1936 – 1940. Dann erwirbt Heinz Schaubach die Firma und betreibt sie als **Porzellanfabrik Schaubach-Kunst Wallendorf, Zweigwerk Unterweißbach**, 1940 – 1953. Verstaatlicht als **VEB Porzellanfabrik Unterweißbach**, 1953 – 1962, dann **VEB Unterweißbacher Werkstätten für Porzellankunst**, 1962 – 1990. Von 1975 bis 1990 gehörte die Fabrik zum **VEB**

Zierporzellanwerke Lichte in **Lichte**. 1990 privatisiert und übernommen von der **Porzellanfabrik Tettau** in **Tettau**, einer Tochter der **Porzellanfabriken Christian Seltmann** in **Weiden** mit dem neuen Namen **Unterweißbacher Werkstätten für Porzellankunst**. Zier- und Kunstporzellan, Figuren und Geschenkartikel.

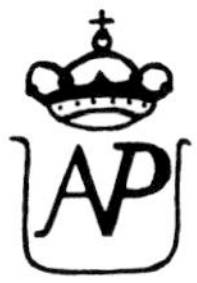

2775
A. Porzelius ⁂ Marke 1882 – 1891

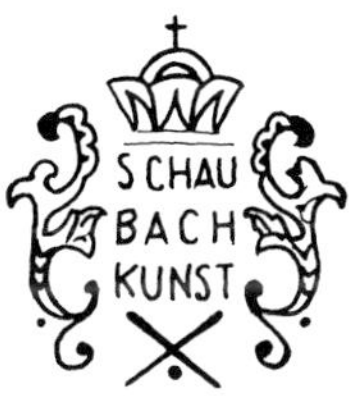

2776
Heinz Schaubach ⁂ 1940 – 1953

2777
Heinz Schaubach und VEB Porzellanfabrik Unterweißbach ⁂ Marke 1940 – 1962

2778
VEB Porzellanfabrik Unterweißbach ⁂ Marke 1956 – ca. 1962

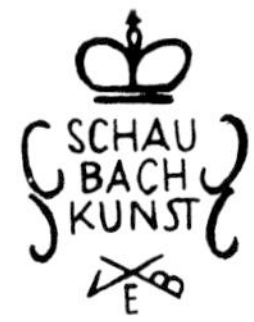

2779
VEB Porzellanfabrik Unterweißbach ⁂ Marke 1959 – 1962

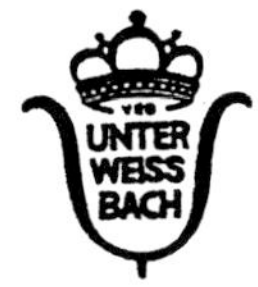

2780
VEB Unterweißbacher Werkstätten für Porzellankunst ⁂ Marke 1962 – 1990

2781
Unterweißbacher Werkstätten für Porzellankunst ⁂ Marke 1990 – heute

Schwarzburger Werkstätten für Porzellankunst Max Adolph Pfeiffer GmbH, als Tochter der **Porzellanfabrik Unterweißbach** gegründet, 1909 – 1913, dann **Schwarzburger Werkstätten für Porzellankunst GmbH**, 1913 – 1949. 1926 wird die Produktion nach Volkstedt verlegt. Zier- und künstlerisches Porzellan, Figuren. Siehe auch **Goebel** in **Oeslau**.

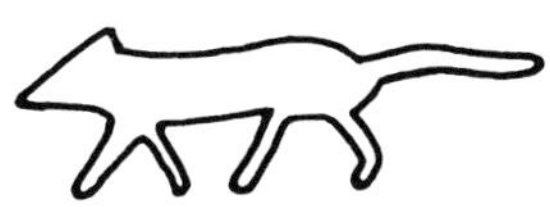

2782
Schwarzburger Werkstätten für Porzellankunst ⁂ Marke 1910 – 1949 ⁂ Eingepresst ⁂ Nach 1926 auch mit Pressstempel – Schwarzburger Werkstätten für Porzellankunst –

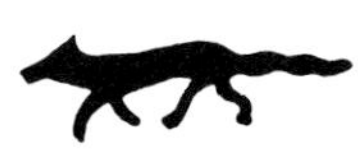

2783
Schwarzburger Werkstätten für Porzellankunst ⁂ Marke 1910 – 1949 ⁂ Blau unterglasur ⁂ Nach 1926 auch mit Pressstempel – Schwarzburger Werkstätten für Porzellankunst –

V

Varel, Niedersachsen

2784
Melitta Porzellanwerke ✣ Tochter der Melitta Werke Bentz & Sohn in Minden ✣ Haushaltsporzellan, Kaffeefilter, Kaffee- und Teeservice ✣ Marke 1953 – 1980, danach Markenname geändert in **Friesland**. 1991 Verkauf durch management buy out. 2004 wurde der Name geändert in **Friesland Porzellan**, ein Jahr später in **Porzellanfabrik Friesland.**

2785
Melitta Porzellanwerke ✣ Marke 1964 – 1991

2786
Melitta Porzellanwerke ✣ Marke 1964 – 1991

2787
Melitta Porzellanwerke ✣ Marke 1971 – 1991

2788
Porzellanfabrik Friesland ✣ Marke 1984 –

2789
Friesland Porzellan ✣ Marke ca. 2004 –

Velten, Brandenburg

2790
Albert Schulze Nachfolger ✣ Porzellanmalerei ✣ Besteht 1930 ✣ Marke ca. 1930

Vohenstrauß, Bayern

Porzellanfabrik Johann Seltmann, 1901 – 1995, Haushalts- und Zierporzellan, Kaffee- und Teeservice, Hotelgeschirr, Geschenkartikel. Mit **Porzellanfabrik J. Kronester** in **Schwarzenbach** und **Porzellanfabrik Schirnding** in **Schirnding** zu **SKV Porzellan Union** in **Schirnding** vereinigt, 1995 – heute.

2791
Porzellanfabrik Johann Seltmann ✣ Marke 1901 – ca. 1914

2792
Porzellanfabrik Johann Seltmann ✣ Marke 1901 – ca. 1932

2793
Porzellanfabrik Johann Seltmann ✣ Marke 1911 – ca. 1932

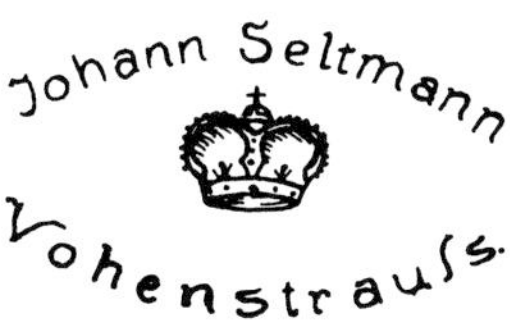

2794
Porzellanfabrik Johann Seltmann · Marke 1917 – ca. 1932

2795
Porzellanfabrik Johann Seltmann · Marke ca. 1933 – ca. 1945

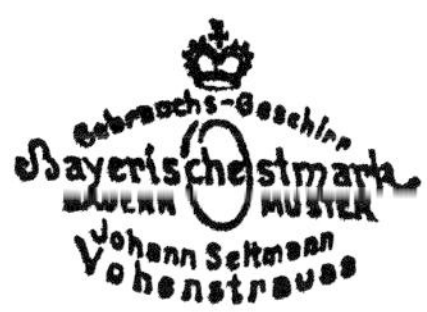

2796
Porzellanfabrik Johann Seltmann · Marke ca. 1935 – ca. 1945

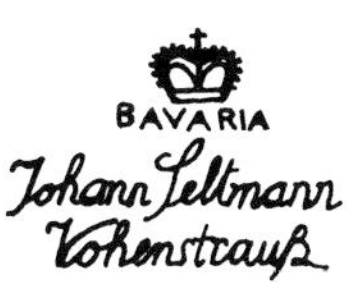

2797
Porzellanfabrik Johann Seltmann · Marke nach 1945

2798
Porzellanfabrik Johann Seltmann · Marke 1955

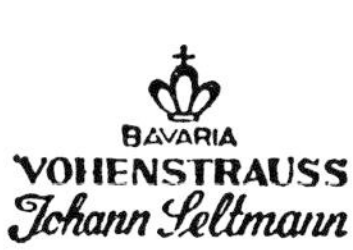

2799
Porzellanfabrik Johann Seltmann · Marke heute

Volkstedt, Thüringen

Ackermann & Fritze, 1908 – 1951, dann verstaatlicht und umgewandelt in **VEB Kunst- und Zierporzellanwerke Rudolstadt-Volkstedt**, 1951 – 1959, dann Werk II von **VEB Aelteste Volkstedter Porzellanmanufaktur Rudolstadt-Volkstedt**, 1959 – 1972, danach Betriebsteil des **VEB Vereinigte Zierporzellanwerke Lichte** in **Lichte**. Zierporzellan, Figuren, Geschenkartikel.

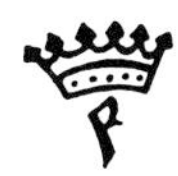

2800
Ackermann & Fritze · Marke 1908 – 1951

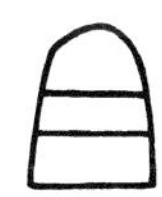

2801
Ackermann & Fritze · Marke 1908 – 1951

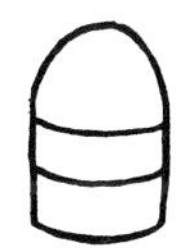

2802
Ackermann & Fritze · Marke 1908 – 1951

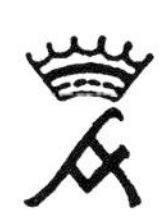

2803
Ackermann & Fritze und **VEB Kunst- und Zierporzellanwerke** · Marke 1908 – ca. 1959

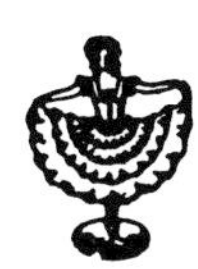

2804
VEB Kunst- und Zierporzellanwerke · Marke 1951 – 1959

Georg Heinrich Macheleid aus **Sitzendorf** beginnt 1762 die Porzellanproduktion für eine vom **Prinzen zu Schwarzburg** gegründete Gesellschaft. Er verlässt die Firma 1764, die an **Christian Nonne** aus **Erfurt** verpachtet wird, 1764 – 1800. Dann wird die Fabrik an **Wilhelm Greiner** und **Carl Holzapfel** verkauft, 1804 – 1815. Danach **Greiner, Stauch & Co.**,

1815 – ca. 1861, **Macheleid, Triebner & Co.** ca. 1861 – 1877. **Triebner, Ens & Eckert**, 1877 – liquidiert 1894. Richard Eckert gründet die **Volkstedter Porzellanfabrik Richard Eckert & Co.**, Triebner und Ens gründen die **Aelteste Volkstedter Porzellanfabrik Triebner, Ens & Co.**, 1894 – 1899. Als Ens die Firma verlässt und die **Porzellanfabrik Karl Ens** gründet, wird der Name geändert in **Aelteste Volkstedter Porzellanfabrik Triebner & Co.**, 1899 – 1901. Nach einem Konkurs geht die Firma an die **Porzellanfabrik Unterweißbach, vorm. Mann & Porzelius**, 1901 – 1936, unter dem Namen **Aelteste Volkstedter Porzellanfabrik und Porzellanfabrik Unterweißbach AG**, 1901 – Konkurs 1936. Mit Hilfe des Staates Thüringen wird die Firma reorganisiert als **Staatlich Thüringische Porzellan-Manufaktur vormals Aelteste Volkstedter GmbH**, 1937 – 1949. Verstaatlicht als **VEB Aelteste Volkstedter Porzellanfabrik**, 1949 – 1959. Nach Eingliederung des **VEB Kunst- und Zierporzellanwerks Rudolstadt** in **Volkstedt** umbenannt in **VEB Vereinigte Porzellanmanufaktur Volkstedt-Rudolstadt**, 1959 – 1962, dann **VEB Aelteste Porzellanmanufaktur Volkstedt-Rudolstadt**, 1962 – 1972, danach als Betrieb **Aelteste Volkstedter Porzellanmanufaktur** Teil des **VEB Vereinigte Zierporzellanwerke Lichte** in **Lichte**, 1972 – 1990. Privatisiert und erworben von der **Porzellanfabrik Tettau**, einer Tochter der **Porzellanfabriken Christian Seltmann** in **Weiden** und umbenannt in **Aelteste Volkstedter Porzellanfabrik**, 1990 – heute. Haushalts-, Tafel- und Zierporzellan, Kaffee- und Teeservice, Figuren.

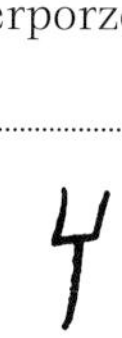

2805
Georg Heinrich Macheleid · Marke 1762 – 1764

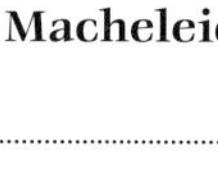

2806
Christian Nonne · Marke 1764 – 1780

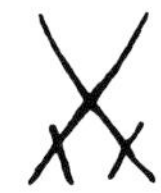

2807
Christian Nonne · Marke 1764 – 1787 · Blau unterglasur oder aufglasur · Nach Einspruch der Königlichen Porzellan Manufaktur Meissen aufgegeben

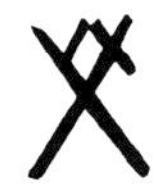

2808
Christian Nonne · Marke 1764 – 1787 · Blau unterglasur oder aufglasur · Nach Einspruch der Königlichen Porzellan Manufaktur Meissen aufgegeben

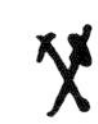

2809
Christian Nonne · Marke 1764 – 1787 · Blau unterglasur oder aufglasur · Nach Einspruch der Königlichen Porzellan Manufaktur Meissen aufgegeben

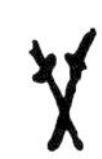

2810
Christian Nonne · Marke 1764 – 1787 · Blau unterglasur oder aufglasur · Nach Einspruch der Königlichen Porzellan Manufaktur Meissen aufgegeben

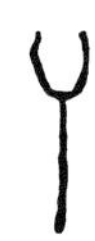

2811
Christian Nonne · Marke 1764 – 1800 · Blau unterglasur oder aufglasur

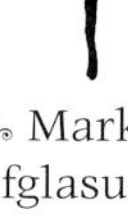

2812
Christian Nonne · Marke 1764 – 1800 · Blau unterglasur oder aufglasur

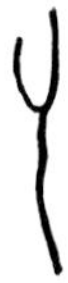

2813
Christian Nonne · Marke 1764 – 1800 · Blau unterglasur oder aufglasur

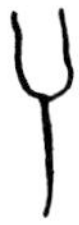

2814
Christian Nonne · Marke 1764 – 1800 · Blau unterglasur oder aufglasur

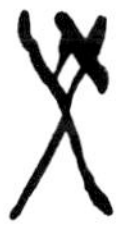

2815
Christian Nonne · Marke 1764 – 1787 · Blau unterglasur oder aufglasur

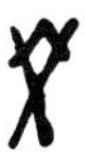

2816
Christian Nonne · Marke 1764 – 1787 · Blau unterglasur oder aufglasur

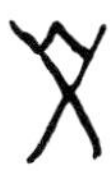

2817
Christian Nonne · Marke 1764 – 1887 · Blau unterglasur oder aufglasur

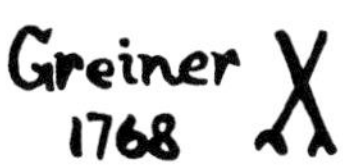

2818
Christian Nonne · Marke 1768 · Blau unterglasur oder aufglasur

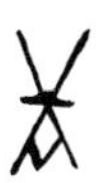

2819
Christian Nonne · Marke 1787 – 1800 · Blau unterglasur oder aufglasur

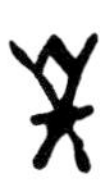

2820
Christian Nonne · Marke 1787 – 1800 · Blau unterglasur oder aufglasur

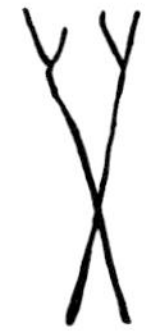

2821
Christian Nonne · Marke 1787 – 1800 · Blau unterglasur oder aufglasur

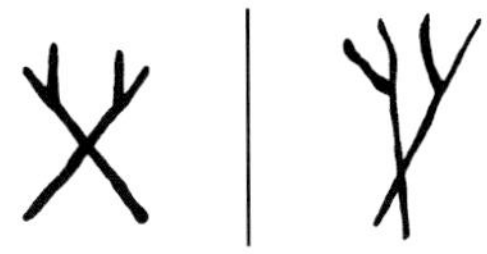

2822, 2823
Christian Nonne · Marken 1787 – 1800 · Blau unterglasur oder aufglasur

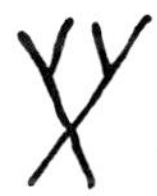

2824
Christian Nonne · Marke 1787 – 1800 · Blau unterglasur oder aufglasur

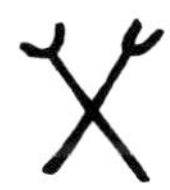

2825
Christian Nonne · Marke 1787 – 1800 · Blau unterglasur oder aufglasur

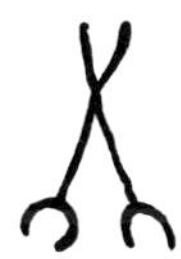

2826
Christian Nonne · Marke 1787 – 1800 · Blau unterglasur oder aufglasur

2827
Christian Nonne · Marke 1787 – 1800 · Blau unterglasur oder aufglasur

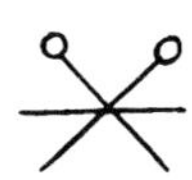

2828
Christian Nonne · Marke 1787 – 1800 · Blau unterglasur oder aufglasur

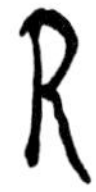

2829
Wilhelm Greiner und Carl Holzapfel Marke 1804 – 1815 Blau unterglasur oder aufglasur

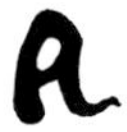

2830
Wilhelm Greiner und Carl Holzapfel Marke 1804 – 1815 Blau unterglasur oder aufglasur

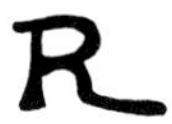

2831
Wilhelm Greiner und Carl Holzapfel Marke 1804 – 1815 Blau unterglasur oder aufglasur

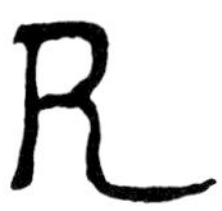

2832
Wilhelm Greiner und Carl Holzapfel Marke 1804 – 1815 Blau unterglasur oder aufglasur

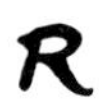

2833
Wilhelm Greiner und Carl Holzapfel Marke 1804 – 1815 Blau unterglasur oder aufglasur

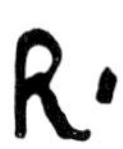

2834
Wilhelm Greiner und Carl Holzapfel Marke 1804 – 1815 Blau unterglasur oder aufglasur

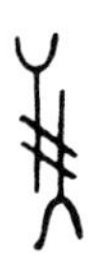

2835
Triebner, Ens & Eckert, 1886 – 1894, und **Richard Eckert**, 1894 –, und **Clemens Triebner**, 1894 – Blau unterglasur

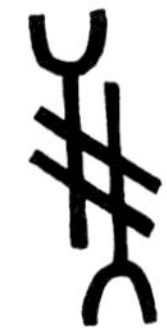

2836
Triebner, Ens & Eckert Marke 1886 – 1894 Blau unterglasur wie vorhergehende Marke

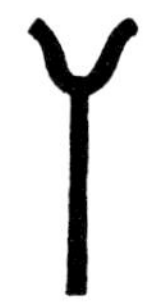

2837
Triebner, Ens & Eckert Marke 1877 – 1887 Blau unterglasur

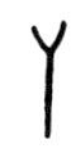

2838
Triebner, Ens & Eckert Marke 1877 – 1894 Blau unterglasur

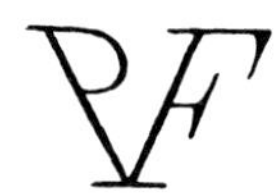

2839
Triebner, Ens & Eckert Marke 1884 – 1894 Blau unterglasur

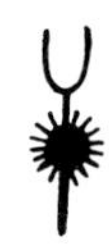

2840
Aelteste Volkstedter Porzellanfabrik Triebner, Ens & Co. Marke 1894 – 1899 Blau

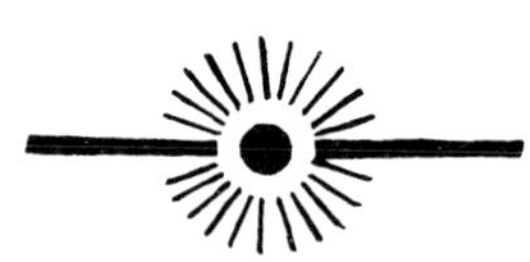

2841
Aelteste Volkstedter Porzellanfabrik Triebner, Ens & Co. Marke 1894 – (1895) Blau

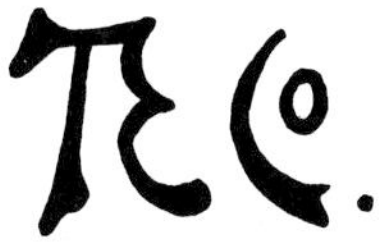

2842
Aelteste Volkstedter Porzellanfabrik Triebner, Ens & Co. · Marke 1895 – 1899 · Blau

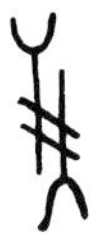

2843
Aelteste Volkstedter Porzellanfabrik Triebner & Co. · Marke 1886 – · Blau

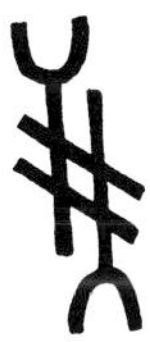

2844
Aelteste Volkstedter Porzellanfabrik Triebner, Ens & Co. · Marke 1894 – 1899 · Blau

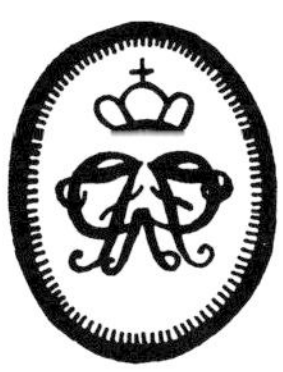

2845
Aelteste Volkstedter Porzellanfabrik · Marke 1901 – 1936 · Blau

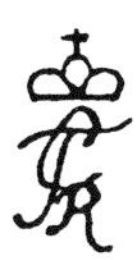

2846
Aelteste Volkstedter Porzellanfabrik und **Porzellanfabrik Unterweißbach Mann & Porzelius AG** · 1908 – 1936 · Blau unterglasur

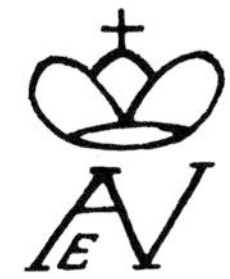

2847
Aelteste Volkstedter Porzellanfabrik · Marke 1915 – 1936 · Blau

2848
Aelteste Volkstedter Porzellanfabrik · Marke 1915 – 1936 · Blau

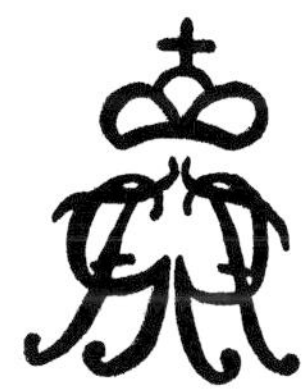

2849
Aelteste Volkstedter Porzellanfabrik · Marke 1915 – 1934

2850
Aelteste Volkstedter Porzellanfabrik · Marke 1934 – 1949 · Blau

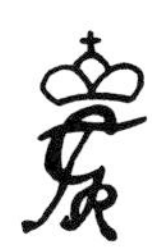

2851
Aelteste Volkstedter Porzellanfabrik · Marke 1915 – 1936 · Blau unterglasur

2852
Aelteste Volkstedter Porzellanfabrik · Marke 1945 – heute · Blau

2853
VEB Aelteste Volkstedter Porzellanfabrik
❧ Marke 1951 – 1990 ❧ Blau

Beyer & Bock, 1853 – 1931, Verkauf an **Edelstein & Zehe AG**, Betriebsstilllegung, Verkauf an **Grieshammer,** 1931 – 1948, der Name der Fabrik wird unter den neuen Besitzern beibehalten. Verstaatlicht als **VEB Porzellanfabrik Rudolstadt-Volkstedt**, 1948 – 1968, dann **Betrieb des VEB Vereinigte Porzellanwerke Kahla**. Zuerst Porzellanmalerei, nach 1890 Herstellung von Zierporzellan, Figuren, Geschenkartikeln, Kaffee- und Teeservice, nach 1950 auch Haushaltsporzellan.

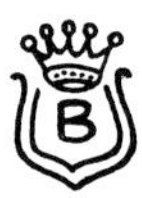

2854
Beyer & Bock ❧ Marke 1905 – ca. 1931 ❧ Auch mit – Auguste Victoria -, – Prussia – oder – Royal Rudolstadt –

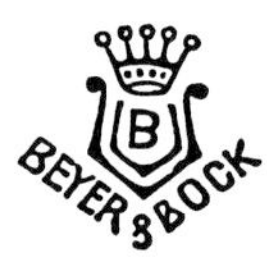

2855
Beyer & Bock ❧ 1930 – 1940

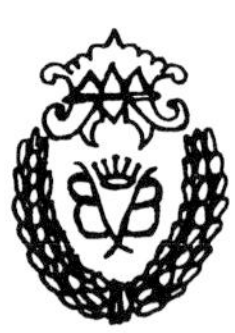

2856
Beyer & Bock ❧ Marke 1927 – 1948

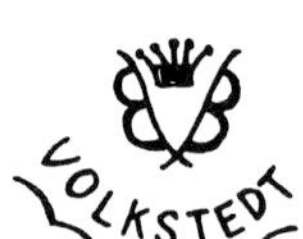

2857
Beyer & Bock ❧ Marke 1930 – ca. 1948

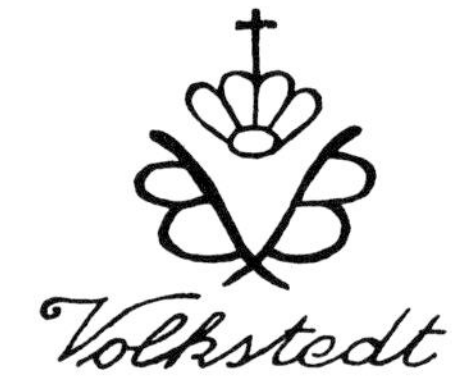

2858
Beyer & Bock und **VEB Porzellanfabrik Rudolstadt-Volkstedt** ❧ Marke 1931 – 1990

2859
Rudolf Kämmer Keramische Manufaktur, 1945 – 1972, verstaatlicht als **VEB Zierporzellan Rudolstadt**, 1972 – 1974, dann Betrieb des **VEB Sitzendorfer Porzellanmanufaktur**, 1974 – 1990 ❧ Marke 1953 – 1990

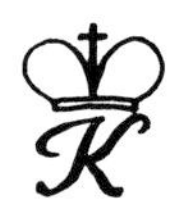

2860
Rudolf Kämmer Keramische Manufaktur
❧ Marke 1961 – 1990

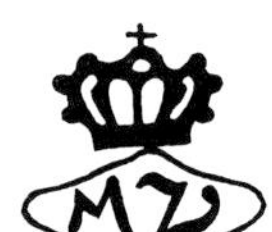

2861
Müller & Co. ❧ Porzellanfabrik ❧ 1907 – 1952 ❧ Zier- und Luxusporzellan, Figuren, Geschenkartikel ❧ Marke 1907 – 1952

2862
Müller & Co. ❧ Marke 1907 – 1952 ❧ Variation der vorhergehenden Marke mit unvollständigem Buchstaben M

2863
Müller & Co. ❧ Marke 1907 – 1952

Porzellanfabrik Karl Ens, 1890 – 1972, 1959 gezwungen, eine staatliche Beteiligung aufzunehmen, verstaatlicht als **VEB Unterglasurporzellanfabrik**, 1972 – 1974, dann **Betriebsteil 1** des **VEB Sitzendorfer Porzellanmanufaktur**, 1974 – 1990. Zierporzellan, Figuren, besonders künstlerische Tierplastiken, Geschenkartikel, Biskuitporzellan. Bis ca. 1940 Aufglasurmalerei, seitdem Scharffeuerdekoration unterglasur.

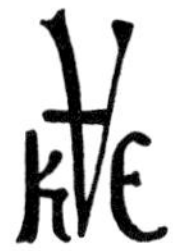

2864
Porzellanfabrik Karl Ens • Marke 1900 – ca. 1919

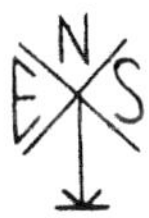

2865
Porzellanfabrik Karl Ens • Marke 1919 – heute

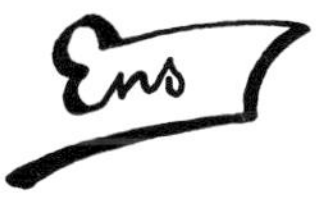

2866
Porzellanfabrik Karl Ens • Marke 1900 – (1910)

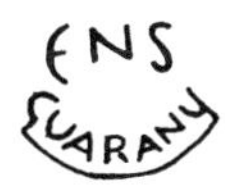

2867
Porzellanfabrik Karl Ens • Marke 1927 – ca. 1938

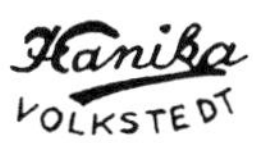

2868
Porzellanmanufaktur Alfred Hanika • 1929 – 1957 • Porzellanmalerei • 1945 – 1950 • auch Herstellung von Zierporzellan • Marke ca. 1928 – ca. 1937

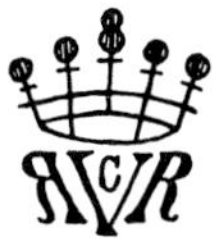

2869
Volkstedter Porzellanmanufaktur Reinhold Richter GmbH, 1906 – 1923 • Dann **Volkstedter Porzellanmanufaktur Hans Richter** • Porzellanmalerei • 1923 – ca. 1950 • Marke 1907 – (1917)

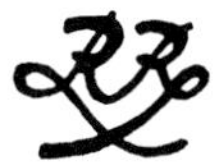

2870
Volkstedter Porzellanmanufaktur Reinhold Richter GmbH • Marke 1906 – ca. 1917

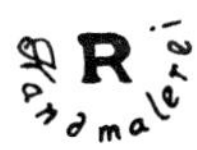

2871
Volkstedter Porzellanmanufaktur Hans Richter • Marke 1923 – 1950

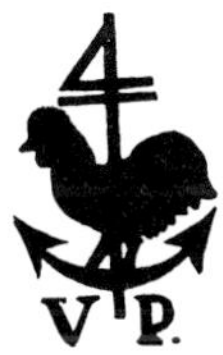

2872
Volkstedter Porzellanfabrik Richard Eckert & Co. • 1894 – 1918 • Zierporzellan, Figuren, Porzellanmalerei • Dann Abteilung der **Aeltesten Volkstedter Porzellanfabrik** • Marke 1895 – (1906)

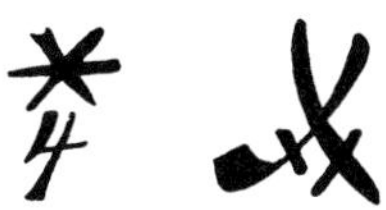

2873
Volkstedter Porzellanfabrik Richard Eckert & Co. • Marke 1894 – (1908) • Blau unterglasur • Stern und Ziffer 4 rot aufglasur

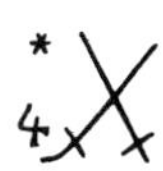

2874
Volkstedter Porzellanfabrik Richard Eckert & Co. • Marke 1894 – (1908) • Blau unterglasur • Stern und Ziffer 4 rot aufglasur

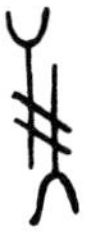

2875
Volkstedter Porzellanfabrik Richard Eckert & Co. · Marke 1894 – (1908) · Auch von Triebner, Ens & Eckert und Clemens Triebner benutzt

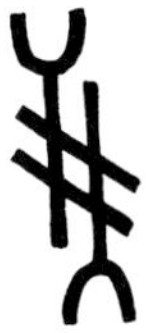

2876
Volkstedter Porzellanfabrik Richard Eckert & Co. · Marke 1894 – (1908)

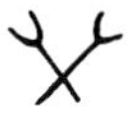

2877
Volkstedter Porzellanfabrik Richard Eckert & Co. · Marke 1894 – (1908)

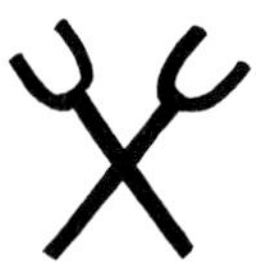

2878
Volkstedter Porzellanfabrik Richard Eckert & Co. · Marke 1894 – (1907)

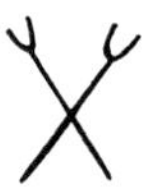

2879
Volkstedter Porzellanfabrik Richard Eckert & Co. · Marke 1894 – (1907)

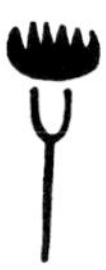

2880
Volkstedter Porzellanfabrik Richard Eckert & Co. · Marke 1894 – 1918

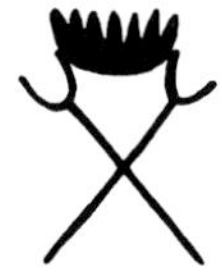

2881
Volkstedter Porzellanfabrik Richard Eckert & Co. · Marke 1906 – (1908)

2882
Volkstedter Porzellanfabrik Richard Eckert & Co. · Marke 1906 – (1908) ·

2883
C.K. Weithase · Porzellanmalerei · 1897 – 1974, dann dem **VEB Sitzendorfer Porzellanmanufaktur** angeschlossen · Malermarke nach 1897 –

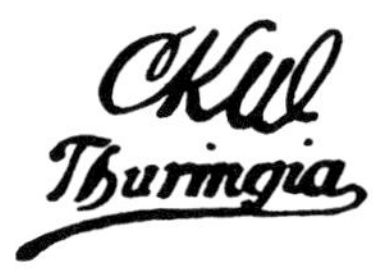

2884
C.K. Weithase · Marke nach 1897 – · Malermarke aufglasur

W

Waldenburg, Schlesien

Carl Krister Porzellanfabrik, ca. 1831 – 1895, dann **Porzellanfabrik Carl Krister**, ca. 1895 – 1905, dann **Krister Porzellanmanufaktur**, 1905 – 1920, dann **Krister Porzellanindustrie AG**, 1920 – 1925, schließlich **Krister Porzellanmanufaktur AG**, 1925 – 1945. Seit 1921 Teil der **Philipp Rosenthal & Co. AG** in Selb. Wiedergründung der **Krister Porzellan-Manufaktur AG** in **Landstuhl**, 1952 – 1966, dann verlegt nach **Marktredwitz**, 1966 – 1971. Tafel-, Haushalts- und Zierporzellan, Geschenkartikel.

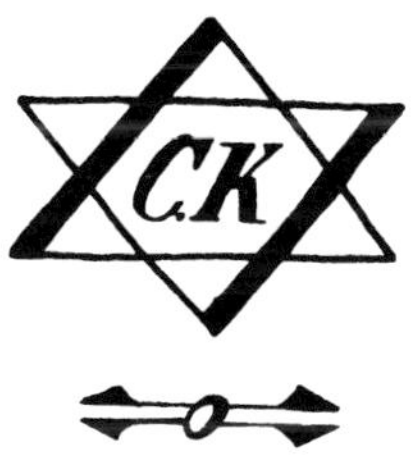

2885
Carl Krister Porzellanfabrik · Marke 1885 – 1903 · Auf Verpackungen und Umhüllungen

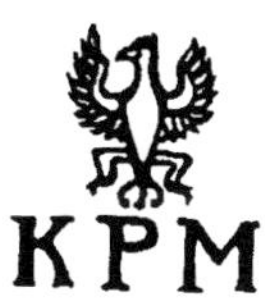

2886
Krister Porzellanmanufaktur · Marke ca. 1844 – ca. 1880

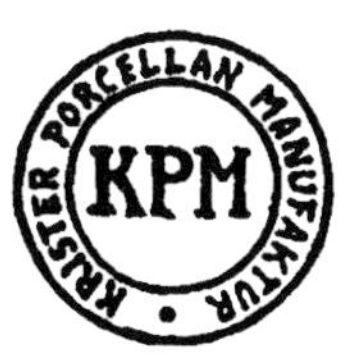

2887
Krister Porzellanmanufaktur · Marke ca. 1850 – ca. 1897

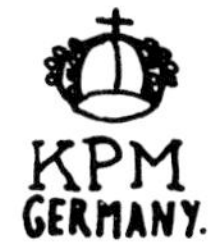

2888
Carl Krister Porzellanfabrik · Marke 1885 –

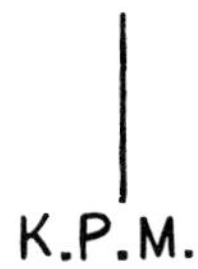

2889
Carl Krister Porzellanfabrik · Marke 1885 –

2890
Carl Krister Porzellanfabrik · Marke 1885 –

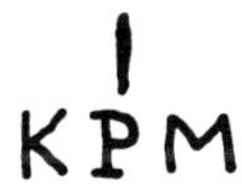

2891
Carl Krister Porzellanfabrik · Marke 1885 –

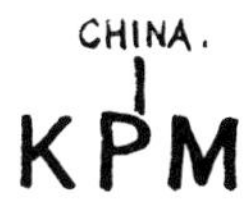

2892
Carl Krister Porzellanfabrik · Marke 1885 – (1905)

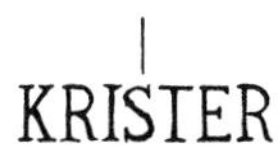

2893
Carl Krister Porzellanfabrik · Marke 1895 – (1905)

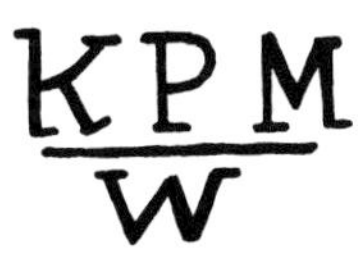

2894
Carl Krister Porzellanfabrik · Marke 1896 – 1906

2895
Carl Krister Porzellanfabrik · Marke 1896 – (1906)

2896
Carl Krister Porzellanfabrik · Marke 1896 – (1906)

2897
Carl Krister Porzellanfabrik · Marke 1902 –

2898
Carl Krister Porzellanfabrik · Marke 1903 –

2899
Carl Krister Porzellanfabrik · Marke 1904 – 1927

2900
Krister Porzellanmanufaktur AG · Fabrikmarke mit Zeichen des „Amtes für Schönheit der Arbeit", siehe Berlin · Marke ca. 1938 – 1945

2901
Krister Porzellanmanufaktur AG · Fabrikmarke mit Luftwaffenadler für Lieferungen an die Luftwaffe ca. 1938 – 1945 · Diese Marke 1941

2902
Krister Porzellanmanufaktur AG · Fabrikmarke mit Marineadler und Buchstabe M für Lieferungen an die Kriegsmarine · Diese Marke 1940

2903
Carl Krister Porzellanfabrik · Marke 1939 – 1945 · Blau oder grün unterglasur

2904
Krister Porzellanmanufaktur AG · Marke zum 100. Jubiläum der Firma 1931

2905
Carl Krister Porzellanfabrik in Waldenburg und Landstuhl · Marke 1941 – 1998 · Blau oder grün unterglasur

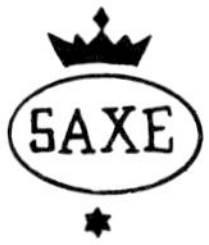

2906
Porzellanmanufaktur Hermann Ohme ❧ 1882 – 1930 ❧ Haushalts-, Tafel-, Hotel- und Zierporzellan ❧ Marke 1889 – ca. 1910 ❧ Firmensitz 1893 nach Niedersalzbrunn verlegt

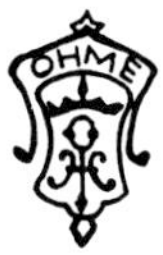

2907
Porzellanmanufaktur Hermann Ohme ❧ Marke 1908 – ca. 1930

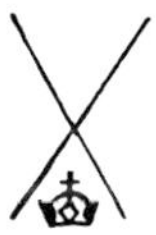

2908
Porzellanmanufaktur Hermann Ohme ❧ Marke ca. 1890 – 1905 ❧ Blau unterglasur

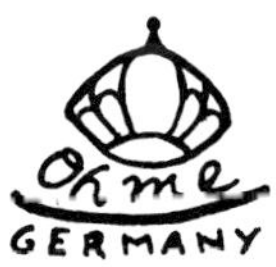

2909
Porzellanmanufaktur Hermann Ohme ❧ Marke 1922 – ca. 1930

2910
Porzellanmanufaktur Hermann Ohme ❧ Marke 1883 – ca. 1930 ❧ Auch mit – Germany – oben oder unten

Waldershof, Bayern

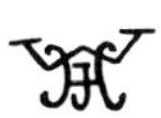

2911
Johann Haviland, dann **Porzellanfabrik Waldershof AG**, 1907 – 1937, übernommen von der **Rosenthal AG**, 1937 – 1998 ❧ Haushalts-, Hotel- und Zierporzellan ❧ Marke 1910 – 1940

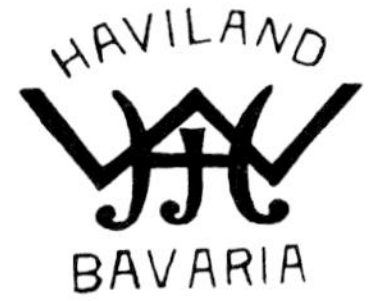

2912
Johann Haviland ❧ Marke 1909 – 1940 ❧ Grün unterglasur ❧ Auch ohne – BAVARIA – und – HAVILAND –

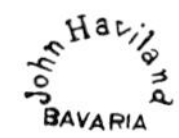

2913
Johann Haviland ❧ Marke 1910 – 1937 ❧ Grün unterglasur ❧ Auch mit – Jean – anstatt – John – ❧ 1926 – 1936

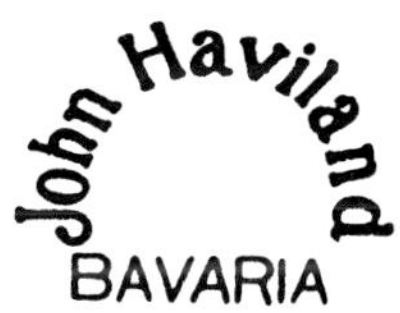

2914
Johann Haviland ❧ Marke 1927 – 1937 ❧ Grün unterglasur

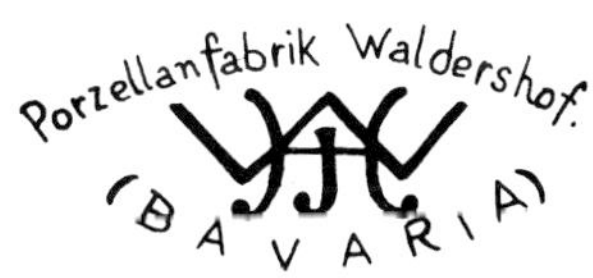

2915
Porzellanfabrik Waldershof ❧ Marke 1909 – 1925 ❧ Grün unterglasur

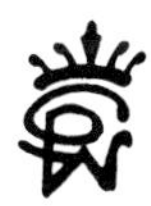

2916
Porzellanfabrik Waldershof ❧ Marke 1924 – 1950 ❧ Grün unterglasur ❧ Auch mit – Ginori – oder – Johann Haviland –

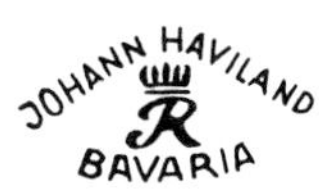

2917
Porzellanfabrik Waldershof ❧ Marke 1928 – 1998

2918
Porzellanfabrik Waldershof · Mit Luftwaffenadler für Lieferungen an die Luftwaffe, ca. 1938 – 1945 · Diese Marke 1941

2919
Porzellanfabrik Waldershof · Marke <u>1966</u> – 1998

2920
Porzellan-Manufaktur Waldershof William Paul AG, 1910 – 1925, dann **Porzellanmanufaktur „Bavaria" Franz Neukirchner GmbH**, 1925 – 1977 · Haushalts-, Hotel- und Zierporzellan, Geschenkartikel · Marke 1925 – 1977

2921
Porzellanmanufaktur „Bavaria" Franz Neukirchner GmbH · Marke 1925 – 1977 · Auch für Fabrik in Marktredwitz

2922
Porzellanmanufaktur „Bavaria" Franz Neukirchner GmbH · Marke 1925 – 1977

2923
Porzellanmanufaktur „Bavaria" Franz Neukirchner GmbH · Marke 1925 – 1977

2924
Porzellanmanufaktur „Bavaria" Franz Neukirchner GmbH · Marke 1925 – 1977

Waldsassen, Bayern

2925
Chamotte-, Klinker- und Porzellanfabrik AG · 1882 – erloschen · Nach 1923 Porzellanherstellung · Haushalts- und Zierporzellan, Porzellanmalerei · Marke 1923 –

2926
Gareis, Kühnl & Co., 1898 – 1969, dann übernommen von **Porzellanfabrik Waldsassen Bareuther & Co.**, 1969 – 1993 · Haushaltsporzellan, Kaffee- und Teeservice, Becher · Marke 1898 – 1969

2927
Gareis, Kühnl & Co. · Marke nach 1900 – 1969

2928
Gareis, Kühnl & Co. ∞ Marke nach 1900 – 1969

Johann Mathäus Ries gründete eine Fabrik für Haushalts- und Tafelporzellan, 1866 – 1884. Sein Sohn **Johann Ries** verkauft an **Jena, Bareuther & Co.** 1884 – 1887, nach dem Ausscheiden von Max Jena **Bareuther & Co.**, 1887 – 1904. Umwandlung in **Porzellanfabrik Waldsassen Bareuther & Co. AG**, 1905 – geschlossen 1993. Haushalts-, Tafel- und Hotelporzellan, Kaffee- und Teeservice, Zierporzellan, Geschenk- und Sammlerartikel.

2929
Jena, Bareuther & Co. ∞ Marke 1884 – ca. 1887

2930
Bareuther & Co. ∞ Marke 1905 – ca. 1920

2931
Porzellanfabrik Waldsassen Bareuther & Co. ∞ Marke 1920 – ca. 1945 ∞ Auch mit – Waldsassen – unten

2932
Porzellanfabrik Waldsassen Bareuther & Co. ∞ Marke 1920 – ca. 1945

2933
Porzellanfabrik Waldsassen Bareuther & Co. ∞ Marke 1931 – ca. 1950 ∞ Von 1945 – 1949 mit dem Zusatz – Germany US Zone –

2934
Porzellanfabrik Waldsassen Bareuther & Co. ∞ Marke 1960 – ca. 1970

2935
Porzellanfabrik Waldsassen Bareuther & Co. ∞ Marke 1966 – 1993

2936
Porzellanfabrik Waldsassen Bareuther & Co. ∞ Marke 1966 ∞ Jubiläumsmarke zum 100. Gründungstag

2937
Porzellanfabrik Waldsassen Bareuther & Co. ∞ Marke 1966 – 1993

2938
Porzellanfabrik Waldsassen Bareuther & Co. Marke 1968 – 1993

2939
Porzellanfabrik Waldsassen Bareuther & Co. Marke 1969 – 1993

2940
Porzellanfabrik Waldsassen Bareuther & Co. Marke 1982 – 1993

2941
Porzellanfabrik Waldsassen Bareuther & Co. Marke 1970 – 1993 Auch mit -WALDSASSEN- und -BAVARIA GERMANY- unten

2942
Porzellanfabrik Waldsassen Bareuther & Co. Marke 1971 – 1993

2943
Porzellanfabrik Waldsassen Bareuther & Co. Marke 1975 – 1993

2944
Porzellanfabrik Waldsassen Bareuther & Co. Marke 1982 – 1993

2945
Porzellanfabrik Waldsassen Bareuther & Co. Marke 1986 – 1993

2946
Porzellanfabrik Waldsassen Bareuther & Co. Marke 1987 – 1993

Wallendorf, Thüringen

Johann Wolfgang und **Ferdinand Friedrich Hammann** gründen zusammen mit **Gottfried** und **Gotthelf Greiner** eine Porzellanfabrik, 1763 – 1772, weitergeführt von der **Familie Hammann**, 1772 – 1829. Verpachtet an **Friedrich Christian Hutschenreuther** und **Hermann Kieser**, 1829 – 1833, verkauft an **Hutschenreuther, Kämpfe & Heubach**, 1833 – 1887, danach **Heubach, Kämpfe & Sontag**, 1887 – ca. 1897, anschließend **Kämpfe & Heubach AG**, ca. 1897 – 1915. Die **Porzellanfabrik Fraureuth** kauft den Betrieb, 1919 – Konkurs 1926. **Heinz Schaubach** erwirbt die Fabrikanlagen und gründet die **Porzellanfabrik Schaubach-Kunst**, 1926 – 1953. Verstaatlicht und umbenannt in **VEB**

„Schaubach-Kunst“ Lichte-Wallendorf, 1953 – 1960, dann **VEB Wallendorfer Porzellanfabrik**, 1960 – 1990. Privatisiert als **Wallendorfer Porzellanmanufaktur GmbH**, 1990 – heute. Tafel-, Haushalts-, Zierporzellan, Kaffee- und Teeservice, Figuren, Puppen, Geschenk- und Sammlerartikel.

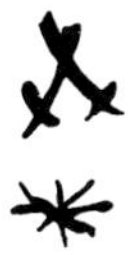

2947
Familien Hammann und Greiner • Marke
1764 – 1787 • Blau unterglasur

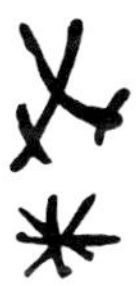

2948
Familien Hammann und Greiner • Marke
1764 – 1787

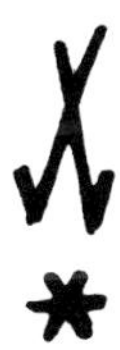

2949
Kämpfe & Heubach AG • Nachahmung einer Wallendorfer Marke des 18. Jahrhunderts • Diese Marke um 1900 • Blau unterglasur

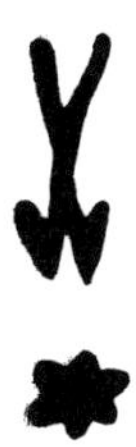

2950
Kämpfe & Heubach AG • Nachahmung einer Wallendorfer Marke des 18. Jahrhunderts • Diese Marke um 1900 • Blau unterglasur

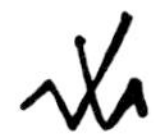

2951
Familien Hammann und Greiner • Marke
1764 – 1787

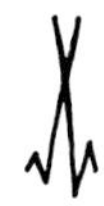

2952
Familien Hammann und Greiner • Marke
1764 – 1787 • Blau unterglasur

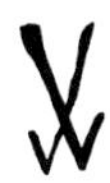

2953
Familien Hammann und Greiner • Marke
1764 – 1787 • Blau unterglasur

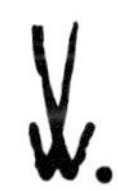

2954
Familien Hammann und Greiner • Marke
1764 – 1787 • Blau unterglasur

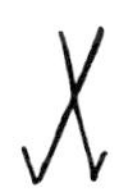

2955
Familien Hammann und Greiner • Marke
1764 – 1787 • Blau unterglasur

2956
Familien Hammann und Greiner • Marke
1764 – 1787 • Blau unterglasur

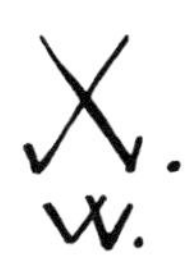

2957
Familien Hammann und Greiner • Marke
1764 – 1787 • Blau unterglasur

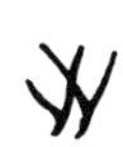

2958
Familien Hammann und Greiner • Marke
1764 – 1787 • Blau unterglasur

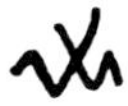

2959
Familien Hammann und Greiner ✤ Marke 1764 – 1787 ✤ Blau unterglasur

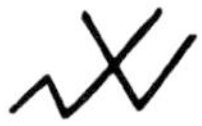

2960
Familien Hammann und Greiner ✤ Marke 1764 – 1787 ✤ Blau unterglasur

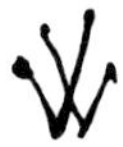

2961
Familien Hammann und Greiner ✤ Marke 1764 – 1787 ✤ Blau unterglasur

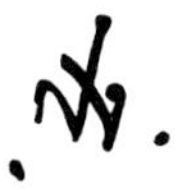

2962
Familien Hammann und Greiner ✤ Marke 1764 – 1787 ✤ Blau unterglasur

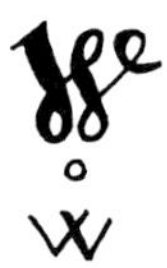

2963
Familien Hammann und Greiner ✤ Marke 1764 – 1787 ✤ Blau unterglasur

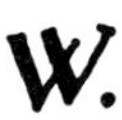

2964
Familie Hammann ✤ Marke 1772 – 1829 ✤ Blau unterglasur

2965
Familie Hammann ✤ Marke 1772 – 1829 ✤ Blau unterglasur

2966
Familie Hammann ✤ Marke 1772 – 1829 ✤ Blau unterglasur

2967
Familie Hammann ✤ Marke 1772 – 1829 ✤ Blau unterglasur

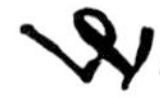

2968
Familie Hammann ✤ Marke 1772 – 1829 ✤ Blau unterglasur

2969
Familie Hammann ✤ Marke 1772 – 1829 ✤ Blau unterglasur

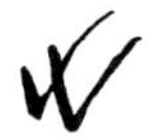

2970
Familie Hammann ✤ Marke 1772 – 1829 ✤ Blau unterglasur

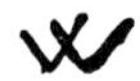

2971
Familie Hammann ✤ Marke 1772 – 1829 ✤ Blau unterglasur

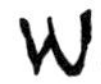

2972
Familie Hammann ✤ Marke 1772 – 1829 ✤ Blau unterglasur

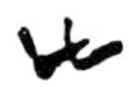

2973
Familie Hammann ✤ Marke 1772 – 1829 ✤ Blau unterglasur

2974
Familie Hammann ✤ Marke 1772 – 1829 ✤ Blau unterglasur

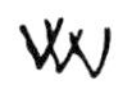

2975
Familie Hammann ✤ Marke 1772 – 1829 ✤ Blau unterglasur

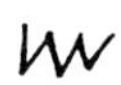

2976
Familie Hammann ✤ Marke 1772 – 1829 ✤ Blau unterglasur

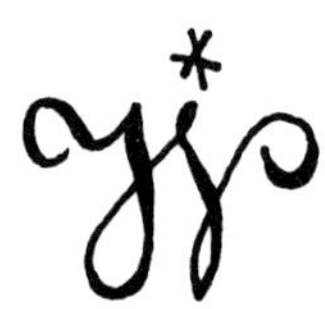

2977
Familie Hammann ✤ Marke 1772 – 1829 ✤ Blau unterglasur

2978
Heubach, Kämpfe & Sontag ❧ Marke 1887 – 1896

2979
Kämpfe & Heubach AG ❧ Marke 1897 – 1915

2980
Porzellanfabrik Schaubach-Kunst ❧ Marke 1926 – 1953

2981
VEB „Schaubach-Kunst" ❧ Marke 1953 – 1960

2982
VEB Wallendorfer Porzellanfabrik ❧ Marke 1963 – 1976 ❧ auch mit – Germany – unten

2983
VEB Wallendorfer Porzellanfabrik ❧ Marke 1958 – 1990

2984
VEB Wallendorfer Porzellanfabrik ❧ Marke 1959 – 1990

2985
VEB Wallendorfer Porzellanfabrik und **Wallendorfer Porzellanmanufaktur GmbH** ❧ Marke 1966 – heute

Waltershausen, Thüringen

2986
A. Schmidt ❧ 1863 – zuletzt erwähnt 1911 ❧ Tierfiguren ❧ Marke 1887 – ca. 1911

Weiden, Bayern

2987
Porzellanfabriken Christian Seltmann ❧ 1910 – heute ❧ Haushalts-, Tafel- und Hotelporzellan, Zierporzellan, Geschenkartikel ❧ Marke 1911 – 1914 ❧ Zu Seltmann gehören Porzellanfabriken in Tettau, Erbendorf und Krummennaab

2988
Porzellanfabrik Christian Seltmann ❧ Marke 1911 – 1924

2989
Porzellanfabriken Christian Seltmann ·
Marke 1954 – 1948 · Grün unterglasur

2990
Porzellanfabriken Christian Seltmann ·
Marke 1936 – 1945 · Grün unterglasur

2991
Porzellanfabriken Christian Seltmann ·
Marke 1954 – heute · Grün unterglasur

2992
Porzellanfabriken Christian Seltmann ·
Marke 1954 – heute

2993
Porzellanfabriken Christian Seltmann ·
Marke 1954 – heute

2994
Porzellanfabrik Weiden Gebr. Bauscher ·
1881 – heute · Hotel- und technisches Porzellan · Marke 1882 – · Betrieb 1927 von der **Hutschenreuther AG** erworben, heute **BHS tabletop** in Selb

2995
Porzellanfabrik Weiden Gebr. Bauscher ·
Marke ca. 1908 – ca. 1912

2996
Porzellanfabrik Weiden Gebr. Bauscher ·
Marke 1906 – · Grün unterglasur

2997
Porzellanfabrik Weiden Gebr. Bauscher ·
Marke 1913 –

2998
Porzellanfabrik Weiden Gebr. Bauscher ·
Marke 1909 – · Malermarke aufglasur

2999
Porzellanfabrik Weiden Gebr. Bauscher ·
Marke 1912 – ca. 1923 · Eingepresst

3000
Porzellanfabrik Weiden Gebr. Bauscher ·
Marke 1911 – ca. 1923 · Blau unterglasur · Bei technischen Porzellanen eingepresst

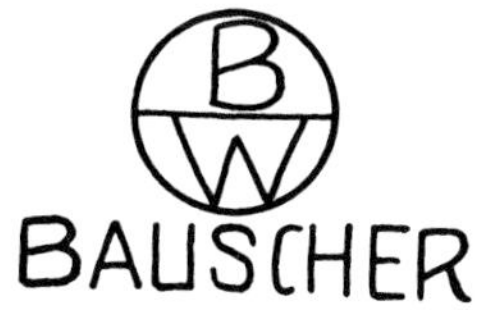

3001
Porzellanfabrik Weiden Gebr. Bauscher · Marke <u>1911</u> – ca. 1923 · Grün unterglasur

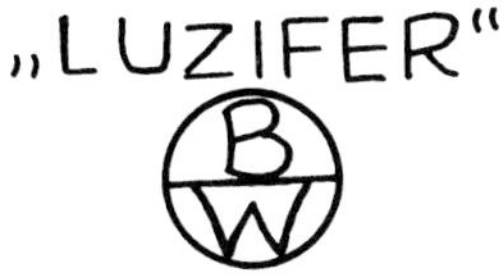

3002
Porzellanfabrik Weiden Gebr. Bauscher · Marke <u>1918</u> – ca. 1923 · Grün unterglasur

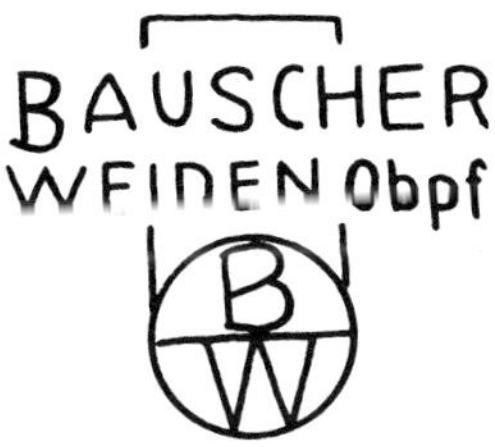

3003
Porzellanfabrik Weiden Gebr. Bauscher · Marke <u>1912</u> – ca. 1923 · Grün unterglasur

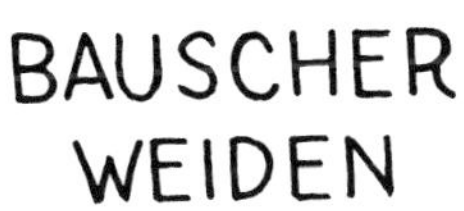

3004
Porzellanfabrik Weiden Gebr. Bauscher · Marke ca. 1920 – ca. 1948 · Grün unterglasur

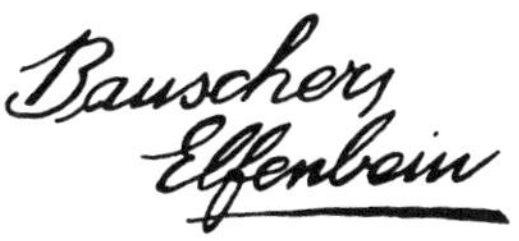

3005
Porzellanfabrik Weiden Gebr. Bauscher · Marke ca. 1920 – ca. 1948 · Grün unterglasur

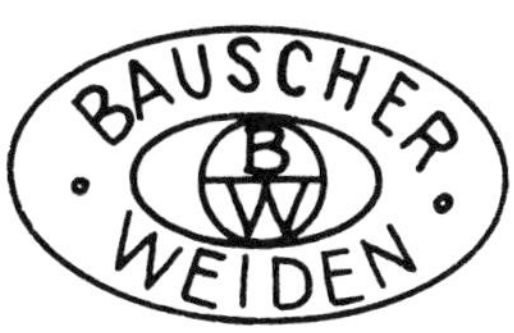

3006
Porzellanfabrik Weiden Gebr. Bauscher · Marke ca. 1920 – ca. 1948 · Grün unterglasur

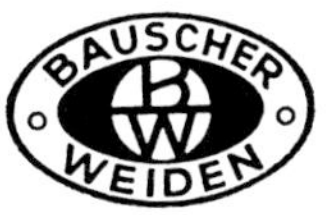

3007
Porzellanfabrik Weiden Gebr. Bauscher · Marke ca. 1920 – heute · Grün unterglasur

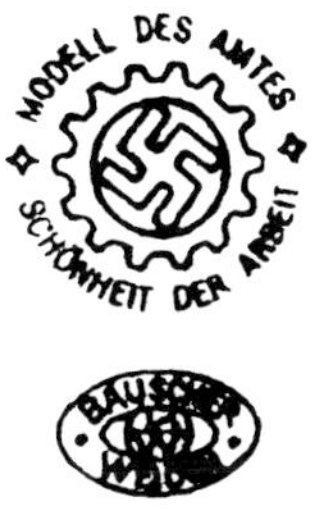

3008
Gebr. Bauscher · Fabrikmarke mit Zeichen des „Amtes für Schönheit der Arbeit", siehe Berlin · Marke ca. 1930 – 1945

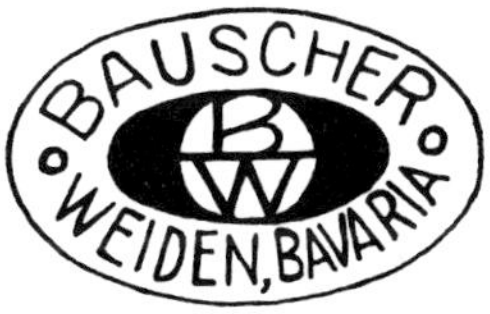

3009
Porzellanfabrik Weiden Gebr. Bauscher · Marke <u>1921</u> – ca. 1948 · Grün unterglasur

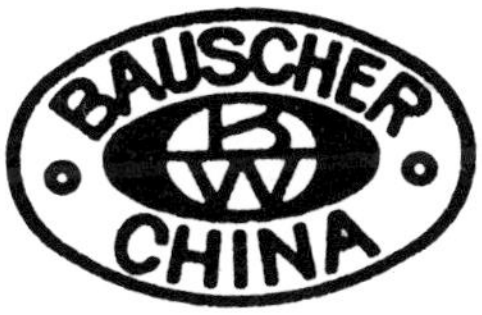

3010
Porzellanfabrik Weiden Gebr. Bauscher · Marke <u>1921</u> – 1939 · Grün unterglasur

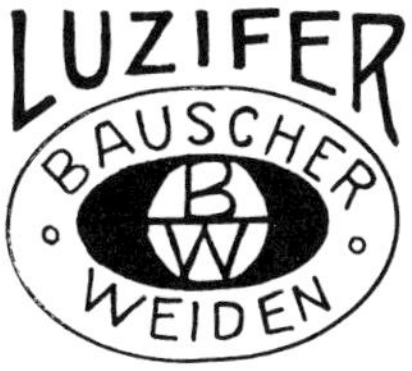

3011
Porzellanfabrik Weiden Gebr. Bauscher · Marke ca. 1920 – · Grün unterglasur

3012
Porzellanfabrik Weiden Gebr. Bauscher • Marke 1921 – 1939 • Grün unterglasur • Exportmarke für USA

3013
Porzellanfabrik Weiden Gebr. Bauscher • Marke 1967 –

Weimar, Thüringen

3014
L. Wuensche • Porzellanmalerei • 1920 – zuletzt erwähnt gefunden 1949 • Marke 1920 – ca. 1949 • Malermarke aufglasur

Weingarten, Baden

3015
Adolf Baumgarten, 1882 – ca. 1900, dann **Porzellanfabrik Weingarten R. Wolfinger**, ca. 1900 – 1922 • Haushalts- und Zierporzellan • Marke 1882 – ca. 1900

3016
Porzellanfabrik Weingarten R. Wolfinger • Marke ca. 1900 – 1903

3017
Porzellanfabrik Weingarten R. Wolfinger • Marke 1903 – 1922

Weißenstadt, Bayern

3018
Porzellanfabrik Weißenstadt Dürrbeck & Ruckdäschel • 1920 – ca. 1964 • Haushalts- und Zierporzellan, Geschenkartikel • Marke 1920 – 1964

3019
Porzellanfabrik Weißenstadt Dürrbeck & Ruckdäschel • Marke 1932 – 1964

Weißwasser, Brandenburg

Oberlausitzer Porzellanmanufaktur Aug. Schweig & Co. 1895 – ca. 1910, dann **Schweig'sche Glas- und Porzellanwerke AG**, ca. 1910 – ca. 1912, anschließend **Porzellanfabrik August Schweig GmbH**, 1912 – ca. 1937, dann gleicher Name ohne GmbH, 1937 – ca. 1940, danach **Gebr. Hannemann & Cie** in Düren **Abt. Porzellanfabrik Weißwasser**, ca. 1940 – 1946 • Verstaatlicht als **VEB Porzellanwerk Weißwasser**, ca. 1946 – ca. 1970, dann Betriebsteil des **VEB Vereinigte Porzellanwerke Colditz**, ca. 1970 – 1990 • Zier-, Haushalts- und technisches Porzellan

3020
Oberlausitzer Porzellanmanufaktur August Schweig & Co. und **Nachfolger** • Marke 1896 – ca. 1940

3021
Oberlausitzer Porzellanmanufaktur August Schweig & Co. und **Nachfolger** • Marke ca. 1930 – ca. 1940

3022
Oberlausitzer Porzellanmanufaktur August Schweig & Co. und **Nachfolger** • Marke ca. 1919 – ca. 1945

3023
Oberlausitzer Porzellanmanufaktur August Schweig & Co. und **Nachfolger** • Marke ca. 1930 – ca. 1940

3024
Gebr. Hannemann & Cie. Abt. Porzellanfabrik Weißwasser • Marke ca. 1940 – ca. 1946

3025
VEB Porzellanwerk Weißwasser • Marke 1946 – ca. 1970

3026
VEB Porzellanwerk Weißwasser • Marke 1957 – 1970

3027
VEB Vereinigte Porzellanwerke Colditz, Betriebsteil Weißwasser • Marke 1970 – 1990

Wiesau, Bayern

3028
Porzellanmanufaktur Josef Kuba • 1947 – erloschen • Haushalts-, Tafel- und Zierporzellan • Die Firma wird 1900 in Karlsbad gegründet und nach dem 2. Weltkrieg nach Wiesau verlegt • Marke 1947 –

3029
Porzellanmanufaktur Josef Kuba • Marke 1947 –

3030
Gebr. Mayer • 1947 – • Porzellanmalerei • Die Firma wird 1840 in Fischern, Böhmen, gegründet und nach dem 2. Weltkrieg nach Wiesau verlegt • Marke 1947 –

3031
Richard Wolfram Porzellanfabrik · 1889 – erloschen ca. 1932 · Haushaltsporzellan · Marke nach 1898

Windischeschenbach, Bayern

Eduard Haberländer Porzellanfabrik, 1913 – 1929, dann übernommen von der **Winterling Porzellan AG** in **Kirchenlamitz** als **Oscar Schaller & Co. Nachf.**, dann **Eschenbach Porzellan GmbH** bis 2000. Übernommen von der Triptis Porzellan GmbH. Haushalts-, Zier- und Kunstporzellan. Nach 1945 stellt die Fabrik Ausformungen der Modelle der **Porzellan-Manufaktur Allach** in **Allach** her. Die Markenrechte wurden 2007 von **Rolf H. Frowein, Frowein Group,** gekauft.

3032
Eduard Haberländer · Marke nach 1913 – 1928

3033
Eduard Haberländer · Marke 1913 – 1929

3034
Eduard Haberländer · Marke nach 1913 – 1928 · Grün unterglasur

3035
Eduard Haberländer · Marke nach 1913 – 1928 · Auch mit – Haberländer –

3036
Oscar Schaller & Co. Nachf. · Marke 1929 –

3037
Oscar Schaller & Co. Nachf. · Marke 1930 –

3038
Oscar Schaller & Co. Nachf. · Marke 1946 – 1950

3039
Oscar Schaller & Co. Nachf. · Marke nach 1945 – · Grün unterglasur · Auch mit –Bavaria– unten

3040
Oscar Schaller Nachf. – Oben das Zeichen des „Amtes für Schönheit der Arbeit", siehe Berlin · Diese Marke 1938 – 1945

3041
Oscar Schaller & Co. Nachf. · Marke nach 1945 – · Grün unterglasur

3042
Oscar Schaller & Co. Nachf. · Marke 1948 –

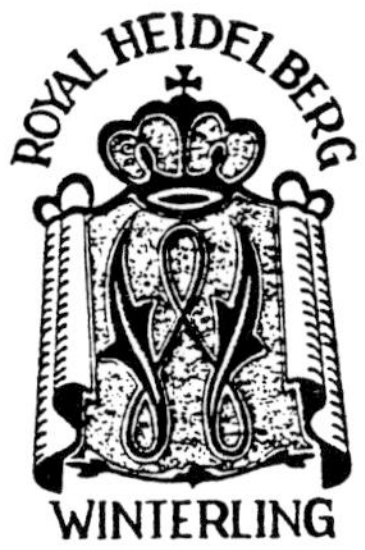

3043
Oscar Schaller & Co. Nachf. ❦ Marke 1950 –

3044 CERANOVA
Eschenbach Porzellan GmbH ❦ Marke 1977 – heute

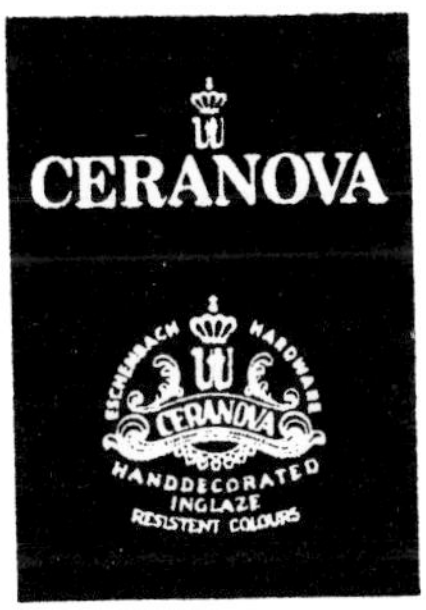

3045
Eschenbach Porzellan GmbH ❦ Marke 1977 – heute

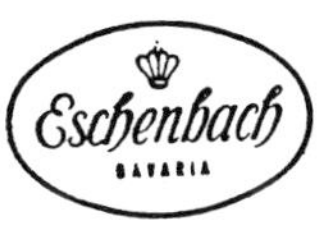

3046
Eschenbach Porzellan GmbH ❦ Marke ca. 1970 –

Würzburg, Bayern

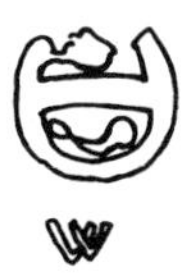

3047
Johann Caspar Geyger ❦ 1775 – 1780 ❦ Tafel-, Haushalts- und Zierporzellan, Figuren ❦ Marke 1775 – 1780 ❦ Eingepresst

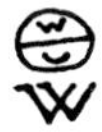

3048
Johann Caspar Geyger ❦ Marke 1775 – 1780 ❦ Eingepresst

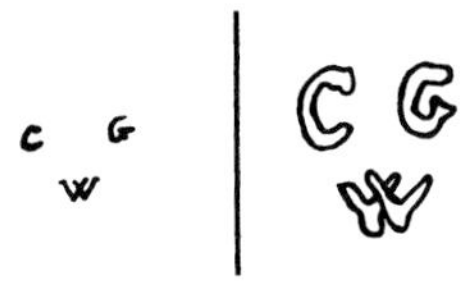

3049, 3050
Johann Caspar Geyger ❦ Marken 1775 – 1780 ❦ Eingepresst

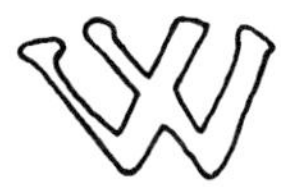

3051
Johann Caspar Geyger ❦ Marke 1775 – 1780 ❦ Eingepresst

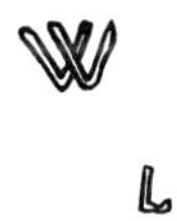

3052
Johann Caspar Geyger ❦ Marke 1775 – 1780 ❦ Eingepresst

3053
Johann Caspar Geyger ❦ Marke 1775 – 1780 ❦ Eingepresst

Wunsiedel, Bayern

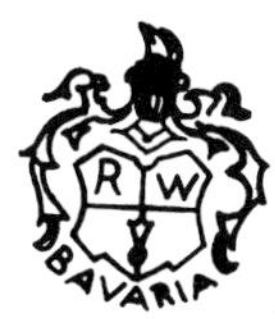

3054
Retsch & Co. Porzellanfabrik, später **Porzellanfabrik Retsch GmbH & Co. KG** ❦ 1884 – heute ❦ Haushalts- und Zierporzellan, Kaffee- und Teeservice ❦ Marke 1898 –

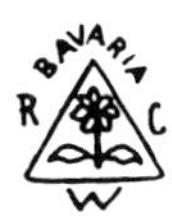

3055
Retsch & Co. Porzellanfabrik ❦ Marke 1918 –

Wunsiedel, Bayern

3056
Retsch & Co. Porzellanfabrik · Marke 1950 –

3057
Retsch & Co. Porzellanfabrik · Marke 1953 – · Auch mit – BAVARIA PORZELLAN – unten

3058
Retsch & Co. Porzellanfabrik · Marke 1997 – heute

Wunstorf, Niedersachsen

3059
Krause & Co. Keramikwerke · Porzellanmalerei, besonders Reklameartikel · 1954 – Stillegung 1966 · Marke 1954 – 1966 · Grün oder Gold aufglasur · Siehe auch Ansbach

3060
Krause & Co. Keramikwerke · Marke bis 1966

X, Y, Z

Xanten, Rheinprovinz

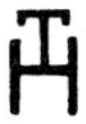

3061
T. Hehl • Porzellanmalerei • Besteht um 1930 • Marke um 1930 • Malermarke aufglasur •

Zell am Harmersbach, Baden

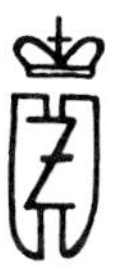

3062
Georg Schmider Vereinigte Zeller Keramische Fabriken • 1907 – heute • Überwiegend Keramik, auch Haushalts-, Tafel- und Hotelporzellan, Kaffee- und Teeservice • Marke um 1924 auf Porzellan

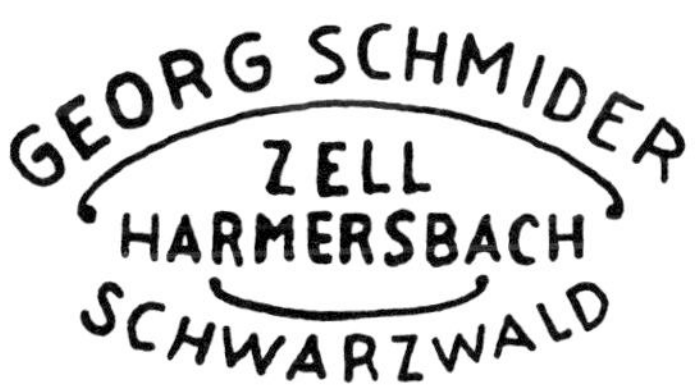

3063
Georg Schmider Vereinigte Zeller Keramische Fabriken • Marke um 1924 auf Porzellan

Zeven, Niedersachsen

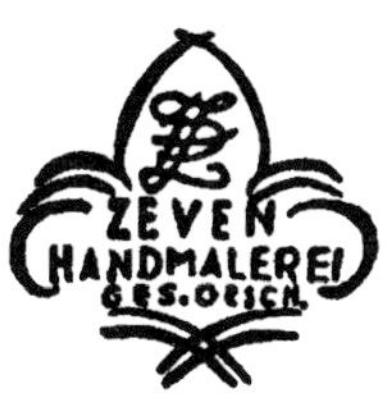

3064
Werra-Porzellanfabrik AG, 1922 – 1924, dann **C. & E. Carstens**, 1924 – 1927 • Porzellanfabrik und -malerei • Kaffee- und Teeservice, Tafel- und Zierporzellan • Marke 1922 – 1930

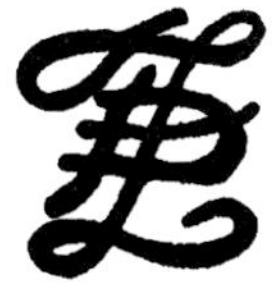

3065
Werra- Porzellanfabrik AG, 1922 – 1924, dann **C. & E. Carstens** • Marke 1924 – 1927

Zwickau, Sachsen

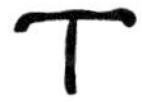

3066
Christian Fischer • 1845 – erloschen um 1900 • Haushalts-, Tafel- und Zierporzellan • Marke nach 1845 – • Blau unterglasur • Die Firma stellte für Dresdner Porzellanmaler Porzellan mit nachgeahmten Meißener Marken her

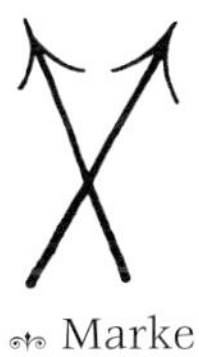

3067
Christian Fischer • Marke 1875 – um 1900 • Blau unterglasur

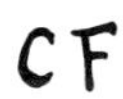

3068
Christian Fischer • Marke 1887 – um 1900 • Blau unterglasur

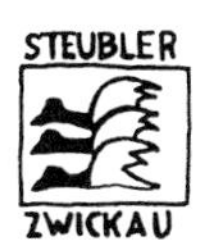

3069
Karl Steubler • Porzellanmalerei • 1866 – um 1953 • Marke ca. 1920 – ca. 1953 • Malermarke aufglasur

Zwickauer Porzellanfabrik siehe Schedewitz

Namensindex

H

L

M

Q

R

Bibliografie

Arnold, Klaus Peter und Diefenbach, Verena, Hrsg.: Meissener Blaumalerei aus drei Jahrhunderten, Leipzig 1989

Arnold, Klaus Peter: Dresdner Porzellan, Dresden o.J.

Auinger, H.: Meißner Porzellanmarken, Dresden 1909

Auscher, G.S.: Comment Reconnaître LES PORCELAINES ET LES FAIENCES, Paris o.J.

Bach, Jean: Internationales Handbuch der Puppenmarken, München 1989

Bayer, Adolf: Ansbacher Porzellan, Braunschweig 1959

Behse, Arthur: Porzellanmarken-Brevier, Braunschweig 1974

Berling, Karl: Das Meissener Porzellan und seine Geschichte, Leipzig 1900

Biedrzynski, Effi: Bruckmann's Porzellan-Lexikon, München 1979

Boger, Louise Ade: The Dictionary of World Pottery and Porcelain From Prehistoric Times to the Present, New York 1971

Böhm, Ludwig W.: Frankenthaler Porzellan, Mannheim 1960

Brüning, Adolf: Porzellan, Berlin 1914

Chaffers, William: Marks & Monograms on European and Oriental Pottery and Porcelain, London 1965

Charleston, Robert J. Hrsg.: World Ceramics, London 1979

Coleman, Elizabeth A.: Dolls Makers and Marks, Washington, D.C. 1974

Cox, Warren E.: The Book of Pottery and Porcelain, New York 1970

Cushion, J.P. und Honey, W.B.: Handbook of Pottery and Porcelain Marks, New York o.J.

Cushion, J.P.: Pocket Book of German Ceramic Marks and those of other Central European Countries, London 1961

Danckert, Ludwig: Directory of European Porcelain, London 1981

Danckert, Ludwig: Handbuch des Europäischen Porzellans, München 2006

der neuerer: Tradition und Fortschritt in Meißen, in: Zeitschrift der neuerer, Berlin November 1981

Esser, Karl Heinz und Schmidt-Glassner, Helga: Höchster Porzellan, Königstein im Taunus o.J.

Fichte, Reinhard: 250 Jahre Höchster Porzellan, Höchst 1996

Flach, Hans Dieter: Ludwigsburger Porzellan – Fayence, Steingut, Kacheln, Fliesen, Stuttgart 1997

Focke-Museum Bremen: Fürstenberger Porzellan, Bremen 1986

Fritz, Bernd und Hellmann, Birgitt: Porzellan-Manufaktur Burgau a. d. S. Ferdinand Selle, Jena 1997

Graesse, J.G.Th.: Führer für Sammler von Porzellan und Fayence Steinzeug, Steingut usw., München, 1982

Graul, Richard und Kurzwelly, Albrecht: Altthüringer Porzellan, Leipzig 1909

Gristina, Mary Campbell, Hrsg.: The Wark Collection Early Meissen Porcelain, Jacksonville 1986

Grollier, Charles de: Repertoire Alphabetique et Systematique de toutes les marques Connues des Manufactures Européennes (France Exceptée), Paris 1914

Hannover, Emil: Pottery & Porcelain, A Handbook for Collectors, London 1925

Hartman, Hazel: Porcelain & Pottery Marks, New York 1943

Haslam, Malcolm: Marks and Monograms of the Modern Movement 1875 – 1930, New York 1977

Heuser, Emil: Porzellan aus Straßburg und Frankenthal im 18. Jahrhundert, Neustadt an der Haardt 1922

Hofmann, Friedrich H.: Frankenthaler Porzellan, München 1911

Honey, W. B.: Dresden China, New York 1946

Honey, W. B.: German Porcelain, New York 1947

Jaennicke, Friedrich: Marken und Monogramme auf Fayence, Porzellan, Steinzeug und sonstigen Keramischen Erzeugnissen, Stuttgart 1878

Kessler-Slotta, Elisabeth: Zweibrücker Porzellan 1767 – 1775, Saarbrücken, 1990

Köllmann, Erich und Jarchow, Margarete: Berliner Porzellan, München 1987

Köllmann, Erich: Meißner Porzellan, Ein Brevier, Braunschweig 1975

Kovel, Ralph und Terry: Kovel's New Dictionary of Marks, Pottery & Porcelain 1850 to the Present, New York 1986

Kraemer, Ekkehard: Sächsisch-thüringisches Manufakturporzellan, Berlin o.J.

Kratze, Wilhelm: Meissner Porzellan-Marken VIEUX SAXE von 1704–1870 sowie die berühmtesten Marken anderer alten Fabriken Europas, Klotzsche-Königswald o.J.

Lahnstein, Peter und Landenberger, Mechthild: Das Ludwigsburger Porzellan und seine Zeit, Stuttgart 1978

Liers, Lotte und Neumeister, Ingeburg: Die Gothaer Porzellan-Manufaktur, Gotha 1975

Macdonald-Taylor, Margaret: A Dictionary of Marks, New York 1962

Maiwald, Evi: Porzellanpuppen, Augsburg 1997

Meißen Stadtmuseum, Hrsg.: Teichert, SOMAG & „SAXONIA", Meißen 1998

Metternich, Wolfgang: Die Höchster Porzellan Manufaktur 1965 – 1985, Höchst 1985

Mickenhagen, Richard: Europäisches Porzellan, München o.J.

Miedtank, Lutz: Zwiebelmuster, Leipzig 1991

Neuwirth, Waltraud: Markenlexikon für Kunstgewerbe 2 Deutschland Keramik, Wien 1978

Neuwirth, Waltraud: Meissener Marken und Wiener Bindenschild, Original, Imitation, Verfälschung, Fälschung, Wien 1977

Neuwirth, Waltraud: Meissener Marken, Original, Imitation, Verfälschung, Fälschung, Wien 1980

Paul, E. und Petersen, A.: Collector's Handbook to Marks on Porcelain and Pottery, Green Farms 1974

Penkala, Maria: European Porcelain, Amsterdam 1947

Peters, Markus: Thüringer Porzellane des XVIII. Jahrhunderts aus Kloster Veilsdorf, Volkstedt, Wallendorf und Limbach, Gelnhausen 1991

Poche, Emanuel: Porzellanmarken aus aller Welt, Praha 1992

Röntgen, Robert E.: Marks on German, Bohemian and Austrian Porcelain 1710 to the Present, Atglen 2007

Röntgen, Robert E.: The Book of Meissen, Atglen 1996

Röntgen, Robert E.: Marken und Zeichen der Blaumalerei in: Meissener Blaumalerei aus drei Jahrhunderten, Leipzig 1989

Röntgen, Robert E.: Die Nachahmungen und Verfälschungen der Meissener Blaumalerei in: Meissener Blaumalerei aus drei Jahrhunderten, Leipzig 1989

Röntgen, Robert E.: Blaumalerei auf Meissener Porzellan, Leipzig 2004

Rückert, Rainer: Meissener Porzellan 1710–1810, München 1966

Scherer, Christian: Das Fürstenberger Porzellan, Berlin 1909

Scherf, Helmut und Karpinski, Jürgen: Thüringer Porzellan unter besonderer Berücksichtigung der Erzeugnisse des 18. und frühen 19. Jahrhunderts, Leipzig 1980

Schlegelmilch, Clifford J.: Handbook of Erdmann and Reinhold Schlegelmilch Prussia - Germany and Oscar Schlegelmilch Germany Porcelain Marks, Flint 1973

Schmidt-Stein, Gerhard: Schlesisches Porzellan vor 1945, Würzburg 1996

Shea, Ralph A.: Doll Mark Clues, Ridgefield 1972

Staatliche Porzellan-Manufaktur Meissen: Meissener Porzellan, Qualitätsmarkierungen gestern und heute, Meißen ca. 1986

Staatliche Porzellan-Manufaktur Meissen: Mit den Blauen Schwertern gegen Fälscher und Spekulanten - Kleine Hilfe für den Liebhaber von Meißener Porzellan, Meißen ca.1984

Staatliche Porzellan-Manufaktur Meissen: Trademarks of Staatliche Porzellan-Manufaktur Meissen, Meißen 1994

Staatliche Porzellan-Manufaktur Meissen: Warenzeichen der Staatlichen Porzellan-Manufaktur Meissen, Meißen 1994

Struss, Dieter: Rosenthal-Porzellan: Service, Figuren, Zier- und Kunstobjekte, Augsburg 1995

Syz, Hans: Catalogue of the Hans Syz Collection, Washington, D.C., 1979

The Jewelers Circular Publishing Co.: Trade Marks of the Jewelry and Kindred Trades, New York 1915

Thorn, C. Jordan: Handbook of Old Pottery and Porcelain Marks, New York 1947

Unitt, Doris und Peter: Book of Marks, Antiques and Collectables, Peterborough 1978

Walcha, Otto: Meißner Porzellan, Dresden 1984

Ware, George W.: German and Austrian Porcelain, New York 1963

Weiß, Gustav: Ullstein Porzellanbuch, Berlin 1975

Wendl, Martin und Schäfer, Ernst: Altes Thüringer Porzellan, Rudolstadt 1990

Wolff Metternich, Beatrix Freifrau von und Meinz, Manfred: Die Porzellanmanufaktur Fürstenberg, München 2004

Wolff Metternich, Beatrix Freifrau von: Fürstenberg Porzellan, Braunschweig 1976

Wollner, Bernd und Bühler, Achim: 170 Jahre Porzellan. Wie Küps Geschichte machte, Küps 2001

Zühlsdorf, Dieter: Markenlexikon Porzellan- und Keramik-Report 1885 - 1935, Stuttgart o. J.

Zühlsdorff, Dieter: MARKENLEXIKON, Porzellan und Keramik Report 1885 - 1935 Band I Europa (Festland), Stuttgart 1988

Benutzt wurden:

Informationen zahlreicher Porzellanhersteller und Porzellanmaler

Privatsammlungen, Objekte, Notizen, Fotos und Auskünfte von Sammlern

Adressbücher:

Adressbuch der Keram-Industrie, Sprechsaal Verlag Coburg, diverse Ausgaben seit 1888

Europäisches Keramadressbuch, Sprechsaal Verlag Coburg 1963/64

Taschenbuch für Keramiker, später KGE-Adressbuch, Keramische Rund-schau, Berlin, diverse Ausgaben

Adressbücher und Bezugsquellennachweise der Industrie

Amtliche Aussteller-Verzeichnisse der Leipziger Messe

Amtliche Dokumente:

Sowjetische Militäradministration: Befehl Nr.76 über die Bestätigung der Grundlagen für die Vereinigungen und Betriebe, die das Eigentum des Volkes darstellen und Instruktionen über das Verfahren der juristischen Eintragung vom 23.4.1948, Zentralverordnungsblatt 1948, Nr. 15, S. 142

Sowjetische Militäradministration: Befehl Nr. 167 vom 5. Juni 1946 über den Übergang von Unternehmungen in Deutschland in das Eigentum der UdSSR auf Grund von Reparationsansprüchen der UdSSR

DDR-Regierung: Verordnung über die Reorgansiation der Volkseigenen Industrie vom 22.12.1950, Gesetzblatt der DDR 1950, Nr. 148

Protokoll über den Erlass der deutschen Reparationszahlungen und über andere Maßnahmen zur Erleichterung der finanziellen und wirtschaftlichen Verpflichtungen der Deutschen Demokratischen Republik, die mit den Folgen des Krieges verbunden sind, in: Neues Deutschland, Ausgabe B, 24.8.1953

Zeitschriften:

Keramische Rundschau, Berlin

Keramische Zeitschrift, Freiburg

Keramos, Düsseldorf/Offenbach

Schaulade, Bamberg

Spinning Wheel, Publication of the American Antiques and Crafts Society, Hanover, Pa, USA

Sprechsaal für Keramik, Glas, Email, Coburg

Warenzeichenblätter:

Official Gazette, US-Patent and Trademark Office, Washington D.C., laufend

Warenzeichenblatt I und II, Berlin 1885 - 1945; München 1949 - 1954

Markenblatt, München 1995 - heute

Warenzeichen- und Musterblatt, Berlin (DDR) 1954 - 1990

Zentralmarkenanzeiger, Wien, seit 1905

Kataloge der Auktionshäuser:

Ball & Graupe, Berlin

Bergmann, Erlangen

Bolland & Marotz

Bonhams, London

Cassirer, Berlin

Christie's, London/New York

Helbing, Frankfurt/Main

Lange, Berlin

Lempertz, Köln

Lepke, Berlin

Metz, Heidelberg

Nagel, Stuttgart

Neumeister, München

Phillips, London

Sothebys, London etc.

Van Ham, Köln

Weschler, Washington